Familienunterhalt
bei
Einberufung

Sammlung der im Deutschen Reich samt den rückgegliederten Gebieten geltenden Vorschriften

Textausgabe

bearbeitet von Oberregierungsrat Dr. Heß beim Reichsstatthalter in Posen

Zweite, völlig neu bearbeitete Auflage
nach dem Stande vom 1. Juni 1943

1943

J. Schweitzer Verlag · Berlin und München

Druck von Dr. F. P. Datterer & Cie., Freising-München.

Vorwort zur 1. Auflage.

Der dem Deutschen Reich aufgezwungene Krieg hat ähnlich wie der große Krieg 1914/18 Millionen deutscher Männer des Altreichs und der rückgegliederten Gebiete unter die Waffen gerufen oder den Einsatz im Luftschutzdienst, im Polizeischutz, in der Technischen Nothilfe, in den Wehrwirtschaftseinheiten, in Lehrgängen der Motorsportschulen des NSKK. oder des NSFK. oder beim Roten Kreuz für Männer und auch für Frauen im Gefolge.

Das Reich unter seiner nationalsozialistischen Führung hat es als Ehrenpflicht erachtet, diesen um die Freiheit der Nation ringenden Männern und Frauen die Sorge um ihre Angehörigen daheim abzunehmen. Durch eine großzügige, nunmehr für Altreich, Ostmark und Sudetengebiet einheitliche Gesetzgebung und eine äußerst weitgehende Vollzugsregelung ist das Recht des Familienunterhalts — der „Familienunterstützung" wie es früher hieß — für die Angehörigen dieser einberufenen Männer und Frauen zu einer segensreichen Einrichtung der Reichsverteidigung ausgestaltet worden.

Die Kenntnis dieses Rechts muß heute mehr denn je Gesamtgut der ganzen Nation im Altreich und in den rückgegliederten Gebieten werden. Gibt es doch fast keine Familie, die nicht im nächsten oder ferneren Verwandtenkreis einen der Ihren unter den Einberufenen suchen muß. Hier soll dieses Büchlein authentischen Rat erteilen. Es soll allen den zahlreichen Stellen in Staat und Partei, die mit den Angelegenheiten des Familienunterhalts zu tun haben, ein zuverlässiger Wegweiser und Ratgeber über den Rechtsstand bis 20. November 1939 sein.

Es war mir eine besondere Freude, daß ich dieses Büchlein mitten im Kulturzentrum des wiedergewonnenen Warthegaues abschließen konnte!

Posen, 1. Dezember 1939.

Dr. Heß.

Vorwort zur 2. Auflage.

Zahlreiche Abänderungen des Familienunterhaltungsrechts in den Jahren 1940, 1941 und 1492 machen eine Neuausgabe erforderlich. Da die wichtigsten Fragen der Praxis in dem umfassenden Ausführungserlaß des RMdJ. vom 5. Mai 1942 nunmehr geklärt sind, ist zu hoffen, daß das Familienunterhaltsrecht im großen und ganzen gesehen als stabilisiert angesehen werden kann.

Die 2. Auflage gibt den Stand vom 1. Juni 1943 wieder. Neben dem Altreichsrecht ist das Recht des Protektorats und der eingegliederten Gebiete einschließlich der eingegliederten Ostgebiete aufgenommen.

Gesetz, Durchführungsverordnung und Ausführungserlaß wurden auch in dieser Auflage je für sich getrennt abgedruckt, um die sonst sehr erschwerte Übersicht nicht zu beeinträchtigen. Von einem Abdruck der gesamten Bestimmungen über Räumungsfamilienunterhalt wurde abgesehen; doch ist die VO. v. 1. 9. 1939 u. der 11. RdErl. v. 27. 7. 1942 abgedruckt.

Posen, 1. Juni 1943.

Dr. Heß.

Inhaltsverzeichnis.

Seite

A. Einsatzfamilienunterhalt.

I. Altreich.

A. Einsatzfamilienunterhalt.

I. Altreich.

1.

Gesetz über die Besoldung, Verpflegung, Unterbringung, Bekleidung und Heilfürsorge der Angehörigen der Wehrmacht bei besonderem Einsatz (Einsatz = Wehrmachtgebührnisgesetz — EWGG. —).

Vom 28. August 1939.

(RGBl. I S. 1531.)

Auszug

Unterhalt der Familien.

§ 9

(1) Diejenigen Angehörigen der Wehrmacht, durch deren Einberufung zur Wehrmacht der Unterhalt ihrer Angehörigen oder die Erfüllung ihrer sonstigen Verpflichtungen nicht mehr gesichert ist, erhalten für sich, für ihre Familie oder Unterhaltsberechtigten Familienunterhalt.

(2) Bei Bemessung des Familienunterhalts sind die bisherigen Lebensverhältnisse und das im Frieden bezogene Einkommen der Angehörigen der Wehrmacht zu berücksichtigen. Die Fortführung des Haushalts unter Beachtung der durch den besonderen Einsatz gebotenen Einschränkungen, die Erhaltung des Besitzstandes und die Erfüllung übernommener Verpflichtungen sollen in vertretbarem Ausmaße gesichert werden.

(3) Die näheren Bestimmungen hierzu erläßt der Reichsminister des Innern im Einvernehmen mit dem Chef des Oberkommandos der Wehrmacht und dem Reichsminister der Finanzen.

2.

Verordnung über die während des besonderen Einsatzes geltende Fassung des Familienunterhaltsgesetzes.

Vom 26. Juni 1940.

(RGBl. I S. 911.)

Auf Grund des § 3 Abs. 2 der Verordnung vom 14. Mai 1940 (Reichsgesetzbl. I S. 779) wird im Einvernehmen mit dem Reichsminister der Finanzen unter der Bezeichnung „Einsatz-Familienunterhaltsgesetz" der während des besonderen Einsatzes geltende Wortlaut des Familienunterhaltsgesetzes nachstehend bekanntgemacht.

Berlin, den 26. Juni 1940.

Der Reichsminister des Innern

Frick.

Einsatz-Familienunterhaltsgesetz (EFUG.)[1].

Vom 26. Juni 1940.

(RGBl. I S. 911.)

§ 1

(1) Die Angehörigen der zum Wehrdienst einberufenen Wehrpflichtigen und der einberufenen Reichsarbeitsdienstpflichtigen erhalten zur Sicherung des notwendigen Lebensbedarfs Familienunterhalt. Familienunterhalt wird auch den Angehörigen der auf Grund freiwilliger Meldung einberufenen Wehrpflichtigen und Reichsarbeitsdienstpflichtigen gewährt.

(2) Der Familienunterhalt ist keine Leistung der öffentlichen Fürsorge. Er ist nicht zurückzuerstatten. Er unterliegt nicht der Pfändung.

§ 2

Familienunterhaltsberechtigt sind, soweit der notwendige Lebensbedarf nicht oder nicht ausreichend gesichert ist, nachstehende Angehörige des Einberufenen:

I. Die Ehefrau, die ehelichen oder für ehelich erklärten und die vor dem Einstellungstage an Kindes Statt angenommenen Kinder des Einberufenen, die mit der Ehefrau zusammenlebenden Stiefkinder des Einberufenen; ferner uneheliche Kinder des Einberufenen, wenn dessen Verpflichtung zur Unterhaltsgewährung feststeht.

II. Wenn der Einberufene bis zum Einstellungstage ganz oder zu einem wesentlichen Teil der Ernährer gewesen ist:

1. die Ehefrau, deren Ehe geschieden oder für nichtig erklärt oder aufgehoben ist, sofern der Einberufene nach den Vorschriften des Ehegesetzes vom 6. Juli 1938 (Reichsgesetzbl. I S. 807)

---

[1]) Für das Protektorat Böhmen und Mähren s. V. vom $\frac{31.\ 10.\ 1939}{4.\ 7.\ 1940}$, RGBl. I S. $\frac{2125}{943}$, mit RdErl. z. Ausf.Erl. vom 6. 7. 1940 (MBliV. Sp. 1425); Einführung des Ges. und der Durchf. u. Erg.V. in den Ostgebieten s. V. vom 4. 7. 1940 (RGBl. I S. 943); in den Gebieten Eupen, Malmedy und Moresnet s. V. vom 4. 7. 1940 (RGBl. I S. 944).

verpflichtet ist, der Ehefrau Unterhalt zu gewähren; in den Reichsgauen der Ostmark und im Reichsgau Sudetenland gilt dies auch für den Fall, daß die Ehe von Tisch und Bett geschieden oder als geschieden anzusehen ist.

2. Enkel, Pflegekinder und die nicht mit der Ehefrau des Einberufenen zusammenlebenden Stiefkinder;
3. [2])
4. Verwandte der aufsteigenden Linie;
5. Adoptiveltern, wenn sie den Einberufenen vor dem Einstellungstage an Kindes Statt angenommen haben, Stiefeltern und Pflegeeltern;
6. elternlose Geschwister des Einberufenen, wenn bis zum Einstellungstage Haushaltsgemeinschaft mit dem Einberufenen bestanden hat.

§ 3

Die Aufgaben dieses Gesetzes werden den Stadt- und Landkreisen als staatliche Aufgaben zur Erfüllung nach Anweisung übertragen.

§ 4

Vier Fünftel der Kosten des Familienunterhalts werden den Stadt- und Landkreisen vom Reiche erstattet. Der Reichsminister des Innern und der Reichsminister der Finanzen können den Anteil an den Kosten des Familienunterhalts, den das Reich den Stadt- und Landkreisen zu erstatten hat, abweichend von Satz 1 festsetzen[3]). Persönliche und sächliche Verwaltungskosten sind nicht erstattungsfähig.

§ 5[4])

In § 1541 der Reichsversicherungsordnung werden zwischen den Worten „für" und „Betriebsunternehmer" die Worte „das Reich als Träger des Familienunterhalts und für" eingefügt.

§ 6

Der Reichsminister des Innern erläßt die zur Durchführung und Ergänzung des Gesetzes erforderlichen Rechts- und Verwaltungsvorschriften.

---

[2]) Fußnote des RGBl.: Für die Dauer des besonderen Einsatzes gemäß § 2 Abs. 2 der Verordnung vom 14. Mai 1940 (Reichsgesetzbl. I S. 779) durch § 2, I Halbsatz 2 ersetzt.

[3]) Dies war bereits in § 1 der V. v. 30. 1. 1940 (RGBl. I S. 269) festgelegt worden.

[4]) Fußnote des RGBl.: Der bisherige § 5 und Abs. 4 des bisherigen § 6 sind — als Übergangsvorschriften — bedeutungslos. Abs. 1 des bisherigen § 6 ist durch Neuregelung der Vorschriften über die Erhaltung der Anwartschaften in der Reichsversicherung (§§ 20, 66 und 86 des Gesetzes über den Ausbau der Rentenversicherung vom 21. Dezember 1937 — Reichsgesetzbl. I S. 1393) überholt. Abs. 3 des bisherigen § 6 ist während des besonderen Einsatzes ohne Bedeutung, da die Verordnung über Arbeitslosenhilfe vom 5. September 1939 (Reichsgesetzbl. I S. 1674) nur noch eine von der Bedürftigkeit abhängige Arbeitslosenunterstützung kennt.

3.

Verordnung zur Durchführung und Ergänzung des Einsatz-Familienunterhaltsgesetzes (EFU-DV.).

Vom 26. Juni 1940[1]).

(RGBl. I S. 912.)

Auf Grund des § 3 Abs. 2 der Verordnung zur Änderung des Familienunterstützungsgesetzes vom 14. Mai 1940 (Reichsgesetzbl. I S. 779) und des § 6 des Einsatz-Familienunterhaltsgesetzes vom 26. Juni 1940 (Reichsgesetzbl. I S. 911) wird folgendes verordnet:

Die Familienunterhalts-Durchführungsverordnung vom 11. Juli 1939 (Reichsgesetzbl. I S. 1225) in der Fassung der Verordnungen vom 1. September 1939 (Reichsgesetzbl. I S. 1563), vom 5. Oktober 1939 (Reichsgesetzbl. I S. 1992) und vom 30. Mai 1940 (Reichsgesetzbl. I S. 828) erhält für die Dauer des besonderen Einsatzes folgende Fassung:

1. Abschnitt

Wehrpflicht und Reichsarbeitsdienstpflicht.

I. Familienunterhaltsberechtigung

§ 1

(1) Zu den zum Wehrdienst einberufenen Wehrpflichtigen im Sinne des § 1 Abs. 1 des Gesetzes zählen frühestens vom Beginn des dritten Dienstjahres an nicht Soldaten, die auf Grund einer freiwilligen Dienstverpflichtung Gehaltsempfänger des Friedensstandes der Wehrmacht geworden sind oder werden.

(2) Bleibt ein männlicher Reichsarbeitsdienstpflichtiger nach Erfüllung der Reichsarbeitsdienstpflicht auf Grund einer freiwilligen Dienstverpflichtung als Längerdienender des Reichsarbeitsdienstes im Reichsarbeitsdienst, so sind die Angehörigen familienunterhaltsberechtigt, bis der Einberufene eine weitere Dienstzeit von einem halben Jahr im Reichsarbeitsdienst abgeleistet hat.

(3) Der Dienst in der SS-Verfügungstruppe gilt hinsichtlich des Familienunterhalts als Wehrdienst. Abs. 1 ist anzuwenden.

II. Zuständigkeit und Verfahren

§ 2

(1) Zur Gewährung des Familienunterhalts verpflichtet ist der Stadt- oder Landkreis, in dessen Bezirk der Familienunterhaltsberechtigte wohnt oder sich nicht nur vorübergehend aufhält.

---

[1]) Abgeändert durch Zweite V. z. Durchf. u. Ergänzung des EFUG. vom 25. 10. 1940 (RGBl. I S. 1397); dritte V. vom 16. Juni 1941 (RGBl. I S. 320) und vierte V. vom 27. April 1942 (RGBl. I S. 248).

(2) Der Familienunterhalt ist getrennt von der öffentlichen Fürsorge durchzuführen.

§ 3 2)

(1) Die Gewährung des Familienunterhalts ist von der Stellung eines Antrags abhängig. Der Antrag kann von dem Einberufenen oder von dem Familienunterhaltsberechtigten bei dem Stadt- oder Landkreis oder bei dem Bürgermeister der Aufenthaltsgemeinde gestellt werden. Die Voraussetzungen für die Familienunterhaltsberechtigung (§§ 1 und 2 des Gesetzes) und für die Gewährung des Familienunterhalts (§ 9 Abs. 3, § 12 Abs. 1 Satz 1) sind, falls sie nicht ortsbekannt sind, glaubhaft zu machen.

(2) Über den Antrag entscheidet der Leiter des Stadt- oder Landkreises. Er hat dem Truppen- (Marine-)teil oder der Reichsarbeitsdienstabteilung (Lager des Reichsarbeitsdienstes der weiblichen Jugend) des Einberufenen die Bewilligung des Familienunterhalts mitzuteilen.

(3) 3, 4) Gegen die Entscheidung über den Antrag auf Gewährung von Leistungen des Familienunterhalts steht dem Familienunterhaltsberechtigten die Beschwerde zu. Die Beschwerde ist innerhalb einer Frist von einem Monat von der Bekanntgabe der Entscheidung ab bei der Stelle einzulegen, deren Entscheidung angefochten wird. Richtet sich die Beschwerde gegen eine Entscheidung eines Stadt- oder Landkreises, so hat dieser zunächst zu prüfen, ob er der Beschwerde abhelfen will; will er die angefochtene Entscheidung nicht ändern, so hat er die Beschwerde mit seiner Stellungnahme der oberen Aufsichtsbehörde zur Entscheidung vorzulegen. Richtet sich die Beschwerde gegen eine Entscheidung einer beauftragten Gemeinde oder eines beauftragten engeren Gemeindeverbandes (§ 7 Abs. 2), so hat diese Gemeinde (Gemeindeverband) zunächst zu prüfen, ob sie der Beschwerde abhelfen will; will sie die angefochtene Entscheidung nicht ändern, so hat sie die Beschwerde mit ihrer Stellungnahme dem Landrat vorzulegen, der seinerseits zu prüfen hat, ob er der Beschwerde im Wege der Weisung (§ 7 Abs. 2) abhelfen will. Sieht der Landrat von einer solchen Wei-

---

2) § 3 Abs. 3 i. d. F. der V. vom 27. April 1942 (RGBl. I S. 248).

3) Für die Ostgebiete s. § 2 der V. über die Einführung des Familienunterhaltsrechts in den eingegliederten Ostgebieten vom 4. 7. 1940 (RGBl. I S. 943), welcher lautet: „Soweit die Fürsorgepflichtverordnung in den eingegliederten Ostgebieten noch nicht eingeführt ist, findet abweichend von § 3 Abs. 2 der Verordnung zur Durchführung und Ergänzung des Einsatz-Familienunterhaltsgesetzes gegen die Entscheidung des Leiters des Stadt- und Landkreises Beschwerde an den Regierungspräsidenten statt; dieser entscheidet endgültig."

4) Siehe zu Abs. 3 den § 3 der V. vom 27. April 1942 (RGBl. I S. 248), welcher lautet:

(1) Diese Verordnung tritt am 1. Juni 1942 in Kraft.

(2) Einsprüche, über die vor dem 1. Juni 1942 noch nicht entschieden worden ist, sind als Beschwerden nach § 3 Abs. 3 EFU.DV. in der neuen Fassung zu behandeln.

sung ab, so hat er die Beschwerde mit seiner Stellungnahme der oberen Aufsichtsbehörde zur Entscheidung vorzulegen. Die Entscheidung der oberen Aufsichtsbehörde über die Beschwerde ist in allen Fällen endgültig. Die obere Aufsichtsbehörde kann auch, statt über die Beschwerde zu entscheiden, den Stadt- oder Landkreis zur Änderung der angefochtenen Entscheidung anweisen; mit einer solchen Anweisung wird die Beschwerde ebenfalls endgültig erledigt.

§ 4

(1) Der Familienunterhalt ist mindestens für einen halben Monat im voraus zu zahlen. Endigt die Einberufung vor Ablauf des halben Monats, so ist nur der auf die Zeit bis zur Entlassung entfallende Teilbetrag des Familienunterhalts auszuzahlen, soweit nicht der Reichsminister des Innern im Einvernehmen mit dem Reichsminister der Finanzen für besondere Tatbestände eine kurzfristige Weitergewährung des Familienunterhalts vorschreibt.

(2) Familienunterhalt ist auch für den Zeitraum zu gewähren, der zur Reise des Einberufenen vom Wohnort zum Einstellungsort oder zur Rückreise vom Truppen- (Marine-)teil oder der Reichsarbeitsdienstabteilung (Lager des Reichsarbeitsdienstes der weiblichen Jugend) zum Wohnort erforderlich ist.

(3) Familienunterhalt kann auch für eine vor dem Tage der Antragsstellung liegende Zeit, jedoch nicht für eine längere Zeitdauer als einen Monat vor diesem Tage und nicht für die Zeit vor dem Einstellungs- oder Reisetag gewährt werden, soweit in dieser Zeit der notwendige Lebensbedarf des Familienunterhaltsberechtigten nicht auf andere Weise (§ 9 Abs. 3) gesichert war; steht der Familienunterhaltsberechtigte unter Vormundschaft oder hat er einen Pfleger erhalten, so beträgt diese Frist zwei Monate.

(4) Der Familienunterhalt ist neu festzusetzen, wenn in den Verhältnissen, die für die Festsetzung maßgebend gewesen sind, eine Änderung eintritt.

(5) Die Stadt- und Landkreise haben zu überwachen, ob die Voraussetzungen für die Gewährung des Familienunterhalts ununterbrochen fortbestehen. Der Einberufene, der Familienunterhaltsempfänger, sein gesetzlicher Vertreter oder der Haushaltsvorstand ist verpflichtet, dem Stadt- oder Landkreis oder dem Bürgermeister der Aufenthaltsgemeinde jede Änderung der Verhältnisse, die den Wegfall oder die Minderung des Familienunterhalts bedingt, unverzüglich anzuzeigen.

(6) Der Familienunterhalt ist einzustellen, wenn und soweit der notwendige Lebensbedarf des Familienunterhaltsberechtigten auf andere Weise (§ 9 Abs. 3) gesichert ist.

(7) Der Familienunterhalt ist ferner einzustellen

1. im Wehrdienst:
   a) wenn der Einberufene aus dem Wehrdienst ausscheidet;
   b) frühestens vom Beginn des dritten Dienstjahres an, wenn der Einberufene auf Grund einer freiwilligen Dienstverpflichtung Gehaltsempfänger des Friedensstandes der Wehrmacht wird (§ 1 Abs. 1);
   c) wenn der Einberufene unbefugt seine Truppe oder Dienststelle verläßt oder ihr fernbleibt. Kehrt der Einberufene freiwillig zur Truppe (Dienststelle) zurück, so ist Familienunterhalt wieder zu gewähren; wird er ergriffen, so darf Familienunterhalt nicht wieder gewährt werden, wenn er zu einer Freiheitsstrafe von mehr als einem Jahre verurteilt worden ist;
2. im Reichsarbeitsdienst:
   a) wenn der Einberufene aus dem Reichsarbeitsdienst ausscheidet;
   b) wenn der Einberufene als Längerdienender des männlichen Reichsarbeitsdienstes auf Grund einer freiwilligen Dienstverpflichtung nach Erfüllung der Reichsarbeitsdienstpflicht länger als ein weiteres halbes Jahr im Reichsarbeitsdienst bleibt (§ 1 Abs. 2);
   c) wenn die Einberufene als Längerdienende des weiblichen Reichsarbeitsdienstes auf Grund einer freiwilligen Dienstverpflichtung nach Erfüllung der Reichsarbeitsdienstpflicht im Reichsarbeitsdienst bleibt;
   d) wenn der (die) Einberufene durch förmliche Erklärung seines Arbeitsgauführers (ihrer Bezirksführerin) für dienstflüchtig erklärt wird; Nr. 1 Buchst. c Satz 2 gilt entsprechend.

(8) Wird ein erkrankter oder verwundeter Einberufener nach der Entlassung aus dem Wehrdienst zwecks weiterer Krankenbehandlung bei dem Truppen (Marine-)teil oder in einem Lazarett zurückbehalten, so ist Familienunterhalt bis zur Entlassung aus der Krankenbehandlung des Truppen- (Marine-)teils oder des Lazaretts fortzugewähren.

(9) Wird ein Einberufener als krank, verwundet oder erholungsbedürftig zeitweilig in die Heimat beurlaubt, so ist Familienunterhalt fortzugewähren.

(10) Wird ein Einberufener vermißt, so ist Familienunterhalt während des Vermißtseins fortzugewähren.

(11) Gerät ein Einberufener in Gefangenschaft oder wird er im neutralen Ausland interniert, so ist Familienunterhalt während der Dauer der Gefangenschaft oder der Internierung fortzugewähren.

§ 5[5])

(1) Stirbt der Einberufene während des Wehrdienstes oder während der Erfüllung der Reichsarbeitsdienstpflicht oder während einer Zeit nach § 1 Abs. 2 oder nach § 4 Abs. 8 bis 11, so wird Familienunterhalt weiterhin nach Maßgabe der folgenden Vorschriften gewährt:

1. Für familienunterhaltsberechtigte Angehörige, für die ein Für- sorge- und Versorgungsverfahren stattfindet, gilt folgendes:
   a) Ist der zu gewährende Familienunterhalt höher als die für den gleichen Zeitraum zu gewährende Hinterbliebenenversorgung, so wird Familienunterhalt bis zum Ablauf des dritten Monats, der auf den Sterbemonat folgt, gewährt. Beginnt die Zahlung der Hinterbliebenenversorgung von diesem Zeitpunkt ab noch nicht, so wird darüber hinaus Familienunterhalt bis zum Beginn der Zahlung der Hinterbliebenenversorgung gewährt.
   b) Ist der zu gewährende Familienunterhalt niedriger als die für den gleichen Zeitraum zu gewährende Hinterbliebenenversorgung, so wird Familienunterhalt bis zum Beginn der Zahlung der Hinterbliebenenversorgung gewährt.
   c) Wird der Anspruch auf Hinterbliebenenversorgung abgelehnt, so wird Familienunterhalt bis zum Ablauf des dritten Monats, der auf den Sterbemonat folgt, gewährt. Erfolgt die Ablehnung der Hinterbliebenenversorgung nicht innerhalb dieser Frist, so wird Familienunterhalt bis zur Ablehnung der Hinterbliebenenversorgung gewährt. Ist gegen einen die Hinterbliebenenversorgung ablehnenden Bescheid ein Rechtsmittel eingelegt, so kann Familienunterhalt über die Zeit nach Satz 1 oder 2 hinaus bis zur rechtskräftigen Entscheidung über das Rechtsmittel gewährt werden, wenn die vorherige Einstellung eine Härte bedeuten würde.
2. Familienunterhaltsberechtigten Angehörigen, für die ein Fürsorge- und Versorgungsverfahren nicht stattfindet, wird Familienunterhalt bis zum Ablauf des dritten Monats, der auf den Sterbemonat folgt, gewährt.

(2) Wird der Einberufene infolge eines während des Wehrdienstes oder während der Erfüllung der Reichsarbeitsdienstpflicht oder während einer Zeit nach § 1 Abs. 2 erlittenen Körperschadens aus dem Wehrdienst oder dem Reichsarbeitsdienst als dienstunfähig entlassen, so wird Familienunterhalt weiterhin nach Maßgabe der folgenden Vorschriften gewährt:

1. Findet ein Fürsorge- und Versorgungsverfahren statt, so wird

---

[5]) § 5 Abs. 1 u. 2 und § 6 und § 7 Abs. 2 Satz 1 i. d. F. der V. vom 27. April 1942 (RGBl. I S. 248).

den familienunterhaltsberechtigten Angehörigen Familienunterhalt bis zum Ablauf des dritten Monats, der auf den Entlassungsmonat folgt, gewährt. Hat die Zahlung der Fürsorge- oder Versorgungsbezüge an den Entlassenen bis zu diesem Zeitpunkt noch nicht begonnen, so wird den im § 2, I des Einsatz-Familienunterhaltsgesetzes genannten familienunterhaltsberechtigten Angehörigen Familienunterhalt bis zum Beginn der Zahlung der Fürsorge- oder Versorgungsbezüge oder bis zur Ablehnung der Fürsorge oder Versorgung gewährt. Ist gegen einen die Fürsorge oder Versorgung ablehnenden Bescheid ein Rechtsmittel eingelegt, so kann den genannten Angehörigen Familienunterhalt bis zur rechtskräftigen Entscheidung über das Rechtsmittel gewährt werden, wenn die vorherige Einstellung eine Härte bedeuten würde. Ist der notwendige Lebensbedarf des Entlassenen selbst nicht gesichert, so gelten die Sätze 1 bis 3 für ihn entsprechend und zwar auch dann, wenn der Entlassene familienunterhaltsberechtigte Angehörige nicht hat.

2. Findet ein Fürsorge- und Versorgungsverfahren nicht statt, so wird den familienunterhaltsberechtigten Angehörigen Familienunterhalt bis zum Ablauf des dritten Monats, der auf die Entlassung folgt, gewährt. Ist der notwendige Lebensbedarf des Entlassenen selbst nicht gesichert, so gilt Satz 1 für ihn entsprechend, und zwar auch dann, wenn der Entlassene familienunterhaltsberechtigte Angehörige nicht hat.

(3) Familienunterhalt nach Maßgabe der Abs. 1, 2 darf auch gewährt werden, wenn die Sicherung des notwendigen Lebensbedarfs der Familienunterhaltsberechtigten erst nach dem Tode oder nach der Entlassung des Einberufenen fortgefallen ist.

(4) Der gewährte Familienunterhalt ist auf die Nachzahlung von Versorgungsgebührnissen anzurechnen. Erstattungen zwischen den für die Zahlung der Fürsorge- und Versorgungsbezüge und den für die Zahlung des Familienunterhalts zuständigen Dienststellen unterbleiben.

§ 6[5])

Die Truppen- (Marine-) teile sowie die Dienststellen der Wehrmacht und des Reichsarbeitsdienstes sind verpflichtet, dem Stadt- oder Landkreis (§ 2 Abs. 1) die für die Einstellung oder Fortgewährung des Familienunterhalts erheblichen Tatsachen unverzüglich mitzuteilen. Das Nähere bestimmt der Reichsminister des Innern.

§ 7[5])

(1) Die Gemeinden und engeren Gemeindeverbände sind zur Mitarbeit bei der Durchführung des Familienunterhalts verpflichtet.

(2) Die Landkreise können die Durchführung des Familienunter-

halts den ihnen zugehörigen Gemeinden und engeren Gemeindeverbänden von mehr als 5000 Einwohnern ganz oder teilweise übertragen, wenn ihre Verwaltung ausreichende Gewähr für die ordnungsmäßige Durchführung bietet. Die Weisungen des Landkreises sind für die Gemeinden und engeren Gemeindeverbände bindend. Seine Verantwortung für die Erfüllung der Aufgaben wird durch die Übertragung der Durchführung nicht berührt.

III. Voraussetzung, Art und Maß des Familienunterhalts.

§ 8

(1) Die Leistungen des Familienunterhalts (allgemeiner Familienunterhalt — § 9 — oder Wirtschaftsbeihilfe — § 12 —) sollen den notwendigen Lebensbedarf des Familienunterhaltsberechtigten unter Rücksichtnahme auf seine bisherigen Lebensverhältnisse sichern.

(2) Der Familienunterhalt darf nicht dazu führen, daß dem Familienunterhaltsberechtigten für seinen laufenden notwendigen Lebensbedarf gegenüber der Zeit vor der Einberufung mehr an Mitteln zur Verfügung steht.

§ 9

(1) Zur Deckung des laufenden notwendigen Lebensunterhalts wird Familienunterhalt nach einem den örtlichen Verhältnissen angepaßten Unterhaltssatz gewährt. Das Nähere bestimmt der Reichsminister des Innern im Einvernehmen mit dem Reichsminister der Finanzen. Er kann für die Ehefrau des Einberufenen (§ 2, I des Gesetzes) einen von Satz 1 abweichenden, nach dem Einkommen des Einberufenen gestaffelten Unterhaltssatz (Tabellensatz) festsetzen.

(2) Neben dem Unterhaltssatz (Abs. 1) werden gewährt:

1. Mietbeihilfen (§ 10),
2. Krankenhilfe und Hilfe für Schwangere und Wöchnerinnen (§ 11),
3. bei Minderjährigen Erziehung und Erwerbsbefähigung, die nach ihren Anlagen und Fähigkeiten und der Lebensstellung der Eltern berechtigt ist,
4. bei Blinden, Taubstummen und Krüppeln Erwerbsbefähigung,
5. Sozialversicherungsbeiträge (Krankenversicherung und Rentenversicherung),
6. nach näherer Bestimmung des Reichsministers des Innern und des Reichsministers der Finanzen Beihilfen zur Erfüllung gesetzlicher oder vertraglicher Verpflichtungen, die bis zum Einstellungstage von dem Einberufenen erfüllt worden sind, wenn sie nach Art und Umfang seiner bisherigen wirtschaftlichen Lage angemessen waren und soweit sie von ihm nach dem Einstellungstag nicht erfüllt werden können.

(3) Die Leistungen der Abs. 1 und 2 sind insoweit nicht zu gewähren, als der Familienunterhaltsberechtigte den nach diesen Leistungen zu bemessenden notwendigen Lebensbedarf aus eigenen Kräften und Mitteln beschaffen kann oder ihn von anderer Seite, insbesondere von Angehörigen, erhält.

(4) Stirbt ein familienunterhaltsberechtigter Angehöriger des Einberufenen, so ist nötigenfalls der Bestattungsaufwand zu bestreiten. Überführungskosten werden nicht gewährt.

§ 10

(1) Mietbeihilfen (§ 9 Abs. 2 Nr. 1) sind zur Deckung des Wohnbedarfs zu gewähren.

(2) Einberufenen, die familienunterhaltsberechtigte Angehörige nicht haben oder bis zum Einstellungstage nicht mit solchen Angehörigen in Haushaltsgemeinschaft gelebt haben, kann beim Vorliegen der sonstigen Voraussetzungen (§ 9 Abs. 3) eine Mietbeihilfe gewährt werden, wenn sie eine Wohnung mit eigenem Hausrat haben und ihnen die anderweite Verwertung oder Aufgabe dieser Wohnung während der Dauer der Einberufung nicht zugemutet werden kann. Für Aufwendungen zwecks Unterbringung des eigenen Hausrats kann eine angemessene Beihilfe gewährt werden, wenn die Aufwendungen zur Erhaltung des Hausrats notwendig sind und dem Einberufenen die Aufgabe des Hausrats nicht zugemutet werden kann.

(3) Für Eigenheime können Beihilfen zu den notwendigen Ausgaben für Lasten und Steuern, die auf dem Eigenheim ruhen, gewährt werden. Eigenheime im Sinne dieser Vorschrift sind im Eigentum des Einberufenen oder des Familienunterhaltsberechtigten stehende Wohngebäude, die von dem Familienunterhaltsberechtigten und seinen Angehörigen mindestens zur Hälfte bewohnt werden und insgesamt nicht mehr als zwei Wohnungen enthalten. Die Beihilfe kann auch Einberufenen gewährt werden, die familienunterhaltsberechtigte Angehörige nicht haben.

§ 11

Schwangeren und Wöchnerinnen (§ 9 Abs. 2 Nr. 2) sind erforderlichenfalls Hebammenhilfe, ärztliche Behandlung, Entbindungskostenbeitrag und Wochengeld, Wöchnerinnen, die ihr Kind stillen, außerdem Stillgeld zu gewähren. Die Hilfe soll ihnen das sicherstellen, was die Reichsversicherungsordnung den Familienangehörigen eines Versicherten gewährt (Familienwochenhilfe).

§ 12

(1) War ein Einberufener bis zum Einstellungstage Unternehmer eines Gewerbebetriebes oder eines Betriebes der Land- und Forstwirtschaft oder übte er einen freien Beruf aus und hatte er hieraus die Mittel zur Deckung des notwendigen Lebensbedarfs für sich und seine

familienunterhaltsberechtigten Angehörigen gewonnen, so wird zur Fortsetzung oder Erhaltung des Betriebes oder des freien Berufs während der Dauer der Einberufung eine Wirtschaftsbeihilfe gewährt, soweit ohne sie die Erhaltung der wirtschaftlichen Lage des Einberufenen gefährdet ist. Das gleiche gilt, wenn bis zum Einstellungstage ein familienunterhaltsberechtigter Angehöriger Unternehmer eines Betriebes der genannten Art und der Einberufene die Hauptkraft in diesem Betriebe gewesen ist. Liegt diese Voraussetzung vor, so ist damit auch die Ernährereigenschaft des Einberufenen (§ 2, II des Gesetzes) nachgewiesen. Die Wirtschaftsbeihilfe wird auch Einberufenen gewährt, die familienunterhaltungsberechtigte Angehörige nicht haben.

(2) Der Reichsminister des Innern erläßt im Einvernehmen mit dem Reichsminister der Finanzen die näheren Vorschriften über die Voraussetzungen und den Umfang der Wirtschaftsbeihilfe.

(3) Der Leiter des Stadt- oder Landkreises setzt im einzelnen Falle die Wirtschaftsbeihilfe fest. In Zweifelsfällen soll die zuständige wirtschaftliche oder berufsständische Vertretung gutachtlich gehört werden. § 7 Abs. 2 ist nicht anzuwenden.

§ 13

(1) Ist ein Familienunterhaltsberechtigter Mitglied einer Familiengemeinschaft (Haushaltsgemeinschaft), so sollen die übrigen Mitglieder ihre Mittel und Kräfte im Rahmen des ihnen Zumutbaren zur Deckung seines notwendigen Lebensbedarfs zur Verfügung stellen, auch soweit sie nach den Vorschriften des bürgerlichen Rechts nicht verpflichtet sind, ihm Unterhalt zu gewähren. Der so gewährte Unterhalt ist bei Bemessung des Familienunterhalts zu berücksichtigen.

(2) Bei Beurteilung der Frage, welches Maß an Hilfe einem Mitgliede der Familiengemeinschaft zugemutet werden kann, ist auf die besondere Lage des Einzelfalls Rücksicht zu nehmen. Insbesondere ist darauf zu achten, daß einem erwerbstätigen Mitglied der Familiengemeinschaft in ausreichendem Umfang die Mittel verbleiben, deren es für die Ausübung seines Berufes und zur Erhaltung seiner Arbeitskraft bedarf (erhöhter Bedarf an Nahrung und Kleidung, Werbungskosten, Erholung). Ferner ist Rücksicht darauf zu nehmen, daß eine beabsichtigte Eheschließung des erwerbstätigen Mitglieds der Familiengemeinschaft nicht gefährdet wird. Auch sonst darf die Anwendung des Abs. 1 nicht dazu führen, daß einem nicht familienunterhaltsberechtigten Mitglied der Familiengemeinschaft, das nicht aus öffentlichen Mitteln unterstützt wird, für den eigenen Bedarf nicht mehr als der Unterhaltssatz (§ 9 Abs. 1 Satz 1) zur Verfügung steht.

(3) Zur Familiengemeinschaft (Haushaltsgemeinschaft) im Sinne des Abs. 1 gehören Ehegatten, Verwandte, Verschwägerte und Personen, die dem Familienunterhaltsberechtigten gegenüber eine sittliche Pflicht zur Unterhaltsgewährung haben.

§ 14

(1) Jeder Familienunterhaltsberechtigte muß seine Arbeitskraft zur Beschaffung des notwendigen Lebensbedarfs für sich einsetzen.

(2) Ob dem Familienunterhaltsberechtigten eine Arbeit billigerweise zugemutet werden kann, soll nach Lebensstellung, Lebensalter, Gesundheitszustand, häuslichen Verhältnissen und, soweit angängig, auch nach der beruflichen Ausbildung beurteilt werden.

(3) Frauen darf Erwerbsarbeit nicht zugemutet werden, wenn dadurch die geordnete Erziehung ihrer Kinder gefährdet würde; auch sonst sind bei Frauen die Pflichten besonders zu berücksichtigen, die ihnen die Führung eines Haushalts oder die Pflege von Angehörigen auferlegt.

(4) Der arbeitsfähige Familienunterhaltsberechtigte, dem eine Arbeit zugemutet werden kann (Abs. 2 und 3), hat sich bei dem zuständigen Arbeitsamt als Arbeitsuchender zu melden. Unterläßt er die Meldung oder verweigert er ohne Grund den Einsatz seiner Arbeitskraft, so hat das Arbeitsamt unverzüglich dem Stadt- oder Landkreis Mitteilung zu machen, damit geprüft werden kann, ob eine Kürzung oder Sperrung des Familienunterhalts geboten ist.

(5) Wenn es aus Gründen des Arbeitseinsatzes erforderlich ist, kann der Reichsarbeitsminister im Einvernehmen mit dem Reichsminister des Innern für den Arbeitseinsatz von Angehörigen der Einberufenen Vorschriften erlassen, die von der im Abs. 1 bis 4 getroffenen Regelung abweichen.

§ 15

(1) Zu den eigenen Mitteln, die der Familienunterhaltsberechtigte einsetzen muß, ehe ihm Familienunterhalt gewährt wird, ist sein gesamtes Einkommen zu rechnen, besonders Bezüge in Geld oder Geldeswert aus gegenwärtigem oder früherem Arbeits- oder Dienstverhältnis und aus Unterhalts- oder Rentenansprüchen öffentlicher oder privater Art. Der Reichsminister des Innern bestimmt im Einvernehmen mit dem Reichsminister der Finanzen, in welchem Umfang Einkommen des Familienunterhaltsberechtigten bei Bemessung des Familienunterhalts außer Ansatz bleibt.

(2) Der Familienunterhalt darf vom Verbrauch oder der Verwertung des Vermögens nicht abhängig gemacht werden.

§ 16

(1) Siedelt ein Familienunterhaltsberechtigter nach dem Einstellungstag in eine Gemeinde über, deren Unterhaltssatz (§ 9 Abs. 1 Satz 1) höher ist als derjenige des bisherigen Wohnorts, so ist der Unterhaltssatz des bisherigen Wohnorts anzuwenden. Dies gilt nicht, wenn ein berechtigter Grund für die Übersiedlung vorliegt.

(2) Ein berechtigter Grund ist insbesondere anzunehmen, wenn durch

die Übersiedlung eine Haushaltsgemeinschaft mit Angehörigen (§ 13 Abs. 3) hergestellt wird.

(3) Dem Wohnort (Abs. 1) steht der Ort des nicht nur vorübergehenden Aufenthalts gleich.

§ 17

(1) Die Verpflichtungen Dritter, einen Familienunterhaltsberechtigten zu unterstützen, bleiben unberührt. Diese Verpflichteten sind zur Erfüllung ihrer Verpflichtungen gegenüber dem Familienunterhaltsberechtigten erforderlichenfalls anzuhalten; der § 21a Abs. 1 und 2, die §§ 22 und 23 der Fürsorgepflichtverordnung sind entsprechend anzuwenden.

(2) Die nach bürgerlichem Recht unterhaltspflichtigen Verwandten auf- und absteigender Linie des Familienunterhaltsberechtigten sind nicht heranzuziehen.

(3) Der Einberufene darf nur mit seinem Einkommen herangezogen werden. Der Reichsminister des Innern bestimmt im Einvernehmen mit dem Reichsminister der Finanzen, in welchem Umfang Einkommen des Einberufenen außer Ansatz bleibt. Der Verbrauch oder die Verwertung des Vermögens des Einberufenen zur Erfüllung seiner Unterhaltspflicht gegenüber einem Familienunterhaltsberechtigten darf nicht gefordert werden.

(4) Hat ein uneheliches Kind Familienunterhalt erhalten, so kann es insoweit von dem Erzeuger Unterhalt für die Vergangenheit nicht verlangen, sofern dieser einberufen war und aus dem Wehrdienst oder dem Reichsarbeitsdienst in Ehren entlassen worden ist.

§ 18

Ansprüche auf Renten oder andere Bezüge aus öffentlichen Mitteln mit Ausnahme der Arbeitslosenhilfe und der öffentlichen Fürsorge werden durch den Familienunterhalt nicht berührt.

IV. Kosten.

§ 19

Das Nähere über die Leistungen des Reichs (Verfahren, Zahlungsweise und Zeitpunkt) wird vom Reichsminister der Finanzen im Einvernehmen mit dem Reichsminister des Innern bestimmt.

V. Sonstiges.

§ 20

(1) Der Familienunterhalt bewirkt keine Unterbrechung der fürsorgerechtlichen Hilfsbedürftigkeit (§ 15 der Fürsorgepflichtverordnung).

(2) Hat bei Beginn des Familienunterhalts keine fürsorgerechtliche Hilfsbedürftigkeit bestanden, muß aber bei Einstellung des Familien-

unterhalts die öffentliche Fürsorge eintreten, so ist der Fürsorgeverband zur Fürsorge endgültig verpflichtet, der es bei Beginn des Familienunterhalts gewesen wäre.

§ 21

(1) § 21 b, § 27 Abs. 1 und 2, § 28 Abs. 1 der Fürsorgepflichtverordnung sind entsprechend anzuwenden.

(2) Soweit nach dieser Verordnung Bestimmungen der Fürsorgepflichtverordnung entsprechend anzuwenden sind, finden die landesrechtlichen Ausführungsbestimmungen zu diesen gleichfalls entsprechende Anwendung, soweit ein Land nichts anderes bestimmt.

§ 22

Zu Unrecht empfangener Familienunterhalt ist zurückzuzahlen. Über die Rückforderung entscheidet der Stadt- oder Landkreis, der den Familienunterhalt gewährt hat. § 3 Abs. 3 gilt entsprechend. Die Beitreibung im Verwaltungszwangsverfahren ist zulässig.

VI. Sondervorschriften für die Alpen- und Donau-Reichsgaue und den Reichsgau Sudetenland.

§ 23

Das Familienunterhaltsgesetz und diese Verordnung gelten auch in den Alpen- und Donau-Reichsgauen und im Reichsgau Sudetenland.

§ 24

(Weggefallen)

§ 25

(Weggefallen)

§ 26

(Weggefallen)

§ 27

Soweit nach dieser Verordnung Bestimmungen der Fürsorgepflichtverordnung entsprechend anzuwenden sind, finden die Bestimmungen der Verordnung über die Einführung fürsorgerechtlicher Vorschriften im Lande Österreich vom 3. September 1938 (Reichsgesetzbl. I S. 1125) und der Verordnung über die Einführung fürsorgerechtlicher Vorschriften in den sudetendeutschen Gebieten vom 28. Dezember 1938 (Reichsgesetzbl. I S. 1971) gleichfalls entsprechende Anwendung.

§ 28

Eine Anrufung des Verwaltungsgerichtshofs in Wien und des Verwaltungshofs in Reichenberg gegen Bescheide auf Grund des Gesetzes oder dieser Verordnung findet nicht statt.

§ 29

Soweit Vorschriften in den Alpen- und Donau-Reichsgauen und im Reichsgau Sudetenland nicht unmittelbar angewendet werden können, sind sie sinngemäß anzuwenden.

2. Abschnitt.

Sonstiger Geltungsbereich des Einsatz-Familienunterhaltsgesetzes.

§ 30

(1) Den einberufenen Wehrpflichtigen und Reichsarbeitsdienstpflichtigen stehen im Sinne des Einsatz-Familienunterhaltsgesetzes und des 1. Abschnitts dieser Verordnung gleich:

1. die zum Luftschutzdienst (§§ 13, 22, 23 der Ersten Durchführungsverordnung zum Luftschutzgesetz in der Fassung vom 1. September 1939 — Reichsgesetzbl. I S. 1630) einberufenen Luftschutzdienstpflichtigen, ferner die zu Ausbildungsveranstaltungen des Reichsluftschutzbundes einberufenen ehrenamtlichen Amtsträger des Reichsluftschutzbundes (§ 8 Nr. 1 der Verordnung über den Reichsluftschutzbund vom 14. Mai 1940 — Reichsgesetzbl. I S. 784);
2. die zu Dienstleistungen auf Grund der Notdienstverordnung vom 15. Oktober 1938 (Reichsgesetzbl. I S. 1441) herangezogenen Notdienstpflichtigen;
3. die einberufenen Angehörigen der Waffen-SS;
4. die einberufenen Angehörigen der Technischen Wirtschaftseinheiten;

4a[6]) die einberufenen nichtmilitärischen Angehörigen der TR-(Heerestransport-)Einheiten des Nationalsozialistischen Kraftfahrkorps;

5. die in die Freiwillige Krankenpflege für Zwecke der Wehrmacht eingestellten Personen, soweit sie nicht Wehrmachtangehörige sind;
6. die Teilnehmer an Lehrgängen des Deutschen Roten Kreuzes zur Ausbildung für die Mitwirkung im amtlichen Sanitätsdienst der Wehrmacht und die zur Hilfeleistung bei öffentlichen Notständen eingesetzten Mitglieder des Deutschen Roten Kreuzes (§§ 12 und 15 des Gesetzes über das Deutsche Rote Kreuz vom 9. Dezember 1937 — Reichsgesetzbl. I S. 1330);

7.[7]) die Teilnehmer an den Lehrgängen der Reichs-Motorsport-Schulen im Nationalsozialistischen Kraftfahrkorps und an Lehrgängen des Nationalsozialistischen Fliegerkorps;

[6]) Ziff. 4a eingeschaltet durch V. vom 27. April 1942 (RGBl. I S. 248).

[7]) Ziff. 9 eingeschaltet durch V. vom 16. Juni 1941 (RGBl. I S. 320).

8. die zu SA.-Führerausbildungslehrgängen Einberufenen;
9. die Teilnehmer an Lehrgängen für Wehrertüchtigung in den Reichsausbildungslagern der Hitlerjugend [8]).

(2) Den Angehörigen der einberufenen Wehrpflichtigen stehen die im Inland befindlichen Angehörigen folgenden Personen gleich:

1. der Besatzungsmitglieder deutscher Handelsschiffe, die an der Rückkehr aus dem Ausland infolge feindlicher Maßnahmen verhindert sind oder aus einem zwingenden Grund zum Ersatz oder zur Verstärkung der Schiffsbesatzung verwendet werden;
2. der im feindlichen Ausland als Kriegs- oder Zivilgefangene festgehaltenen oder dauernd in Überwachung stehenden deutschen Staatsangehörigen;
3. der an der Rückkehr aus dem neutralen Ausland infolge feindlicher Maßnahmen verhinderten deutschen Staatsangehörigen;
4. der deutschen Staatsangehörigen, die während des gegenwärtigen Krieges als Soldaten in die italienische Wehrmacht eintreten oder eingetreten sind [8]).

(3) Abweichend von § 4 des Familienunterhaltsgesetzes werden den Stadt- und Landkreisen die Kosten des Familienunterhalts mit Ausnahme der Verwaltungskosten in den Fällen des Abs. 1 Nr. 6 vom Deutschen Roten Kreuz, in den Fällen des Abs. 1 Nr. 7 und Nr. 9 vom Veranstalter des Lehrgangs erstattet.

3. Abschnitt
Schlußvorschrift.

§ 31

Die Verordnung tritt am 1. Juli 1940 in Kraft.

4.
Ausführung des Einsatz-Familienunterhalts.

RdErl. d. RMdI. u. d. RFM. v. 5. 5. 1942 — V f 330/42-7900 u. LG 4085-793 I A —

(MBliV. Sp. 817 ff.)

Inhaltsübersicht.

1. Abschnitt.

Wehrpflicht und Reichsarbeitsdienstpflicht. Seite

---

[8]) Abs. 2 i. d. F. der V. vom 25. Oktober 1940 (RGBl. I S. 1397).

2. Abschnitt.

Sonstiger Geltungsbereich des EFUG.

Auf Grund des § 6 des Einsatz-Familienunterhaltsges. (EFUG.) vom 26. 6. 1940 (RGBl. I S. 911) und des § 4 Abs. 1 Satz 2, § 6, § 9 Abs. 1, § 12 Abs. 2, § 15 Abs. 1 Satz 2, § 17 Abs. 3 Satz 2, § 19 der Einsatz-Familienunterhalts-Durchf.-VO. (EFU.-DV.) vom 26. 6. 1940 (RGBl. I S. 912) ordnen wir folgendes an:

1. Abschnitt.

Wehrpflicht und Reichsarbeitsdienstpflicht.

A. Familienunterhaltsberechtigung (§§ 1 und 2 EFUG.)

I. Personenkreis der Einberufenen (§ 1 EFUG.)

1. Zu § 1 Abs. 1 Satz 1 EFUG.

(1) Wehrpflicht. Während des Krieges wird für den Familienunterhalt zwischen Einberufungen zur Erfüllung der zweijährigen aktiven Dienstpflicht und Einberufungen zu kurzfristiger Ausbildung oder Übungen der Wehrmacht nicht unterschieden. § 1 Abs. 1 EFUG. spricht daher nur von „zum Wehrdienst einberufenen Wehrpflichtigen". Nach § 1 Abs. 1 EFU.-DV. zählen hierzu frühestens vom Beginn des dritten Dienstjahres an nicht Soldaten, die auf Grund einer freiwilligen Dienstverpflichtung Gehaltsempfänger des Friedensstandes der Wehrmacht geworden sind oder werden. Soldaten, die nicht auf Grund einer solchen Dienstverpflichtung Gehaltsempfänger des Friedensstandes werden, behalten somit für ihre Angehörigen den Anspruch auf Familienunterhalt während der Dauer der Einberufung. Befinden sie sich in Dienstgraden der Gehaltsempfänger, ohne zum Friedensstand der Wehrmacht zu gehören, so können sie jedoch an

Stelle des Familienunterhalts die Kriegsbesoldung wählen; in diesem Falle wird der Familienunterhalt eingestellt, es sei denn, daß die besondere Ausnahme der Nr. 23 Abs. 3 vorliegt (Nrn. 148 bis 150). Wird dagegen der Soldat auf Grund einer freiwilligen Dienstverpflichtung Gehaltsempfänger des Friedensstandes der Wehrmacht, so ist zu unterscheiden, ob er es vor oder nach Ablauf von zwei Dienstjahren wird. Wird der Soldat vor Ablauf der beiden ersten Dienstjahre Gehaltsempfänger des Friedensstandes, so entfällt der Anspruch auf Familienunterhalt mit dem Beginn des dritten Dienstjahres, wird er es erst nach Ablauf der beiden ersten Dienstjahre, so entfällt der Anspruch auf Familienunterhalt mit dem Zeitpunkt, in welchem er Gehaltsempfänger des Friedensstandes der Wehrmacht wird, es sei denn, daß auch hier die besondere Ausnahme der Nr. 23 Abs. 3 vorliegt (Nr. 150 a).

(2) Reichsarbeitsdienst. Bei den männlichen Reichsarbeitspflichtigen, die auf Grund einer freiwilligen Dienstverpflichtung als Längerdienende des Reichsarbeitsdienstes im Reichsarbeitsdienst bleiben, bleibt die Familienunterhaltsberechtigung der Angehörigen für ein weiteres halbes Jahr, also einschl. der Erfüllung der Reichsarbeitsdienstpflicht für eine Gesamtdienstzeit von 1 Jahr, bestehen. Längerdienende des Reichsarbeitsdienstes gibt es in beschränktem Umfange auch bei anderen Dienststellen als bei Reichsarbeitsdienstabteilungen. In den Fällen des § 3 Abs. 2, § 4 Abs. 2 EFU.-DV. treten diese Dienststellen des Reichsarbeitsdienstes an die Stelle der Reichsarbeitsdienstabteilung.

2. Zu § 1 Abs. 1 Satz 2 EFUG. Freiwillige Meldung.

Zu den auf Grund freiwilliger Meldung Einberufenen sind sowohl die vorzeitig (vor Einberufung ihres Geburtsjahrganges) Dienenden als auch Wehrpflichtige und Dienstpflichtige zu rechnen, deren Geburtsjahrgang infolge besonderer Anordnung zum Wehrdienst oder zur Erfüllung der Reichsarbeitsdienstpflicht nicht mehr herangezogen wird.

3. Reichsarbeitsdienstpflicht der weiblichen Jugend.

Zu den zur Erfüllung der Reichsarbeitsdienpflicht einberufenen Reichsarbeitsdienstpflichtigen gehören auch die zur Erfüllung der Reichsarbeitsdienstpflicht einberufenen weiblichen Reichsarbeitsdienstpflichtigen (§ 2 der VO. über die Durchführung der Reichsarbeitsdienstpflicht für die weibliche Jugend vom 4. 9. 1939, RGBl. I S. 1693).

3a. Kriegshilfsdienst der Arbeitsmaiden.

Für den Familienunterhalt der Kriegshilfsdienstpflichtigen des Reichsarbeitsdienstes für die weibliche Jugend gelten sinngemäß die für Notdienstpflichtige jeweils erlassenen Vorschriften (Art. 4 Abs. 1

der VO. zur Durchführung des Erlasses des Führers und Reichskanzlers über den weiteren Kriegseinsatz des Reichsarbeitsdienstes für die weibliche Jugend vom 13. 8. 1941, RGBl. I S. 491, in der Fass. des Art. 2 der Dritten Durchf.-VO. vom 27. 2. 1942, RG.-Bl. I S. 95). Die Nr. 197 (Anrechnung) ist mit der Maßgabe anzuwenden, daß an Stelle der im RdErl. vom 1.4.1942 (MBliV. S. 649) bestimmten Vergütungssätze die in Art. 4 Abs. 2 der VO. vom 13. 8. 1941/27. 2. 1942 geregelten Vergütungen außer Ansatz bleiben.

II. Personenkreis der Angehörigen (§ 2 EFUG.)

a) Uneheliches Kind (§ 2, I Halbsatz 2 EFUG.)[1].

4. (1) Die Familienunterhaltsberechtigung des unehelichen Kindes ist während des besonderen Einsatzes der Wehrmacht nicht mehr von der Ernährereigenschaft des Einberufenen abhängig. Voraussetzung ist nur noch, daß die Verpflichtung des Einberufenen zur Gewährung des Unterhalts feststeht. Dies ist von dem Stadt- oder Landkreis zu prüfen. Er kann dabei sowohl gerichtliche Entscheidungen wie außergerichtliche Anerkenntnisse und Verpflichtungserklärungen verwerten (vgl. Nrn. 5 und 6).

(2) Soweit die Verpflichtung eines einberufenen Wehrpflichtigen durch Anerkennung der Vaterschaft festgestellt wird, kann diese Anerkennung auch vor dem richterlichen Militärjustizbeamten in öffentlicher Urkunde erklärt werden (vgl. Art. 1 § 1 Abs. 1 des Ges. über die freiwillige Gerichtsbarkeit und andere Rechtsangelegenheiten in der Wehrmacht vom 24. 4. 1934, RGBl. I S. 335). Ist während des Einsatzes an der Front die Erklärung vor dem richterlichen Militärjustizbeamten laut Bescheinigung des Truppenteils nicht möglich, so genügt vorläufig eine schriftliche Anerkennung der Vaterschaft durch den Einberufenen, dessen Unterschrift von einem militärischen Disziplinarvorgesetzten oder vorgesetzten Beamten zu beglaubigen ist (vgl. Art. 1 § 1 Abs. 2 des Ges. vom 24. 4. 1934). Die Erklärung in öffentlicher Urkunde vor dem richterlichen Militärjustizbeamten ist jedoch sobald als möglich nachzuholen.

5. Altreich.

Die Verpflichtung des Einberufenen zur Gewährung des Unterhalts muß durch gerichtliches rechtskräftiges Urteil, durch Anerkennung der Vaterschaft in öffentlicher Urkunde (§ 1718 BGB.) oder durch einen vom Vormundschaftsgericht genehmigten Vergleich (§ 1822 Nr. 12 BGB.) nachgewiesen sein.

---

[1]) Siehe hierzu auch den RdErl. v. 28. 7. 1940 — V f 1069/40-7900 und LG 4085-359 I — über Familienunterhalt für das uneheliche Kind des Einberufenen (nicht veröffentl.).

6. Alpen- und Donau-Reichsgaue[2]). Reichsgau Sudetenland.

Die Vaterschaft des Einberufenen muß von ihm vor Gericht oder vor einer hierfür zuständigen Verwaltungsbehörde anerkannt oder gerichtlich festgestellt worden sein. Der Anerkennung steht es gleich, wenn der väterliche Name nach den Vorschriften des § 164 ABGB.[3]) im Tauf- oder Geburtsbuch eingeschrieben ist.

6a. Tod oder Vermißtsein.

Stirbt der Einberufene oder wird er vermißt und ist seine Verpflichtung zur Unterhaltsgewährung z. Z. seines Todes oder bei Eintritt des Vermißtseins noch nicht festgestellt oder ist das Kind erst nach diesem Zeitpunkt geboren, so kann die Vaterschaft des Verstorbenen (Vermißten) als nachgewiesen angesehen werden, wenn er sich in Briefen oder sonstigen Aufzeichnungen als Vater des Kindes bekannt hat oder wenn der Truppenteil (die Dienststelle) des Verstorbenen (Vermißten) bescheinigt, daß er sich gegenüber Vorgesetzten oder Kameraden als Vater des Kindes bekannt hat.

b) Frühere Ehefrau (§ 2, II Nr. 1 EFUG.) Altreich.

7. Der Unterhaltsanspruch der früheren Ehefrau gegenüber dem Einberufenen richtet sich in den Fällen der Scheidung nach den §§ 66 bis 69, 96 des Ehegef.[4]), in den Fällen der Nichtigerklärung der Ehe nach den §§ 31, 88 und 92 in Verbindung mit den §§ 66 bis 69 des Ehegef. sowie nach § 16 der VO. zur Durchführung und Ergänzung des Ehegef. vom 27. 7. 1938 (RGBl. I S. 923), in den Fällen der Aufhebung der Ehe nach § 42 in Verbindung mit den §§ 66 bis 69 des Ehegef.

Alpen- und Donau-Reichsgaue.

8. Falls die Ehe nach dem Inkrafttreten des Ehegef. vom 6. 7. 1938 (1. 8. 1938) geschieden, für nichtig erklärt oder aufgehoben wird, richtet sich der Unterhaltsanspruch der früheren Ehefrau gegenüber dem Einberufenen in den Fällen der Scheidung nach den §§ 66 bis 69 des Ehegef., in den Fällen der Nichtigerklärung der Ehe nach § 31 in Verbindung mit den §§ 66 bis 69 des Ehegef. sowie nach § 16 der VO. zur Durchführung und Ergänzung des Ehegef. vom 27. 7. 1938 (RG.-Bl. I S. 923), in den Fällen der Aufhebung der Ehe nach § 42 in Verbindung mit den §§ 66 bis 69 des Ehegef.

9. In den Fällen, in denen die Ehe vor dem Inkrafttreten des Ehegef. nach dem bisherigen österreichischen Recht von Tisch und Bett geschie-

[2]) Das sind die Reichsgaue Wien, Kärnten, Niederdonau, Oberdonau, Salzburg, Steiermark, Tirol und Vorarlberg.
[3]) Vgl. JGS. 1811 Nr. 946.
[4]) Vgl. RGBl. 1938 I S. 807.

den worden ist oder in denen sie nach den bisherigen Bestimmungen getrennt oder von Tisch und Bett geschieden war und im Sinne des Eheges. als geschieden gilt, richtet sich der Unterhaltsanspruch:

a) bei Trennung der Ehe dem Bande nach nach den §§ 109 und 111 des Eheges.,
b) bei Scheidung der Ehe von Tisch und Bett nach § 114, bei Umwandlung einer Scheidung von Tisch und Bett in eine Scheidung dem Bande nach nach § 115 Abs. 3 des Eheges. und § 53 der Durchf.-VO. zum Eheges.,
c) in den Fällen, in denen eine Ehe mit Nachsicht vom Ehehindernis des Ehebandes geschlossen war und die frühere Ehe als geschieden gilt, für den Ehegatten aus der früheren Ehe nach § 122 Abs. 2 des Eheges. und § 53 der Durchf.-VO. zum Eheges.,
d) in den Fällen, in denen eine mit Nachsicht vom Ehehindernis des Ehebandes geschlossene Ehe wegen dieses Ehehindernisses für nichtig erklärt worden war, nach § 127 des Eheges. und § 53 der Durchf.-VO. zum Eheges.

10. Einem Urteil auf Trennung der Ehe steht eine Entscheidung über die richterliche Lösung einer Ehe nach dem bisherigen burgenländischen Eherecht und die für vollstreckbar erklärte kirchliche Verfügung über die Nachsicht von einer nichtvollzogenen Ehe gleich.

Reichsgau Sudetenland.

11. Falls die Ehe nach dem 1. 1. 1939 geschieden, für nichtig erklärt oder aufgehoben wird, richtet sich der Unterhaltsanspruch der früheren Ehefrau gegenüber dem Einberufenen in den Fällen der Scheidung nach den §§ 66 bis 69 des Eheges., in den Fällen der Nichtigerklärung der Ehe nach § 31 in Verbindung mit den §§ 66 bis 69 des Eheges. sowie nach § 16 der VO. zur Durchführung und Ergänzung des Eheges. vom 27. 7. 1938 (RGBl. I S. 923), in den Fällen der Aufhebung der Ehe nach § 42 in Verbindung mit den §§ 66 bis 69 des Eheges.

12. In den Fällen, in denen die Ehe vor dem 1. 1. 1939 gemäß den in den sudetendeutschen Gebieten bisher geltenden Gesetzen von Tisch und Bett geschieden worden ist oder in denen sie nach den bisherigen Bestimmungen getrennt war und im Sinne des Eheges. als geschieden gilt, richtet sich der Unterhaltsanspruch:

a) bei Trennung der Ehe nach § 29 der VO. zur Einführung des großdeutschen Eherechts in den sudetendeutschen Gebieten vom 22. 12. 1938 (RGBl. I S. 1987),
b) bei Scheidung der Ehe von Tisch und Bett nach § 31, bei Umwandlung einer Scheidung von Tisch und Bett in eine Scheidung dem Bande nach nach § 33 Abs. 2 der Einf.-VO. vom 22. 12. 1938.

13. **Feststellung der Unterhaltspflicht des Einberufenen gegenüber der geschiedenen Ehefrau.**

Die geschiedene Ehefrau des Einberufenen ist familienunterhaltsberechtigt, wenn der Einberufene bis zum Einstellungstage ganz oder zu einem wesentlichen Teil der Ernährer gewesen ist, und wenn er außerdem nach den Vorschriften des Ehegeś. verpflichtet ist, der Ehefrau Unterhalt zu gewähren. Die letztere Voraussetzung ist **nicht** schon dann gegeben, wenn lediglich die **grundsätzliche** Verpflichtung zur Unterhaltsgewährung nach den Vorschriften des Ehegeś. zu bejahen ist, da Umstände vorliegen können, die die tatsächliche Unterhaltspflicht im Einzelfalle ausschließen (vgl. §§ 66 Abs. 1, 67, 68, 69 Abs. 2 des Ehegeś.). Erforderlich ist vielmehr, daß im **Einzelfall** eine Unterhaltspflicht für den Einberufenen besteht. Dies ist von dem Stadt- oder Landkreis zu prüfen. Nicht erforderlich ist, daß eine gerichtliche Verurteilung zur Unterhaltsleistung oder eine nach § 80 des Ehegeś. gültige Vereinbarung über die Unterhaltspflicht des Einberufenen vorliegt. Auch ein außergerichtliches Anerkenntnis der Unterhaltspflicht kann als ausreichend angesehen werden. Liegt weder eine Verurteilung noch eine Vereinbarung oder ein Anerkenntnis vor, so kommt es für die Familienunterhaltsberechtigung der geschiedenen Ehefrau darauf an, daß der Schuldausspruch im Scheidungsurteil eine Inanspruchnahme des Einberufenen zur Unterhaltsleistung nicht ausschließt und bei Würdigung aller Umstände des Falles anzunehmen ist, daß der Einberufene im Falle einer Klage der Berechtigten zur Unterhaltsleistung verurteilt werden würde.

c) Schwiegereltern.

13 a. Schwiegereltern können als familienunterhaltsberechtigt anerkannt werden, wenn der Einberufene bis zum Einstellungstage ganz oder zu einem wesentlichen Teil der Ernährer gewesen ist und das Einkommen (§ 15 Abs. 1 EFU.-DV.) der Schwiegereltern während der Dauer der Einberufung niedriger ist als der maßgebende örtliche Unterhaltssatz (Nr. 69) zuzüglich der Miete — in den Alpen- und Donau-Reichsgauen sowie im Reichsgau Sudetenland niedriger als der Unterhaltshöchstsatz (Nr. 74) zuzüglich der Miete —. Der Unterhaltssatz (Unterhaltshöchstsatz) zuzüglich der Miete gilt in diesen Fällen zugleich als Einkommenshöchstgrenze. Für die Feststellung der Ernährereigenschaft gelten die Nrn. 16 bis 20 und 28. Im übrigen sind die für die Gruppe II des § 2 EFUG. geltenden Vorschriften sinngemäß anzuwenden. Ist die Ernährereigenschaft nicht gegeben, so kann Nr. 27 Abs. 2 angewendet werden.

d) Geschwister.

13 b. Geschwister des Einberufenen, die nicht nach § 2, II Nr. 6 EFUG. familienunterhaltsberechtigt sind, können als familienunter-

haltsberechtigt anerkannt werden, wenn der Einberufene bis zum Einstellungstage ganz oder zu einem wesentlichen Teil der Ernährer gewesen ist und das Einkommen (§ 15 Abs. 1 EFU.-DV.) des Angehörigen während der Dauer der Einberufung niedriger ist als der maßgebende örtliche Unterhaltssatz (Nr. 69) zuzüglich der Miete — in den Alpen- und Donau-Reichsgauen sowie im Reichsgau Sudetenland niedriger als der Unterhaltshöchstsatz (Nr. 74) zuzüglich der Miete. Der Unterhaltssatz (Unterhaltshöchstsatz) zuzüglich der Miete gilt in diesen Fällen zugleich als Einkommenshöchstgrenze. Für die Feststellung der Ernährereigenschaft gelten die Nrn. 16 bis 20 und 28. Im übrigen sind die für die Gruppe II des § 2 EFUG. geltenden Vorschriften sinngemäß anzuwenden. Ist die Ernährereigenschaft nicht gegeben, so kann Nr. 27 Abs. 2 angewendet werden.

III. Voraussetzungen der Familienunterhaltsberechtigung (§ 2 EFUG.).

a) Allgemeines.

14. Die Gewährung des Familienunterhalts (FU.) setzt voraus, daß der Angehörige zu den Familienunterhaltsberechtigten (§ 2 EFUG., Gruppe I oder Gruppe II) gehört und daß der notwendige Lebensbedarf des Angehörigen während der Dauer der Einberufung des Wehrpflichtigen oder Reichsarbeitsdienstpflichtigen nicht auf andere Weise (§ 9 Abs. 3 EFU.-DV.) gesichert ist.

15. Ein Angehöriger der Gruppe I, dessen notwendiger Lebensbedarf während der Dauer der Einberufung des Wehrpflichtigen oder Reichsarbeitsdienstpflichtigen nicht auf andere Weise gesichert ist, ist ohne den besonderen Nachweis, daß der Einberufene sein Ernährer war, familienunterhaltsberechtigt.

15a. Zusammentreffen von Familienunterhaltsberechtigung nach Gruppe I und Gruppe II.

Ist ein Angehöriger sowohl nach Gruppe I als auch nach Gruppe II familienunterhaltsberechtigt, z. B. weil der Ehemann und ein Sohn gleichzeitig einberufen sind, so ist der Familienunterhalt nach den für den Angehörigen günstigeren Vorschriften zu gewähren.

b) Feststellung der Ernährereigenschaft (§ 2, II EFUG.).

16. Allgemeines. Ein Angehöriger der Gruppe II ist nur dann familienunterhaltsberechtigt, wenn der Einberufene bis zum Einstellungstage ganz oder zu einem wesentlichen Teil sein Ernährer gewesen ist. Diese Voraussetzung ist erfüllt, wenn die durchschnittliche Unterhaltsleistung (Nrn. 18 bis 20) des Einberufenen für den Angehörigen während des letzten halben Jahres oder des in Nr. 24 vorgesehenen kürzeren Zeitraums vor dem Einstellungstage die Hälfte

des Lebensunterhalts (Nr. 17) des Angehörigen erreicht oder überstiegen hat.

17. Lebensunterhalt.

Als Lebensunterhalt (Nr. 16 Satz 2) des Angehörigen sind die tatsächlich für den Lebensunterhalt aufgewendeten Kosten anzusehen. War jedoch die durchschnittliche Unterhaltsleistung des Einberufenen für den Angehörigen während des maßgebenden Zeitraums (Nr. 16 Satz 2) so hoch, daß sie ein Drittel des für den Angehörigen geltenden örtlichen Unterhaltssatzes (Nr. 69) — in den Alpen- und Donau-Reichsgauen sowie im Reichsgau Sudetenland die Hälfte des für den Angehörigen geltenden Unterhalts**regel**satzes (Nr. 72) — erreicht oder überstiegen hat, so ist die Familienunterhaltsberechtigung anzuerkennen, ohne daß es alsdann einer Ermittlung der tatsächlichen Kosten des Lebensunterhalts des Angehörigen bedarf; leben mehrere unter § 2, II EFUG. fallende Angehörige in Haushaltsgemeinschaft zusammen, so muß die durchschnittliche Unterhaltsleistung des Einberufenen für diese Angehörigen ein Drittel des für sie maßgebenden örtlichen Gesamtunterhaltssatzes — in den Alpen- und Donau-Reichsgauen sowie im Reichsgau Sudetenland die Hälfte des für sie maßgebenden Gesamtunterhalts**regel**satzes — erreicht oder überstiegen haben.

17 a. Bei der Feststellung der Ernährereigenschaft nach Nr. 17 Satz 2 sind jedoch nicht nur die Unterhaltsleistungen des Einberufenen, sondern auch die sonstigen Einkünfte des Angehörigen zu berücksichtigen. Der Einberufene darf nur dann als Ernährer des Angehörigen anerkannt werden, wenn die Unterhaltsleistung des Einberufenen im Verhältnis zu diesen sonstigen Einkünften als ein so wesentlicher Teil der Gesamteinkünfte des Angehörigen anzusehen ist, daß der Ausfall der Unterhaltsleistung ohne Gewährung von Familienunterhalt für den Angehörigen nicht zumutbar ist. Die Sätze 1 und 2 sind nicht anzuwenden, wenn die sonstigen Einkünfte des Angehörigen ohne sein Verschulden ganz oder zu einem wesentlichen Teile in der Zeit nach dem Einstellungstage wegfallen.

Unterhaltsleistung.

18. Der Unterhalt muß — außer in den Fällen der Nr. 20 a (geschiedene Ehe), der Nr. 21 (noch nicht abgeschlossene Berufsausbildung), der Nr. 22 (Tod eines Elternteils) und der Nr. 22 a (Erwerbsunfähigkeit der Eltern oder eines Elternteils) — tatsächlich geleistet worden sein (Grundsatz der tatsächlichen Unterhaltsleistung). Steht die zahlenmäßige Höhe der durchschnittlichen Unterhaltsleistung (Nr. 16 Satz 2) des Einberufenen nicht fest, so ist sie zu schätzen. Hat der Einberufene vor der Einberufung mit seinen Angehörigen in Haushaltsgemeinschaft gelebt, so sind hierzu folgende Feststellungen zu treffen:

a) Wie hoch war das durchschnittliche monatliche Nettoeinkommen des Einberufenen während des letzten halben Jahres oder des nach Nr. 24 vorgesehenen kürzeren Zeitraumes vor dem Einstellungstage?

b) Welcher Teil des nachgewiesenen Nettoeinkommens (a) des Einberufenen entfällt auf den Eigenbedarf und etwaige sonstige Ausgaben (z. B. regelmäßiges Fahrgeld zur und von der Arbeitsstätte) des Einberufenen selbst? Dieser Eigenbedarf ist nach den tatsächlichen Verhältnissen zu schätzen.

c) Der nach Abzug des Eigenbedarfs und der etwaigen sonstigen Ausgaben (b) des Einberufenen verbleibende Teil seines durchschnittlichen Nettoeinkommens (a) kann als Unterhaltsleistung des Einberufenen für seine Angehörigen angesehen werden.

19. Zahlungen, für die der Einberufene von seinen Angehörigen eine Gegenleistung (z. B. Verpflegung, Unterkunft, Reinigung der Wäsche) zu erhalten hatte, dienten der Deckung seines Eigenbedarfs; sie sind nicht als Unterhaltsleistungen zu erachten.

20. Hat der Einberufene bis zur Einberufung nicht in Haushaltsgemeinschaft mit seinen Angehörigen gelebt, so ist die Höhe der durchschnittlichen Unterhaltsleistung in anderer Weise glaubhaft zu machen.

20a. Geschiedene Ehe.

Ist die Ehe des Einberufenen erst während des letzten halben Jahres vor dem Einstellungstage geschieden worden oder wird sie erst nach dem Einstellungstage geschieden und war der Einberufene in der Zeit vor dem Einstellungstage nicht der Ernährer seiner Ehefrau, obwohl er zu ihrem Unterhalt verpflichtet war, so ist die geschiedene Ehefrau familienunterhaltsberechtigt, wenn nach den Einkommens- oder Vermögensverhältnissen des Einberufenen während des letzten halben Jahres vor dem Einstellungstage anzunehmen ist, daß die geschiedene Ehefrau ohne den besonderen Einsatz des Einberufenen ihren Unterhaltsanspruch mindestens in der für die Anerkennung der Ernährereigenschaft erforderlichen Höhe (Nrn. 16, 17) verwirklicht haben würde. Nr. 17a ist sinngemäß anzuwenden.

21. Noch nicht abgeschlossene Berufsausbildung.

(1) War der Einberufene in der Zeit vor dem Einstellungstage nicht der Ernährer seiner Eltern, weil er sich noch in Berufsausbildung befand und deshalb noch nicht oder nicht in dem erforderlichen Umfang zum Unterhalt der Eltern beitragen konnte, so sind die Eltern familienunterhaltsberechtigt, wenn die Berufsausbildung ohne die Einberufung inzwischen abgeschlossen sein würde und anzunehmen ist, daß der Einberufene ohne den besonderen Einsatz seinen Eltern gemäß seiner bürgerlich-rechtlichen Unterhaltspflicht mindestens den für die Anerkennung der Ernährereigenschaft erforderlichen Teil ihres Lebensunterhalts (Nrn. 16, 17) gewährt hätte. Nr. 17a ist sinngemäß anzuwenden. Die Ernährereigenschaft gilt von dem Zeitpunkt an als gegeben, an dem die Berufsausbildung abgeschlossen sein würde.

(2) Abs. 1 Satz 1 und 2 gilt entsprechend, wenn der Einberufene in der Zeit vor dem Einstellungstage nicht der Ernährer seiner Eltern gewesen ist, weil seine Berufsausbildung erst kurz vor dem Einstellungstage abgeschlossen worden ist.

22. Tod eines Elternteils.

War der Einberufene in der Zeit vor dem Einstellungstage nicht der Ernährer seiner Eltern und ist erst nach diesem Zeitpunkt die Sicherung des notwendigen Lebensbedarfs eines Elternteils infolge des Todes des anderen Elternteils weggefallen, so ist der überlebende Elternteil familienunterhaltsberechtigt, wenn nach den Einkommens- oder Vermögensverhältnissen des Einberufenen während des letzten halben Jahres vor dem Einstellungstage anzunehmen ist, daß er diesem Elternteil gemäß seiner bürgerlich-rechtlichen Unterhaltspflicht mindestens den für die Anerkennung der Ernährereigenschaft erforderlichen Teil seines Lebensunterhalts (Nrn. 16, 17) gewährt hätte; die Nrn. 18 bis 20 und 24 gelten entsprechend. Nr. 17 a ist sinngemäß anzuwenden.

22 a. Erwerbsunfähigkeit der Eltern oder eines Elternteils.

War der Einberufene in der Zeit vor dem Einstellungstage nicht der Ernährer seiner Eltern und ist erst nach diesem Zeitpunkt die Sicherung des notwendigen Lebensbedarfs der Eltern infolge des Eintritts der Erwerbsunfähigkeit der Eltern oder eines Elternteils weggefallen, so sind die Eltern familienunterhaltsberechtigt, wenn nach den Einkommens- oder Vermögensverhältnissen des Einberufenen während des letzten halben Jahres vor dem Einstellungstage anzunehmen ist, daß er den Eltern gemäß seiner bürgerlich-rechtlichen Unterhaltspflicht mindestens den für die Anerkennung der Ernährereigenschaft erforderlichen Teil ihres Lebensunterhalts (Nrn. 16, 17) gewährt hätte; die Nrn. 18 bis 20 und 24 gelten entsprechend. Nr. 17 a ist sinngemäß anzuwenden. Ob Erwerbsunfähigkeit vorliegt, ist nach Lage des Einzelfalles zu entscheiden; dabei soll jedoch in der Regel über die Grundsätze der RVO. nicht hinausgegangen werden.

23. Gemeinsame Ernährer.

(1) Eltern sind während der Dauer der gleichzeitigen Einberufung mehrerer Söhne auch dann familienunterhaltsberechtigt, wenn diese Söhne den Eltern während des letzten halben Jahres oder des in Nr. 24 vorgesehenen kürzeren Zeitraums vor dem Einstellungstage gemeinsam insgesamt mindestens den für die Anerkennung der Ernährereigenschaft erforderlichen Teil ihres Lebensunterhalts (Nrn. 16, 17) gewährt haben. Nr. 17 a ist anzuwenden.

(2) Scheidet einer der gemeinsamen Ernährer aus dem Wehrdienst oder dem Reichsarbeitsdienst aus, so bleibt die Familienunterhaltsberechtigung der Eltern während der Dauer der Einberufung der

übrigen Söhne bestehen, auch wenn die Unterhaltsleistung dieser Söhne für sich allein für die weitere Anerkennung der Ernährereigenschaft nicht ausreichen würde. Soweit der Ausgeschiedene seine Unterhaltsleistung wieder aufnehmen kann, ist der Familienunterhalt entsprechend zu kürzen.

(3) Wird einer der gemeinsamen Ernährer Kriegsbesoldungsempfänger oder — frühestens vom Beginn des dritten Dienstjahres an — Gehaltsempfänger des Friedensstandes der Wehrmacht und reicht die Unterhaltsleistung der übrigen Söhne für die weitere Anerkennung der Ernährereigenschaft nicht aus, so bleibt die Familienunterhaltsberechtigung der Eltern während der Dauer der Einberufung der übrigen Söhne bestehen. Bei Bemessung des Familienunterhalts ist jedoch nach Nrn. 148 a und 150 a zu verfahren.

24. Kürzerer Zeitraum.

Hat der Einberufene während eines kürzeren Zeitraums als eines halben Jahres vor dem Einstellungstage zum Lebensunterhalt des Angehörigen beigetragen, weil er diesem gegenüber erst nach Beginn des halbjährigen Zeitraums unterhaltspflichtig geworden ist (z. B. durch Erlangung einer Arbeitsstelle, Geburt des Angehörigen, Wegfall eines vor dem Einberufenen unterhaltspflichtigen Verwandten des Angehörigen nach Beginn des halbjährigen Zeitraums), so genügt für die Anerkennung der Familienunterhaltsberechtigung des Angehörigen, daß der Einberufene ihm in der Zeit von der Entstehung oder Feststellung der Unterhaltspflicht bis zum Einstellungstage mindestens den für die Anerkennung der Ernährereigenschaft erforderlichen Teil seines auf diesen Zeitraum entfallenden Lebensunterhalts (Nr. 16, 17) gewährt hat. Nr. 17 a ist anzuwenden.

25. Wehrdienst im Anschluß an den Reichsarbeitsdienst.

Die Angehörigen eines zum Wehrdienst Einberufenen, der bis zum Einstellungstage oder bis kurz vor diesem Zeitpunkt seiner Reichsarbeitsdienstpflicht genügt hat oder im Reichsarfbeitsdien bis zur Dauer eines weiteren Jahres als Längerdienender des männlichen Reichsarbeitsdienstes verblieben ist, sind familienunterhaltsberechtigt im Sinne des § 2, II EFUG., wenn der Einberufene ihnen während des letzten halben Jahres oder des in Nr. 24 vorgesehenen kürzeren Zeitraums vor der Einstellung in den Reichsarbeitsdienst oder in der Zwischenzeit zwischen Reichsarbeitsdienst und Wehrdienst mindestens den für die Anerkennung der Ernährereigenschaft erforderlichen Teil ihres Lebensunterhalts (Nrn. 16, 17) gewährt hat. Nr. 17 a ist anzuwenden.

25 a. Wiederholte Einberufung zum Wehrdienst.

Wird ein entlassener Einberufener vor Ablauf von 3 Monaten erneut einberufen und war er in dieser Zeit nicht der Ernährer seiner

Angehörigen, so sind die Angehörigen familienunterhaltsberechtigt im Sinne des § 2, II EFUG., wenn die Voraussetzungen für die Anerkennung der Ernährereigenschaft für die vorhergehende Einberufung bestanden haben.

26. **Berufsübliche Arbeitslosigkeit.**

Hat der Einberufene in der Zeit vor dem Einstellungstage einen Beruf oder ein Gewerbe ausgeübt, in denen eine regelmäßig wiederkehrende Arbeitslosigkeit als berufsüblich anzusehen ist, so sind die Angehörigen auch dann familienunterhaltsberechtigt im Sinne des § 2, II EFUG., wenn die Gesamtleistung des Einberufenen für diese Angehörigen im letzten ganzen Jahre vor dem Einstellungstage während eines Zeitraumes von 6 Monaten mindestens den für die Anerkennung der Ernährereigenschaft erforderlichen Teil des auf diesen Zeitraum entfallenden Lebensunterhalts (Nrn. 16, 17) der Angehörigen erreicht hat. Nr. 17 a ist anzuwenden.

27. (1) Hat der Angehörige seinen Lebensunterhalt bis zum Einstellungstage ohne ausreichenden Unterhaltsbeitrag des Einberufenen (Nrn. 16, 17) bestritten oder hat er Arbeitslosenunterstützung oder öffentliche Fürsorge bezogen, ohne daß der Einberufene ihm während des maßgebenden Zeitraumes mindestens den für die Anerkennung der Ernährereigenschaft erforderlichen Teil seines Lebensunterhalts (Nrn. 16, 17) gewährt hat, so liegt Familienunterhaltsberechtigung nicht vor.

(2) Ist in den Fällen des Abs. 1 das Einkommen (§ 15 Abs. 1 EFU.-DV.) des Angehörigen niedriger als der maßgebende örtliche Unterhaltssatz (Nr. 69) zuzüglich der Miete — in den Alpen- und Donau-Reichsgauen sowie im Reichsgau Sudetenland niedriger als der Unterhaltshöchstsatz (Nr. 74) zuzüglich der Miete —, so darf eine laufende Beihilfe aus Mitteln des Familienunterhalts gewährt werden. Die Beihilfe darf die von dem Einberufenen im Durchschnitt des letzten halben Jahres vor dem Einstellungstage nachweislich gezahlte oder nach Nr. 18 Satz 2 zu schätzende, nach dem Einstellungstage ausgefallene, für die Anerkennung der Ernährereigenschaft aber nicht ausreichende laufende — also nicht nur gelegentliche — Unterhaltsleistung des Einberufenen nicht übersteigen. In dem Bescheid über die Bewilligung der Beihilfe ist ausdrücklich darauf hinzuweisen, daß die Ernährereigenschaft des Einberufenen nicht anerkannt worden ist. Der Unterhaltssatz (Unterhaltshöchstsatz) zuzüglich der Miete gilt in diesen Fällen zugleich als Einkommenhöchstgrenze. Neben der Beihilfe können andere Leistungen aus Mitteln des Familienunterhalts nicht gewährt werden. Hinweis auf Nr. 153 Satz 2.

28. Über die Ernährereigenschaft des Einberufenen als Hauptkraft im Betriebe eines Angehörigen vgl. § 12 Abs. 1 Satz 2 und 3 EFU.-DV.

c) Familienunterhalt für die Zeit nach der Entlassung (§ 4 Abs. 1 Satz 2 EFU.-DV.).

28a. (1) Die aus dem Wehrdienst entlassenen Soldaten sind, soweit sie Leistungen auf Grund der nachfolgenden Vorschriften beantragen, durch die Stadt- und Landkreise auf folgendes hinzuweisen:

(2) Durch die Einberufung zu einer Dienstleistung im Wehrdienst ist ein bestehendes Beschäftigungsverhältnis (Arbeits-, Lehrverhältnis) in der Regel nicht gelöst worden; die beiderseitigen Rechte und Pflichten haben daher für die Dauer der Einberufung lediglich geruht (§ 1 der VO. zur Abänderung und Ergänzung von Vorschriften auf dem Gebiet des Arbeitsrechts vom 1. 9. 1939, RGBl. I S. 1683).

(3) Der RAM. hat in seiner Allgemeinen Anordnung über die Erholungszeit von Gefolgschaftsmitgliedern in der privaten Wirtschaft, die aus dem Wehrdienst (Reichsarbeitsdienst usw.) in den alten Betrieb zurückzukehren, vom 21. 2. 1942 (RABl. S. I 96) u. a. folgendes bestimmt:

„§ 1. Gefolgschaftsmitglieder, die aus dem Wehrdienst oder dem Reichsarbeitsdienst (einschl. des Kriegshilfsdienstes) entlassen werden und deren Beschäftigungsverhältnis auf Grund gesetzlicher Vorschrift oder Vereinbarung aufrechterhalten worden ist, haben sich unverzüglich nach ihrer Entlassung wegen Wiederaufnahme der Arbeit mit dem Unternehmer in Verbindung zu setzen.

§ 2. (1) Nach der Entlassung aus dem Wehr- oder Reichsarbeitsdienst steht den in § 1 genannten Gefolgschaftsmitgliedern, die außerhalb ihres ständigen Wohnsitzes seit dem 1. 9. 1939 insgesamt mindestens drei Monate Wehr- oder Reichsarbeitsdienst geleistet haben, eine Erholungszeit von vierzehn Kalendertagen (sogenannter Heimkehrurlaub) zu. Dies gilt nicht bei Entlassungen auf Grund einer Uk.-Stellung. Für Angehörige des Reichsarbeitsdienstes gilt es nur, soweit sie Wehrsold für die ersten vierzehn Tage nach der Entlassung erhalten.

(2) Abs. 1 gilt nach Beginn der allgemeinen Demobilmachung auch für diejenigen aus dem Wehr- oder Reichsarbeitsdienst zur Entlassung kommenden Gefolgschaftsmitglieder, die den Wehr- oder Reichsarbeitsdienst innerhalb ihres ständigen Wohnsitzes geleistet haben.

(3) . . . .

(4) Während der Erholungszeit ist das Gefolgschaftsmitglied zur Aufnahme der Arbeit und der Unternehmer zur Beschäftigung des Gefolgschaftsmitgliedes nicht verpflichtet, wenn nicht zwischen dem Gefolgschaftsmitglied und dem Unternehmer eine abweichende Vereinbarung getroffen wird.

§ 3. . . . .

§ 4. Die Vorschriften der §§ 1 bis 3 gelten sinngemäß für Gefolgschaftsmitglieder, die nach Aufruf des Luftschutzes aus dem Sicherheits- und Hilfsdienst, Luftschutzwarndienst oder Flugmeldedienst oder nach Heranziehung zum langfristigen Notdienst ohne Begründung eines ihrem bisherigen Dienst- oder Arbeitsverhältnis entsprechenden Beschäftigungsverhältnisses aus diesem entlassen werden, soweit sie von ihrer Dienststelle für die ersten vierzehn Tage nach der Entlassung die Barvergütung weiter erhalten."

Für Gefolgschaftsmitglieder in öffentlichen Verwaltungen und Betrieben gilt die entsprechende Allgemeine Anordnung des Reichstreuhänders für den öffentlichen Dienst vom 10. 3. 1942 (Amtl. Mitteilgn., hrsg. vom Reichstreuhänder f. d. öffentl. Dienst, S. 58).

(4) Soweit ein Beschäftigungsverhältnis vor der Einberufung nicht bestanden hat oder inzwischen, z. B. durch Stillegung des Betriebes, gelöst ist, hat der Entlassene sich so rechtzeitig um den Einsatz seiner Arbeitskraft zu bemühen, daß er im Falle der Nrn. 29, 29a unmittelbar nach Ablauf der ersten 14 Tage seit der Entlassung, im Falle der Nrn. 30, 30a sofort Arbeit aufnehmen kann. Seine Meldung beim Arbeitsamt hat er dem Stadt- oder Landkreis (Abt. für Familienunterhalt) oder dem Bürgermeister der Aufenthaltsgemeinde vor der Auszahlung des beantragten Familienunterhalts durch Vorlage der vom Arbeitsamt ihm als Arbeitsuchenden ausgestellten Meldekarte nachzuweisen. Unterläßt der Entlassene die Meldung beim Arbeitsamt oder nimmt er die Arbeit ohne Grund nicht rechtzeitig (Satz 2 oder 3) auf, so darf Familienunterhalt nur für die Dauer von 1 Woche seit dem Ablauf des Tages, bis zu dem er die Meldung zu bewirken oder die Arbeit aufzunehmen hatte, fortgewährt werden.

(5) Die Stadt- und Landkreise und die Bürgermeister der Aufenthaltsgemeinden haben in jedem Falle einer Entlassung, die ihnen im Zusammenhang mit der Bearbeitung des Familienunterhalts bekannt wird, den Entlassenen unverzüglich darauf hinzuweisen, daß er sich sofort beim Arbeitsamt zu melden hat, soweit er nicht schon auf Grund eines fortbestehenden Beschäftigungsverhältnisses zur Arbeitsaufnahme verpflichtet ist oder im eigenen Betrieb tätig wird.

28 b. (1) Wird der Soldat aus dem Wehrdienst in Ehren entlassen, so ist zu unterscheiden, ob er seit dem 1. 9. 1939 mindestens insgesamt 3 Monate = 90 Tage oder nur während eines kürzeren Zeitraumes als insgesamt 90 Tage im Wehrdienst gestanden hat. Die Nrn. 29 und 29a sind anzuwenden, wenn der Soldat seit dem 1. 9. 1939 mindestens insgesamt 90 Tage im Wehrdienst gestanden hat. Die Nrn. 30 und 30a sind anzuwenden, wenn der Soldat seit dem 1. 9. 1939 nur während eines kürzeren Zeitraumes als insgesamt 90 Tage im Wehrdienst gestanden hat. Für die Anwendung der Nrn. 29 und 29a ist nicht erforderlich, daß die 90 Tage Wehrdienst ohne Unterbrechung abgeleistet worden sind.

(2) Die Nrn. 29 und 29a finden auch Anwendung auf Soldaten, die als Unabkömmlichgestellte entlassen werden, sofern sie seit dem 1. 9. 1939 mindestens insgesamt 90 Tage Wehrdienst abgeleistet haben.

(3) Bei erneuter Entlassung sind die Nrn. 29 und 29a nur dann nochmals anzuwenden, wenn der Soldat mindestens 1 Monat (30 Tage) ohne Unterbrechung wieder im Wehrdienst gestanden hat; anderenfalls sind die Nrn. 30 Abs. 1 und 30a anzuwenden.

Wehrdienst von insgesamt mindestens 90 Tagen (Nrn. 29, 29 a).

29. Den familienunterhaltsberechtigten **Angehörigen** der Soldaten, die seit dem 1. 9. 1939 mindestens 90 Tage im Wehrdienst gestanden haben und aus dem Wehrdienst in Ehren entlassen werden, wird zur Sicherung des notwendigen Lebensbedarfs Familienunterhalt nach Maßgabe der folgenden Vorschriften fortgewährt:

a) Nimmt der Soldat nach der Entlassung eine **nichtselbständige Beschäftigung** auf oder ist er zunächst arbeitslos, so wird Familienunterhalt in jedem Falle für die Dauer von 2 Wochen seit dem Ablauf des Entlassungstages, darüber hinaus bis zum Ablauf der ersten vollen Lohn- oder Gehaltsperiode, längstens jedoch für die Dauer eines Monats seit dem Ablauf des 14. auf den Entlassungstag folgenden Tages fortgewährt. Der etwa vor Ablauf einer vollen Lohn- oder Gehaltsperiode dem Entlassenen ausgezahlte Teilarbeitsverdienst bleibt bei Bemessung des Familienunterhalts außer Ansatz[5]). Ist der Entlassene vor oder nach Ablauf des im Satz 1 genannten Monats noch unverschuldet arbeitslos, so kann Familienunterhalt bis zum Ablauf der ersten vollen Lohn- oder Gehaltsperiode nach Beendigung dieser Arbeitslosigkeit, längstens jedoch bis zur Dauer von weiteren 2 Wochen fortgewährt werden, wenn das zuständige Arbeitsamt bescheinigt, daß der Entlassene als Arbeitsuchender gemeldet und noch unverschuldet arbeitslos ist. Unverschuldete Arbeitslosigkeit liegt nicht vor, wenn dem Arbeitslosen eine zumutbare — wenn auch nur vorübergehende — Arbeit nachgewiesen war, er diese aber nicht aufgenommen hat. Die Sätze 1 und 3 gelten entsprechend, wenn der Entlassene vor Aufnahme der Arbeit durch Krankheit zeitweise arbeitsunfähig wird und nachweislich verhindert ist, eine Beschäftigung aufzunehmen.

b) Ist der Soldat Unternehmer eines **Gewerbebetriebes** oder eines Betriebes der **Land- und Forstwirtschaft** oder übt er einen **freien Beruf** aus, so wird Wirtschaftsbeihilfe zur Fortsetzung des Betriebes oder freien Berufs (Nr. 122 A) oder allgemeiner Familienunterhalt (§ 9 EFU.-DV.) — neben dem letzteren gegebenenfalls Wirtschaftsbeihilfe zur Erhaltung des Betriebes oder freien Berufs (Nr. 122 B) — in jedem Falle für die Dauer von 2 Wochen, längstens jedoch — beim Vorliegen der sonstigen Voraussetzungen

[5]) **Beispiel:** Der Entlassene ist Angestellter. Das Gehalt wird monatlich, und zwar durch Nachzahlung gewährt. Entlassungstag 1. 11. 1940, Arbeitsaufnahme 15. 11. 1940. Auszahlung eines Teilarbeitsverdienstes für die Zeit vom 15. bis 30. 11. 1940 am 30. 11. 1940, Ablauf der ersten vollen Gehaltsperiode 31. 12. 1940, Ablauf eines Monats seit dem 14. auf den Entlassungstag folgenden Tag 15. 12. 1940; Familienunterhalt wird gewährt bis zum 15. 12. 1940. Zur Überbrückung des Zeitraums vom 16. bis 31. 12. 1940 dient der am 30. 11. 1940 ausgezahlte Teilarbeitsverdienst, der auf den Familienunterhalt nicht angerechnet wird.

(Nr. 122 A IV Abs. 1 Satz 2; § 9 Abs. 3 EFU.-DV.; Nr. 122 B Abs. 5 in Verbindung mit Nr. 122 A IV Abs. 1 Satz 2) — für die Dauer eines Monats seit dem Ablauf des Entlassungstages fortgewährt. Ist im Falle der Gewährung der Wirtschaftsbeihilfe zur Fortsetzung des Betriebes oder freien Berufs nach Ablauf des ersten Monats die Fortführung des Betriebes oder freien Berufs und der notwendige Lebensbedarf der Angehörigen aus den Erträgen des Betriebes oder freien Berufs oder aus anderen Mitteln des entlassenen Soldaten und seiner familienunterhaltsberechtigten Angehörigen noch nicht gesichert, so ist insoweit Wirtschaftsbeihilfe bis zur Dauer eines weiteren Monats fortzugewähren. Das Entsprechende gilt in den Fällen, in denen allgemeiner Familienunterhalt — gegebenenfalls daneben Wirtschaftsbeihilfe zur Erhaltung des Betriebes oder freien Berufs — gewährt wird. Die Pauschwirtschaftsbeihilfe (Nr. 123 ff.) und die Beihilfe für landwirtschaftliche Familienbetriebe (Nr. 135 a) werden für die Dauer eines Monats seit dem Ablauf des Entlassungstages fortgewährt.

c) Dauert die Fahrt vom Truppenteil zum Wohnort (Arbeitsort, Betriebsort) notwendigerweise länger als 2 Tage, so tritt an die Stelle des Entlassungstages der Tag des Eintreffens am Wohnort (Arbeitsort, Betriebsort).

d) Ist für die Zeit nach Ablauf der ersten 14 Tage seit dem Entlassungstag Familienunterhalt (§§ 9 und 12 EFU.-DV.) fortzugewähren, so darf er abweichend von § 4 Abs. 1 Satz 1 EFU.-DV. jeweils nur für einen Zeitraum von einer Woche ausgezahlt werden, es sei denn, daß zweifelsfrei feststeht, daß Familienunterhalt für einen längeren Zeitraum fortzugewähren ist.

29 a. (1) Die Wehrmacht gewährt dem entlassenen Soldaten, der seit dem 1. 9. 1939 mindestens 90 Tage in Wehrdienst gestanden hat, auf die Dauer von 14 Tagen vom Tage nach dem Entlassungstage an gerechnet die Wehrmachtgebührnisse weiter, und zwar

a) Wehrsold in der bisherigen Höhe,
b) ein Verpflegungsgeld von täglich 1.20 RM,
c) eine Unterkunftsvergütung von täglich 1 RM, wenn der Soldat nicht in den Haushalt familienunterhaltsberechtigter Angehörigen zurückkehrt oder nicht als Alleinstehender die Mietbeihilfe des Familienunterhalts erhält.

Während dieses Zeitraums von 14 Tagen erhält der entlassene Soldat für seine Person keinen Familienunterhalt. Leistungen des Familienunterhalts, die er schon während der Dauer der Einberufung erhalten hat (z. B. Mietbeihilfe für eine Wohnung mit eigenen Möbeln, Sicherungsbeitrag zur Aufrechterhaltung einer Lebensversicherung) werden jedoch fortgewährt.

(2) Nach Ablauf der ersten 14 Tage (Abs. 1) gelten für die Gewährung von Familienunterhalt an den entlassenen Soldaten

selbst, der seit dem 1. 9. 1939 mindestens 90 Tage im Wehrdienst gestanden hat und bis zur Entlassung nicht Kriegsbesoldungsempfänger[6]) war, die folgenden Vorschriften:

1. Ist in der Zeit bis zum Ablauf der in Nr. 29 genannten Zeiträume, für die allgemeiner Familienunterhalt oder Wirtschaftsbeihilfe gewährt werden darf, der notwendige Lebensbedarf des Entlassenen selbst nicht gesichert, so erhält er Familienunterhalt nach Buchst. a bis e.

a) Lebt er mit Angehörigen in Haushaltsgemeinschaft zusammen, so ist der Familienunterhalt für ihn so zu bemessen, daß er dem ihm bisher von der Wehrmacht gezahlten Wehrsold und einem Verpflegungssatz von täglich 1.20 RM gleichkommt. Sind die Angehörigen nicht familienunterhaltsberechtigt, so kann ihm außerdem der auf ihn entfallende Anteil an der Miete gewährt werden, wenn den Angehörigen die unentgeltliche Aufnahme in die Wohnung nicht zugemutet werden kann.

b) Lebt der Entlassene nicht mit Angehörigen in Haushaltsgemeinschaft zusammen, so erhält er Familienunterhalt als Einzelperson mit eigenem Haushalt nach den für die Ehefrau eines Einberufenen geltenden Vorschriften (Nr. 69 Ziff. 1, Nr. 72 Ziff. 1, Nr. 74 Ziff. 1, Nr. 77), mindestens jedoch einen Betrag, der dem ihm bisher von der Wehrmacht gezahlten Wehrsold und einem Verpflegungssatz von täglich 1.20 RM gleichkommt, und die Miete für die erforderliche Unterkunft.

c) Der etwa vor Ablauf einer vollen Lohn- oder Gehaltsperiode dem Entlassenen ausgezahlte Teilarbeitsverdienst bleibt bei Bemessung des Familienunterhalts außer Ansatz.

d) Wurde bis zur Entlassung Wirtschaftsbeihilfe zur Fortsetzung des Betriebes gewährt, so ist diese um den ihm bisher von der Wehrmacht gezahlten Wehrsold und einen Verpflegungssatz von täglich 1.20 RM zu erhöhen.

e) Die Buchst. a bis d sind sinngemäß auch anzuwenden, wenn der Entlassene familienunterhaltsberechtigte Angehörige nicht hat.

2. Die Höhe des Wehrsoldes, der dem Entlassenen bisher von der Wehrmacht gezahlt worden ist, ist aus dem Entlassungsschein festzustellen.

3. Der Familienunterhalt (§§ 9 und 12 EFU.-DV.) darf abweichend von § 4 Abs. 1 Satz 1 EFU.-DV. jeweils nur für einen Zeitraum von einer Woche ausgezahlt werden, es sei denn, daß zweifelsfrei feststeht, daß Familienunterhalt für einen längeren Zeitraum fortzugewähren ist.

---

[6]) Kriegsbesoldungsempfänger erhalten von der Wehrmacht die Kriegsbesoldung für bestimmte Dauer nach der Entlassung weiter. Sie erhalten daher für sich und ihre Angehörigen überhaupt keinen Familienunterhalt (vgl. Nr. 148ff.).

Wehrdienst von weniger als insgesamt 90 Tagen (Nrn. 30, 30 a).

30. (1) Den familienunterhaltsberechtigten **Angehörigen** eines Soldaten, der seit dem 1. 9. 1939 während einer Zeitdauer von mindestens 1 Monat, aber weniger als insgesamt 90 Tagen im Wehrdienst gestanden hat und der aus dem Wehrdienst in Ehren entlassen wird, wird zur Sicherung des notwendigen Lebensbedarfs Familienunterhalt nach Maßgabe der folgenden Vorschriften fortgewährt:

a) Nimmt der Soldat nach der Entlassung eine **nichtselbständige Beschäftigung** auf oder ist er zunächst arbeitslos, so wird Familienunterhalt bis zum Ablauf der ersten vollen Lohn- oder Gehaltsperiode, längstens jedoch für die Dauer eines Monats seit dem Ablauf des Entlassungstages, fortgewährt. Das Entsprechende gilt, wenn der Entlassene vor Aufnahme der Arbeit durch Krankheit zeitweise arbeitsunfähig wird und nachweislich verhindert ist, eine Beschäftigung aufzunehmen. Der etwa vor Ablauf einer vollen Lohn- oder Gehaltsperiode dem Entlassenen ausgezahlte Teilarbeitsverdienst bleibt bei Bemessung des Familienunterhalts außer Ansatz. Ist der Entlassene nach Ablauf des Zeitraums, für den Familienunterhalt fortgewährt werden darf, noch unverschuldet arbeitslos, so gewährt das Arbeitsamt auf Antrag Arbeitslosenunterstützung nach der VO. über Arbeitslosenhilfe vom 5. 9. 1939 (RGBl. I S. 1674) und den zur Durchführung dieser VO. erlassenen Vorschriften, insbesondere Nr. 4 Abs. 3 des Ersten Durchf.-Erl. vom 11. 9. 1939 (RABl. S. I 432); erforderlichenfalls gewährt das Arbeitsamt eine Abschlagszahlung auf diese Unterstützung.

b) Ist der Einberufene Unternehmer eines **Gewerbebetriebes** oder eines Betriebes der **Land- und Forstwirtschaft** oder übt er einen **freien Beruf** aus, so wird beim Vorliegen der sonstigen Voraussetzungen (Nr. 122 A IV Abs. 1 Satz 2; § 9 Abs. 3 EFU.-DV.; Nr. 122 B Abs. 5 in Verbindung mit Nr. 122 A Abs. 1 Satz 2) Wirtschaftsbeihilfe oder allgemeiner Familienunterhalt für die Dauer eines Monats seit dem Ablauf des Entlassungstages fortgewährt. Die Pauschwirtschaftsbeihilfe (Nr. 123 ff.) und die Beihilfe für landwirtschaftliche Familienbetriebe (Nr. 135 a) werden für die Dauer eines Monats seit dem Ablauf des Entlassungstages fortgewährt.

c) War der Soldat bis zur Entlassung Kriegsbesoldungsempfänger, so wird Familienunterhalt von dem auf den Wegfall der Kriegsbesoldung folgenden Tage an neu gewährt; die Buchst. a und b gelten entsprechend.

d) Dauert die Fahrt vom Truppenteil zum Wohnort (Arbeitsort, Betriebsort) notwendigerweise länger als 2 Tage, so tritt an die Stelle des Entlassungstages der Tag des Eintreffens am Wohnort (Arbeitsort, Betriebsort).

e) Der Familienunterhalt (§§ 9 und 12 EFU.-DV.) darf abweichend von § 4 Abs. 1 Satz 1 EFU.-DV. jeweils nur für einen Zeitraum von einer Woche ausgezahlt werden, es sei denn, daß zweifelsfrei feststeht, daß Familienunterhalt für einen längeren Zeitraum fortzugewähren ist.

(2) Hat der entlassene Soldat seit dem 1. 9. 1939 nur während eines kürzeren Zeitraumes als insgesamt 1 Monat im Wehrdienst gestanden, so ist der Familienunterhalt mit dem Ablauf des Entlassungstages einzustellen, es sei denn, daß nachweislich der notwendige Lebensunterhalt nicht gesichert ist; wird dies nachgewiesen, so richtet sich die Dauer der Fortgewährung von Familienunterhalt im Rahmen des Abs. 1 nach der Besonderheit des Falles.

30a. Ist in der Zeit bis zum Ablauf der in Nr. 30 genannten Zeiträume, für die allgemeiner Familienunterhalt oder Wirtschaftsbeihilfe gewährt werden darf, der notwendige Lebensbedarf des Entlassenen selbst nicht gesichert, so erhält er Familienunterhalt nach Buchst. a bis e.

a) Nimmt der Soldat nach der Entlassung eine nichtselbständige Beschäftigung auf oder ist er zunächst arbeitslos, so gilt das Folgende: Lebt der Entlassene mit Angehörigen in Haushaltsgemeinschaft zusammen, so erhält er Familienunterhalt wie ein „sonstiger" Angehöriger über 16 Jahre (Nr. 69 Ziff. 2, Nr. 72 Ziff. 2, Nr. 74 Ziff. 2). Lebt der Entlassene nicht mit Angehörigen in Haushaltsgemeinschaft zusammen, so erhält er Familienunterhalt als Einzelperson mit eigenem Haushalt nach den für die Ehefrau eines Einberufenen geltenden Vorschriften (Nr. 69 Ziff. 1, Nr. 72 Ziff. 1, Nr. 74 Ziff. 1, Nr. 77). Der etwa vor Ablauf einer vollen Lohn- oder Gehaltsperiode dem Entlassenen ausgezahlte Teilarbeitsverdienst bleibt bei Bemessung des Familienunterhalts außer Ansatz.

b) Wurde bis zur Entlassung Wirtschaftsbeihilfe zur Fortsetzung des Betriebes oder des freien Berufs gewährt, so ist diese um den zur Deckung des notwendigen Lebensbedarfs des Entlassenen erforderlichen Betrag (Buchst. a Satz 1 oder 2) zu erhöhen.

c) War der Soldat bis zur Entlassung Kriegsbesoldungsempfänger, so wird Familienunterhalt von dem auf den Wegfall der Kriegsbesoldung folgenden Tage an neu gewährt; die Buchst. a und b gelten entsprechend.

d) Die Buchst. a bis c sind sinngemäß auch anzuwenden, wenn der Entlassene familienunterhaltsberechtigte Angehörige nicht hat.

e) Der Familienunterhalt (§§ 9 und 12 EFU.-DV.) darf abweichend von § 4 Abs. 1 Satz 1 EFU.-DV. jeweils nur für einen Zeitraum von einer Woche ausgezahlt werden, es sei denn, daß zweifelsfrei feststeht, daß Familienunterhalt für einen längeren Zeitraum fortzugewähren ist.

31. (1) In den Fällen der Entlassung der Reichsarbeitsdienstpflichtigen, der männlichen Längerdienenden des Reichsarbeitsdienstes (§ 1 Abs. 2 EFU.-DV.) und der nach § 30 EFU.-DV. den einberufenen Wehrpflichtigen Gleichstehenden gilt das Folgende:

a) Hat ein Entlassener seit dem 1. 9. 1939 mindestens insgesamt 90 Tage im Dienst gestanden, bis zur Entlassung Wehrsold erhalten und erhält er den Wehrsold für die ersten 14 Tage nach der Entlassung weiter, so sind die Nrn. 29 und 29 a anzuwenden.

b) Hat ein entlassener Luftschutzdienstpflichtiger seit dem 1. 9. 1939 mindestens insgesamt 90 Tage im Luftschutzdienst gestanden, bis zur Entlassung die gemäß § 6 Abs. 2 der Zweiten Ausf.-Best. zu § 12 der Ersten Durchf.-VO. zum Luftschutzges. vom 21. 10. 1939 (RMBl. S. 1468) in der Fass. vom 25. 7. 1940 (RMBl. S. 197) und vom 26. 3. 1941 (RMBl. S. 73) festgesetzten Vergütungssätze erhalten und erhält er die Barvergütung (Ziff. 1 der Vergütungssätze, RMBl. 1940 S. 199) von seiner Dienststelle für die ersten 14 Tage nach der Entlassung weiter, so sind die Nrn. 29 und 29 a anzuwenden. Hinweis auf den Erl. des RMdLuObdL. über Entlassungsgebührnisse des Luftschutzwarndienstes und des Sicherheits- und Hilfsdienstes vom 4. 7. 1941 (MBliV. S. 1269).

c) Hat ein entlassener Notdienstpflichtiger seit dem 1. 9. 1939 mindestens insgesamt 90 Tage im Notdienst — oder im Wehrdienst oder Luftschutzdienst (vgl. Ziff. 2 des RdErl. vom 13. 2. 1942, MBliV. S. 369) — gestanden, bis zur Entlassung die gemäß § 7 Abs. 1 der Notdienst.-VO. festgesetzten Vergütungssätze (RdErl. des RMdI. v. 1. 4. 1942, MBliV. S. 649) erhalten und erhält er die Barvergütung (A Ziff. 1 der Vergütungssätze, MBliV. 1942 S. 653) von seiner Dienststelle für die ersten 14 Tage nach der Entlassung weiter, so sind die Nrn. 29 und 29 a anzuwenden. Bei Beurlaubungen aus der Pol.-Reserve auf unbestimmte Zeit gemäß RdErl. vom 4. 4. 1941 (MBliV. S. 599) in der Fass. des RdErl. vom 27. 2. 1942 (MBliV. S. 465) sind gleichfalls die Nrn. 29 und 29 a anzuwenden.

d) In allen nicht unter Buchst. a bis c fallenden Fällen sind die Nrn. 30 und 30 a anzuwenden; hierbei wird jedoch bei Reichsarbeitsdienstpflichtigen und Längerdienenden des männlichen Reichsarbeitsdienstes abweichend von Nr. 30 Buchst. a Satz 1 und Nr. 30 Buchst. b allgemeiner Familienunterhalt oder Wirtschaftsbeihilfe nicht für die Dauer eines Monats, sondern nur für die Dauer von 2 Wochen seit dem Ablauf des Entlassungstages fortgewährt.

(2) In allen Fällen der Nr. 31 ist die Nr. 28 a anzuwenden.

31 a. (1) In den Fällen der Entlassung wegen Dienstunfähigkeit durch einen während des Wehrdienstes erlittenen Körperschaden richtet sich die Dauer der Gewährung von Familienunterhalt nach § 5 Abs. 2 EFU.-DV. Die Höhe des nach den genannten Vorschriften

dem entlassenen Soldaten selbst zu gewährenden Familienunterhalts richtet sich ohne Rücksicht auf die Dauer des abgeleisteten Wehrdienstes nach Nr. 29 a. Das Entsprechende gilt für die in Nr. 31 genannten Personengruppen. Für die Auszahlung des Familienunterhalts gelten die allgemeinen Auszahlungszeiträume (§ 4 Abs. 1 Satz 1 EFU.-DV.).

(2) Beruht die Dienstunfähigkeit nicht auf einem während des Wehrdienstes, während der Erfüllung der Reichsarbeitsdienstpflicht usw. erlittenen Körperschaden, so gelten die Nrn. 28 a bis 31.

d) Familienunterhalt bei Verwendung von Soldaten in Betrieben gegen Entgelt oder in selbständiger Tätigkeit.

31 b. (1) Wird ein Soldat in einem Staats-, Rüstungs-, Gewerbe-, land- und forstwirtschaftlichen oder ähnlichen Betrieb gegen Entgelt verwendet, so ist zu unterscheiden, ob die Verwendung auf längere Zeit unter Wegfall der Soldatenbezüge (Nr. 31 c) oder auf kurze Zeit unter Fortgewährung der Soldatenbezüge (Nr. 31 d) erfolgt.

(2) Als Verwendung auf längere Zeit im Sinne der Nr. 31 c gilt ein Arbeitseinsatz mit einer Gesamtdauer von mehr als 4 Wochen, als Verwendung auf kurze Zeit im Sinne der Nr. 31 d ein Arbeitseinsatz mit einer Gesamtdauer bis zu 4 Wochen. Wird ein bis zu 4 Wochen befristeter Arbeitseinsatz über diesen Zeitraum hinaus verlängert, so findet Nr. 31 c von dem Tage an Anwendung, an dem feststeht, daß die Gesamtdauer des Arbeitseinsatzes 4 Wochen übersteigt.

(3) Bei Beurlaubungen oder Entlassungen zur Arbeitsleistung im eigenen oder elterlichen Betrieb oder freien Beruf finden ohne Rücksicht auf die Zeitdauer die Vorschriften der Nr. 31 c Anwendung.

(4) Bei Verwendung (vgl. Abs. 1) der zum Sicherheits- und Hilfsdienst oder zum Luftwarndienst einberufenen Luftschutzdienstpflichtigen sind die Nrn. 31 c und 31 d, bei Verwendung der zur Pol.-Reserve herangezogenen Notdienstpflichtigen ist Nr. 31 c entsprechend anzuwenden.

31 c. **Verwendung auf längere Zeit unter Wegfall der Soldatenbezüge.**

Wird ein Soldat in einem Staats-, Rüstungs-, Gewerbe-, land- und forstwirtschaftlichen oder ähnlichen Betrieb gegen Entgelt, im eigenen oder elterlichen Betrieb oder freien Beruf für längere Zeit (vgl. Nr. 31 b Abs. 2 und 3) verwendet oder für eine solche Verwendung befristet unabkömmlich gestellt, so erhält er von der Wehrmacht den Wehrsold bis zum Ende des Monatsdrittels, in dem die Verwendung beginnt[7]. Mit der Unabkömmlichstellung ist die Entlassung ver-

[7]) Ausnahme vgl. Nr. 28b Abs. 2 (Gewährung des Wehrsolds auf 14 Tage — Gewährung des Familienunterhalts nach Nrn. 29 und 29a).

bunden. Familienunterhalt wird in beiden Fällen nach Maßgabe der folgenden Vorschriften fortgewährt:

1. Wird der Soldat in nichtselbständiger Beschäftigung verwendet oder für eine solche Verwendung unabkömmlich gestellt, so wird den familienunterhaltsberechtigten Angehörigen Familienunterhalt bis zum Ablauf der ersten vollen Lohn- oder Gehaltsperiode, längstens jedoch für die Dauer eines Monats seit dem Ablauf des Tages des Urlaubsantritts oder des Entlassungstages fortgewährt. Der etwa vor Ablauf einer vollen Lohn- oder Gehaltsperiode dem Beurlaubten oder Entlassenen ausgezahlte Teilarbeitsverdienst bleibt bei Bemessung des Familienunterhalts außer Ansatz.

2. Wird der Soldat im eigenen oder elterlichen Betrieb oder freien Beruf verwendet oder für eine solche Verwendung unabkömmlich gestellt, so wird den familienunterhaltsberechtigten Angehörigen Wirtschaftsbeihilfe oder allgemeiner Familienunterhalt für die Dauer eines Monats seit dem Ablauf des Tages des Urlaubsantritts oder des Entlassungstages fortgewährt.

3. Dauert die Fahrt vom Truppenteil zum Wohnort (Arbeitsort, Betriebsort) notwendigerweise länger als 2 Tage, so tritt an die Stelle des Tages des Urlaubsantritts oder des Entlassungstages der Tag des Eintreffens am Wohnort (Arbeitsort, Betriebsort).

4. Ist während der in Ziff. 1 bis 3 genannten Zeiträume, für die Familienunterhalt gewährt werden darf, der notwendige Lebensbedarf des Soldaten selbst nicht gesichert, so gilt das Folgende: Lebt der Soldat mit Angehörigen in Haushaltsgemeinschaft zusammen, so erhält er Familienunterhalt wie ein „sonstiger" Angehöriger über 16 Jahre (Nr. 69 Ziff. 2, Nr. 72 Ziff. 2, Nr. 74 Ziff. 2). Lebt der Soldat nicht mit Angehörigen in Haushaltsgemeinschaft zusammen, so erhält er Familienunterhalt als Einzelperson mit eigenem Haushalt nach den für die Ehefrau eines Einberufenen geltenden Vorschriften (Nr. 69 Ziff. 1, Nr. 72 Ziff. 1, Nr. 74 Ziff. 1, Nr. 77). Der etwa vor Ablauf einer vollen Lohn- oder Gehaltsperiode dem Entlassenen ausgezahlte Teilarbeitsverdienst bleibt bei Bemessung des Familienunterhalts außer Ansatz. Die Sätze 1 bis 3 sind auch anzuwenden, wenn der Soldat familienunterhaltsberechtigte Angehörige nicht hat.

5. Der Familienunterhalt (§§ 9 und 12 EFU.-DV.) darf abweichend von § 4 Abs. 1 Satz 1 EFU.-DV. jeweils nur für einen Zeitraum von einer Woche ausgezahlt werden, es sei denn, daß zweifelsfrei feststeht, daß der Familienunterhalt für einen längeren Zeitraum fortzugewähren ist.

6. Vom Tage des Wegfalls des Familienunterhalts an gewährt das zuständige Arbeitsamt auf Antrag des arbeitsbeurlaubten oder uk-gestellten Soldaten zum Ausgleich der Mehraufwendungen für getrennten Haushalt oder von sonst auftretenden Härten Dienstpflichtunterstützung nach Maßgabe des Erl. des RAM. vom 28. 1. 1941

(RABl. S. I 87). Diese Dienstpflichtunterstützung umfaßt die Gewährung eines Trennungszuschlages bei getrennter Haushaltsführung und einer Sonderunterstützung zur Sicherung der wirtschaftlichen Lage des arbeitsbeurlaubten oder uk-gestellten Soldaten.

7. Nach Beendigung der Verwendung wird Familienunterhalt vom Tage des Wiederantritts des Wehrdienstes an wiedergewährt. Für die Festsetzung der Einkommenshöchstgrenze (Nr. 58 ff.) und des Tabellensatzes (Nr. 77) ist bei arbeitsbeurlaubten Soldaten das vor dem Einstellungstage — also nicht das während der Verwendung — bezogene Nettoeinkommen des Einberufenen (Nr. 60) maßgebend. Dagegen ist bei uk-gestellten (entlassenen) Soldaten das vor der Wiedereinstellung bezogene Nettoeinkommen des Einberufenen maßgebend, es sei denn, daß ein Fall der Nr. 60 Abs. 2 Ziff. 6 b vorliegt.

31 d. Verwendung auf kurze Zeit unter Fortgewährung der Soldatenbezüge.

Wird ein Soldat auf kurze Zeit (vgl. Nr. 31 b Abs. 2) in nichtselbständiger Beschäftigung verwendet, so erhält er von der Wehrmacht die bisherigen Gebührnisse und von dem Unternehmer des Betriebes eine Arbeitszulage (0.15 RM für jede angefangene Arbeitsstunde; bei Verwendung in einem landwirtschaftlichen Betriebe in der Regel 1.50 RM für jeden Arbeitstag). Den Familienunterhaltsberechtigten wird Familienunterhalt fortgewährt. Die Arbeitszulage bleibt bei Bemessung des Familienunterhalts außer Ansatz.

e) Familienunterhalt bei Beurlaubung von Soldaten zur Aufnahme und Fortsetzung des Studiums, Ablegung von Prüfungen, Weiterbildung im Beruf.

31 e. (1) Bei Beurlaubung von Soldaten zur Aufnahme und Fortsetzung des Studiums, Ablegung von Prüfungen und Weiterbildung im Beruf wird Familienunterhalt (allgemeiner Familienunterhalt oder Wirtschaftsbeihilfe) nur bis zum Ende des Monats, in dem der Urlaubsantritt erfolgt, fortgewährt. Dauert die Fahrt vom Truppenteil zum Wohnort (Ausbildungsort) notwendigerweise länger als 2 Tage, so tritt an die Stelle des Tages des Urlaubsantritts der Tag des Eintreffens am Wohnort (Ausbildungsort).

(2) Der beurlaubte Soldat erhält für seine Person auch während des in Abs. 1 genannten Zeitraums keinen Familienunterhalt. Leistungen des Familienunterhalts, die er schon während der Dauer der Einberufung erhalten hat (z. B. Mietbeihilfe für eine Wohnung mit eigenen Möbeln, Sicherungsbeitrag zur Aufrechterhaltung einer Lebensversicherung), werden jedoch bis zum Ablauf des in Abs. 1 genannten Zeitraumes fortgewährt. Die Sätze 1 und 2 sind auch anzuwenden, wenn der Soldat familienunterhaltsberechtigte Angehörige nicht hat.

(3) Ein etwa bis zum Ablauf des in Abs. 1 genannten Zeitraumes dem Soldaten ausgezahlter Arbeitsverdienst bleibt bei Bemessung des Familienunterhalts außer Ansatz.

(4) Nach Beendigung des Urlaubs wird Familienunterhalt vom Tage des Wiedereintritts des Wehrdienstes an wiedergewährt. Für die Festsetzung der Einkommenshöchstgrenze (Nr. 58 ff.) und des Tabellensatzes (Nr. 77) ist das vor dem Einstellungstage — also nicht das während der Beurlaubung — bezogene Nettoeinkommen des Einberufenen (Nr. 60) maßgebend.

f) Familienunterhalt der im Ausland lebenden Angehörigen von Einberufenen.

32. Die Gewährung von Familienunterhalt an im Ausland lebende Angehörige von Einberufenen richtet sich nach den RdErl. vom 8. 1. 1940 — V f 13/39-7905 u. LG. 4085-1162 I — und 3. 12. 1941 — V f 188/41-7905 (beide nicht veröffentl.).

B. Zuständigkeit und Verfahren.

Zuständigkeit.

32a. Zu § 2 Abs. 1 EFU.-DV. Im Familienunterhaltsrecht gibt es im Gegensatz zur öffentlichen Fürsorge keine Unterscheidung zwischen vorläufiger und endgültiger Fürsorgepflicht und daher auch keinen Lastenausgleich zwischen verschiedenen Stadt- und Landkreisen. Den Kreisanteil an den Kosten des Familienunterhalts trägt stets der Stadt- oder Landkreis endgültig, der den Familienunterhalt auf Grund des § 2 Abs. 1 EFU.-DV. gewährt hat.

33. Zu § 2 Abs. 1 EFU.-DV.

Verläßt ein Angehöriger eines Einberufenen seinen Wohnort vorübergehend, so ist zur Gewährung des Familienunterhalts der Stadt- oder Landkreis des bisherigen Wohnortes verpflichtet. Vorübergehende Abwesenheit ist u. a. stets anzunehmen, wenn die Wohnung am bisherigen Wohnort beibehalten wird.

33a. Zu § 2 Abs. 1 EFU.-DV. Zuständigkeit bei Unterbringung in Anstalten, in Heimen oder in Familienpflege.

Ist der Familienunterhaltsberechtigte in einer Anstalt, in einem Heim oder in Familienpflege untergebracht, so ist wie folgt zu verfahren:

1. Ist die Unterbringung nicht nur vorübergehend, so ist der Stadt- oder Landkreis des Unterbringungsortes zur Gewährung des Familienunterhalts verpflichtet. Dies gilt nicht in den Fällen a und b.

a) Sind die Kosten der Unterbringung bis zum Beginn des Familienunterhalts ganz oder teilweise von der öffentlichen Fürsorge getragen worden, so ist zur Gewährung des Familienunterhalts der Stadt- oder Landkreis verpflichtet, in dessen Bereich die für die endgültige Fürsorgepflicht maßgebende örtliche Beziehung des Hilfsbedürftigen oder im Falle des § 8 der Fürsorgepflicht-VO. seiner unehelichen Mutter bestanden hat; dies gilt nicht für Landeshilfsbedürftige.

b) Ist ein eheliches Kind des Einberufenen an einem anderen Ort als dem Wohnort (Ort des nicht nur vorübergehenden Aufenthalts) der familienunterhaltsberechtigten Ehefrau des Einberufenen untergebracht und sind die Kosten der Unterbringung bis zum Beginn des Familienunterhalts von dem Einberufenen oder der Ehefrau getragen worden, so ist der Stadt- oder Landkreis, der der Ehefrau Familienunterhalt gewährt, auch zur Gewährung des Familienunterhalts für das Kind verpflichtet. Entsprechendes gilt für die für ehelich erklärten, die vor dem Einstellungstage an Kindes Statt angenommenen Kinder des Einberufenen sowie für die in § 2, II Nr. 2 EFUG. genannten Kinder. Die Sätze 1 und 2 gelten entsprechend, wenn an Stelle der Ehefrau einem anderen Angehörigen Familienunterhalt gewährt wird (vgl. Nr. 79).

2. Handelt es sich dagegen um eine vorübergehende Unterbringung im Bezirk eines anderen Stadt- oder Landkreises, so ist der Stadt- oder Landkreis des Wohnortes (des Ortes des bisherigen nicht nur vorübergehenden Aufenthalts) zur Gewährung des Familienunterhalts verpflichtet.

34. Dienststellen.

Die Dienststellen der Stadt- und Landkreise, denen die Durchführung des Familienunterhalts obliegt, führen die Bezeichnung „Der Oberbürgermeister, Abteilung für Familienunterhalt", „Der Landrat, Abteilung für Familienunterhalt". Die Bezeichnung „Wohlfahrtsamt" darf weder am Kopf von Schriftstücken und Formblättern, noch als Türschild in den Amtsräumen der Abteilung für Familienunterhalt verwendet werden. Entsprechendes gilt für Gemeinden und engere Gemeindeverbände, denen die Durchführung des Familienunterhalts in Landkreisen übertragen ist.

35. Verfahren. Allgemeines.

Wir erwarten, daß alle Behörden und Beamten mit vollster Hingabe und Opferfreudigkeit sich für die reibungslose Durchführung aller mit der Gewährung des Familienunterhalts zusammenhängenden Maßnahmen einsetzen. Die Angehörigen der zum Wehrdienst Einberufenen sind mit Rat und Tat zu unterstützen. Alle den Familienunterhalt betreffenden Maßnahmen sind gerecht und ohne Härten durchzuführen. Dazu ist vor allem erforderlich, daß alle mit der Durchführung dieser Maßnahmen befaßten Dienststellen mit geeigneten Bearbeitern besetzt werden, die sich ihrer besonderen Verantwortung gegenüber der Volksgesamtheit bewußt sind und größtes Verständnis für die Sorgen und Nöte der an sie herantretenden Familienangehörigen der an der Front kämpfenden Soldaten haben. Die Behördenleiter haben alle notwendigen Anordnungen zu treffen, um den Verkehr des Publikums bei ihren Dienststellen zu erleichtern und eine rasche und zuvorkommende Abfertigung der Antragsteller zu ermöglichen. Stundenlanges Warten und Schlangestehen müssen unter allen Umständen vermieden werden. Wir erwarten von jedem Behördenleiter, daß er sich gerade jetzt der Aufgabe einer volksnahen Verwaltung voll bewußt ist und alles tut, um vorübergehende Schwierigkeiten zu überbrücken und den ihm anvertrauten Volksgenossen die Überzeugung zu vermitteln, daß für ihr Wohl bestens gesorgt wird. Dann werden auch die betroffenen Volksgenossen Verständnis für die großen Schwierigkeiten haben, unter denen die Behörden die Vielzahl der wichtigen neuen Aufgaben bei stark vermindertem Personal durchführen müssen.

36. Zu § 3 Abs. 2 Satz 1 EFU.-DV. Behandlung der Anträge.

Die Anträge sind möglichst schnell zu behandeln. Es darf keinesfalls kleinlich verfahren werden, sondern stets entgegenkommend und in Zweifelfällen zugunsten der Angehörigen. Der Einberufene an der Front muß die Überzeugung haben, daß für seine Angehörigen in ausreichender und gerechter Weise gesorgt ist.

36 a. Durch Mißbrauch von Formen und Gestaltungsmöglichkeiten des bürgerlichen Rechts kann die Gewährung von Familienunterhalt (allgemeiner Familienunterhalt oder Wirtschaftsbeihilfe) nicht herbeigeführt werden. Familienunterhalt kann nur insoweit gewährt werden, wie es einer den wirtschaftlichen Vorgängen, Tatsachen und Verhältnissen angemessenen rechtlichen Gestaltung entspricht.

37. Antragspapiere.

Zur Bearbeitung des Antrages ist im allgemeinen die Vorlage folgender Nachweise erforderlich:

a) Bei Stellung des Antrags vor dem Einstellungstag der Einberufungsbefehl, der dem Einberufenen sofort wieder auszuhändigen ist, oder der diesen Befehlen anhängende Abschnitt „Ausweis zur Erlangung von Familienunterhalt";
b) Unterlagen für den Nachweis der Familienunterhaltsberechtigung (§ 2 EFUG.), z. B. Familienstammbuch, Bescheinigung über die Eheschließung, Geburtsurkunde;
c) ein Nachweis über die Höhe des Mietzinses und die Zahlung der Miete, z. B. Mietvertrag, Mietquittungsbuch;
d) eine Bescheinigung des Unternehmers (der Unternehmer) des Einberufenen über die Höhe des Nettoarbeitsentgelts des Einberufenen, und zwar

bei Beantragung von Familienunterhalt für Angehörige der Gruppe I des § 2 EFUG., die bis zum Einstellungstage in Haushaltsgemeinschaft mit dem Einberufenen gelebt haben, und im Falle der Nr. 61 Satz 1 während des nach Nr. 60 Abs. 2 maßgebenden Zeitraums (in der Regel des letzten Monats vor dem Einstellungstage);
bei Beantragung von Familienunterhalt für sonstige Angehörige: während des letzten halben Jahres vor dem Einstellungstage, es sei denn, daß ein kürzerer Zeitraum in Frage kommt (vgl. Nrn. 61 Satz 2, 62 und 24);

e) eine Erklärung des Unternehmers des Einberufenen, ob er eine Mitteilung des Stadt- oder Landkreises darüber wünscht, bis zu welchem Höchstbetrage eine etwaige freiwillige Zuwendung des Unternehmers bei der Bemessung des Familienunterhalts außer Ansatz bleibt (vgl. Nr. 146 Ziff. 2);

f) wenn der Einberufene zur Einkommensteuer zu veranlagen war, der letzte Einkommensteuerbescheid, der dem Einberufenen vor dem Einstellungstage bekanntgegeben worden ist; wenn Wirtschaftsbeihilfe zur Fortsetzung des Betriebes (Nr. 122 A) beantragt wird, außerdem der zuletzt bekanntgegebene Umsatzsteuerbescheid und Vermögenssteuerbescheid;

g) Nachweise über die z. Zt. der Antragstellung vorhandenen Einkünfte des Familienunterhaltsberechtigten und der Mitglieder der Familiengemeinschaft (Haushaltsgemeinschaft), z. B. aus Arbeitsverdienst oder Renten.

38. **Abschlagszahlung.**

Sofern bei der Antragstellung die Familienunterhaltsberechtigung (§ 2 EFUG.) feststeht und glaubhaft gemacht wird, daß der notwendige Lebensbedarf des Familienunterhaltsberechtigten ohne die sofortige Gewährung von Mitteln nicht ausreichend gesichert ist, ist ihm schon vor der endgültigen Festsetzung des Familienunterhalts eine Abschlagszahlung zu gewähren, und zwar, wenn es nötig ist, **sofort**. Die Abschlagszahlung ist auf den endgültig festgesetzten Familienunterhalt anzurechnen.

Vorläufige Familienunterhaltsgewährung bei größeren Einberufungen.

39. (1) Ist eine größere Zahl von Wehrpflichtigen gleichzeitig einberufen und genügt die Gewährung von Abschlagszahlungen (Nr. 38) nicht, so darf zur sofortigen Sicherstellung des notwendigen Lebensbedarfs der Familienunterhaltsberechtigten bis zur endgültigen Festsetzung des Familienunterhalts ein vorläufiger Familienunterhalt bis zur Dauer eines Monats gewährt werden.

(2) Als vorläufigen Familienunterhalt erhalten im Höchstfalle:

1. Familienunterhaltsberechtigte der Gruppe I des § 2 EFUG.,

die bis zum Einstellungstage in Haushaltsgemeinschaft mit dem Einberufenen gelebt haben,

a) wenn der Einberufene Arbeiter oder Angestellter war, das Nettoarbeitsentgelt, das er für den letzten Monat — bei wöchentlicher Lohnzahlung für die letzten vier Wochen — bezogen hat, vermindert um 15 v. H. dieses Nettoarbeitsentgelts,

b) wenn der Einberufene nicht Arbeiter oder Angestellter war, $^1/_{12}$ des durch den letzten Einkommensteuerbescheid vor dem Einstellungstag nachgewiesenen, nach dem Einstellungstag aber wegfallenden Teiles seines Jahresnettoeinkommens, vermindert um 15 v. H. seines Gesamteinkommens. War der Einberufene nicht einkommensteuerpflichtig, so ist der vorläufige Familienunterhalt nach billigem Ermessen festzusetzen;

2. Familienunterhaltsberechtigte der Gruppe I des § 2 EFUG., die bis zum Einstellungstage nicht in Haushaltsgemeinschaft mit dem Einberufenen gelebt haben, einen Betrag, der der Unterhaltsleistung des Einberufenen für sie während eines Monats entspricht. Das Entsprechende gilt für Familienunterhaltsberechtigte der Gruppe II des § 2 EFUG., einerlei, ob sie bis zum Einstellungstage in Haushaltsgemeinschaft mit dem Einberufenen gelebt haben oder nicht.

40. Bei der Festsetzung des vorläufigen Familienunterhalts ist zu prüfen, ob und welche Einkünfte etwa für den gleichen Zeitabschnitt zur Verfügung stehen.

41. Ergibt sich bei der endgültigen Festsetzung des Familienunterhalts ein niedrigerer Betrag als der gewährte vorläufige Familienunterhalt, so darf der überbezahlte Betrag weder zurückgefordert noch auf den Familienunterhalt der folgenden Zeit angerechnet werden.

42. Die Gewährung von Abschlagszahlungen oder vorläufigen Zahlungen darf keinesfalls dadurch aufgehalten werden, daß der Antragsteller noch nicht sämtliche, für die endgültige Festsetzung des Familienunterhalts erforderlichen Unterlagen vorlegen kann.

43. Zu § 3 Abs. 2 Satz 2 EFU.-DV.

Gehört der Einberufene einem Feldtruppenteil an, so ist die Mitteilung an diesen zu richten; die Anschrift lautet: „An die Dienststelle Feldpostnummer ....“ (hier ist die von den Angehörigen zu erfragende Feldpostnummer des Einberufenen einzusetzen).

44. Bei Einberufungen bis zur Dauer einer Woche ist eine Mitteilung des Stadt- oder Landkreises an den Truppen- (Marine-) Teil über die Bewilligung des Familienunterhalts nicht erforderlich.

45. Zu § 3 Abs. 3 EFU.-DV.

Im Beschwerdeverfahren gilt als obere Aufsichtsbehörde die in § 33 Abs. 2 der Ersten VO. zur Durchführung der DGO. vom 22. 3. 1935 (RGBl. I S. 393) und in den dieser Vorschrift entsprechenden Bestimmungen der Einführungs-VOn. zur DGO. bestimmte Behörde, für die Reichshauptstadt **Berlin** jedoch der Stadtpräs., für den Reichsgau **Wien** der Reichsstatthalter (staatl. Verw.), für die Hansestadt **Hamburg** der Reichsstatthalter (staatl. Verw.) und für die Hansestadt **Bremen** der Regierende Bürgermeister.

46. **Zu § 4 Abs. 1 EFU.-DV.**

Die Gewährung des Familienunterhalts ist nicht von einer bestimmten Mindestdauer der Einberufung abhängig. Familienunterhalt kann bereits gewährt werden, wenn infolge des Verdienstausfalles des Einberufenen für einen Tag oder einen Teil des Tages der nach § 9 Abs. 1 und 2 EFU.-DV. zu bemessende notwendige Lebensbedarf der familienunterhaltberechtigten Angehörigen nicht auf andere Weise (§ 9 Abs. 3 EFU.-DV.) gesichert ist.

47. (1) **Auszahlung. Allgemeines.** Der Stadt- und Landkreis regelt die Art der Auszahlung des Familienunterhalts (§ 2 Abs. 2 des Ges. über Zahlungen aus öffentlichen Kassen vom 21. 12. 1938, RGBl. I S. 1899). Alten und gebrechlichen Personen, insbesondere Kriegsbeschädigten, Kleinrentnern und Sozialrentnern, denen die Abholung des Familienunterhalts nicht zugemutet werden kann, sind die Bezüge durch die Post zu überweisen. Auch sonst können die Bezüge durch die Post überwiesen werden, insbesondere, wenn eine Änderung der Verhältnisse für einen längeren Zeitraum nicht zu erwarten ist. In den letzteren Fällen ist Anträgen auf Überweisung durch die Post (oder auf ein bestimmtes Konto) zu entsprechen, wenn der Antrag von erwerbstätigen Familienunterhaltsberechtigten zur Ersparung von Arbeitszeit gestellt wird. Erwerbstätigen Familienunterhaltsberechtigten ist auch in der Weise Gelegenheit zu geben, den Familienunterhalt ohne Versäumung von Arbeitszeit in Empfang zu nehmen, daß an einem bestimmten Wochentage besondere Auszahlungszeiten festgesetzt werden, in denen Erwerbstätige den Familienunterhalt auch in den Stunden nach Beendigung der regelmäßigen ortsüblichen Arbeitszeiten entgegennehmen können. Im übrigen hat die Auszahlung des Familienunterhalts räumlich oder zeitlich getrennt von der Auszahlung der öffentlichen Fürsorge zu erfolgen.

(2) **Auszahlung bei Einberufungen für kurze Zeit.** Bei Einberufungen für einen kürzeren Zeitraum als einen Monat sowie bei Einberufungen auf unbestimmte Zeit, die nach ihrem Zweck wahrscheinlich keinen Monat dauern werden, wird auf dem Einberufungsbefehl in dem Abschnitt zur Erlangung des Familienunterhalts in roter Schrift der Vermerk „kurzfristige Einberufung“ oder „vorübergehende Einberufung“ aufgenommen. In diesen Fällen ist der Familienunterhalt jeweils nicht für einen längeren Zeitraum als zwei Wochen auszuzahlen.

47 a. **Zu § 4 Abs. 3 EFU.-DV.**

In besonderen Härtefällen kann unter den Voraussetzungen des § 4 Abs. 3 EFU.-DV. Familienunterhalt auf Antrag für eine länger als einen Monat (im Falle des zweiten Halbsatzes: 2 Monate), aber nicht länger als 3 Monate vor dem Tage der Antragstellung zurückliegende Zeit gewährt werden, wenn der Antragsteller ohne sein Verschulden verhindert war, den Antrag rechtzeitig zu stellen; für eine länger als 3 Monate vor dem Tage der Antragstellung zurückliegende Zeit kann Familienunterhalt nicht gewährt werden.

47 b. Durch den ersten Antrag auf Familienunterhalt wird die in § 4 Abs. 3 EFU.-DV. für die rückwirkende Gewährung von Familienunterhalt festgesetzte Frist auch für spätere Anträge auf Erhöhung oder Erweiterung der Leistungen des Familienunterhalts grundsätzlich gewahrt. Werden jedoch Anträge auf Erhöhung oder Erweiterung der Leistungen des Familienunterhalts erst geraume Zeit nach der ersten Antragstellung gestellt, so ist in der Regel zu unterstellen, daß der notwendige Lebensbedarf der Familienunterhaltsberechtigten durch den bisher gewährten Familienunterhalt und etwaige sonstige Einkünfte ausreichend gesichert gewesen ist. Von einer rückwirkenden Erhöhung der Erweiterung der Leistungen des Familienunterhalts für eine längere Dauer vor der Stellung des neuen Antrages, als in § 4 Abs. 3 EFU.-DV. in Verbindung mit Nr. 47 a vorgesehen ist, ist daher in der Regel abzusehen. Die rückwirkende Gewährung von Familienunterhalt für eine weiter zurückliegende Zeit muß auf besondere Ausnahmefälle beschränkt bleiben.

48. Zu § 4 Abs. 4 EFU.-DV.

Ist der Familienunterhalt wegen Änderung der Verhältnisse, die für die Festsetzung maßgebend gewesen sind, oder wegen Änderung der Einkommenshöchstgrenze (Nr. 58 ff.) herabzusetzen, so ist die Herabsetzung erst von dem auf die Änderung folgenden Auszahlungszeitpunkt an durchzuführen. Der vom Eintritt der Änderung bis zum nächsten Auszahlungszeitpunkt, der auf den Eintritt der Änderung folgt, überzahlte Betrag darf weder zurückgefordert noch auf den Familienunterhalt der folgenden Zeit angerechnet werden. Für Überzahlungen, die über diesen Zeitpunkt hinausgehen, gilt Nr. 176.

49. Wird der Einberufene vor Ablauf eines Zeitraumes, für den Familienunterhalt bereits ausgezahlt ist, aus dem Wehrdienst oder dem Reichsarbeitsdienst in Ehren entlassen, und ist Familienunterhalt nicht bereits nach Nrn. 29 bis 31 a fortzugewähren, so ist gleichwohl der von der Entlassung des Einberufenen bis zum Ablauf des Zahlungszeitraums bereits gewährte Familienunterhalt nicht zurückzufordern.

50. Zu § 4 Abs. 5 EFU.-DV.

(1) Die Verhältnisse der Familienunterhaltsempfänger sind in zeitlichen Abständen von Amts wegen nachzuprüfen. Die Nachprüfung hat sich auch darauf zu erstrecken, ob der Einberufene Kriegsbesoldungsempfänger oder — frühestens vom Beginn des dritten Dienstjahres an

— Gehaltsempfänger des Friedensstandes der Wehrmacht geworden ist (Nr. 1 Abs. 1).

(²) Die **Anzeigepflicht** erstreckt sich insbesondere auf Änderungen der Einkommens- und Familienverhältnisse und auf folgende Fälle: Gewährung von Kriegsbesoldung oder Friedensgebührnissen an den Einberufenen (Nr. 1 Abs. 1), Ausscheiden des Einberufenen aus dem Wehrdienst oder dem Reichsarbeitsdienst (z. B. Entlassung, Tod), Gewährung von Fürsorge- und Versorgungsbezügen, Verwendung des Soldaten in Betrieben gegen Entgelt oder in selbständiger Tätigkeit unter Wegfall der Soldatenbezüge (Nr. 31 c), Beurlaubung von Soldaten zur Aufnahme und Fortsetzung des Studiums, Ablegung von Prüfungen, Weiterbildung im Beruf (Nr. 31 e). Die Anzeigepflicht besteht auch, wenn der Einberufene in die Wehrmacht oder den Reichsarbeitsdienst nicht eingestellt wird, Familienunterhalt aber schon beantragt ist. Die Anzeigepflichtigen sind darauf hinzuweisen, daß bei schuldhafter Unterlassung der Anzeige zu Unrecht gezahlter Familienunterhalt zurückzuzahlen ist, und daß die betrügerische Unterlassung der Anzeige gerichtlich strafbar ist.

51. **Zu § 4 Abs. 7 Nr. 1 Buchst. a EFU.-DV.**

(¹) Während des Krieges gibt es ein Ausscheiden aus dem Wehrdienst von Rechts wegen (§ 23 Abs. 1 des Wehrges.[8])) nur wegen Verlustes der Wehrwürdigkeit (§ 23 Abs. 1 unter a des Wehrges.).

(²) Im Falle der Verurteilung zu Gefängnis von längerer als einjähriger Dauer wegen einer vorsätzlich begangenen Tat oder auf Unfähigkeit zum Bekleiden öffentlicher Ämter (§ 23 Abs. 1 unter b und c des Wehrges.) bleibt der Soldat Wehrmachtangehöriger (§ 7 Abs. 2 der Kriegs-Sonderstrafrechts-VO. vom 17. 8. 1938, RGBl. 1939 I S. 1455, in Verbindung mit § 1 der VO. vom 26. 8. 1939, RGBl. I S. 1482). Daher ist in diesen Fällen den Angehörigen Familienunterhalt fortzugewähren.

51 a. **Zu § 4 Abs. 7 Nr. 1 Buchst. c EFU.-DV. Fahnenflucht und unerlaubte Entfernung.**

Die Vorschrift des § 4 Abs. 7 Nr. 1 Buchst. c Satz 2 Halbsatz 2 EFU.-DV. ist nur anzuwenden, solange der Verurteilte sich in Strafhaft befindet; wird der Soldat unter Aussetzung der Strafvollstreckung zwecks Frontbewährung zur Truppe entlassen, so darf Familienunterhalt vom Tage des Wiederantritts des Dienstes beim Truppenteil an wieder gewährt werden.

52. **Zu § 4 Abs. 7 Nr. 1 EFU.-DV.**

Den Angehörigen der vor dem 26. 8. 1939 zur Erfüllung der zweijährigen aktiven Dienstpflicht einberufenen Wehrpflichtigen, die mit Rücksicht auf den besonderen Einsatz in der Wehrmacht zurückbehalten worden sind, ist Familienunterhalt während der Dauer des besonderen

[8]) Vgl. RGBl. 1935 I S. 609.

Einsatzes fortzugewähren. Dies gilt auch, wenn der Einberufene während des besonderen Einsatzes entlassen und später wieder einberufen wird, für die Zeit nach der Wiedereinstellung. Ist jedoch ein nach Satz 1 oder 2 Einberufener auf Grund einer freiwilligen Dienstverpflichtung Gehaltsempfänger des Friedensstandes der Wehrmacht geworden, so ist der Familienunterhalt einzustellen, und zwar frühestens vom Beginn des dritten Dienstjahres an (§ 4 Abs. 7 Nr. 1 unter b EFU.-DV.).

52 a. Zu § 4 Abs. 10 EFU.-DV.

Wird ein Einberufener vermißt und ist die Sicherung des notwendigen Lebensbedarfs der Familienunterhaltsberechtigten erst während des Vermißtseins weggefallen, so darf Familienunterhalt während des Vermißtseins neu gewährt werden.

52 b. Zu § 5 Abs. 1 EFU.-DV.

Hinweis auf die Durchf.-Best. vom 17. 10. 1939 zu § 122 WFVG. (RGBl. I S. 2044).

52 c. Zu § 5 Abs. 2 EFU.-DV.

(1) Hinweis auf Nr. 31 a.

(2) Fürsorgebezüge im Sinne des § 5 Abs. 2 EFU.-DV. sind: Versehrtengeld, Versehrtengeldzulage, Übergangsunterstützung, Führhundzuschuß oder Unkostenbeihilfe für Blinde (§§ 84, 87, 77 Abs. 3 und 4 WFVG.[9]), § 7 EWFVG.[10]), §§ 82, 85, 75 Abs. 3 und 4 RADVG.-M.[11]), Art. 4 der VO. vom 10. 4. 1940, RGBl. I S. 626, § 32 RADVG.-WJ.[12])). Versorgungsbezüge sind: AVU.-Rente, Pflegezulage, Blindenzulage (§§ 89 bis 93 WFVG., §§ 87 bis 91 RADVG.-M., Art. 4 der VO. vom 10. 4. 1940, RGBl. I S. 626, §§ 32 bis 35 RADVG.-WJ.).

(3) Beginnt die Zahlung der Fürsorge- oder Versorgungsbezüge des wegen Dienstunfähigkeit Entlassenen, die auf Grund der Beschädigung bei besonderem Einsatz, der Wehrdienst- oder Arbeitsdienstbeschädigung gewährt werden, vor Ablauf des dritten Monats, der auf den Entlassungsmonat folgt, so sind diese Bezüge bei der Bemessung des zu gewährenden Familienunterhalts in voller Höhe anzusetzen; doch bleiben Versehrtengeld, Versehrtengeldzulage, Pflegezulage, Blindenzulage und der Führhundzuschuß oder die Unkostenbeihilfe für Blinde (§§ 84, 92, 93, 77 Abs. 3 und 4 WFVG., § 7 EWFVG., §§ 82, 90, 91, 75 Abs. 3 und 4 RADVG.-M., Art. 4 der VO. vom 10. 4. 1940, RGBl. I S. 626, § 32 RADVG.-WJ.) außer Ansatz, und zwar auch dann, wenn dadurch die Einkommenshöchstgrenze überschritten wird. Im übrigen gilt die Nr. 147.

---

9) Vgl. RGBl. 1938 I S. 1077; 1940 I S. 1162.
10) Vgl. RGBl. 1939 I S. 1217.
11) Vgl. RGBl. 1938 I S. 1253; 1940 I S. 1559.
12) Vgl. RGBl. 1940 I S. 1631.

(4) Die zuständige Versorgungsbehörde teilt, sofern der Einberufene die Arbeit nicht bereits vor der Entlassung aufgenommen hat, dem Stadt- oder Landkreis auf Anfrage mit, ob dem Entlassenen nach seinem Gesundheitszustand die Aufnahme von Arbeit zugemutet werden kann. Ist dies der Fall, so hat sich der Entlassene, soweit er nicht im eigenen Betrieb oder freien Beruf tätig wird, alsbald mit seinem Unternehmer wegen der Wiederaufnahme der Arbeit im alten Betrieb in Verbindung zu setzen (Hinweis auf Nr. 28 a Abs. 3), oder sich beim Arbeitsamt wegen Zuweisung einer neuen Arbeit zu melden. Unterläßt er dies oder nimmt er eine zumutbare Arbeit ohne Grund nicht auf, so ist in der Regel eine Kürzung oder Sperre des Familienunterhalts für den Entlassenen selbst und für seine familienunterhaltsberechtigten Angehörigen geboten.

52 d. Zu § 5 Abs. 1 Nr. 1 Buchst. c Satz 3 und Abs. 2 Nr. 1 Satz 3 EFU.-DV.

In der Einstellung des Familienunterhalts ist eine Härte insbesondere dann nicht zu erblicken, wenn anzunehmen ist, daß das Rechtsmittel gegen die Ablehnung der Hinterbliebenenversorgung oder gegen die Ablehnung der Fürsorge und Versorgung des dienstunfähig Entlassenen nur in der Absicht eingelegt worden ist, die Einstellung des Familienunterhalts zu verzögern.

52 e. Zu § 5 Abs. 1 und 2 EFU.-DV.

Hinweis auf den RdErl. über Umstellungsbeihilfen für Opfer des gegenwärtigen Krieges vom 28. 2. 1941 (MBliV. S. 390) in der Fass. des RdErl. vom 5. 5. 1942 (MBliV. S. 949) und die RdErl. des RAM. und des RMdI. vom 6. 6. 1940 über Fürsorge für Wehrdienst- und Einsatzbeschädigte und ihre Hinterbliebenen (MBliV. S. 1083) und 26. 5. 1941 über soziale Fürsorge für Opfer des gegenwärtigen Krieges — Übergangsbeihilfen — (MBliV. S. 1005).

53. Mitteilungspflicht der Truppen- (Marine-) Teile usw. (§ 6 EFU.-DV.).

Dem Stadt- oder Landkreis (§ 2 Abs. 1 EFU.-DV.) ist von den folgenden für die Einstellung oder Fortgewährung des Familienunterhalts erheblichen Tatsachen — unter Angabe des Zeitpunktes und der Heimatanschrift — unverzüglich Mitteilung zu machen:

a) wenn die Voraussetzungen des § 4 Abs. 7 Nr. 1 Buchst. c EFU.-DV. eintreten (unerlaubte Entfernung, Fahnenflucht), wenn der Einberufene stirbt (§ 5 Abs. 1 EFU.-DV.), wenn der Einberufene wegen Verlustes der Wehrwürdigkeit aus dem Wehrdienst ausscheidet (§ 23 Abs. 1 Buchst. a des Wehrges.) oder wenn der Einberufene bei der Einstellungsuntersuchung für nicht dienstfähig befunden und deshalb entlassen wird, durch den Truppen- (Marine-) Teil;

b) wenn die Voraussetzungen des § 4 Abs. 8 EFU.-DV. eintreten oder wenn der Einberufene während einer Zeit nach § 4 Abs. 8

EFU.-DV. stirbt, durch den zurückbehaltenden Truppen- (Marine-) Teil oder das Lazarett;

c) wenn der Einberufungsbefehl rückgängig gemacht wird, durch die Wehrersatzdienststelle;

d) wenn die Voraussetzungen des § 4 Abs. 7 Nr. 1 Buchst. b EFU.-DV. eintreten (Bezug von Friedensgebührnissen der Wehrmacht), durch die zur Zahlung der Friedensgebührnisse zuständige Wehrmachtdienststelle; aus der Mitteilung muß hervorgehen, von welchem Zeitpunkt an Friedensgebührnisse der Wehrmacht gezahlt werden, oder — wenn der Einberufene bereits vor Beginn des dritten Dienstjahres Gehaltsempfänger des Friedensstandes der Wehrmacht wird — mit welchem Zeitpunkt das dritte Dienstjahr beginnt (vgl. Nr. 1 Abs. 1 letzter Satz und Nr. 150 a);

e) wenn der Einberufene Kriegsbesoldungsempfänger wird, durch die für die Zahlung der Kriegsbesoldung zuständige Wehrmachtdienststelle (vgl. Nr. 149).

54. Mitteilungspflicht der Dienststellen des Reichsarbeitsdienstes (§ 6 EFU.-DV.).

Die Dienststellen des Reichsarbeitsdienstes sind verpflichtet, dem Stadt- oder Landkreis (§ 2 Abs. 1 EFU.-DV.) — unter Angabe des Zeitpunktes — unverzüglich Mitteilung zu machen, wenn die Voraussetzungen des § 4 Abs. 7 Nr. 2 Buchst. b bis d EFU.-DV. eintreten (Längerdienen, Dienstflucht), wenn der Einberufene stirbt (§ 5 Abs. 1 EFU.-DV.), wenn der Einberufene infolge Verurteilung reichsarbeitsdienstunwürdig wird (§ 5 Abs. 1 des Reichsarbeitsdienstges.) oder wenn der Einberufene bei der Einstellungsuntersuchung für nicht dienstfähig befunden und deshalb entlassen wird. Das Entsprechende gilt, wenn der Einberufungsbefehl rückgängig gemacht wird, für die Reichsarbeitsdienstmeldeämter.

55. Mitteilungspflicht der Versorgungsbehörden (§ 6 EFU.-DV.).

(1) Im Falle des § 5 Abs. 1 teilt die Versorgungsbehörde dem Stadt- oder Landkreis (§ 2 Abs. 1 EFU.-DV.) von Amts wegen mit, daß der Einberufene während des Wehrdienstes oder während der Erfüllung der Reichsarbeitsdienstpflicht oder während einer Zeit nach § 1 Abs. 2 oder nach § 4 Abs. 8 bis 11 EFU.-DV. verstorben ist, wann er verstorben ist und für welche Angehörigen ein Fürsorge- und Versorgungsverfahren stattfindet. Die Mitteilungspflicht der Truppen- (Marine-) Teile sowie der Dienststellen der Wehrmacht und des Reichsarbeitsdienstes (Nrn. 53, 54) bleibt unberührt.

(2) Im Falle des § 5 Abs. 2 teilt die Versorgungsbehörde dem Stadt- oder Landkreis (§ 2 Abs. 1 EFU.-DV.) von Amts wegen mit, daß und wann der Einberufene infolge eines während des Wehrdienstes oder während der Erfüllung der Reichsarbeitsdienstpflicht oder

während einer Zeit nach § 1 Abs. 2 EFU.-DV. erlittenen Körperschadens aus dem Wehrdienst oder dem Reichsarbeitsdienst als dienstunfähig entlassen worden ist und ob ein Fürsorge- und Versorgungsverfahren stattfindet.

(3) Außerdem übersendet die Versorgungsbehörde in allen Fällen, in denen ein Fürsorge- und Versorgungsverfahren stattfindet, eine Mitteilung über

a) die Bewilligung von Fürsorge oder Versorgung; hierbei ist Höhe, Art und Beginn der Fürsorge- und Versorgungsbezüge anzugeben;
b) die Ablehnung von Fürsorge oder Versorgung;
c) die Einlegung eines Rechtsmittels;
d) die Rechtsmittelentscheidung.

(4) Zuständige Versorgungsbehörden sind:

für die zum Wehrdienst Einberufenen und ihre Hinterbliebenen: die Wehrmachtfürsorge- und -versorgungsämter;
für die zum Reichsarbeitsdienst Einberufenen und ihre Hinterbliebenen: das Versorgungsamt IV Berlin.

55 a. In allen nicht in den Nrn. 53 bis 55 angeführten Fällen des Ausscheidens aus dem Wehrdienst (z. B. bei regelrechter Entlassung) oder dem Reichsarbeitsdienst (verwaltungsmäßige Entlassung, Ausscheiden auf Grund eines Dienststrafbescheides, Ausscheiden nach Zurückbehaltung im Reichsarbeitsdienst in Fällen des Nachdienens oder der Erkrankung) und in den Fällen der Nrn. 31 b bis 31 e besteht keine Mitteilungspflicht der Truppen- (Marine-) Teile, der Dienststellen der Wehrmacht oder des Reichsarbeitsdienstes. Die Stadt- und Landkreise haben daher zur Erleichterung der Überwachung ihre Ernährungsämter und die von diesen bestimmten Stellen (Kartenausgabestellen) anzuweisen, der Abteilung für Familienunterhalt unverzüglich mitzuteilen, wenn ein aus dem Wehrdienst oder dem Reichsarbeitsdienst Ausgeschiedener erstmalig nach dem Ausscheiden einen Antrag auf Zuteilung von Bezugskarten stellt; die Abteilung für Familienunterhalt hat, falls sie nicht selbst zuständig ist, die Mitteilung an den zuständigen Stadt- oder Landkreis (§ 2 Abs. 1 EFU.-DV.) weiterzuleiten. Der Entlassungstag ist aus den Entlassungspapieren festzustellen. Die Sätze 2 und 3 gelten in den Fällen der Nrn. 31 b bis 31 e entsprechend.

55 b. Stirbt der Einberufene während der Dauer einer Gefangenschaft oder Internierung (§ 4 Abs. 11 EFU.-DV.) und erhält das Deutsche Rote Kreuz (Präsidium Amt S in Berlin SW 61, Blücherplatz 2) hiervon Kenntnis, so macht es dem Stadt- oder Landkreis (§ 2 Abs. 1 EFU.-DV.) davon Mitteilung. Die Mitteilungspflicht der Truppen- (Marine-) Teile usw., der Dienststellen des Reichsarbeitsdienstes und der Versorgungsbehörden (Nrn. 53, 54, 55 Abs. 1) bleibt unberührt.

56. Zu § 7 EFU.-DV.

(1) Über die Übertragung der Durchführung und die Auswahl der zu übertragenden Aufgaben entscheidet der Leiter des Landkreises. Die Übertragung kann auf einzelne Maßnahmen der Durchführung, insbesondere die Entgegennahme und Bearbeitung der Anträge, die Überwachung der Verhältnisse der Familienunterhaltsempfänger und die Auszahlung des vom Landkreis festgesetzten Familienunterhalts beschränkt werden. Sie kann sich aber auch auf die Entscheidung über Voraussetzung, Art und Maß des Familienunterhalts erstrecken. Der Umfang der Übertragung hat sich in jedem Falle danach zu richten, ob die Verwaltung der Gemeinde (GV.) ausreichende Gewähr für die ordnungsmäßige Durchführung bietet.

(2) Zur Entgegennahme der Anträge, zur Auszahlung des Familienunterhalts und zur Überwachung der Verhältnisse der Familienunterhaltsempfänger können auch Gemeinden (GV.) von 5000 und weniger Einwohnern herangezogen werden.

C. Voraussetzung, Art und Maß des Familienunterhalts.

57. Allgemeines.

(1) Das Ziel des Einsatz-Familienunterhalts wird in § 9 Abs. 2 des Einsatz-Wehrmachtgebührnisges. vom 28. 8. 1939 (RGBl. I S. 1531) in folgende Grundsätze zusammengefaßt:

„Bei Bemessung des Familienunterhalts sind die bisherigen Lebensverhältnisse und das im Frieden bezogene Einkommen der Angehörigen der Wehrmacht zu berücksichtigen. Die Fortführung des Haushalts unter Beachtung der durch den besonderen Einsatz gebotenen Einschränkungen, die Erhaltung des Besitzstandes und die Erfüllung übernommener Verpflichtungen sollen in vertretbarem Ausmaße gesichert werden."

(2) Diese Grundsätze sind von den Durchführungsbehörden bei der Handhabung des Einsatz-Familienunterhaltsrechts im Rahmen seiner Vorschriften (vgl. insbesondere § 8 Abs. 1 EFU.-DV.) als Richtlinie zu beachten. Keinesfalls sind die Grundsätze engherzig anzuwenden.

IV. Einkommenshöchstgrenze (§ 8 Abs. 2 EFU.-DV.).

58. Der Familienunterhalt darf nicht dazu führen, daß der Familienunterhaltsberechtigte für seinen laufenden notwendigen Lebensbedarf über mehr Mittel verfügt, als ihm bis zur Einberufung zur Verfügung standen (Einkommenshöchstgrenze, vgl. Nr. 60ff.). Daher darf Familienunterhalt nur in der Höhe gewährt werden, daß der laufende Familienunterhalt (laufender notwendiger Lebensunterhalt — § 9 Abs. 1 EFU.-DV. —, laufende Nebenleistungen, insbesondere Miethilfe — § 9 Abs. 2 EFU.-DV. —) und die (anzurechnenden sowie außer Ansatz zu lassenden) sonstigen Einkünfte des Familienunterhaltsberechtigten in der Zeit nach dem Einstellungstage zusammen die Einkommenshöchstgrenze (Nr. 60ff.) nicht überschreiten.

59. Zusätzliche Beihilfen nach Nrn. 115, 116 und 116 a, Beihilfen zur Zahlung von Einkommensteuer (Nr. 114 a), ferner Leistungen der Krankenhilfe, Wochenhilfe und Anstaltspflege (Nrn. 88, 89, 90, 91) sowie Kosten der Erwerbsbefähigung von Blinden, Taubstummen und Krüppeln (§ 9 Abs. 2 Nr. 4 EFU.-DV.) dürfen auch gewährt werden, wenn dadurch die Einkommenshöchstgrenze überschritten wird.

60. (1) Einkommenshöchstgrenze ist für Familienunterhaltsberechtigte der Gruppe I des § 2 EFUG., die bis zum Einstellungstage in Haushaltsgemeinschaft mit dem Einberufenen gelebt haben, das Gesamtnettoeinkommen des Familienunterhaltsberechtigten und des Einberufenen vor dem Einstellungstage abzüglich des ersparten Lebensunterhalts (Abs. 8) des aus der Haushaltsgemeinschaft ausgeschiedenen Einberufenen.

(2) Das Nettoeinkommen des Einberufenen, der nicht zur Einkommensteuer zu veranlagen ist, aus nichtselbständiger Arbeit bestimmt sich, falls er bis zum Einstellungstag als Arbeiter oder Angestellter beschäftigt war, nach den folgenden Vorschriften:

1. Soweit in den Ziff. 2 bis 6 nichts anderes bestimmt ist, ist das Nettoarbeitsentgelt maßgebend, das der Einberufene für den letzten Monat — bei wöchentlicher Lohnzahlung für 4⅓ Wochen — vor dem Einstellungstage erhalten hat.
2. War in der Zeit vor dem Einstellungstage in dem Betrieb, in welchem der Einberufene beschäftigt war, Kurzarbeit eingeführt, so ist das Nettoarbeitsentgelt maßgebend, das der Einberufene für den letzten Monat erhalten hat, bevor die Arbeitszeit im Betriebe verkürzt worden ist.
3. War der Einberufene in der Zeit vor dem Einstellungstage auf Grund der VO. zur Sicherstellung des Kräftebedarfs für Aufgaben von besonderer staatspolitischer Bedeutung vom 13. 2. 1939 (RGBl. I S. 206) zur Dienstleistung verpflichtet, so ist das Nettoarbeitsentgelt maßgebend, das er aus seinem Beschäftigungsverhältnis während der Dienstleistung für den letzten Monat erhalten hat. War dieses Nettoarbeitsentgelt jedoch niedriger als sein letztes Nettoarbeitsentgelt vor der Dienstleistung, so ist dieses frühere Nettoarbeitsentgelt maßgebend.
4. Hat der Einberufene in der Zeit vor dem Einstellungstage einen Beruf ausgeübt, in dem eine regelmäßig wiederkehrende Arbeitslosigkeit als berufsüblich anzusehen ist, so ist das Nettoeinkommen (einschl. einer Arbeitslosenunterstützung und von Barleistungen der Krankenversicherung) maßgebend, das er im Durchschnitt der letzten 12 Monate vor dem Einstellungstage für einen Monat gehabt hat.
5. Hatte der Einberufene in der Zeit vor dem Einstellungstage ein schwankendes Nettoarbeitsentgelt, so ist das Nettoarbeits-

entgelt maßgebend, das er im Durchschnitt eines Zeitraumes von 6 Monaten vor dem Einstellungstage für einen Monat erhalten hat. Zeiten der Krankheit, der Kurzarbeit und der Arbeitslosigkeit bleiben außer Betracht.

5 a. Hatte der Einberufene in der Zeit vor dem Einstellungstage ein Nettoarbeitsentgelt aus einer Beschäftigung in der Land- oder Forstwirtschaft, so ist in der Regel das Nettoarbeitsentgelt zugrunde zu legen, das er im Durchschnitt der letzten 12 Monate vor dem Einstellungstage für einen Monat erhalten hat. Zeiten der Krankheit bleiben außer Betracht.

6. Wird ein von der Räumung oder Freimachung Betroffener einberufen und war sein vor dem Einstellungstage bezogenes Nettoarbeitsentgelt niedriger als sein letztes Nettoarbeitsentgelt vor der Räumung oder Freimachung, so ist dieses frühere Nettoarbeitsentgelt maßgebend.

6 a. Ist für die Ermittlung des Nettoeinkommens eine der Ziff. 1 bis 6 maßgebend, ist jedoch das hiernach ermittelte Nettoeinkommen aus besonderen Gründen (z. B. weil der Einberufene nicht lange vor dem Einstellungstage aus selbständiger Tätigkeit zu nichtselbständiger Beschäftigung übergegangen ist) nicht als ein den zu berücksichtigenden bisherigen Lebensverhältnissen entsprechendes normales Nettoeinkommen anzusehen, so kann auf Antrag das Nettoeinkommen zugrunde gelegt werden, das der Einberufene im Durchschnitt eines anderen geeigneten zusammenhängenden, möglichst nahe vor dem Einstellungstage liegenden Zeitraumes für einen Monat gehabt hat. Zeiten der Krankheit, der Kurzarbeit und der Arbeitslosigkeit bleiben außer Betracht; sie gelten nicht als Unterbrechungen des zeitlichen Zusammenhangs. Der Zeitraum soll in der Regel nicht weniger als 6 Monate betragen. Soweit die in dem zugrunde zu legenden Zeitraum bezogenen Einkünfte aus selbständiger Tätigkeit stammen, sind sie nach den Grundsätzen des Einkommensteuerrechts zu ermitteln.

6 b. Wird ein entlassener Einberufener vor Ablauf von 3 Monaten erneut einberufen und war sein vor dem Tage der Wiedereinstellung bezogenes Nettoeinkommen niedriger als sein Nettoeinkommen (Ziff. 1 bis 6 a) vor der ersten Einberufung, so ist dieses frühere Nettoeinkommen maßgebend.

7. Wird ein ehrenamtlicher Bürgermeister, Beigeordneter oder Kassenverwalter einer Gemeinde einberufen, so rechnet der Teil der Aufwandsentschädigung, für den bis zur Einstellung in die Wehrmacht Lohnsteuer zu entrichten war (RdErl. vom 26. 1. und 18. 6. 1937, MBliV. S. 169, 987), zu den Einkünften des Einberufenen aus nichtselbständiger Arbeit (RdErl. vom 9. 2. 1940, MBliV. S. 246).

8. Reisekostenentschädigungen (Fahrtkostenersatz, Tagegelder, Übernachtungsgelder) und der Ersatz anderer Aufwendungen durch den Unternehmer, für die bis zum Einstellungstage keine Lohnsteuer zu entrichten war, gehören nicht zu den Einkünften des Einberufenen aus nichtselbständiger Arbeit.
9. Zum Nettoarbeitsentgelt gehört auch das sogenannte 13. Monatsgehalt, einerlei, ob es auf einem Rechtsanspruch beruht oder freiwillig gewährt wird. Wird es in einer Summe gezahlt, so ist es in Höhe eines Zwölftels seines Nettobetrages zum monatlichen Nettoarbeitsentgelt des Einberufenen zu rechnen. Hinweis auf Nr. 146 Ziff. 2 Buchst. d und Nr. 147 Ziff. 2.

(3) In den Fällen des Abs. 2 sind die Einkommensteuer, die Bürgersteuer und die gesetzlichen Beiträge zur Reichsversicherung (Krankenversicherung einschl. Ersatzkassen, Invalidenversicherung, Angestelltenversicherung, Knappschaftliche Pensionsversicherung) und zur Arbeitslosenversicherung bei der Errechnung des Nettoarbeitsentgeltes vom Bruttoarbeitsentgelt[13]) abzuziehen. Der Kriegszuschlag zur Einkommensteuer (§§ 2 bis 5 der Kriegswirtschafts-VO. vom 4. 9. 1939, RGBl. I S. 1609), ferner andere Beiträge, z. B. die zu gesetzlichen oder sonstigen Berufsorganisationen, zur Deutschen Arbeitsfront, sind dagegen nicht abzuziehen.

(4) In den Fällen der Abs. 2, 3 hat der Unternehmer des Einberufenen die Höhe des Nettoarbeitsentgeltes zu bescheinigen und die zur Durchführung der vorstehenden Vorschriften erforderlichen Auskünfte zu erteilen.

(5) Als Jahresnettoeinkommen eines Einberufenen, der zur Einkommensteuer zu veranlagen ist, ist der Betrag zugrunde zu legen, der sich als „Gesamtbetrag der Einkünfte" aus dem letzten Einkommensteuerbescheid ergibt, der dem Einberufenen vor dem Einstellungstage bekanntgegeben worden ist. Ist der Einkommensteuerbescheid für das letzte vor dem Einstellungstage abgelaufene Steuerjahr vor dem Einstellungstage noch nicht bekanntgegeben, hat aber der Einberufene die Einkommensteuererklärung für dieses Steuerjahr bereits vor dem Einstellungstage abgegeben, so ist der Betrag zugrunde zu legen, der sich als „Gesamtbetrag der Einkünfte" aus der Einkommensteuererklärung ergibt. Der Gesamtbetrag der Einkünfte ist um die veranlagte Einkommensteuer und die Bürgersteuer zu vermindern (Jahresnettoeinkom-

---

[13]) Zum Bruttoarbeitsentgelt gehören auch besondere Entlohnungen für Dienste, die über die regelmäßige Arbeitszeit hinaus geleistet werden, z. B. Entlohnungen für Überstunden, Überschichten, Sonntags-, Feiertags- und Nachtarbeit, und zwar ohne Rücksicht darauf, ob sie der Besteuerung unterliegen (vgl. § 2 Abs. 3 Nr. 4 der Lohnsteuer-Durchf.-Best. v. 10. 3. 1939, RGBl. I S. 449, in Verbindung mit der VO. v. 7. 11. 1940 über die Nichtbesteuerung der Zuschläge für Mehrarbeit usw., RGBl. I S. 1478).

men). Ein Zwölftel hiervon ist das monatliche Nettoeinkommen. Hat jedoch der Einberufene infolge seiner Einberufung oder infolge nachgewiesener Erwerbsunfähigkeit Einkünfte nicht während eines vollen Kalenderjahres bezogen, so ist das monatliche Nettoeinkommen aus diesen Einkünften durch Teilung durch die Zahl der Monate, in denen er die Einkünfte hatte, zu ermitteln. Der Kriegszuschlag zur Einkommensteuer ist nicht abzuziehen.

(5a) Ist das gemäß Abs. 5 ermittelte Nettoeinkommen aus besonderen Gründen (z. B. weil der Betrieb des Einberufenen erst nach Beginn des maßgebenden Veranlagungszeitraums der Einkommensteuer begonnen oder erworben worden ist oder weil der Einberufene nach Beginn des genannten Zeitraums aus nichtselbständiger Beschäftigung zu selbständiger Tätigkeit übergegangen ist) nicht als ein den zu berücksichtigenden bisherigen Lebensverhältnissen entsprechendes normales Nettoeinkommen anzusehen, so kann der Ermittlung des Nettoeinkommens eines Einberufenen, der zur Einkommensteuer zu veranlagen ist, auf Antrag ein anderer geeigneter zusammenhängender, vor dem Einstellungstage liegender Zeitraum zugrunde gelegt werden. Dieser Zeitraum soll in der Regel nicht weniger als 6 Monate betragen; bei Saisonbetrieben darf er nicht weniger als ein Jahr betragen. Die in dem zugrunde zu legenden Zeitraum bezogenen Einkünfte sind nach den Grundsätzen des Einkommensteuerrechts zu ermitteln und, wenn sie nicht glaubhaft gemacht werden können, tunlichst durch eine Bescheinigung des zuständigen Finanzamts nachzuweisen. Die Anwendung der Vorschriften dieses Absatzes ist unzulässig, wenn anzunehmen ist, daß die Einkommenssteigerung gegenüber dem nach Abs. 5 ermittelten „Gesamtbetrag der Einkünfte" nicht auf Mehrleistung von Arbeit, sondern auf Konjunktur- oder Kriegsgewinn beruht.

(5b) Wird ein entlassener Einberufener vor Ablauf von 3 Monaten erneut einberufen und war das Nettoeinkommen, das sich bei Zugrundelegung des letzten vor dem Tage der Wiedereinstellung bekanntgegebenen Einkommensteuerbescheides ergibt, niedriger als das Nettoeinkommen vor der ersten Einberufung (Abs. 5 oder 5 a), so ist dieses frühere Nettoeinkommen maßgebend.

(6) Hatte der Einberufene sowohl Einkünfte aus nichtselbständiger Arbeit als auch Einkünfte aus anderen Einkunftsarten und wird er nicht zur Einkommensteuer veranlagt, so werden die Einkünfte aus den anderen Einkunftsarten dem nach Abs. 2 und 3 ermittelten Nettoeinkommen aus nichtselbständiger Arbeit hinzugerechnet. Bei der Berechnung der Einkünfte aus anderen Einkunftsarten ist auch der Nutzungswert der Wohnung des Einberufenen im eigenen Haus (Eigenheim oder Miethaus) zu berücksichtigen. Nicht versteuerte Einkünfte, für die jedoch Einkommensteuer hätte entrichtet werden müssen, werden nicht berücksichtigt.

(6a) Hatte der Einberufene vor dem Einstellungstage ein Einkommen in ausländischer Währung, so ist das Nettoeinkommen maßgebend, das ein in vergleichbaren Berufs- und Einkommensverhältnissen Stehender z. Z. der Festsetzung des Familienunterhalts in Reichsmark haben würde. Nötigenfalls ist dieses Reichsmarkeinkommen zu schätzen.

(7) War der Einberufene in der Zeit vor dem Einstellungstage unverschuldet arbeitslos und hat er Arbeitslosenunterstützung oder öffentliche Fürsorge erhalten oder ist er während der Zeit der Arbeitslosigkeit ohne eine solche Unterstützung ausgekommen, so ist das Nettoeinkommen maßgebend, das er bei Fortdauer seiner vor Eintritt der Arbeitslosigkeit ausgeübten Berufstätigkeit für einen Monat erhalten würde. Die Abs. 3, 4 und 6 sind entsprechend anzuwenden.

(7a) Auf die Ermittlung des Nettoeinkommens der familienunterhaltsberechtigten Angehörigen finden die einschlägigen Vorschriften der Abs. 2 bis 7 sinngemäße Anwendung.

(8) Als ersparter Lebensunterhalt des aus der Haushaltsgemeinschaft ausgeschiedenen Einberufenen (Abs. 1) ist ein Betrag von 15 v. H. des nach Abs. 2, 3, 5 bis 7 errechneten Nettoeinkommens des Einberufenen abzusetzen. Weitere Absetzungen, z. B. für erspartes Fahrgeld zur und von der Arbeitsstätte, finden nicht statt.

61. Für die Ehefrau, die bis zum Einstellungstage noch nicht in Haushaltsgemeinschaft mit den Einberufenen gelebt hat, weil eine solche vor dem Einstellungstage noch nicht hergestellt werden konnte oder weil die Ehe erst nach diesem Tage geschlossen ist, und für die mit ihr zusammenlebenden Kinder richtet sich die Einkommenshöchstgrenze nach Nr. 60. Im übrigen ist Einkommenshöchstgrenze für Familienunterhaltsberechtigte der Gruppe I des § 2 EFUG., die bis zum Einstellungstage nicht in Haushaltsgemeinschaft mit dem Einberufenen gelebt haben, z. B. die getrennt lebende Ehefrau und die mit ihr zusammenlebenden Kinder, das durchschnittliche Monatsnettoeinkommen, das dem Familienunterhaltsberechtigten während des letzten halben Jahres vor dem Einstellungstage tatsächlich zur Verfügung gestanden hat, einschließlich der Unterhaltsleistung, die er während dieses Zeitraumes von dem Einberufenen erhalten hat; Nr. 24 ist entsprechend anzuwenden.

62. Einkommenshöchstgrenze ist für Familienunterhaltsberechtigte der Gruppe II des § 2 EFUG., einerlei, ob sie bis zum Einstellungstage in Haushaltsgemeinschaft mit dem Einberufenen gelebt haben oder nicht, das durchschnittliche Monatsnettoeinkommen des Familienunterhaltsberechtigten einschließlich der Unterhaltsleistung, die er von dem Einberufenen erhalten hat, während des für die Feststellung der Ernährereigenschaft (vgl. Nr. 16ff.) maßgebenden Zeitraumes. Als Unterhaltsleistung des Einberufenen ist hierbei die für die Feststellung der Ernährereigenschaft ermittelte Unterhaltsleistung des Einberufenen anzunehmen.

63. Fehlt es für den laufenden notwendigen Lebensbedarf des Familienunterhaltsberechtigten an dem Vergleichsmaßstab der Verhältnisse vor der Einberufung (Geburt eines familienunterhaltsberechtigten Kindes nach dem Einstellungstage; geschiedene Ehe, Nr. 20 a; noch nicht abgeschlossene Berufsausbildung, Nr. 21 Abs. 1 und 2; Tod eines Elternteils, Nr. 22; Eintritt der Erwerbsunfähigkeit der Eltern oder eines Elternteils des Einberufenen, Nr. 22 a), so ist für die Anwendung des § 8 Abs. 2 EFU.-DV. kein Raum. Was in diesem Falle an Familienunterhalt zu gewähren ist, hat sich im Rahmen der §§ 9 bis 18 EFU.-DV. nach der Besonderheit des Falles zu richten.

64. Einkommenshöchstgrenze bei Aufnahme einer Berufstätigkeit.

Nimmt der Familienunterhaltsberechtigte nach dem Einstellungstage eine Berufstätigkeit auf oder erzielt er nach dem Einstellungstage ein höheres Nettoeinkommen aus einer Berufstätigkeit als vor diesem Tage, so erhöht sich die Einkommenshöchstgrenze entsprechend. Bei schwankendem Nettoeinkommen aus einer solchen Berufstätigkeit ist ein Durchschnittsbetrag anzunehmen.

65. Einkommenshöchstgrenze bei Beendigung oder Einschränkung der Berufstätigkeit.

Beendigt ein Familienunterhaltsberechtigter eine vor dem Einstellungstage ausgeübte oder nach dem Einstellungstage aufgenommene Berufstätigkeit (Nr. 64) oder schränkt er sie ein, so ermäßigt sich die Einkommenshöchstgrenze von dem auf die Beendigung oder Einschränkung der Berufstätigkeit folgenden Auszahlungszeitpunkt an entsprechend. Liegt jedoch ein berechtigter Grund für die Beendigung oder Einschränkung der Berufstätigkeit vor, so ist die Fortgewährung des Familienunterhalts einschließlich laufender Beihilfen, die vor der Beendigung oder Einschränkung der Berufstätigkeit gewährt wurden, im Rahmen der früheren Einkommenshöchstgrenze zulässig. Satz 1 gilt entsprechend, wenn sich das Nettoeinkommen des Familienunterhaltsberechtigten aus einer Berufstätigkeit aus anderen Gründen später wesentlich vermindert. Die Nrn. 63 und 66 bleiben unberührt.

66. Ist in den für den laufenden notwendigen Lebensbedarf des Familienunterhaltsberechtigten maßgebenden Verhältnissen nach dem Einstellungstage eine Änderung eingetreten, so steht § 8 Abs. 2 EFU.-DV. der Berücksichtigung des eingetretenen berechtigten Mehrbedarfs nicht entgegen.

67. Ist die Einkommenshöchstgrenze niedriger als der maßgebende örtliche Unterhaltssatz (Nr. 69) zuzüglich der Miete — in den Alpen- und Donau-Reichsgauen sowie im Reichsgau Sudetenland niedriger als der Unterhaltshöchstsatz (Nr. 74) zuzüglich der Miete —, so kann, soweit es die Verhältnisse erfordern, Familienunterhalt, insbesondere bei kinderreichen Familien, nach der Besonderheit des Falles bis zur

Höhe dieses Unterhaltssatzes (Unterhaltshöchstsatzes) und daneben eine Mietbeihilfe gewährt werden.

V. Unterhaltssätze (§ 9 Abs. 1 EFU.-DV.).

a) Örtlicher Unterhaltssatz (§ 9 Abs. 1 Satz 1 EFU.-DV.).

Altreich (Nrn. 68 bis 71 a).

68. Die Unterhaltssätze zur Deckung des laufenden notwendigen Lebensunterhalts sind den örtlichen Verhältnissen anzupassen. Die Unterhaltssätze sollen für Gemeinden mit gleichen Teuerungsverhältnissen gleich hoch sein, auch wenn die Gemeinden verschiedenen Landkreisen angehören; dabei dürfen jedoch die Lohnverhältnisse nicht außer Betracht gelassen werden.

69. Monatliche Unterhaltssätze sind festzusetzen für:

1. Familienunterhaltsberechtigte über 16 Jahre, wenn sie Haushaltsvorstand sind (z. B. ein Elternteil des Einberufenen) oder als Einzelperson einen eigenen Haushalt führen;
2. sonstige familienunterhaltsberechtigte Haushaltsangehörige über 16 Jahre (z. B. der zweite Elternteil oder nicht verdienende über 16 Jahre alte Kinder des Einberufenen); (etwa 50 v. H. des Satzes zu 1);
3. Familienunterhaltsberechtigte unter 16 Jahren, die im Haushalt des Einberufenen, seiner Ehefrau oder von Verwandten der aufsteigenden Linie leben (z. B. die im Haushalt des Einberufenen lebenden ehelichen Kinder, das im Haushalt von Verwandten der aufsteigenden Linie [z. B. der Mutter oder der Großeltern mütterlicherseits] lebende uneheliche Kind des Einberufenen); (etwa 30 bis 40 v. H. des Satzes zu 1). Der Unterhaltssatz darf jedoch 15 *RM* nicht unterschreiten;
4. Familienunterhaltsberechtigte unter 16 Jahren, die nicht im Haushalt des Einberufenen, seiner Ehefrau oder von Verwandten der aufsteigenden Linie leben (z. B. uneheliche Kinder des Einberufenen, die sich in fremder Pflege befinden); (etwa 60 v. H. des Satzes zu 1).

70. Die Unterhaltssätze werden von den Leitern der Stadt- oder Landkreise festgesetzt; sie sind auf halbe oder volle Reichsmarkbeträge aufzurunden.

71. Die oberen Aufsichtsbehörden (§ 33 Abs. 2 der Ersten VO. zur Durchf. der DGO. vom 22. 3. 1935, RGBl. I S. 393) haben die Festsetzung der Unterhaltssätze zu überwachen. Sie können die Unterhaltssätze nach Anhörung der Landesarbeitsämter selbst festsetzen, wenn dies zur Angleichung (vgl. Nr. 68 Satz 2) erforderlich ist.

71 a. Änderungen der Unterhaltssätze bedürfen der Zustimmung des RMdI. und des RFM.

Alpen- und Donau-Reichsgaue.

Reichsgau Sudetenland.

(vorläufige Regelung, Nrn. 72 bis 76).

72. Die Unterhaltssätze (Regelsätze) betragen monatlich in den Orten der

	Sonderklasse	Ortsklasse A	Ortsklasse B	Ortsklasse C
	RM	RM	RM	RM
für				
1. Familienunterhaltsberechtigte über 16 Jahre, wenn sie Haushaltsvorstand sind (z. B. ein Elternteil des Einberufenen) oder als Einzelperson einen eigenen Haushalt führen	42	38	30	27
2. sonstige familienunterhaltsberechtigte Haushaltsangehörige über 16 Jahre (z. B. der zweite Elternteil oder nicht verdienende über 16 Jahre alte Kinder des Einberufenen)	21	19	17	16
3. Familienunterhaltsberechtigte unter 16 Jahren, die im Haushalt des Einberufenen, seiner Ehefrau oder von Verwandten der aufsteigenden Linie leben (z. B. die im Haushalt des Einberufenen lebenden ehelichen Kinder, das im Haushalt von Verwandten der aufsteigenden Linie [z. B. der Mutter oder der Großeltern mütterlicherseits] lebende uneheliche Kind des Einberufenen)	15	15	15	15
4. Familienunterhaltsberechtigte unter 16 Jahren, die nicht im Haushalt des Einberufenen, seiner Ehefrau oder von Verwandten der aufsteigenden Linie leben (z. B. uneheliche Kinder des Einberufenen, die sich in fremder Pflege befinden)	28	26	20	18

73. Ein höherer Familienunterhalt für den laufenden notwendigen Lebensunterhalt als der Unterhaltsregelsatz (Nr. 72) ist je nach Lage des Einzelfalles zu gewähren, wenn die Beschränkung auf den Unterhaltsregelsatz für den Familienunterhaltsberechtigten gegenüber seiner bisherigen Lebenshaltung zu einer nicht zumutbaren Verschlechterung führen würde.

74. Bei Anwendung der Nr. 73 dürfen nachstehende Höchstgrenzen nicht überschritten werden:

a) Der Unterhaltssatz für den laufenden notwendigen Lebensunterhalt (§ 9 Abs. 1 Satz 1 EFU.-DV.) darf höchstens betragen (Unterhaltshöchstsatz):

	Sonderklasse	Ortsklasse A	Ortsklasse B	Ortsklasse C
	RM	RM	RM	RM
für				
1. Familienunterhaltsberechtigte über 16 Jahre, wenn sie Haushaltsvorstand sind (z. B. ein Elternteil des Einberufenen) oder als Einzelperson einen eigenen Haushalt führen	72	64	52	46
2. sonstige familienunterhaltsberechtigte Haushaltsangehörige über 16 Jahre (z. B. der zweite Elternteil oder nicht verdienende über 16 Jahre alte Kinder des Einberufenen)	36	32	26	23
3. Familienunterhaltsberechtigte unter 16 Jahren, die im Haushalt des Einberufenen, seiner Ehefrau oder von Verwandten der aufsteigenden Linie leben (z. B. die im Haushalt des Einberufenen lebenden ehelichen Kinder, das im Haushalt von Verwandten der aufsteigenden Linie [z. B. der Mutter oder der Großeltern mütterlicherseits] lebende uneheliche Kind des Einberufenen)	26	24	21	18
4. Familienunterhaltsberechtigte unter 16 Jahren, die nicht im Haushalt des Einberufenen, seiner Ehefrau oder von Verwandten der aufsteigenden Linie leben (z. B. uneheliche Kinder des Einberufenen, die sich in fremder Pflege befinden)	48	44	34	30

b) Ein höherer Familienunterhalt im Rahmen der Vorschrift a darf nur in der Höhe gewährt werden, daß der laufende Familienunterhalt (Familienunterhalt für den laufenden notwendigen Lebensunterhalt — § 9 Abs. 1 Satz 1 EFU.-DV. —, laufende Nebenleistungen, insbesondere Mietbeihilfe — § 9 Abs. 2 EFU.-DV. —) und das (anzurechnende sowie außer Ansatz zu lassende) sonstige Einkommen des Familienunterhaltsberechtigten in der Zeit nach dem Einstellungstage zusammen die Einkommenshöchstgrenze (Nr. 58 ff.) nicht überschreiten.

Beispiel A.

Ehepaar in Haushaltsgemeinschaft mit zwei Kindern unter 16 Jahren. Ehemann einberufen.

a) Unterhaltssatz (Ortsklasse B)

Ehefrau	Regelsatz	30 RM	Höchstsatz	52 RM
2 Kinder	Regelsatz	30 RM	Höchstsatz	42 RM
		60 RM		94 RM

Überschreitungsmöglichkeit bis zu 34 RM (94 weniger 60).

b) Gesamtnettoeinkommen der Familienunterhaltsberechtigten und des Einberufenen während des letzten Monats vor dem Einstellungstag:

	Fall 1	Fall 2
Nettoeinkommen des Einberufenen	100 *RM*	160 *RM*
Sonstige Einkünfte	—	—
Abzug für den ersparten Lebensunterhalt des Einberufenen (15 v. H.)	15 *RM*	24 *RM*
Einkommenshöchstgrenze	85 *RM*	136 *RM*

c) Regelunterhalt:

	Fall 1	Fall 2
Laufender Lebensunterhalt (Regelsatz)	60 *RM*	60 *RM*
Laufende Miete	10 *RM*	20 *RM*
	70 *RM*	80 *RM*

d) Eigene Einkünfte nach dem Einstellungstage: Nettoarbeitsentgelt der Ehefrau . . . . 15 *RM* 15 *RM*
(Der Arbeitsverdienst wird auf den Unterhaltssatz nicht angerechnet. Er ist aber bei der Feststellung, ob das Gesamtnettoeinkommen nach dem Einstellungstage die Einkommenshöchstgrenze überschreitet, zu berücksichtigen.)

e) Auszuzahlender Familienunterhalt im Falle 1: 70 *RM*
(Der Familienunterhalt — Regelsatz von 60 *RM* und Mietbeihilfe von 10 *RM* = 70 *RM* — und der anrechnungsfreie Arbeitsverdienst [15 *RM*] erreichen zusammen die Einkommenshöchstgrenze [85 *RM*]; daher ist eine Überschreitung des Regelsatzes nicht zulässig, da sonst die Einkommenshöchstgrenze überschritten würde.)

f) Auszuzahlender Familienunterhalt im Falle 2: bis zu 114 *RM* (80+34).
(Der Regelunterhalt — Regelsatz von 60 *RM* und Mietbeihilfe von 20 *RM* = 80 *RM* — zuzüglich des anrechnungsfreien Arbeitsverdienstes [15 *RM*] und der Überschreitung [höchstens 34 *RM*] ergeben zusammen 129 *RM*; dieser Betrag bleibt unter der Einkommenshöchstgrenze [136 *RM*]. Eine Überschreitung ist daher bis zum Höchstsatz zulässig.)

Beispiel B.

Eltern des Einberufenen

a) Unterhaltssatz (Ortsklasse B):

Vater	Regelsatz	30 *RM*	Höchstsatz	52 *RM*
Mutter	Regelsatz	17 *RM*	Höchstsatz	26 *RM*
		47 *RM*		78 *RM*

Überschreitungsmöglichkeit bis zu 31 *RM* (78 weniger 47).

b) Gesamtnettoeinkommen der familienunterhaltsberechtigten Eltern einschließlich der für die Feststellung der Ernährereigenschaft ermittelten Unterhaltsleistung des Einberufenen:

	Fall 1	Fall 2
Einkünfte des Vaters aus Invalidenrente	10 *RM*	10 *RM*
Unterhaltsbeitrag des Einberufenen	45 *RM*	70 *RM*
Sonstige Einkünfte	—	—
Einkommenshöchstgrenze	55 *RM*	80 *RM*

c) Regelunterhalt:

Laufender Lebensunterhalt (Regelsatz)	47 *RM*	47 *RM*
Laufende Miete	8 *RM*	13 *RM*
	55 *RM*	60 *RM*

d) Eigene Einkünfte nach dem Einstellungstage: Einkünfte des Vaters aus Invalidenrente (auf den Familienunterhalt anzurechnen) . . . . 10 *RM* 10 *RM*

e) Auszuzahlender Familienunterhalt im Falle 1: 45 *RM*
(Der Regelunterhalt [55 *RM*] nach Abzug des anzurechnenden Einkommens [10 *RM*] beträgt 45 *RM*. Dieser Betrag [45 *RM*] und die Einkünfte aus Invalidenrente [10 *RM*] erreichen zusammen die Einkommenshöchstgrenze [55 *RM*]; daher ist eine Überschreitung des Regelsatzes nicht zulässig, da sonst die Einkommenshöchstgrenze überschritten würde.)

f) Auszuzahlender Familienunterhalt im Falle 2: bis zu 70 *RM*
(Der Regelunterhalt [60 *RM*] nach Abzug des anzurechnenden Nettoeinkommens [10 *RM*] beträgt 50 *RM*. Der Unterhaltshöchstsatz [78 *RM*] und die Mietbeihilfe [13 *RM*] betragen zusammen 91 *RM*. Die eigenen Einkünfte des Familienunterhaltsberechtigten dürfen zusammen mit dem Familienunterhalt die Einkommenshöchstgrenze nicht überschreiten. Die Einkünfte des Familienunterhaltsberechtigten betragen 10 *RM*, die Einkommenshöchstgrenze beträgt 80 *RM*; daher kann im vorliegenden Fall nur ein Familienunterhalt von höchstens 70 *RM* ausgezahlt werden.)

75. Für die Zugehörigkeit einer Gemeinde in den Alpen- und Donau-Reichsgauen zur Sonderklasse und zu den Ortsklassen A, B oder C ist die bisherige Einteilung maßgebend. Die Reichsstatthalter sind befugt, die Einteilung im Einzelfall zu ändern, sofern ein Bedürfnis hierfür vorliegt.

76. Die Zugehörigkeit einer Gemeinde des Reichsgaues Sudetenland zu den Ortsklassen A, B oder C wird von dem Reichsstatthalter oder der von ihm beauftragten Stelle im Einvernehmen mit dem Reichstreuhänder der Arbeit für das Wirtschaftsgebiet Sudetenland und dem Sonderbeauftragten des RAM. für Arbeitseinsatz und Arbeitslosenhilfe für den Reichsgau Sudetenland bestimmt.

b) Tabellensatz (§ 9 Abs. 1 Satz 3 EFU.-DV.).

77. (1) Den monatlichen Unterhaltssatz in Sp. 2 der nachstehenden Tabelle (Tabellensatz) erhält die Ehefrau (§ 2, I EFUG.) des Einberufenen, die mit ihm bis zum Einstellungstage in Haushaltsgemeinschaft gelebt hat, es sei denn, daß die Haushaltsgemeinschaft nach dem Einstellungstage dauernd aufgehoben wird. Der im einzelnen Falle zu gewährende Tabellensatz richtet sich nach derjenigen Nettoeinkommensstufe in Sp. 1 der Tabelle, in die das von dem Einberufenen — nicht auch der Ehefrau — vor dem Einstellungstage bezogene Nettoeinkommen (ohne Abzug des ersparten Lebensunterhalts des aus der Haushaltsgemeinschaft ausgeschiedenen Einberufenen) fällt. Hierbei ist als Nettoeinkommen des Einberufenen das nach Nr. 60 Abs. 2, 3, 5 bis 7 ermittelte Nettoeinkommen des Einberufenen zugrunde zu legen. Der örtliche Unterhaltssatz — in den Alpen- und Donau-Reichsgauen sowie im Reichsgau Sudetenland der Unterhaltsregelsatz — (Nr. 69 Ziff. 1, Nr. 72 Ziff. 1) ist der Ehefrau zu gewähren, wenn er höher ist als der Tabellensatz. In den Alpen- und Donau-

Reichsgauen sowie im Reichsgau Sudetenland bleibt die Ermächtigung, den Unterhaltsregelsatz bis zum Unterhaltshöchstsatz zu überschreiten (Nr. 74), unberührt; der Tabellensatz ist dort auch zu gewähren, wenn er höher ist als der Unterhaltshöchstsatz des Stadt- oder Landkreises (Nr. 74 Buchst. a Ziff. 1).

(2) Den Tabellensatz nach den Vorschriften des Abs. 1 erhält auch die Ehefrau des Einberufenen, die mit ihm noch nicht in Haushaltsgemeinschaft gelebt hat, weil eine solche vor dem Einstellungstage noch nicht hergestellt werden konnte oder die Ehe erst nach diesem Tage geschlossen worden ist. Solange aus der Ehe mit dem Einberufenen ein Kind noch nicht hervorgegangen ist, gilt dies nicht,

1. wenn die Ehefrau bis zur Eheschließung ihren Unterhalt aus ihrem Arbeitsverdienst bestritten hat, solange ihr die Fortsetzung einer Berufstätigkeit zugemutet werden kann;
2. wenn die Ehefrau bis zur Eheschließung in Haushaltsgemeinschaft mit den Eltern oder anderen Verwandten gelebt hat und von diesen ganz oder teilweise unterhalten worden ist, solange den Beteiligten die Fortsetzung dieses Zustandes zugemutet werden kann.

In den Fällen der Ziff. 1 und 2 erhält die Ehefrau den örtlichen Unterhaltssatz, und zwar, wenn sie einen eigenen Haushalt führt, den Unterhaltssatz nach Nr. 69 Ziff. 1 — in den Alpen- und Donau-Reichsgauen sowie im Reichsgau Sudetenland: Nr. 72 Ziff. 1, Nr. 74 Buch. a Ziff. 1 —; wenn sie Haushaltsangehörige ist, den Unterhaltssatz nach Nr. 69 Ziff. 2 — in den Alpen- und Donau-Reichsgauen sowie im Reichsgau Sudetenland: Nr. 72 Ziff. 2, Nr. 74 Buchst. a Ziff. 2.

Tabelle.

1	2
Nettoeinkommenstufen RM	Tabellensätze RM
von 100 bis 110	40
über 110 „ 120	44
„ 120 „ 130	48
„ 130 „ 140	52
„ 140 „ 150	56
„ 150 „ 160	60
„ 160 „ 170	64
„ 170 „ 180	68
„ 180 „ 190	72
„ 190 „ 200	76

1	2
Nettoeinkommenstufen RM	Tabellensätze RM
über 200 bis 210	80
„ 210 „ 220	84
„ 220 „ 230	88
„ 230 „ 240	92
„ 240 „ 250	96
„ 250 „ 260	100
„ 260 „ 270	104
„ 270 „ 280	107
„ 280 „ 290	110
„ 290 „ 300	113
über 300 bis 310	116
„ 310 „ 320	119
„ 320 „ 330	122
„ 330 „ 340	125
„ 340 „ 350	128
„ 350 „ 360	131
„ 360 „ 370	134
„ 370 „ 380	137
„ 380 „ 390	140
„ 390 „ 400	143
über 400 bis 410	146
„ 410 „ 420	149
„ 420 „ 430	152
„ 430 „ 440	155
„ 440 „ 450	158
„ 450 „ 460	161
„ 460 „ 470	164
„ 470 „ 480	167
„ 480 „ 490	170
„ 490 „ 500	173
über 500 bis 510	176
„ 510 „ 520	179
„ 520 „ 530	182
„ 530 „ 540	185
„ 540 „ 550	188
„ 550 „ 560	191
„ 560 „ 570	194
„ 570 „ 580	197
„ 580	200

78. Außer dem Tabellensatz für die Ehefrau wird für jedes mit ihr zusammenlebende Kind (§ 2, I EFUG.) der für Kinder seiner

Altersstufe maßgebende örtliche Unterhaltssatz — in den Alpen- und Donau-Reichsgauen sowie im Reichsgau Sudetenland Unterhaltsregelsatz — (Nr. 69 Ziff. 2 oder 3, Nr. 72 Ziff. 2 oder 3) gewährt. In den Alpen- und Donau-Reichsgauen sowie im Reichsgau Sudetenland bleibt die Ermächtigung, den Unterhaltsregelsatz bis zum Unterhaltshöchstsatz zu überschreiten (Nr. 74), unberührt.

c) Haushalt ohne Ehefrau.

79. Hat der Einberufene bis zum Einstellungstage in Haushaltsgemeinschaft nur mit den Kindern, nicht auch mit der Ehefrau gelebt (z. B. weil die Ehefrau verstorben ist), oder scheidet die Ehefrau nach dem Einstellungstage aus dem Haushalt aus, so ist bei Bemessung des Familienunterhalts für die der Haushaltsgemeinschaft angehörenden Kinder so zu verfahren, als ob das erste familienunterhaltsberechtigte Kind Haushaltsvorstand wäre. Dieses Kind erhält somit Familienunterhalt nach den für die Ehefrau eines Einberufenen geltenden Vorschriften (Nrn. 69 Ziff. 1, 72 Ziff. 1, 74 Buchst. a Ziff. 1, 77 Abs. 1). Für die weiteren familienunterhaltsberechtigten Kinder gilt der Unterhaltssatz nach Nr. 69 Ziff. 3 (oder Ziff. 2), Nr. 72 Ziff. 3 (oder Ziff. 2), Nr. 74 Buchst. a Ziff. 3 (oder Ziff. 2). Wird in einem solchen Fall der Haushalt des Einberufenen von einem Familienunterhaltsberechtigten der Gruppe II des § 2 EFUG., z. B. der Mutter des Einberufenen, fortgeführt, so erhält diese Person den Unterhaltssatz nach Nr. 69 Ziff. 2, Nr. 72 Ziff. 2, Nr. 74 Buchst. a Ziff. 2. Ist zur Fortführung des Haushalts und zur Erziehung und Pflege der Kinder die Unterhaltung einer nicht familienunterhaltsberechtigten Person erforderlich, so ist für diese Person die Vorschrift Nr. 114 anzuwenden.

d) Tagesunterhaltssatz.

80. Der Unterhaltssatz für einen Tag ist durch Teilung des monatlichen Unterhaltssatzes durch 30 zu errechnen. Der auszuzahlende Familienunterhalt richtet sich nach der Zahl der Unterhaltstage. Erfolgt die Einberufung nur für einen Teil eines Tages, so ist der Unterhaltssatz für den Verdienstausfall einer Arbeitsstunde durch Teilung des Tagesunterhaltssatzes durch die Zahl der Arbeitsstunden, die der Einberufene ohne die Einberufung erreicht haben würde, zu errechnen.

e) Abrundung des Auszahlungsbetrages.

81. Der auszuzahlende Familienunterhaltsbetrag wird auf volle 10 Rpf nach oben abgerundet.

f) Familienunterhalt der Angehörigen der einberufenen verheirateten landwirtschaftlichen Deputanten.

82. Der Familienunterhalt richtet sich nach den auf Grund des RdErl. vom 4. 1. 1940 — V f 833/39-7900 (nicht veröffentl.) getroffenen Regelungen.

VI. Mietbeihilfen (§ 9 Abs. 2 Nr. 1, § 10 EFU.-DV.).

83. Zu § 10 Abs. 1 EFU.-DV.

(1) Die Mietbeihilfe richtet sich in jedem Falle nach der tatsächlich zu entrichtenden Miete.

(2) Zur Miete ist die Gesamtheit der Beträge zu rechnen, die der Mieter als Gegenleistung für die Überlassung des Gebrauchs der Mieträume zu zahlen hat. Werden Teile der Miete im Wege der Umlegung gesondert erhoben, so wird die Mietbeihilfe auch für die vom Mieter zu entrichtenden Umlagebeträge — dazu gehören Müllabfuhrgebühren, Kanalgebühren, Kehrgebühren, Wassergeld — gewährt. Andererseits sind bei Räumen mit Sammelheizung und Warmwasserversorgung die in der Miete enthaltenen Vergütungen für die Sammelheizung und Warmwasserversorgung nicht zu den Kosten des Wohnbedarfs im Sinne des § 10 Abs. 1 EFU.-DV. zu rechnen.

(3) Alpen- und Donau-Reichsgaue. Reichsgau Sudetenland. Zur Miete sind auch die Steuern und Zuschläge zu rechnen, die der Mieter auf Grund des § 1 der VO. über die Umlegung von Grundsteuerbeträgen in den Reichsgauen der Ostmark und im Reichsgau Sudetenland vom 26. 7. 1941 (RGBl. I S. 448) zu zahlen hat.

(4) Wohnt der Familienunterhaltsberechtigte mietfrei in einem ihm oder dem Einberufenen gehörenden Miethaus, so tritt an die Stelle der Miete (Abs. 1) ein Betrag in Höhe des Nutzungswertes (Mietwertes) seiner Wohnung. Dem entspricht auf der anderen Seite die Berücksichtigung des Nutzungswertes (Mietwertes) nach Nr. 145 a Abs. 1 Satz 2.

83 a. Die Mietbeihilfe kann auf Antrag des Vermieters unmittelbar an diesen gezahlt werden, wenn er nachweist, daß der Familienunterhaltsberechtigte mit der Miete für mehr als einen Zahlungsabschnitt im Rückstand geblieben ist und somit die Mietbeihilfe nicht bestimmungsgemäß vewendet hat.

83 b. (1) Der RJM. hat die Gerichte in seinem Erl. vom 28. 10. 1941 — 3740 IV b 3-1827 (nicht veröffentl.) auf folgendes hingewiesen:

„In einer Reihe von Fällen kann es heute dazu kommen, daß ein Gläubiger die Mietzinsforderungen eines Vermieters gegen den zur Wehrmacht einberufenen Mieter sich pfänden und überweisen lassen will, daß aber der Mieter nicht unmittelbar mehr seinen Mietzins erbringt, sondern ihm seitens der Familienunterhaltsbehörde zur Erfüllung dieser Verpflichtung Mietbeihilfe gewährt wird. In derartigen Fällen bildet den Gegenstand der Pfändung nicht die dem Mieter zustehende, ihm gegenüber nach § 1 Abs. 2 des EFUG. vom 26. 6. 1940 (RGBl. I S. 911) unpfändbare Mietbeihilfe selbst, sondern der Anspruch des Vermieters gegen seinen Mieter auf Zahlung des Mietzinses. Dementsprechend ist auch der Pfändungs- und Überweisungsbeschluß abzufassen. Sache des Gläubigers ist es alsdann, in den Fällen, in denen angeordnet war, daß die Mietbeihilfe unmittelbar an den Vermieter ausgezahlt wird, bei der Familienunterhaltsbehörde zu beantragen, daß die Beihilfe im Rahmen des Pfändungs- und Überweisungsbeschlusses an ihn gezahlt wird. Der gleiche Antrag ist dann am Platze, wenn der Mieter als Drittschuldner unterläßt, die ihm ausgezahlte Mietbeihilfe dem Pfändungs- und Überweisungsbeschluß entsprechend an den Gläubiger abzuführen."

(2) Derartigen Anträgen auf unmittelbare Auszahlung der Mietbeihilfe an den pfändenden Gläubiger ist zu entsprechen.

84. Beihilfe zur Miete für Garagen.

Eine Beihilfe zur Miete für Unterstellräume für Kraftfahrzeuge darf bis zur Höhe der reinen Raumkosten gewährt werden, wenn das stillgelegte Kraftfahrzeug schon vor dem 1. 9. 1939 von dem Einberufenen oder dem Familienunterhaltsberechtigten erworben und benutzt worden ist.

85. Zu § 10 Abs. 3 EFU.-DV. Beihilfen für Eigenheime.

(1) Beihilfen für Eigenheime dürfen nur gewährt werden, wenn das Eigenheim errichtet und bezogen ist. Als Beihilfen für Eigenheime dürfen gewährt werden: Steuern vom Grundbesitz, sonstige öffentliche Abgaben, Versicherungsbeiträge, Instandhaltungs- und Instandsetzungskosten — vgl. jedoch Abs. 2 —, Zinsen und Tilgungen für die im Grundbuch eingetragenen, zur Errichtung oder zum Erwerb des Eigenheims oder für vor dem Einstellungstage durchgeführte bauliche Arbeiten aufgenommenen Grundstücksschulden, soweit die Leistungen anteilig auf die Zeit der Einberufung entfallen und nicht durch Einnahmen aus der Vermietung einer etwaigen zweiten Wohnung im Eigenheim gedeckt werden. Tilgungsbeträge dürfen nur in den Grenzen der üblichen Sätze langfristiger Tilgung (etwa bis zu 2 v. H. jährlich) übernommen werden. An Stelle der Tilgungsbeträge dürfen Absetzungen für Abnutzung bis zu höchstens 3/4 v. H. des Einheitswertes des Eigenheims jährlich in Ansatz gebracht werden. Die Sätze 1 bis 4 gelten auch für die Verzinsung und Tilgung von Baudarlehenshypotheken auf Grund eines Bausparvertrages (Abzahlungen).

(2) Die Instandhaltungs- und Instandsetzungskosten werden durch eine Pauschbeihilfe abgegolten. Die Pauschbeihilfe darf höchstens betragen:

a) bei Eigenheimen, die vor dem 1. 1. 1925 bezugsfertig geworden sind (Altbauten), jährlich bis zu 1 v. H. des Einheitswertes,
b) bei Eigenheimen, die nach dem 31. 12. 1924 bezugsfertig geworden sind (Neubauten), jährlich bis zu 3/4 v. H. des Einheitswertes.

86. Beihilfe für Untermieter.

Einberufenen, die familienunterhaltsberechtigte Angehörige nicht haben oder bis zum Einstellungstage nicht mit solchen Angehörigen in Haushaltsgemeinschaft gelebt haben, und die in Untermiete wohnen, kann eine Mietbeihilfe bis zu dem Zeitpunkt gewährt werden, zu dem sie das Untermietverhältnis frühestens kündigen können. Haben sie eigenen Hausrat, so kann ihnen nach Ablauf dieser Zeit für notwendige Aufwendungen zur Erhaltung des Hausrats eine angemessene Beihilfe gewährt werden; diese Beihilfe kann auch für die Unterstellung des Hausrats und der Gegenstände des täglichen Gebrauchs (Möbel, Kleidungsstücke, Wäsche usw.) gewährt werden, jedoch ist bei dem Mangel möblierter Zimmer darauf Bedacht zu nehmen, daß solche durch Unterstellung dieser Gegenstände bei Verwandten oder Bekannten des Einberufenen, in Lagerhäusern oder dgl. für anderweitige Vermietung freigemacht werden.

VII. Krankenhilfe und Wochenhilfe (§ 9 Abs. 2 Nr. 2 und § 11 EFU.-DV.).

87. Soweit der Familienunterhaltsberechtigte auf Grund der Reichsversicherung oder Reichsversorgung Anspruch auf Krankenhilfe oder Wochenhilfe hat, besteht kein Anspruch auf die entsprechenden Leistungen des Familienunterhalts.

88. Ist der Einberufene oder der familienunterhaltsberechtigte Angehörige bis zum Einstellungstage von der öffentlichen Fürsorge unterstützt worden, so wird offene Krankenhilfe oder Wochenhilfe nach Maßgabe des zwischen dem Stadt- und Landkreis als Bezirksfürsorgeverband und der Reichsärztekammer oder der Kassenärztlichen Vereinigung Deutschlands bestehenden Vertrages über die ärztliche Versorgung als Familienunterhalt gewährt.

89. Ersetzt eine private Krankenversicherung (vgl. Nr. 97) nach ihren Versicherungsbedingungen den familienunterhaltsberechtigten Angehörigen eines versicherten Einberufenen oder einem hauptversicherten familienunterhaltsberechtigten Angehörigen eines Einberufenen nicht die vollen Kosten der Krankenhilfe, so kann eine Beihilfe gemäß § 9 Abs. 2 Nr. 2 EFU.-DV. bis zur Höhe des Unterschiedsbetrages gewährt werden, falls die in Anspruch genommene Krankenhilfe notwendig und angemessen war. Von der Gewährung einer Beihilfe ist abzusehen, soweit die Deckung des Unterschiedsbetrages aus dem sonstigen Familienunterhalt oder aus anderen Einkünften des Familienunterhaltsberechtigten oder des Einberufenen zugemutet werden kann.

90. Ist Krankenhilfe weder auf Grund der Reichsversicherung oder Reichsversorgung (Nr. 87) noch eines Vertrages nach Nr. 88 noch einer privaten Krankenversicherung (Nrn. 97, 89) zu leisten, so kann eine Beihilfe gemäß § 9 Abs. 2 Nr. 2 EFU.-DV. gewährt werden, falls die in Anspruch genommene Krankenhilfe notwendig und angemessen ist. Von der Gewährung einer Beihilfe ist abzusehen. soweit die Deckung der Kosten aus dem sonstigen Familienunterhalt

oder aus anderen Einkünften des Familienunterhaltsberechtigten oder des Einberufenen zugemutet werden kann.

91. Anstaltspflege.

Ist Aufnahme in einer Anstalt erforderlich, so werden die Kosten der Anstaltspflege als Familienunterhalt gewährt. Bei der Festsetzung eines darüber hinaus noch erforderlichen Familienunterhalts sind die Ersparnisse zu berücksichtigen, die infolge der Verpflegung des Familienunterhaltsberechtigten in der Anstalt eintreten. Die Nrn. 87, 89 und 90 sind anzuwenden.

VIII. Sozialversicherungsbeiträge (§ 9 Abs. 2 Nr. 5 EFU.-DV.).

a) Krankenversicherung.

92. Anspruch auf Familienhilfe aus der Versicherung des zum Wehrdienst Einberufenen ohne Beitragsentrichtung.

Nach § 209 b der RVO. bleibt bei Einberufungen zu einer kurzfristigen Ausbildung oder einer Übung der Wehrmacht der Anspruch auf Familienhilfe aus der Versicherung des Einberufenen für seine Angehörigen (§§ 205 ff. RVO.) gegenüber dem Träger der Krankenversicherung bestehen, ohne daß es einer Beitragsentrichtung bedarf. Die Vorschrift des § 209 b der RVO. gilt sinngemäß für alle z. Z. zur Wehrmacht einberufenen Versicherten (Erl. des RAM. vom 4. 9. 1939 — II a 12154/39, RABl. S. IV 452). Sozialversicherungsbeiträge aus Mitteln des Familienunterhalts sind daher nicht zu gewähren. Nach dem RdErl. des RAM. vom 17. 2. 1941 — II a 2115/41 (RABl. S. II 106) ist die Vorschrift des § 209 b der RVO. auch anzuwenden

1. auf solche Wehrmachtangehörige, die vor dem 26. 8. 1939 wegen Eintritts in die Wehrmacht aus der Krankenversicherung ausgeschieden sind, an dem genannten Tage noch der Wehrmacht angehörten und an ihrem gegenwärtigen Einsatz teilnehmen oder teilgenommen haben;
2. auf männliche Reichsarbeitsdienstpflichtige, die wegen Eintritts in den Reichsarbeitsdienst aus der Krankenversicherung ausgeschieden sind und nach dem 26. 8. 1939 noch dem Reichsarbeitsdienst angehört haben.

93. Freiwillige Weiterversicherung zur Erhaltung des Anspruchs auf Familienhilfe aus der Versicherung des Einberufenen.

Bei den nicht unter Nr. 92 fallenden einberufenen Wehrpflichtigen und Reichsarbeitsdienstpflichtigen sowie den männlichen Längerdienenden des Reichsarbeitsdienstes kann der Anspruch auf Familienhilfe aus der Versicherung des Einberufenen für seine Angehörigen (§§ 205 ff.

RVO.) nur durch freiwillige Weiterversicherung (§ 313 RVO.) erhalten werden. Die Unterhaltsberechtigung der in § 205 Abs. 1 RVO. genannten Angehörigen wird, soweit sie zugleich familienunterhaltsberechtigt sind, durch die Einberufung nicht berührt; denn der durch die Erfüllung der Dienstpflicht an der unmittelbaren Unterhaltsgewährung verhinderte Einberufene trägt durch den Familienunterhalt, der seinen Angehörigen auf Grund seiner Dienstleistung gewährt wird, mittelbar zum Unterhalt der ihm gegenüber unterhaltsberechtigten Angehörigen bei. Für die freiwillige Weiterversicherung des Einberufenen können daher zur Erhaltung des Anspruchs seiner familienunterhaltsberechtigten Angehörigen auf die versicherungsmäßige Familienhilfe nach Lage des Einzelfalles Beihilfen aus Mitteln des Familienunterhalts gewährt werden. Ein Entgegenkommen empfiehlt sich insbesondere deshalb, weil ohne die Weiterversicherung die Zeit der Dienstleistung bei der Berechnung der Wartezeiten, z. B. für die Erlangung von Mehrleistungen und von Wochenhilfe, nicht mitgerechnet werden würde.

94. Eigener Versicherungsanspruch des familienunterhaltsberechtigten Angehörigen.

Ist der familienunterhaltsberechtigte Angehörige selbst für den Fall der Krankheit versichert, so kann ihm für die freiwillige Weiterversicherung nach Lage des Einzelfalles eine Beihilfe aus Mitteln des Familienunterhalts gewährt werden. Die Gewährung einer solchen Beihilfe ist auch dann zulässig, wenn die Aufgabe der Versicherung ihm deshalb nicht zugemutet werden kann, weil für ihn nach einem Ausscheiden aus der Krankenversicherung der Wiedererwerb der Mitgliedschaft voraussichtlich nicht möglich sein würde.

94 a. Ist der familienunterhaltsberechtigte Angehörige selbst auf Grund der Vorschriften über die Krankenversicherung der Rentner (§ 4 des Ges. über die Verbesserung der Leistungen in der Rentenversicherung vom 24. 7. 1941, RGBl. I S. 443, VO. über die Krankenversicherung der Rentner vom 4. 11. 1941, RGBl. I S. 689) für den Fall der Krankheit versichert und ist er zusatzversichert (§ 13 der VO. vom 4. 11. 1941), so kann ihm für die Aufrechterhaltung der Zusatzversicherung eine Beihilfe aus Mitteln des Familienunterhalts gewährt werden.

95. In den Fällen der Nrn. 93, 94 und 94 a ist von der Gewährung einer Beihilfe abzusehen, soweit die Zahlung der Versicherungsbeiträge aus dem sonstigen Familienunterhalt oder aus anderen Einkünften des Familienunterhaltsberechtigten oder des Einberufenen zugemutet werden kann. In den Fällen der Nrn. 93 und 94 ist von der Gewährung ferner abzusehen, wenn auch ohne freiwillige Weiterversicherung ein Anspruch auf Leistungen der Krankenversicherung nach den Vorschriften der Reichsversicherung besteht. Hinweis auf § 4 des Ges. über die Verbesserung der Leistungen der Rentenversicherung vom

24. 7. 1941 (RGBl. I S. 443); § 5 der VO. über den weiteren Ausbau der knappschaftlichen Versicherung vom 19. 5. 1941 (RGBl. I S. 287); § 1 der VO. über die Krankenversicherung für Kriegshinterbliebene vom 20. 4. 1939 (RGBl. I S. 791).

b) Rentenversicherung.

96. Zur Zahlung von freiwilligen Beiträgen der Invaliden-, Angestellten- und knappschaftlichen Pensionsversicherung des familienunterhaltsberechtigten Angehörigen oder des Einberufenen können nach Lage des Einzelfalles Beihilfen gewährt werden, falls der Einberufene diese Beiträge bisher getragen hat. Nr. 95 Satz 1 gilt entsprechend. Von der Gewährung der Beihilfe ist ferner abzusehen, wenn die Anwartschaft auch ohne Entrichtung von Beiträgen gemäß § 15 des Ges. über weitere Maßnahmen in der Reichsversicherung aus Anlaß des Krieges vom 15. 1. 1941 (RGBl. I S. 34) nicht erlischt.

IX. Private Krankenversicherung.

97. Das Reichsaufsichtsamt für Privatversicherung hat für die seiner Aufsicht unterstehenden privaten Krankenversicherungen mit Wirkung vom 26. 8. 1939 nachstehende Anordnung erlassen (RdSchr. 41 vom 15. 9. 1939 — Nr. A 1 2431):

„Für Versicherte, die zur Wehrmacht, zum Reichsarbeitsdienst oder zu einem auf ähnlicher Grundlage beruhenden staatspolitisch notwendigen Dienst, mit dem Heilfürsorge verbunden ist, einberufen sind oder werden, ruhen vom Zeitpunkt der Einberufung ab die Rechte und Pflichten aus dem Versicherungsvertrage, soweit es sich um die Beitragsteile und die Leistungsansprüche des Einberufenen selbst handelt. Die Versicherung nicht einberufener Familienangehöriger ist mit unveränderter Leistung fortzusetzen.“ usw.

98. Die nach den Versicherungsbedingungen zur Fortsetzung der Versicherung familienunterhaltsberechtigter Angehöriger eines Einberufenen erforderlichen Versicherungsbeitragsteile sind als Beihilfe gemäß § 9 Abs. 2 Nr. 6 EFU.-DV. zu gewähren. Dasselbe gilt für die Beiträge, die ein familienunterhaltsberechtigter Angehöriger bei einer privaten Krankenversicherung als Hauptversicherter zu zahlen hat. Von der Gewährung einer Beihilfe ist jedoch abzusehen, soweit die Zahlung der Beiträge aus dem sonstigen Familienunterhalt oder aus anderen Einkünften des Familienunterhaltsberechtigten oder des Einberufenen zugemutet werden kann. Von der Gewährung einer Beihilfe ist ferner abzusehen, wenn ein Anspruch auf Leistungen der Krankenversicherung nach den Vorschriften der Reichsversicherung besteht. Hinweis auf die in Nr. 95 letzter Satz angeführten Vorschriften.

X. Beihilfen zur Erfüllung besonderer Verpflichtungen (§ 9 Abs. 2 Nr. 6 EFU.-DV.).

a) Verpflichtungen aus Abzahlungsgeschäften.

99. (1) Sind dem Einberufenen oder seiner Ehefrau (§ 2, I EFUG.) in Erfüllung eines vor dem 1. 9. 1939 abgeschlossenen Kaufvertrages von dem Verkäufer bewegliche Sachen des persönlichen Bedarfs[14]) geliefert worden, deren Kaufpreis in Teilzahlungen entrichtet werden soll, so wird zur Fortentrichtung der vereinbarten Teilzahlungen während der Dauer der Einberufung eine Beihilfe gemäß § 9 Abs. 2 Nr. 6 EFU.-DV. nach den Vorschriften der Nrn. 101 bis 104 gewährt, soweit die Teilzahlungen nach dem Einstellungstage aus dem sonstigen Familienunterhalt oder aus anderen Einkünften des Familienunterhaltsberechtigten oder des Einberufenen nicht geleistet werden können. Die Beihilfe wird auch gewährt, wenn die Voraussetzungen für die Gewährung von Familienunterhalt nur hinsichtlich der zu entrichtenden Teilzahlungen vorliegen. Die Beihilfe wird auch Einberufenen gewährt, die familienunterhaltsberechtigte Angehörige nicht haben.

(2) Die vereinbarten Teilzahlungen müssen bis zum Einstellungstage von dem Einberufenen geleistet und nach Art und Umfang seiner bisherigen wirtschaftlichen Lage angemessen gewesen sein.

100. Bei Abzahlungsgeschäften über Möbel, Haus- und Küchengerät, Kleidungsstücke oder Wäsche, die für den Haushalt oder den persönlichen Gebrauch unentbehrlich sind, dürfen Beihilfen nach Maßgabe der Nrn. 99 bis 104 auch gewährt werden, wenn der Kaufvertrag nach dem 31. 8. 1939, aber mindestens einen Monat vor dem Einstellungstage abgeschlossen worden ist. Dies gilt nicht, wenn dem Einberufenen z. Z. des Abschlusses des Kaufvertrages ein Einberufungsbefehl bereits zugegangen war.

101. Die Beihilfe darf 10 v. H. des Tabellensatzes oder des Unterhaltssatzes für die Ehefrau, falls letzterer günstiger ist, und des Unterhaltssatzes der Kinder (§ 2, I EFUG.) — in den Alpen- und Donau-Reichsgauen sowie im Reichsgau Sudetenland des Unterhaltshöchstsatzes oder Tabellensatzes der Ehefrau und des Unterhaltshöchstsatzes der Kinder — nicht übersteigen. Hat der Einberufene keine solchen Angehörigen, so darf die Beihilfe 10 v. H. des seiner Nettoeinkommensstufe entsprechenden Tabellensatzes oder des etwa günstigeren Unterhaltssatzes — in den Alpen- und Donau-Reichsgauen sowie im Reichsgau Sudetenland Unterhaltshöchstsatzes — für eine Einzelperson mit eigenem Haushalt nicht übersteigen. Sofern für nicht unter Nr. 104 fallende Gegenstände vor dem 1. 2. 1940 höhere Bei-

---

14) Hierzu gehören nicht Gegenstände, die dem Betrieb oder freien Beruf dienen.

hilfen bewilligt und seither weitergewährt worden sind, kann es hierbei verbleiben, falls die Absenkung der Beihilfe für den Betroffenen eine Härte bedeuten würde.

102. Bestehen mehrere Abzahlungsgeschäfte des Einberufenen, so ist die Gewährung einer Beihilfe für jedes Abzahlungsgeschäft zulässig; die Beihilfe darf jedoch insgesamt die in Nr. 101 genannten Beträge nicht übersteigen.

103. Reicht die Beihilfe zur Leistung der vereinbarten Teilzahlungen nicht aus, weil sonst der Höchstbetrag (Nr. 101) oder die Einkommenshöchstgrenze (Nr. 58) überschritten würde, so ist die Gewährung der Beihilfe davon abhängig zu machen, daß der Verkäufer einer Herabsetzung der Teilzahlungen in dem erforderlichen Umfange zustimmt. Kann in solchen Fällen die Schwierigkeit dadurch bereinigt werden, daß der Einberufene oder seine Ehefrau die Abzahlungsschuld durch Aufnahme eines längerfristigen Tilgungsdarlehens erfüllt, so kann die Beihilfe in den Grenzen der Nr. 101 zur Leistung des Schuldendienstes für das Tilgungsdarlehen gewährt werden.

104. Bei Abzahlungsgeschäften über Möbel, Haus- und Küchengerät, Kleidungsstücke oder Wäsche darf — abweichend von Nr. 101 — über den Satz von 10 v. H. des Tabellen- oder Unterhaltssatzes der Ehefrau und des Unterhaltssatzes der Kinder hinausgegangen werden, wenn die Erhaltung der dem persönlichen Gebrauch oder dem Haushalt dienenden Sachen, die zu einer angemessenen Lebens- und Haushaltsführung benötigt werden, nicht auf andere Weise gesichert werden kann.

b) Lebensversicherungen.

105. Das Reichsaufsichtsamt für Privatversicherung hat über die Aufrechterhaltung von Lebensversicherungen der Einberufenen und ihrer Angehörigen sowie der ihnen Gleichstehenden im Einvernehmen mit dem RMdJ., dem RFM. und dem RWiM. die nachfolgend abgedruckte Anordnung (RdSchr. 49 vom 3. 11. 1939 in der Fass. des RdSchr. 30/41 vom 20. 6. 1941, des RdSchr. 23/42 vom 9. 3. 1942 und des RdSchr. 39/42 vom 27. 4. 1942) erlassen. Der RWiM. hat diese Anordnung für die seiner Aufsicht unterstehenden öffentlich-rechtlichen Versicherungsunternehmungen für verbindlich erklärt.

RdSchr. 49.

Aufrechterhaltung von Lebensversicherungen der Einberufenen und ihrer Angehörigen sowie der ihnen Gleichstehenden.

Auf Grund der §§ 81, 81a des Ges. über die Beaufsichtigung der privaten Versicherungsunternehmungen und Bausparkassen in der Fass. des Änderungsges. vom 5. 3. 1937 (RGBl. I S. 269) ordnen wir folgendes an:

I. (1) Sind auf Grund einer vor dem 1. 9. 1939 beantragten Lebensversicherung eines Einberufenen oder eines Familienunterhaltsberechtigten (vgl. Abschn. II

Abs. 2 und 3), denen Familienunterhalt laufend gewährt wird[15]), Versicherungsbeiträge bis zum Einstellungstage von dem Einberufenen gezahlt worden, so ist auf Antrag die Entrichtung des vereinbarten Versicherungsbeitrages gegen Zahlung eines Sicherungsbeitrages (Abschn. III) auszusetzen. Ein darüber hinausgehender Beitrag kann von der Versicherungsunternehmung bis auf weiteres nicht gefordert werden. Durch Zahlung des Sicherungsbeitrages wird der Versicherungsschutz im Rahmen dieser Anordnung in voller vertraglicher Höhe aufrechterhalten.

(1a) Ist oder war der Einberufene verheiratet und hat er am Einstellungstage oder später unverheiratete minderjährige Kinder, so findet Abs. 1 auch auf solche Lebensversicherungen des Einberufenen Anwendung, die nach dem 31. 8. 1939, jedoch mindestens 2 Monate vor dem Einstellungstag, beantragt worden sind. Ist der Versicherungsantrag vor dem 25. 6. 1941 gestellt, so entfällt die Zweimonatsfrist.

(1b) Ist der Einberufene verheiratet und wird mit Rücksicht auf die nach dem Einstellungstage oder innerhalb der dem Einstellungstage vorangehenden 2 Monate[16]) erfolgte Geburt eines Kindes eine Lebensversicherung beantragt, so findet Abs. 1 auch hinsichtlich dieser Versicherung unter der Voraussetzung Anwendung, daß bereits eine Versicherung nach Abs. 1 oder Abs. 1a besteht.

(2) Der Unterschiedsbetrag zwischen dem vereinbarten Versicherungsbeitrag und dem Sicherungsbeitrag gilt bis auf weiteres als gestundet. Desgleichen gelten die Zinsen (Vorauszahlungsbeiträge) für etwaige Vorauszahlungen oder Darlehen auf Versicherungsscheine bis auf weiteres als gestundet.

(3) Stundungszinsen für die in Abs. 2 genannten Beträge dürfen bis auf weiteres nicht gefordert werden.

(4) In den Fällen des Abschn. III Abs. 5c und 6 gelten die vorstehenden Bestimmungen nur für den Teil der Versicherung, der durch Zahlung des Sicherungsbeitrages aufrechterhalten wird. Für den übrigen Teil der Versicherung bewendet es bei den gesetzlichen Bestimmungen und den Allgemeinen Versicherungsbedingungen. Vorauszahlungen oder Darlehen auf Versicherungsscheine sowie die Zinsen (Vorauszahlungsbeiträge) dafür sind entsprechend aufzuteilen.

(5) In Fällen, in denen dem Einberufenen oder dem Familienunterhaltsberechtigten nicht laufend Familienunterhalt gewährt wird, empfehlen wir den Versicherungsunternehmungen, etwaige Anträge auf Aussetzung der Entrichtung des vereinbarten Versicherungsbeitrages entgegenkommend zu behandeln.

(6) Die Abs. 1 bis 5 gelten für die den Einberufenen und ihren familienunterhaltsberechtigten Angehörigen Gleichstehenden (Abschn. II Abs. 4) entsprechend. An die Stelle des Einstellungstages (Abschn. I Abs. 1 Satz 1) tritt in den Fällen des Abschn. II Abs. 4a der 1. 9. 1939, in den Fällen des Abschn. II Abs. 4b der Tag der behördlichen Anordnung der Räumung oder Freimachung.

II. (1) Als Lebensversicherung im Sinne des Abschnitts I Abs. 1 gilt auch die Invaliditäts-, Alters-, Witwen-, Waisen-, Aussteuer- und Wehrdienstversicherung.

(2) Einberufene im Sinne des Abschn. I Abs. 1, 1a und 1b sind:

1. die zum Wehrdienst oder zur SS-Verfügungstruppe einberufenen Wehrpflichtigen (§ 1 Abs. 1 des Einsatz-Familienunterhaltsges. — EFUG. — vom

---

[15]) Als laufende Gewährung von Familienunterhalt im Sinne dieser Anordnung gilt auch die bloße Gewährung der Beihilfe zur Aufrechterhaltung einer Lebensversicherung.

[16]) Wird der Einberufene später entlassen, dann aber wieder eingestellt, so ist der erste Einstellungstag maßgebend.

26. 6. 1940, RGBl. I S. 911, in Verbindung mit § 1 Abs. 1 und 3 der VO. zur Durchführung und Ergänzung des Einsatz-Familienunterhaltsges. — EFU.-DV. — vom 26. 6. 1940, RGBl. I S. 912),

2. die zum Reichsarbeitsdienst einberufenen Reichsarbeitsdienstpflichtigen (§ 1 Abs. 1 EFUG.) sowie die in § 1 Abs. 2 EFU.-DV. aufgeführten Längerdienenden des Reichsarbeitsdienstes.

(3) Familienunterhaltsberechtigt im Sinne des Abschn. I Abs. 1, 1a und 1b sind die im § 2 EFUG. genannten Angehörigen eines Einberufenen.

(4) Den Einberufenen und ihren familienunterhaltsberechtigten Angehörigen stehen gleich:

a) 1. Die zum Luftschutzdienst (§§ 13, 22, 23 der Ersten Durchf.-VO. zum Luftschutzgesetz. in der Fass. vom 1. 9. 1939 (RGBl. I S. 1630) einberufenen Luftschutzdienstpflichtigen, ferner die zu Ausbildungsveranstaltungen des Reichsluftschutzbundes einberufenen ehrenamtlichen Amtsträger des Reichsluftschutzbundes (§ 8 Nr. 1 der VO. über den Reichsluftschutzbund vom 14. 5. 1940, RGBl. I S. 784),

2. die zu Dienstleistungen auf Grund der Notdienst-VO. vom 15. 10. 1938 (RGBl. I S. 1441) herangezogenen Notdienstpflichtigen,

3. die einberufenen Angehörigen der Waffen-SS,

4. die einberufenen Angehörigen der Techn. Wehrwirtschaftseinheiten,

4a. die einberufenen nichtmilitärischen Angehörigen der TR- (Heerestransport-) Einheiten des Nationalsozialistischen Kraftfahrkorps,

5. die in die Freiw. Krankenpflege für Zwecke der Wehrmacht eingestellten Personen, soweit sie nicht Wehrmachtangehörige sind,

6. die Teilnehmer an Lehrgängen des Deutschen Roten Kreuzes zur Ausbildung für die Mitwirkung im amtlichen Sanitätsdienst der Wehrmacht und die zur Hilfeleistung bei öffentlichen Notständen eingesetzten Mitglieder des Deutschen Roten Kreuzes (§§ 12 und 15 des Ges. über das Deutsche Rote Kreuz vom 9. 12. 1937, RGBl. I S. 1330),

7. die Teilnehmer an Lehrgängen der Reichsmotorsportschulen im Nationalsozialistischen Kraftfahrkorps und an Lehrgängen des Nationalsozialistischen Fliegerkorps,

8. die zu SA.-Führerausbildungslehrgängen Einberufenen,

9. die Teilnehmer an Lehrgängen für Wehrertüchtigung in den Reichsausbildungslagern der Hitler-Jugend

und ihre familienunterhaltsberechtigten Angehörigen (vgl. § 30 Abs. 1 Ziff. 1 bis 9 der EFU.-DV. in der Fass. der VO. vom 16. 6. 1941, RGBl. I S. 320, und der VO. vom 27. 4. 1942, RGBl. I S. 248);

b) 1. die Besatzungsmitglieder deutscher Handelsschiffe, die an der Rückkehr aus dem Ausland infolge feindlicher Maßnahmen verhindert sind oder aus einem zwingenden Grund zum Ersatz oder zur Verstärkung der Schiffsbesatzung verwendet werden,

2. die im feindlichen Ausland als Kriegs- oder Zivilgefangene festgehaltenen oder dauernd in Überwachung stehenden deutschen Staatsangehörigen,

3. die an der Rückkehr aus dem neutralen Ausland infolge feindlicher Maßnahmen verhinderten deutschen Staatsangehörigen,

4. die deutschen Staatsangehörigen, die während des gegenwärtigen Krieges als Soldaten in die italienische Wehrmacht eintreten oder eingetreten sind,

und die im Inland befindlichen familienunterhaltsberechtigten Angehörigen dieser Personen (vgl. § 30 Abs. 2 EFU.-DV. in der Fass. der VO. vom 25. 10. 1940, RGBl. I S. 1397);

c) die von einer behördlich angeordneten Räumung oder Freimachung von gefährdeten Gebieten oder Wohngebäuden Betroffenen (§ 1 Räumungs-FUV. vom 1. 9. 1939, RGBl. I S. 1761).

III. (1) Der Sicherungsbeitrag (Abschn. I Abs. 1 Satz 1) ist ohne Rücksicht auf die vereinbarte Zahlungsweise des Versicherungsbeitrages in monatlichen Zahlungen entgegenzunehmen. Ratenaufschläge wegen Änderung der Zahlungsweise anläßlich dieser Anordnung dürfen nicht gefordert werden.

(2) Der monatliche Sicherungsbeitrag beträgt für jede Versicherung bis auf weiteres 1/4 des monatlichen Barbeitrages (Tarifbeitrag abzüglich eines etwaigen Gewinnanteils, zuzüglich der Versicherungssteuer).

(3) Der monatliche Barbeitrag bestimmt sich jeweils nach der letzten Beitragsquittung vor Aussetzung des vereinbarten Versicherungsbeitrages.

(4) War 1/4jährliche Zahlungsweise vereinbart, so gilt als monatlicher Bar beitrag 1/3 des Barbeitrages gemäß der letzten Beitragsquittung, war ½jährliche Zahlungsweise vereinbart, so gilt als monatlicher Barbeitrag 1/6 des Barbeitrages gemäß der letzten Beitragsquittung, war jährliche Zahlungsweise vereinbart, so gilt als monatlicher Barbeitrag 1/12 des Barbeitrages gemäß der letzten Beitragsquittung, war wöchentliche Zahlungsweise vereinbart, so gilt als monatlicher Barbeitrag der vierfache Wochenbeitrag.

(5) a) Beträgt der monatliche Barbeitrag der Versicherung nicht mehr als 5 RM, so ist als monatlicher Sicherungsbeitrag der volle monatliche Barbeitrag zu zahlen.

b) Beträgt der monatliche Barbeitrag der Versicherung mehr als 5 RM, so ist als monatlicher Sicherungsbeitrag der nach Abs. 2 ermittelte Betrag, mindestens jedoch ein Betrag von monatlich 5 RM, zu zahlen.

c) Beträgt der monatliche Barbeitrag der Versicherung mehr als 240 RM, so ist als monatlicher Sicherungsbeitrag für den einem Barbeitrag von 240 RM entsprechenden Teil der Versicherung ein Betrag von 60 RM zu zahlen. Für den übrigen Teil der Versicherung gilt Abschn. I Abs. 4 Satz 2 und 3.

d) Für die Lebensversicherungen nach Abschn. I Abs. 1a gilt an Stelle der Vorschrift zu c die nachstehende Sondervorschrift:

Hat der Einberufene ein unverheiratetes minderjähriges Kind und beträgt der monatliche Barbeitrag der Versicherung mehr als 20 RM, so ist als monatlicher Sicherungsbeitrag für den einem Barbeitrag von 20 RM entsprechenden Teil der Versicherung ein Betrag von 5 RM zu zahlen. Hat der Einberufene 2 unverheiratete minderjährige Kinder und beträgt der monatliche Barbeitrag der Versicherung mehr als 40 RM, so ist als monatlicher Sicherungsbeitrag für den einem Barbeitrag von 40 RM entsprechenden Teil der Versicherung ein Betrag von 10 RM zu zahlen. Für jedes weitere unverheiratete minderjährige Kind des Einberufenen erhöhen sich die genannten Beträge entsprechend. Für den übrigen Teil der Versicherung gilt Abschn. I Abs. 4 Satz 2 und 3.

e) Für die Lebensversicherungen nach Abschn. I Abs. 1b gilt Buchst. d für jedes nach dem Einstellungstage oder innerhalb der dem Einstellungstage vorangehenden 2 Monate geborene Kind entsprechend.

(6) Ist vertragsgemäß ein Teil des Versicherungsbeitrages von dritter Seite zu tragen (z. B. bei Gefolgschaftsversicherung), so gelten die Abs. 2 bis 5 nur für den verbleibenden, d. h. für den nicht von dritter Seite zu tragenden Beitragsteil. Für den von dritter Seite zu tragenden Beitragsteil gilt Abschn. I Abs. 4 Satz 2 und 3.

(7) Bestehen mehrere Versicherungen, für die der Einberufene den Versicherungsbeitrag gezahlt hat, so ist jede einzelne Versicherung für sich zu behandeln (vgl. jedoch Nrn. 109 und 109a des Ausf.-Erl. vom 5. 5. 1942, MBliV. S. 817)[17]).

(8) Die Versicherungsunternehmungen haben dem Stadt- oder Landkreis, der für die Gewährung des Familienunterhalts zuständig ist, auf Anfordern den letzten Barbeitrag der Versicherung mitzuteilen.

(9) Die Versicherungsunternehmungen können von dem Versicherungsnehmer u. a. den Nachweis verlangen, daß der Beitragszahler einberufen ist oder daß er zu den den Einberufenen Gleichstehenden (Abschn. II Abs. 4) gehört.

(10) Die Versicherungssteuer wird nach Abschn. III Abs. 2 bei Berechnung des Sicherungsbeitrages berücksichtigt. Sie ist demnach in den Sicherungsbeitrag eingerechnet. Die Versicherungsunternehmung darf die Steuer vom Gesamtbetrag der an sie gezahlten Sicherungsbeiträge berechnen (§ 2 der Durchf.-Best. zum Versicherungssteuerges. vom 13. 7. 1937, RGBl. I S. 797).

(11)[17]) Diese Anordnung tritt mit Wirkung vom 1. 9. 1939 in Kraft. Wurde die Versicherung seit dem 1. 9. 1939 gegen einen anderen als den in dieser Anordnung vorgesehenen Betrag aufrechterhalten, so bewendet es hierbei für die zurückliegende Zeit.

(12) Weitere Anordnungen, insbesondere über die Fortführung der Versicherung nach der Entlassung des Einberufenen aus dem Wehrdienst usw., behalten wir uns vor.

(13) Der RMdJ. und der RFM. haben im Einvernehmen mit dem RWiM. und dem Reichsaufsichtsamt für Privatversicherung die aus Nrn. 106 bis 110 des Ausf.-Erl. vom 5. 5. 1942 (MBliV. S. 817)[18]) ersichtlichen Bestimmungen getroffen.

(14) Der Eingang dieses RdSchr. ist uns zu bestätigen.

An alle der Aufsicht des Reichsaufsichtsamts unterliegenden in- und ausländischen Lebensversicherungsunternehmungen, Pensions- und Sterbekassen. (Gilt auch für die Alpen- und Donau-Reichsgaue sowie den Reichsgau Sudetenland.)

Anlage 1.

Beispiele für die Berechnung des Sicherungsbeitrages.

Zu III Abs. 5a:

Monatlicher Tarifbeitrag	4.— RM	2.— RM
Gewinnanteil	0.50 RM	0.30 RM
	3.50 RM	1.70 RM
Versicherungssteuer	0.10 RM	keine bzw. im Tarifbeitrag enthalten
Monatlicher Barbeitrag	3.60 RM	1.70 RM
Monatlicher Sicherungsbeitrag	3.60 RM	1.70 RM

[17]) Die Vorschriften I (1a), II (4) a 1 (teilweise), 6, 7, 8, 9, II (4) b 1 (teilweise), 2, 3, 4 und III (5) d sind am 1. 7. 1941, II (4) a Ziff. 4a am 9. 3. 1942 in Kraft getreten. Die Vorschriften I (1b) und III (5) e treten am 1. 6. 1942 in Kraft.

[18]) In dem RdSchr. sind die jetzt geltenden Vorschriften eingesetzt.

Zu III Abs. 5b:

Monatlicher Tarifbeitrag	7.— RM	30.— RM
Gewinnanteil	keiner	2.— RM
	7.— RM	28.— RM
Versicherungssteuer	0.15 RM	0.60 RM
Monatlicher Barbeitrag	7.15 RM	28.60 RM
Monatlicher Sicherungsbeitrag	5.— RM	7.15 RM

Zu III Abs. 5c:

½jährlicher Tarifbeitrag	2000 RM
Gewinnanteil	200 RM
	1800 RM
Versicherungssteuer	36 RM
	1836 RM
Monatlicher Barbeitrag	306 RM
Monatlicher Sicherungsbeitrag für den einem Barbeitrag von monatlich 240 RM entsprechenden Teil der Versicherung	60 RM

Zu III Abs. 6:

Monatlicher Tarifbeitrag	10.— RM	25.— RM	30.— RM
Gewinnanteil	keiner	keiner	keiner
	10.— RM	25.— RM	30.— RM
Versicherungssteuer	0.20 RM	0.50 RM	0.60 RM
	10.20 RM	25.50 RM	30.60 RM
Der Unternehmer (Arbeitgeber) trage einen Teil	8.16 RM (80 v.H.)	15.30 RM (60 v.H.)	6.12 RM (20 v.H.)
Nicht vom Unternehmer zu tragender Beitragsteil	2.04 RM	10.20 RM	24.48 RM
Monatlicher Sicherungsbeitrag für den nicht vom Unternehmer zu tragenden Beitragsteil	2.04 RM	5.— RM	6.12 RM

Zu III Abs. 7:

Hat der Beitragszahler zugleich für die beiden Versicherungen unter „Zu III Abs. 5b" aufzukommen, so beträgt der Sicherungsbeitrag

5.— RM
+ 7.15 RM
insgesamt 12.15 RM.

106. Die nach den Bestimmungen der Anordnung des Reichsaufsichtsamts zu entrichtenden Sicherungsbeiträge zur Aufrechterhaltung einer Lebensversicherung sind als Beihilfe gemäß § 9 Abs. 2 Nr. 6 EFU.-DV. zu gewähren. Die Beihilfe wird auch gewährt, wenn die Voraussetzungen für die Gewährung von Familienunterhalt nur hinsichtlich des Sicherungsbeitrages vorliegen. Die Beihilfe wird auch Einberufenen gewährt, die familienunterhaltsberechtigte Angehörige nicht haben. Sie wird ferner den in § 30 Abs. 2 Ziff. 1 bis 4 der

EFU.-DV. vom 26. 6. 1940 (RGBl. I S. 912) — in der Fass. der VO. vom 25. 10. 1940 (RGBl. I S. 1397) — genannten Personen gewährt.

107. In den Fällen des Abschn. III Abs. 5 c der Anordnung ist die Gewährung einer monatlichen Beihilfe nur in Höhe von 60 *RM* zulässig.

108. In den Fällen des Abschn. III Abs. 6 der Anordnung ist die Gewährung einer Beihilfe nur in Höhe des Sicherungsbeitrages für den nicht von dritter Seite zu tragenden Teil der Versicherung zulässig. Abs. 3 bleibt unberührt.

109. In den Fällen des Abschn. III Abs. 7 der Anordnung ist die Gewährung einer Beihilfe in Höhe des Sicherungsbeitrages für jede der Versicherungen zulässig; die Beihilfe darf jedoch insgesamt nicht mehr als 60 *RM* monatlich betragen.

109 a. In den Fällen des Abschn. I Abs. 1 a und Abs. 1 b der Anordnung richtet sich die Höhe der Beihilfe außerdem nach der Zahl der am Einstellungstag vorhandenen und der später geborenen unverheirateten minderjährigen Kinder. Die Beihilfe darf monatlich für alle unter Abschn. I Abs. 1 a und Abs. 1 b fallenden Lebensversicherungen zusammen nicht mehr als 5 *RM* je unverheiratetes minderjähriges Kind betragen. Die Beihilfe darf ferner — zusammen mit der Beihilfe für etwaige vor dem 1. 9. 1939 beantragte Lebensversicherungen — den monatlichen Höchstbetrag von 60 *RM* (vgl. Nr. 109) nicht überschreiten.

109 b. Für die Gewährung von Sicherungsbeiträgen zur Pflichtversicherung einberufener Handwerker nach dem Ges. über die Altersversorgung für das Deutsche Handwerk vom 21. 12. 1938 (RGBl. I S. 1900) gilt der RdErl. vom 14. 5. 1940 — V f 895/40-7900 (nicht veröffentl.).

109 c. Für die Gewährung von Sicherungsbeiträgen zur Aufrechterhaltung von Zeitschriftenversicherungen (Abonnentenversicherungen) gilt der RdErl. vom 10. 9. 1940 — V f 1198/40-7900 u. LG 4085-412 I (nicht veröffentl.).

109 d. Für die Gewährung von Sicherungsbeiträgen zur Aufrechterhaltung von Lebensversicherungen, die mit der Mitgliedschaft in Vereinen und Organisationen verbunden sind (Vereinsversicherungen), gilt der RdErl. vom 20. 6. 1941 — V f 1/41-7925 u. LG 4085-I A (nicht veröffentl.).

110. Kann die letzte Beitragsquittung nicht vorgelegt werden, oder bestehen Zweifel über die Höhe des letzten Barbeitrages, so ist die Versicherungsunternehmung um Auskunft zu ersuchen (Abschn. III Abs. 8 der Anordnung).

c) Sonstige besondere Verpflichtungen.

111. Zur Erfüllung anderer — nicht in den Nrn. 99 bis 110 geregelter — besonderer der Deckung des persönlichen Bedarfs[19]) dienender wiederkehrender Verpflichtungen, die nach Art und Umfang der bisherigen wirtschaftlichen Lage des Familienunterhaltsberechtigten oder des Einberufenen angemessen waren, können Beihilfen gewährt werden, soweit die Fortsetzung dieser Verpflichtungen bei Berücksichtigung der durch den besonderen Einsatz gebotenen Einschränkung der Lebenshaltung auch nach dem Einstellungstage als angemessen anzuerkennen ist und soweit sie nach dem Einstellungstage aus dem sonstigen Familienunterhalt oder aus anderen Einkünften des Familienunterhaltsberechtigten oder des Einberufenen nicht erfüllt werden können. Die Beihilfe kann auch Einberufenen gewährt werden, die familienunterhaltsberechtigte Angehörige nicht haben.

d) Fälle, in denen Beihilfen nach § 9 Abs. 2 Nr. 6 EFU.-DV. nicht gewährt werden[20]).

112. Beihilfen zur Erfüllung besonderer Verpflichtungen werden unter anderem nicht gewährt zur Entrichtung von

a) direkten und indirekten Steuern[21]) (z. B. Vermögensteuer, Erbschaftsteuer, Grundsteuer, Gewerbesteuer, Grunderwerbsteuer, Zuwachssteuer, Kirchensteuer, Hundesteuer),

b) Beiträgen jeder Art an Organisationen des öffentlichen oder privaten Rechts (z. B. Beiträge zu Berufs- und Standesorganisationen, wie Reichsärztekammer, Reichstierärztekammer, NS.-Rechtswahrerbund; Beiträge zur Deutschen Arbeitsfront, zur NS.-Volkswohlfahrt, Vereinsbeiträge), gleichgültig, ob sie freiwillig oder auf Grund gesetzlicher Vorschriften geleistet werden,

c) Grundgebühren für Fernsprechanschlüsse,

zu a bis c: Soweit Steuern, Beiträge und Fernsprechgebühren zu den Aufwendungen eines während der Dauer der Einberufung fortgesetzten Betriebes oder freien Berufes gehören, werden sie nach Maßgabe der Vorschriften über die Wirtschaftsbeihilfe zur Fortsetzung des Betriebes oder freien Berufs (Nr. 122 A) berücksichtigt. Entsprechendes gilt für Steuern, Beiträge und Fernsprechgebühren, die zu den Werbungskosten vermieteter oder verpachteter Grundstücke gehören (Hinweis auf Nr. 145 a);

---

[19]) Hierzu gehören z. B. nicht Verpflichtungen, die den Betrieb oder freien Beruf betreffen.

[20]) Vgl. hierzu auch den RdErl. über Behandlung alter Geschäftsverbindlichkeiten des fortgesetzten oder ruhenden Betriebes oder freien Berufs vom 11. 9. 1941 – V f 4/41-7930 (nicht veröffentl.).

[21]) Über Beihilfen zur Zahlung der Einkommensteuer s. Nr. 114a.

d) Rundfunkgebühren; hinsichtlich der Befreiung der Empfänger von Familienunterhalt von der Zahlung der Rundfunkgebühr wird auf Abschnitt B I 2 der Bestimmungen über die Befreiung von der Rundfunkgebühr (RPMBl. Nr. 141 vom 28. 12. 1939, S. 997) verwiesen,
e) Sparraten für den KdF.-Wagen, Bausparbeiträgen (Einzahlungen) aus einem Bausparvertrage,
f) Unterhaltsbeiträgen des Einberufenen; soweit der Unterhaltsberechtigte zum Personenkreis der Familienunterhaltsberechtigten gehört (§ 2 EFUG.), richtet sich die Höhe des zu gewährenden Familienunterhalts nach den hierfür geltenden allgemeinen Vorschriften,
g) Zahlungsrückständen aus der Zeit vor dem Einstellungstage,
h) Zahlungen zur Tilgung von Restkaufgeldern und Darlehen, z. B. Tilgungsraten eines Ehestandsdarlehens.

Hinsichtlich der Erfüllung von Tilgungsverpflichtungen aus einem Ehestandsdarlehen (vgl. Drittes Ges. zur Änderung des Ges. über die Förderung der Eheschließungen vom 3. 11. 1937, RGBl. I S. 1158, Art. I § 2, ferner für die Alpen- und Donau-Reichsgaue § 1 Nr. 1 der VO. vom 30. 3. 1938, RGBl. I S. 341, für den Reichsgau Sudetenland § 1 Nr. 1 der VO. vom 25. 11. 1938, RGBl. I S. 1670) hat der RFM. angeordnet, daß Anträgen von Wehrdienstpflichtigen und Reichsarbeitsdienstpflichtigen auf Unterbrechung der Tilgung des Ehestandsdarlehens für die Dauer der Erfüllung der Wehrpflicht oder der Reichsarbeitsdienstpflicht von dem zuständigen Finanzamt stattzugeben ist, sofern nachgewiesen wird, daß während dieser Zeit ein ausreichendes Einkommen nicht bezogen wird und deshalb die Bezahlung der Tilgungsbeträge für den Wehrpflichtigen oder den Reichsarbeitsdienstpflichtigen eine Härte bedeuten würde. Eine Härte ist immer anzunehmen, wenn die Familie des Antragstellers Familienunterhalt bezieht (Erl. des RFM. vom 16. 4. 1940 — H. 2075-809 VI [22])).

XI Beihilfen bei besonderen Verhältnissen.

113. Beim Vorliegen besonderer Verhältnisse werden zur Sicherung der Fortführung des Haushalts unter Beachtung der durch den besonderen Einsatz gebotenen Einschränkungen und zur Erhaltung des Besitzstandes besondere laufende Beihilfen nach Lage des Einzelfalles gewährt, um nicht zumutbare Unterschiede gegenüber dem bisherigen Lebensstand in verständnisvoller Weise auszugleichen. Von der Gewährung einer Beihilfe ist jedoch abzusehen, soweit die Deckung eines solchen Bedarfs aus dem sonstigen Familienunterhalt oder aus anderen Einkünften des Familienunterhaltsberechtigten oder des Einberufenen zugemutet werden kann.

---

[22]) Nicht veröffentl.

114. **Hausgehilfin.**

Als Beihilfe nach Nr. 113 wird eine Beihilfe zur Entlohnung und Unterhaltung einer Hausgehilfin gewährt, wenn dem Familienunterhaltsberechtigten mit Rücksicht auf die geordnete Erziehung und Pflege der Kinder, die Pflege von sonstigen Angehörigen oder den Gesundheitszustand oder Schwangerschaft oder Niederkunft der Familienunterhaltsberechtigten die Fortführung des Haushalts ohne Hilfskraft nicht zugemutet werden kann; die erstere Voraussetzung liegt regelmäßig vor, wenn im Haushalt zwei Kinder unter 14 Jahren leben. Die Beihilfe wird auch gewährt, wenn die besondere Gestaltung des Hauswesens eine Hilfskraft erfordert, wenn eine besondere vertragliche Verpflichtung zur Beschäftigung der Hausgehilfin vorliegt (hauswirtschaftliches Jahr) oder wenn mit Rücksicht auf die langjährige Beschäftigung der Hausgehilfin im gleichen Haushalt in der Kündigung eine besondere Härte liegen würde.

XI a. **Beihilfen zur Zahlung der Einkommensteuer.**

114 a. Die Einkommensteuer und der Kriegszuschlag zur Einkommensteuer sind in erster Linie aus den auf den Familienunterhalt nicht anzurechnenden Einkünften des Einberufenen oder der familienunterhaltsberechtigten Angehörigen zu bestreiten. Soweit dies im Einzelfalle nicht möglich oder nicht zumutbar ist, dürfen zur Begleichung der in der Zeit während der Einberufung zu entrichtenden Einkommensteuervorauszahlungen (§ 35 EStG.) Beihilfen gewährt werden, und zwar auch, wenn dadurch die Einkommenshöchstgrenze überschritten wird. Der Stadt- oder Landkreis hat den Familienunterhaltsberechtigten anzuhalten, auf eine angemessene Herabsetzung der Einkommensteuervorauszahlungen durch das Finanzamt hinzuwirken, wenn die Herabsetzung nach dem eingetretenen oder zu erwartenden Rückgang des Einkommens gerechtfertigt erscheint (vgl. § 35 Abs. 2 EStG. in der Fass. des § 4 der VO. über die Änderung von Steuerges. vom 20. 8. 1941, RGBl. I S. 510, und Abschn. 140 der Einkommensteuer-Richtlinien für 1941, RStBl. 1942 S. 97, 159). Satz 2 gilt entsprechend für etwaige in der Zeit während der Einberufung zu entrichtende Abschlußzahlungen auf die Einkommensteuer und den Kriegszuschlag zur Einkommensteuer nach § 47 EStG., soweit das Einkommen des abgelaufenen Steuerjahres, für das die Abschlußzahlung zu entrichten ist, in der Zeit nach der Einberufung bezogen ist. Es ist nach den Umständen des einzelnen Falles zu entscheiden, welches Einkommen auf die Zeit nach der Einberufung entfällt. Der Betrag ist erforderlichenfalls zu schätzen. Die Beihilfe wird auch Einberufenen gewährt, die familienunterhaltsberechtigte Angehörige nicht haben.

XII. **Unterhaltsbedarf, der einmalig oder in längeren Zeitabständen auftritt.**

115. (1) Die Gewährung zusätzlicher Beihilfen zur Deckung eines

Unterhaltsbedarfs, der entweder einmalig ist (z. B. Anschaffung eines Kinderbettes) oder in längeren Zeitabständen, wenn auch mit einer gewissen Regelmäßigkeit auftritt (z. B. Neuanschaffung von Kleidung, Wäsche und Schuhwerk), neben dem örtlichen Unterhaltssatz oder neben dem Tabellensatz ist insoweit zulässig, als dieser Unterhaltssatz (Tabellensatz) oder die sonstigen Einkünfte des Familienunterhaltsberechtigten oder des Einberufenen zur Deckung des auftretenden Sonderbedarfs nicht ausreichen.

(2) Bei der Prüfung der Voraussetzungen für die Gewährung von Beihilfen nach Abs. 1 ist um so entgegenkommender zu verfahren, je länger der Einberufene im Wehrdienst steht — ganz besonders, wenn der Einberufene seit Beginn des Krieges ununterbrochen im Wehrdienst steht — und je geringer die Gesamteinkünfte der Familienunterhaltsberechtigten (Familienunterhalt, anzurechnende und außer Ansatz zu lassende sonstige Einkünfte) sind; dies gilt nicht, wenn die Familienunterhaltsberechtigten eine zumutbare Berufstätigkeit ohne berechtigten Grund nicht ausüben.

116. Tritt in Fällen, in denen ein laufender Familienunterhalt **nicht** gewährt wird, ein Sonderbedarf der in Nr. 115 bezeichneten Art auf, so ist die Gewährung **einmaliger** Beihilfen insoweit zulässig, als sie zur Sicherung des notwendigen Lebensbedarfs des Familienunterhaltsberechtigten erforderlich sind.

116 a[23]). Die Gewährung einer zusätzlichen Beihilfe zur Deckung eines einmaligen Unterhaltsbedarfs kann im Falle der Entlassung eines Soldaten aus dem Wehrdienst auch für den Entlassenen selbst in Betracht kommen (z. B. zur Anschaffung von Kleidung, Wäsche und Schuhwerk). Die Beihilfe darf nur im Falle der Bedürftigkeit gewährt werden und den Betrag von 100 RM nicht übersteigen. Sie darf auch in den Fällen gewährt werden, in denen ein laufender Familienunterhalt nicht gewährt worden ist. Die Beihilfe darf auch in den Fällen der Nrn. 31 c, 31 d und 31 e gewährt werden; sie darf jedoch zusammen mit der Beihilfe im Falle der Entlassung (Satz 1 bis 3) den Betrag von 100 RM nicht übersteigen. Auch bei mehrfachen Entlassungen darf ein Betrag von insgesamt 100 RM nicht überschritten werden.

XIII. Vorschüsse zur Hausbrandbevorratung[24]).

117. Auf Grund der Anordnung Nr. 5 der Reichsstelle für Kohle über die Hausbrandbevorratung vom 3. 4. 1940 (RAnz. Nr. 80)

[23]) Die Gewährung von Beihilfen für die Beschaffung von Zivilkleidung an aus dem Wehrdienst entlassene Soldaten, die bis zur Entlassung Kriegsbesoldungsempfänger waren, richtet sich nach dem RdErl. vom 25. 7. 1941 (MBliV. S. 1376). Hinsichtlich der Betriebsmittel vgl. den Erl. vom 12. 1. 1942 — V f 1131/41–7900 (nicht veröffentl.).

[24]) Zusätzliche **Beihilfen** zur Hausbrandversorgung können in der Regel **nicht** gewährt werden.

wird zur rechtzeitigen Versorgung der Verbraucher mit Kohle eine Hausbrandbevorratung während des Sommers durchgeführt. Nach § 25 dieser Anordnung verliert der Verbraucher, der die ihm zustehende Kohle lagern kann, seinen Anspruch auf Lieferung, wenn er die von ihm bestellten Brennstoffe nicht in dem Zeitpunkt, in dem sie ihm vom Händler angeboten werden, annimmt. Eine entsprechende Regelung ist durch die Anordnung H 10 und H 10 a der Reichsstelle für Kohle über die Regelung der Hausbrandversorgung in den Kohlenwirtschaftsjahren 1941/42 und 1942/43 vom 22. 4. 1941 (RAnz. Nr. 93) und 23. 12. 1941 (RAnz. Nr. 300) getroffen worden. Um denjenigen Empfängern von Familienunterhalt, die nicht in der Lage sind, den zur Bezahlung der Kohle erforderlichen Geldbetrag alsbald nach der Lieferung aus eigenen Mitteln aufzubringen, die ihnen zustehende Kohlenmenge zu sichern, wird ihnen auf Antrag von dem Stadt- oder Landkreis, der den Familienunterhalt zahlt, ein Vorschuß aus Mitteln des Familienunterhalts nach folgenden Vorschriften gewährt.

118. Antragsberechtigt sind Familienunterhaltsempfänger, die

a) in einem Miethause einen selbständigen Haushalt mit Einzelofenheizung oder Stockwerksheizung führen; als selbständige Haushaltung gelten auch Familien, die als Untermieter wohnen;

b) ein Eigenheim mit Einzelofenheizung oder Zentralheizung bewohnen.

119. Der Antragsteller hat anzugeben, welche Kohlenmenge er auf Grund der ihm zustehenden Punktzahl bei seinem Kohlenhändler bestellt hat und welchen Vorschuß er zur Bezahlung der Kohlen benötigt. Der Stadt- oder Landkreis bescheinigt dem Antragsteller, daß die von ihm abzunehmende Kohlenmenge aus Mitteln des Familienunterhalts an den Kohlenhändler bezahlt werden wird. Der Familienunterhaltsempfänger legt diese Bescheinigung bei der Bestellung der Kohle dem Kohlenhändler vor, in dessen Kundenliste er eingetragen ist.

120. Nach Empfang der Kohle versieht der Familienunterhaltsempfänger die vom Kohlenhändler ausgestellte Rechnung mit der Bestätigung, daß ihm die angegebene Kohlenmenge geliefert worden ist, und legt diese Rechnung dem Stadt- oder Landkreis zur Bezahlung vor. Der Stadt- oder Landkreis zahlt den Betrag für die gelieferte Kohle unmittelbar an den Kohlenhändler und rechnet den Betrag in angemessenen Teilbeträgen auf den Familienunterhalt der auf die Lieferung der Kohle folgenden Monate in der Weise an, daß die Abdeckung des Vorschusses in der Regel innerhalb 3 Monaten erfolgt.

121. Hat ein Gefolgschaftsmitglied vor seiner Einberufung von seinem Unternehmer einen Vorschuß zur Bezahlung der abzunehmenden Kohlenmenge erhalten, so übernimmt der Stadt- oder Landkreis, der den Angehörigen des Gefolgschaftsmitgliedes Familienunterhalt gewährt, auf dessen Antrag die Rückzahlung des auf die Zeit nach dem

Einstellungstage entfallenden Teiles des Unternehmervorschusses an den Unternehmer aus Mitteln des Familienunterhalts und behält den Betrag in angemessenen Teilbeträgen vom Familienunterhalt ein. Dies gilt nicht, wenn und soweit der Unternehmer während der Dauer der Einberufung freiwillige Zuwendungen gewährt.

XIII a. Vorschüsse zur Einkellerung von Speisekartoffeln.

121 a. Empfängern von Familienunterhalt, die einen selbständigen Haushalt führen und über Kellerräume verfügen, die zur Einlagerung von Kartoffeln geeignet sind, — auch Untermietern — wird auf Antrag zur Bezahlung von Speisekartoffeln, die sie für den Bedarf ihres Haushalts einkellern wollen, von dem Stadt- oder Landkreis, der den Familienunterhalt zahlt, ein Vorschuß aus Mitteln des Familienunterhalts nach den folgenden Vorschriften gewährt:

1. Es muß die Gewähr dafür gegeben sein, daß die einzulagernden Kartoffeln nicht verderben, vielmehr ohne Verluste restlos dem Verbrauch zugeführt werden.

2. Der Vorschuß darf nicht höher sein, als es zur Einkellerung des tatsächlichen Bedarfs des Haushalts bis in die Frühjahrsmonate des nächsten Jahres erforderlich ist.

3. Der Antragsteller hat anzugeben, welche Kartoffelmenge er einkellern will und welchen Vorschuß er zur Bezahlung der Kartoffeln benötigt. Der Stadt- oder Landkreis bescheinigt dem Antragsteller, daß die zu beziehende Kartoffelmenge aus Mitteln des Familienunterhalts an den Lieferer bezahlt werden wird. Der Familienunterhaltsberechtigte legt diese Bescheinigung bei der Bestellung der Kartoffeln dem Lieferer vor.

4. Nach Empfang der Kartoffeln versieht der Familienunterhaltsberechtigte die von dem Lieferer ausgestellte Rechnung mit der Bestätigung, daß ihm die angegebene Kartoffelmenge geliefert worden ist, und legt diese Rechnung dem Stadt- oder Landkreis zur Bezahlung vor. Der Stadt- oder Landkreis zahlt den Betrag für die gelieferten Kartoffeln unmittelbar an den Lieferer und rechnet den Betrag in angemessenen Teilbeträgen auf den Familienunterhalt der auf die Lieferung der Kartoffeln folgenden Monate in der Weise an, daß die Abdeckung des Vorschusses bis zum nächsten Frühjahr erledigt ist.

5. Hat ein Gefolgschaftsmitglied vor seiner Einberufung von seinem Unternehmer einen Vorschuß zur Bezahlung der einzukellernden Kartoffeln erhalten, so übernimmt der Stadt- oder Landkreis, der den Angehörigen des Gefolgschaftsmitgliedes Familienunterhalt gewährt, auf dessen Antrag die Rückzahlung des auf die Zeit nach dem Einstellungstage entfallenden Teiles des Unternehmervorschusses an den Unternehmer aus Mitteln des Familienunterhalts und behält

den Betrag in angemessenen Teilbeträgen vom Familienunterhalt ein. Dies gilt nicht, wenn und soweit der Unternehmer während der Dauer der Einberufung freiwillige Zuwendungen gewährt.

XIV. Wirtschaftsbeihilfe (§ 12 EFU.-DV.).

a) Allgemeine Vorschriften.

122. A. **Wirtschaftsbeihilfe zur Fortsetzung des Betriebes oder freien Berufs.**

I. Voraussetzungen.

(1) Die Gewährung der Wirtschaftsbeihilfe zur Fortsetzung des Betriebes oder des freien Berufs setzt voraus, daß

1. der Einberufene die Mittel zur Deckung des notwendigen Lebensbedarfs für sich und seine familienunterhaltsberechtigten Angehörigen bis zum Einstellungstage aus dem Betrieb oder freien Beruf gewonnen hat und
2. in der Zeit nach dem Einstellungstage die Erhaltung der wirtschaftlichen Lage des Einberufenen gefährdet ist.

(2) Eine Gefährdung (Abs. 1 Ziff. 2) ist anzunehmen, wenn

a) der Gewinn des Betriebes oder freien Berufes des Einberufenen nicht zur Deckung der notwendigen Entnahmen für den Lebensbedarf der familienunterhaltsberechtigten Angehörigen ausreicht oder
b) darüber hinaus die Erträge des Betriebes oder freien Berufs nicht zur Deckung der notwendigen Aufwendungen für die Fortführung des Betriebes oder freien Berufs ausreichen.

(3) Eine Gefährdung ist insoweit nicht anzunehmen, als dem Einberufenen und seinen familienunterhaltsberechtigten Angehörigen (Abs. 1 Ziff. 1) andere Mittel (Abschn. IV Abs. 5) zur Verfügung stehen, die für die in Abs. 2 genannten Entnahmen und Aufwendungen ausreichen.

(4) Im Falle des Abs. 2 unter b ist unter Rücksichtnahme auf berechtigte Interessen des Einberufenen an der Erhaltung seiner Erwerbsgrundlage zu prüfen, ob die Sicherung der Fortführung des Betriebes oder des freien Berufs durch eine Wirtschaftsbeihilfe volkswirtschaftlich gerechtfertigt ist. Die zuständige wirtschaftliche oder berufsständische Vertretung (Wirtschaftskammer, Kreishandwerkerschaft usw.) soll in der Regel hierzu gutachtlich gehört werden.

(5) Wirtschaftsbeihilfe darf nicht gewährt werden, wenn ein ursächlicher Zusammenhang zwischen der Einberufung und der Gefährdung des Betriebes oder freien Berufs nicht besteht, die Gefährdung also durch andere Ereignisse, z. B. durch kriegswirtschaftliche Maßnahmen, eingetreten ist. Nicht erforderlich ist aber, daß die Gefährdung allein durch die Einberufung eingetreten ist.

(6) Wirtschaftsbeihilfe darf ferner — bei Unternehmungen des Einzelhandels — nicht gewährt werden, sofern sich der Betrieb bereits vor dem Einstellungstage in einem Verfahren der in § 1 unter c der Ersten VO. zur Durchf. der VO. über Gemeinschaftshilfe der Wirtschaft vom 3. 5. 1940 (RGBl. I S. 737) genannten Art befunden hat.

(7) In Fällen, in denen Wirtschaftsbeihilfe gewährt werden darf (Abs. 1 bis 4), darf allgemeiner Familienunterhalt (§ 9 EFU.-DV.) nicht gewährt werden. Für die Fälle, in denen Wirtschaftsbeihilfe nicht gewährt werden darf (Abs. 4 bis 6), gelten die Vorschriften über den allgemeinen Familienunterhalt (§ 9 EFU.-DV.).

II. Ziel der Wirtschaftsbeihilfe.

Ziel der Gewährung der Wirtschaftsbeihilfe ist die Sicherung der Fortführung des Betriebes oder freien Berufs. Es soll erreicht werden, daß der — soweit möglich, aus dem Betrieb oder der Ausübung des freien Berufs zu gewinnende — notwendige Lebensbedarf der familienunterhaltsberechtigten Angehörigen gesichert bleibt und daß der Betrieb als Erwerbsgrundlage des Einberufenen und als volkswirtschaftlicher Wert für die Gesamtwirtschaft erhalten bleibt. Es muß jedoch von dem Inhaber des Betriebes oder freien Berufs oder seinem Vertreter erwartet werden, daß er auch seinerseits alle gesetzlich zur Verfügung stehenden Maßnahmen zur Erleichterung der finanziellen Lage und zur Verbilligung des Betriebes (freien Berufs) trifft.

III. Bedingungen. Auflagen.

(1) Die Gewährung der Wirtschaftsbeihilfe kann mit Bedingungen oder Auflagen verbunden werden.

(2) In Fällen, in denen den Beteiligten die Vertragshilfe des Richters auf Grund der Vertragshilfe-VO. vom 30. 11. 1939 (RGBl. I S. 2329) oder der VO. über die Abwicklung von Lieferverträgen vom 20. 4. 1940 (RGBl. I S. 671) zur Verfügung steht, kann die Gewährung der Wirtschaftsbeihilfe mit der Bedingung oder Auflage verbunden werden, daß die Vertragshilfe des Richters in Anspruch genommen wird[25]). Von der Inanspruchnahme der Vertragshilfe kann abgesehen werden, wenn durch freiwillige Einigung den besonderen Verhältnissen des Betriebes in angemessener Weise bereits Rechnung getragen worden ist oder wird. Auf eine solche Einigung soll der Stadt- oder Landkreis gegebenenfalls hinwirken.

(3) Der RJM. hat nachstehende AV. vom 2. 12. 1940 — 9133 - IV b4 2392 — erlassen:

---

[25]) Siehe hierzu den RdErl. vom 23. 6. 1941 — V f 8/41-7930 — über Wirtschaftsbeihilfe zur Fortsetzung oder Erhaltung des Betriebes oder freien Berufes und Vertragshilfe (nicht veröffentl.).

„Wie sich aus den Bestimmungen unter Nr. 122 A III Abs. 2 und B Abs. 5 des RdErl. des RMdJ. und des RFM. vom 5. 5. 1942 (MBliV. S. 817)[26]) ergibt, kann die Gewährung der Wirtschaftsbeihilfe mit der Bedingung oder Auflage verbunden werden, daß, soweit möglich, die Vertragshilfe des Richters zur Erleichterung der Verpflichtungen des zum Wehrdienst Einberufenen in Anspruch genommen wird. Zur Behebung von Zweifeln über das Verhältnis dieser Bestimmungen zu § 4 der Vertragshilfe-VO. — VHV. — vom 30. 11. 1939 (RGBl. I S. 2329) bestimme ich auf Grund des § 36 VHV. unter Hinweis auf meine AV. vom 11. 6. 1940 (DtJust. S. 701) folgendes:

Nach § 4 Abs. 1 VHV. sind bei der Bestimmung des angemessenen Betrages, um den die Miete oder Pacht herabgesetzt werden kann, die Verhältnisse sowohl des Mieters (Pächters) als auch des Vermieters (Verpächters) zu berücksichtigen. Auf seiten des Mieters (Pächters) muß nach den Vorschriften über die Wirtschaftsbeihilfe bei der Bestimmung des Betrages, um den die Miete oder Pacht herabgesetzt werden soll, die Möglichkeit einer Beihilfe zunächst außer Betracht bleiben. Vielmehr ist zuerst lediglich zu ermitteln, in welcher Höhe dem Vermieter (Verpächter) eine Herabsetzung der Miete oder Pacht zugemutet werden kann. Stellt sich heraus, daß der Mieter (Pächter) nicht in der Lage ist, den auf diese Weise ermittelten Betrag aufzubringen, so würde an sich nach § 4 Abs. 2 Satz 2 VHV. die Auflösung des Miet- oder Pachtverhältnisses geboten erscheinen. Bevor jedoch der Richter zur Auflösung des Miet- oder Pachtverhältnisses schreitet, ist den Beteiligten Gelegenheit zu geben, eine Entscheidung über die Gewährung der Wirtschaftsbeihilfe herbeizuführen. Wird die Beihilfe in einem Umfang gewährt, der es dem Mieter (Pächter) ermöglicht, die nach den Verhältnissen des Vermieters (Verpächters) angemessene Miete (Pacht) zu bezahlen, so ist die Entscheidung über die Herabsetzung der Miete oder Pacht nach § 4 VHV. zu treffen."

(4) Die Gewährung der Wirtschaftsbeihilfe kann mit der Bedingung oder Auflage verbunden werden, daß der Inhaber des Betriebes (freien Berufs) Maßnahmen zur Einschränkung der Aufwendungen des Betriebes oder freien Berufs auf das zur Sicherung seiner Fortführung unabweisbar notwendige Maß trifft.

IV. Umfang der Wirtschaftsbeihilfe.

(1) Wirtschaftsbeihilfe wird gewährt zur Sicherung des notwendigen Lebensbedarfs der familienunterhaltsberechtigten Angehörigen und zur Deckung der darüber hinaus notwendigen Aufwendungen für die Sicherung der Fortführung des Betriebes oder freien Berufs. Wirtschaftsbeihilfe ist insoweit nicht zu gewähren, als die Fortführung des Betriebes oder freien Berufes und der notwendige Lebensbedarf der Angehörigen aus den Erträgen des Betriebes oder freien Berufs oder aus anderen Mitteln des Einberufenen und seiner familienunterhaltsberechtigten Angehörigen gesichert ist.

(2) Für die Feststellung der zu gewährenden Wirtschaftsbeihilfe sind zu ermitteln

a) der nach Abs. 3 zu ermittelnde Bedarf der familienunterhaltsberechtigten Angehörigen,

---

[26]) In der AV. sind die jetzt geltenden Vorschriften eingesetzt.

b) der Gewinn (Abs. 4) oder Verlust des Betriebes oder freien Berufs,

c) die sonstigen einzusetzenden Mittel des Einberufenen und seiner familienunterhaltsberechtigten Angehörigen (Abs. 5).

(3) Der notwendige Lebensbedarf der familienunterhaltsberechtigten Angehörigen (Abs. 2 unter a) ist nach den Leistungen zu bemessen, die diesen Angehörigen nach den Vorschriften des allgemeinen Familienunterhalts (§ 9 EFU.-DV.) zustehen würden.

(4) Der Gewinn des Betriebes oder freien Berufs (Abs. 2 unter b) ist in vollem Umfange anzusetzen. Wird jedoch der Betrieb ohne Einstellung einer dauernden Ersatzkraft für den Einberufenen von den Angehörigen fortgeführt, so kann von dem Gewinn ein Betrag bis zur Hälfte des örtlichen Unterhaltssatzes eines Haushaltsvorstandes (Nr. 69 Ziff. 1) — in den Alpen- und Donau-Reichsgauen sowie im Reichsgau Sudetenland bis zur Hälfte des Unterhaltshöchstsatzes eines Haushaltsvorstandes (Nr. 74 Buchst. a Ziff. 1) — außer Ansatz bleiben.

(5) Andere Einkünfte des Einberufenen und seiner familienunterhaltsberechtigten Angehörigen (Abs. 2 unter c) sind anzusetzen, soweit sie nicht nach Nr. 147 Ziff. 1, 5 und 6, Nrn. 145, 146 oder 146a außer Ansatz bleiben. Vermögen des Einberufenen und der familienunterhaltsberechtigten Angehörigen bleibt außer Ansatz.

(6) Ergibt die Prüfung nach Abs. 2 bis 5, daß der Gewinn des Betriebes oder freien Berufs (Abs. 2 unter b) und die sonstigen Mittel (Abs. 2 unter c) zur Deckung des notwendigen Lebensbedarfs der familienunterhaltsberechtigten Angehörigen (Abs. 2 unter a) nicht ausreichen, so ist der Unterschiedsbetrag nach Maßgabe des Abs. 7 Satz 1 und 2 als Wirtschaftsbeihilfe zu gewähren. Ergibt die Prüfung nach Abs. 2 bis 5, daß ein Verlust des Betriebes oder freien Berufs (Abs. 2 unter b) vorliegt und sind sonstige Mittel (Abs. 2 unter c) zur Deckung des Verlustes nicht vorhanden, so sind der zur Deckung des notwendigen Lebensbedarfs der familienunterhaltsberechtigten Angehörigen erforderliche Betrag und die ungedeckten notwendigen Aufwendungen des Betriebes oder freien Berufs nach Maßgabe des Abs. 7 Satz 3 bis 5 als Wirtschaftsbeihilfe zu gewähren.

(7) Die Wirtschaftsbeihilfe darf nicht dazu führen, daß die familienunterhaltsberechtigten Angehörigen für ihren laufenden notwendigen Lebensbedarf über mehr Mittel verfügen, als ihnen bis zur Einberufung hierfür zur Verfügung standen (§ 8 Abs. 2 EFU.-DV.). In den Fällen des Abs. 6 Satz 1 sind die Vorschriften über die Einkommenshöchstgrenze (Nr. 58ff.) anzuwenden. In den Fällen des Abs. 6 Satz 2 ist die Wirtschaftsbeihilfe so zu bemessen, daß den familienunterhaltsberechtigten Angehörigen für ihren laufenden notwendigen Lebensbedarf nicht mehr an Mitteln zur Verfügung steht

als vor der Einberufung (Einkommenshöchstgrenze), und daß darüber hinaus die unabweisbar notwendigen Aufwendungen für die Sicherung der Fortführung des Betriebes oder freien Berufs gedeckt werden. Der Teil der Wirtschaftsbeihilfe, der über die Sicherung des notwendigen Lebensbedarfs der Angehörigen hinausgeht, soll in der Regel nicht höher sein, als zur Einstellung einer Ersatzkraft für den Einberufenen oder zur Entrichtung der Miete für die gewerblichen oder beruflichen Räume notwendig ist oder wäre (Stützungshöchstgrenze). Für diesen Teil der Wirtschaftsbeihilfe (Satz 4) gilt nicht die Einkommenshöchstgrenze, sondern nur die Stützungshöchstgrenze.

V. Ermittlung des Wirtschaftsergebnisses[27]).

(1) Das Wirtschaftsergebnis des Betriebes oder freien Berufs (Gewinn oder Verlust) ist auf Grund der Erträge und Aufwendungen nachzuweisen. Der Nachweis kann durch Vorlage einer nach kaufmännischen Grundsätzen aufzustellenden Bilanz und Gewinn- und Verlustrechnung oder durch eine den Grundsätzen des Steuerrechts genügende Einnahme- und Ausgaberechnung, aus der alsdann unter Berücksichtigung der Bestandsveränderungen der Betriebsgewinn oder -verlust zu ermitteln ist, geführt werden. Bei solchen freien Berufen oder einfachen Betrieben, bei denen wirtschaftlich ins Gewicht fallende Änderungen des Betriebsvermögens im allgemeinen nicht eintreten, ist als Gewinn oder Verlust in der Regel der Unterschied zwischen Betriebseinnahmen und Betriebsausgaben anzusehen.

(2) Der Gewinn oder Verlust aus Land- und Forstwirtschaft kann in geeigneten Fällen auch unter sinngemäßer Anwendung der auf Grund des § 29 des Einkommensteuerges.[28]) aufgestellten Durchschnittssätze oder nach anderen Durchschnittsberechnungen ermittelt werden. Für die Ermittlung des Gewinns oder Verlustes aus Gewerbebetrieb oder aus freiem Beruf können in geeigneten Fällen ebenfalls Durchschnittsberechnungen (z. B. die Richtsatzsammlungen der Oberfinanzpräs. für die Ermittlung des Gewinns aus Gewerbebetrieb) angewendet werden.

(3) Die Ermittlung des Wirtschaftsergebnisses soll in der Regel vierteljährlich erfolgen (Abrechnungszeitraum). In geeigneten Fällen, insbesondere bei Betrieben, in denen die Erträge und Aufwendungen ungleichmäßig oder in größeren Zeitabständen auftreten, z. B. bei Saisonbetrieben, kann sie in größeren Zeitabständen angeordnet oder zugelassen werden.

---

[27]) Siehe hierzu die RdErl. vom 10. 1. 1941 — V f 1760/40–7900 — und vom 30. 6. 1941 — V f 6/41–7930 — über Beispiele für die Berechnung des Wirtschaftsergebnisses gewerblicher Betriebe und freier Berufe und den RdErl. vom 25. 2. 1942 — V f 12/42–7930 — über Richtlinien für die Berechnung des Wirtschaftsergebnisses landwirtschaftlicher Betriebe (sämtl. nicht veröffentl.).

[28]) Vgl. RGBl. 1939 I S. 297.

(4) Für die Betriebe der Land- und Forstwirtschaft soll Abrechnungszeitraum in der Regel das Wirtschaftsjahr sein. Ergibt sich ein kürzerer Abrechnungszeitraum, z. B. wenn der Betriebsinhaber nur während eines Teils des Wirtschaftsjahres einberufen ist oder die Wirtschaftsbeihilfe erst im Laufe des Wirtschaftsjahres beantragt wird, so ist als Wirtschaftsergebnis des Abrechnungszeitraumes in der Regel ein anteiliger Betrag des Gewinns oder Verlustes des Wirtschaftsjahres anzusehen. In diesem Falle sind Aufwendungen für Ersatz- oder Aushilfskräfte als Aufwendungen innerhalb des Abrechnungszeitraumes zu behandeln; sie sind also nicht auf das Wirtschaftsjahr zu verteilen.

(5) Soweit Aufwendungen für die Entlohnung einer der Krankenversicherungspflicht unterliegenden Ersatzkraft für den Einberufenen geltend gemacht werden, ist die Anmeldung zur Krankenversicherung nachzuweisen, es sei denn, daß die Dienstleistung der Ersatzkraft als vorübergehende versicherungsfrei ist (§ 168 RVO.). Aufwendungen für eine Ersatzkraft, die mit dem Einberufenen oder dem Familienunterhaltsberechtigten verwandt oder verschwägert ist, bleiben außer Betracht, es sei denn, daß dies eine unbillige Härte darstellen würde.

(6) Der Inhaber des Betriebes (freien Berufs) oder sein Vertreter hat die zur Ermittlung des Wirtschaftsergebnisses erforderlichen Auskünfte, gegebenenfalls unter Vorlage der Geschäftsbücher oder entsprechender Aufstellungen, zu erteilen.

VI. Auszahlung und Abrechnung.

(1) Da das Wirtschaftsergebnis (Gewinn oder Verlust) des Betriebes oder freien Berufs jeweils nur nachträglich festgestellt werden kann, sind für den Auszahlungszeitraum der Wirtschaftsbeihilfe (§ 4 Abs. 1 EFU.-DV.) Abschlagszahlungen (Nr. 38) zu gewähren. Die endgültige Festsetzung der Wirtschaftsbeihilfe erfolgt erst nach Ermittlung des Wirtschaftsergebnisses (Abschn. V). Hierbei soll jeweils erneut geprüft werden, ob die Sicherung der Fortführung des Betriebes oder freien Berufs durch eine Wirtschaftsbeihilfe volkswirtschaftlich noch weiterhin gerechtfertigt ist (Abschn. I Abs. 4).

(2) Ergibt die endgültige Festsetzung der Wirtschaftsbeihilfe für den Abrechnungszeitraum einen niedrigeren Betrag als die gewährten Abschlagszahlungen, so ist der überbezahlte Betrag auf die Wirtschaftsbeihilfe des nächsten Abrechnungszeitraumes anzurechnen oder zu erstatten.

(3) Ergibt sich am Ende eines Abrechnungszeitraumes ein Überschuß der Erträge des Betriebes oder freien Berufs und der sonstigen einzusetzenden Mittel über die Aufwendungen, so ist der Überschuß, soweit er nicht der Deckung des notwendigen Lebensbedarfs der familienunterhaltsberechtigten Angehörigen dient oder nach Abschn. IV Abs. 4 Satz 2 außer Ansatz bleibt, den Erträgen des nächsten Abrechnungszeitraums hinzuzurechnen. Das Entsprechende gilt, wenn die

Voraussetzungen für die Gewährung der Wirtschaftsbeihilfe für einen längeren Zeitraum unterbrochen waren, hinsichtlich des im diesem Zeitraum erzielten Überschusses.

VII. Verwendung der Wirtschaftsbeihilfe.

Die Wirtschaftsbeihilfe ist zur Deckung des notwendigen Lebensbedarfs der familienunterhaltsberechtigten Angehörigen und zur Sicherung der Fortführung des Betriebes oder freien Berufs zu verwenden. Bei zweckwidriger Verwendung ist die Wirtschaftsbeihilfe zu entziehen oder zu kürzen.

VIII. Abwicklung des Betriebes oder freien Berufs.

Ob eine Fortsetzung des Betriebes oder freien Berufs vorliegt, ist nach der Lage des Einzelfalles zu entscheiden. Nimmt ein in der Abwicklung befindlicher Betrieb oder freier Beruf noch neue Aufträge an, entfaltet er noch eine werbende Tätigkeit oder beschäftigt er eine gegen Entgelt tätige Ersatzkraft für den Einberufenen, so ist eine Fortsetzung des Betriebes oder freien Berufs anzunehmen.

B. Wirtschaftsbeihilfe zur Erhaltung des Betriebes oder freien Berufs.

(1) Die Wirtschaftsbeihilfe zur Erhaltung des Betriebes oder freien Berufs wird gewährt, wenn der Betrieb oder der freie Beruf während der Dauer der Einberufung nicht fortgesetzt wird. Sie wird zur Entrichtung des Mietzinses für gewerbliche oder berufliche Räume, zur Entrichtung des Pachtzinses für einen Gewerbebetrieb oder freien Beruf, zur Erfüllung von Verpflichtungen aus der Beibehaltung der Räume (z. B. Feuerversicherungsprämien), zur Deckung notwendiger Aufwendungen für die Instandhaltung und Pflege der dem Betrieb oder freien Beruf dienenden Gegenstände oder Waren sowie für die Aufrechterhaltung von Patenten und Lizenzen gewährt. Soweit die Wirtschaftsbeihilfe zur Entrichtung der Miete für gewerbliche oder berufliche Räume und zur Erfüllung von Verpflichtungen aus der Beibehaltung dieser Räume zu gewähren ist, darf sie nur gewährt werden, soweit und solange dem Einberufenen oder dem Familienunterhaltsberechtigten die anderweitige Verwertung oder Aufgabe der Räume nicht zugemutet werden kann. Ob die anderweitige Verwertung oder Aufgabe der Räume den Beteiligten zugemutet werden kann, soll vierteljährlich erneut geprüft werden.

(2) Befinden sich die gewerblichen oder beruflichen Räume im eigenen Grundstück des Einberufenen, so treten an die Stelle des Mietzinses (Abs. 1 Satz 2) die notwendigen Ausgaben für Lasten — z. B. laufende Hypothekenzinsen, dagegen nicht Tilgungen — und Steuern, die auf dem Grundstück ruhen, soweit sie anteilig auf die gewerblichen oder beruflichen Räume entfallen. Zur Deckung der Lasten

und Steuern darf jedoch kein höherer Betrag gewährt werden als der Mietwert der gewerblichen oder beruflichen Räume.

(3) Zinsbeihilfen.

1. Außer den Leistungen nach Abs. 1 und 2 können als Wirtschaftsbeihilfe zur Erhaltung des Betriebes oder freien Berufs ausnahmsweise auch für die Begleichung laufender — d. h. für die Zeit der Einberufung zu entrichtender — Schuldzinsen des ruhenden Betriebes oder freien Berufs Beihilfen (Zinsbeihilfen) gewährt werden, wenn die — im Grundbuch eingetragenen oder nicht eingetragenen — Schulden, für die die laufenden Zinsen zu entrichten sind, bereits vor der Einberufung bestanden haben und dem Umfang des Betriebes oder freien Berufs und der wirtschaftlichen Lage des Einberufenen vor der Einberufung angemessen waren und wenn außerdem:

a) für die Schulden bereits vor der Einberufung Zinsen zu entrichten waren oder die Zinsverpflichtung nach der Einberufung ordnungsmäßig begann oder eine zinslose Stundung auf unbemessene Zeit vom Gläubiger billigerweise nicht verlangt werden kann,
b) der Zinssatz angemessen ist,
c) ein Erlaß oder eine Herabsetzung der Zinsen — z. B. durch Vereinbarung oder im Wege der Vertragshilfe — nicht erreicht werden kann,
d) die Zinsen auch aus nicht anzurechnenden sonstigen Einkünften des Einberufenen oder der familienunterhaltsberechtigten Angehörigen nicht beglichen werden können oder die Inanspruchnahme dieser Einkünfte im Einzelfalle billigerweise nicht zumutbar ist,
e) die Schulden, für die die Zinsen zu entrichten sind, nicht aus vorhandenem Betriebsvermögen des Einberufenen, insbesondere aus vorhandenen Kassenbeständen, aus dem Erlös zu veräußernder Waren und sonstiger Gegenstände, oder aus sonstigem Vermögen des Einberufenen beglichen werden können oder wenn die Inanspruchnahme des Betriebsvermögens oder sonstigen Vermögens nach Lage der Dinge billigerweise nicht zumutbar ist.

2. Zinsbeihilfen können auch für die laufenden Zinsen von Darlehen gewährt werden, die in der Zeit nach der Einberufung notwendigerweise zur Begleichung solcher Schulden des Betriebes oder freien Berufs aufgenommen worden sind oder aufgenommen werden, die bereits vor der Einberufung bestanden haben und der Art und dem Umfang des Betriebes oder freien Berufs und der wirtschaftlichen Lage des Einberufenen vor der Einberufung angemessen waren. Ziff. 1 Buchst. b bis e finden entsprechende Anwendung.

3. Zur Begleichung von Zinsverpflichtungen gegenüber Personen, die mit dem Einberufenen verwandt oder verschwägert oder an dem

Betrieb oder freien Beruf unmittelbar oder mittelbar beteiligt sind, sind Zinsbeihilfen nicht zu gewähren, es sei denn, daß dem Gläubiger der Erlaß oder die Stundung der Zinsen billigerweise nicht zugemutet werden kann.

4. Zinsbeihilfen sind nicht zu gewähren, wenn eine Notwendigkeit dafür nach der gesamten wirtschaftlichen Lage des Einberufenen nicht anzuerkennen ist.

(4) Die Wirtschaftsbeihilfe ist auf den zur Erhaltung erforderlichen Betrag zu beschränken.

(5) Die Abschn. A I Abs. 3, 4, 5, II, III, IV Abs. 1 Satz 2, V Abs. 6 und VII sowie die Nrn. 83 a, 83 b und 147 Ziff. 4 sind im übrigen entsprechend anzuwenden.

(5a) Gerichtsgebühren für die Inanspruchnahme der richterlichen Vertragshilfe (Abs. 5 in Verbindung mit Abschn. A III Abs. 2 und 3) dürfen, soweit sie nicht gemäß § 2 der VO. vom 20. März 1935 (RGBl. I S. 406) ganz oder teilweise erlassen werden, als Wirtschaftsbeihilfe zur Erhaltung des Betriebes gewährt werden. Der Stadt- oder Landkreis hat den Familienunterhaltsberechtigten anzuhalten, Ermäßigung oder Erlaß der Gerichtsgebühren zu beantragen.

(6) Neben der Wirtschaftsbeihilfe kann allgemeiner Familienunterhalt (§ 9 EFU.-DV.) gewährt werden.

(7) Die Vorschriften über die Einkommenshöchstgrenze (Nr. 58 ff.) sind nur hinsichtlich der Sicherung des notwendigen Lebensbedarfs der Familienunterhaltsberechtigten (§ 9 EFU.-DV.) anzuwenden.

(8) Die Wirtschaftsbeihilfe zur Erhaltung des Betriebes oder freien Berufs ist zu versagen, wenn die Fortsetzung des Betriebes oder freien Berufs möglich und zumutbar ist und

a) das Ruhen des Betriebes oder freien Berufs aus volkswirtschaftlichen Gründen unerwünscht ist **oder**

b) die Gesamtleistungen des Familienunterhalts bei Fortsetzung des Betriebes oder freien Berufs wesentlich niedriger sein würden als bei Ruhen des Betriebes oder freien Berufs.

Darüber hinaus können bei beharrlicher unberechtigter Weigerung, den Betrieb oder freien Beruf fortzusetzen oder wiederaufzunehmen, auch die sonstigen Leistungen des Familienunterhalts gekürzt oder ganz entzogen werden.

(9) In den Fällen des Abs. 8 soll die zuständige wirtschaftliche oder berufsständische Vertretung in der Regel gutachtlich gehört werden.

C. Zu § 12 Abs. 1 Satz 2 und 3 EFU.-DV. Hauptkraft im Betriebe.

(1) Als Hauptkraft im Betriebe ist der Einberufene anzusehen, wenn er vor dem Einstellungstage die Aufgaben des Betriebsführers

überwiegend versehen oder durch seine Arbeitsleistung die Bewirtschaftung des Betriebes überwiegend aufrechterhalten hat.

(2) Ist die Tätigkeit mehrerer Söhne im Betriebe zusammen der Tätigkeit einer Hauptkraft gleichgekommen, so gilt § 12 Abs. 1 Satz 2 und 3 EFU.-DV. während der Dauer der gleichzeitigen Einberufung dieser Söhne entsprechend. Scheidet einer dieser Söhne aus dem Wehrdienst oder dem Reichsarbeitsdienst aus oder wird er Kriegsbesoldungsempfänger oder — frühestens vom Beginn des 3. Dienstjahres an — Gehaltsempfänger des Friedensstandes der Wehrmacht, so sind die Vorschriften der Nr. 23 Abs. 2 und 3 entsprechend anzuwenden.

b) Pauschwirtschaftsbeihilfe für einberufene Bauern und Landwirte, in deren Betrieb eine dauernde Ersatzkraft nicht eingestellt wird[29]).

123. Ziel der Gewährung von Pauschwirtschaftsbeihilfen an Bauern und Landwirte, in deren Betrieb eine dauernde Ersatzkraft für den Einberufenen nicht eingestellt wird, ist die Erhaltung der intensiven Bewirtschaftung der genannten landwirtschaftlichen Betriebe. Es soll erreicht werden, daß der aus dem Betrieb zu gewinnende laufende notwendige Lebensbedarf der familienunterhaltsberechtigten Angehörigen des Betriebsinhabers gesichert bleibt und daß der Beitrag der kleineren und mittleren landwirtschaftlichen Betriebe zur Sicherung des Ernährungsbedarfs des deutschen Volkes nicht absinkt. Die Pauschwirtschaftsbeihilfe soll daher zur Erhaltung der ordnungsmäßigen Bewirtschaftung des landwirtschaftlichen Betriebes verwendet werden. Bei zweckwidriger Verwendung ist die Beihilfe zu entziehen oder zu kürzen.

124. (1) Einberufene Bauern und Landwirte, in deren Betrieb eine dauernde Ersatzkraft für den Einberufenen nicht eingestellt wird, erhalten eine Pauschwirtschaftsbeihilfe nach den Vorschriften der Nrn. 125 bis 135. Den einberufenen Bauern und Landwirten stehen familienunterhaltsberechtigte Bauern und Landwirte gleich, in deren Betrieb der Einberufene bis zum Einstellungstage die Hauptkraft (vgl. Nr. 122 C) gewesen ist. Den einberufenen Bauern und Landwirten können gleichgestellt werden Schwiegereltern und nicht nach § 2, II Nr. 6 EFUG. familienunterhaltsberechtigte Geschwister, in deren Betrieb der Einberufene bis zum Einstellungstage die Hauptkraft (vgl. Nr. 122 C) gewesen ist.

(2) Als dauernde Ersatzkraft im Sinne dieser Vorschrift ist die nicht lediglich zur vorübergehenden Beschäftigung eingestellte Arbeitskraft anzusehen, die den einberufenen Betriebsinhaber oder die einberufene Hauptkraft des Betriebes nicht nur in der Ausführung mechanischer Arbeiten, sondern auch in der Aufsichtsführung und in der Leitung des

---

[29]) Siehe hierzu den RdErl. v. 31. 8. 1941 — V f 29/41-7930 — über Pauschwirtschaftsbeihilfe für einberufene Bauern und Landwirte (nicht veröffentl.).

Betriebes, wenn auch nicht voll, so doch überwiegend zu ersetzen hat. Die Eigenschaft der dauernden Ersatzkraft wird nicht dadurch ausgeschlossen, daß die ersatzweise eingestellte Person den Weisungen einer anderen Person (z. B. der Ehefrau des Einberufenen) unterworfen ist.

125. Die Pauschwirtschaftsbeihilfe setzt sich aus einem Grundbetrag, einem Kinderzuschlag und einem Lastenzuschlag zusammen.

126. Grundbetrag.

(1) Als Grundbetrag wird ein monatlicher Staffelsatz gewährt. Der im einzelnen Falle zu gewährende monatliche Staffelsatz richtet sich nach dem aus dem letzten Einheitswertbescheid des Betriebes zu entnehmenden Einheitswert.

(2) Der monatliche Staffelsatz beträgt bei einem Einheitswert
bis zu 6000 RM mindestens 30 RM und höchstens 46 RM,
über 6000 bis 8000 RM mindestens 32 RM und höchstens 50 RM,
über 8000 RM bis 10000 RM mindestens 34 RM und höchstens 54 RM,
über 10000 RM bis 12000 RM mindestens 36 RM und höchstens 58 RM,
über 12000 RM bis 15000 RM mindestens 38 RM und höchstens 62 RM,
über 15000 RM bis 18000 RM mindestens 36 RM und höchstens 58 RM,
über 18000 RM bis 21000 RM mindestens 34 RM und höchstens 54 RM,
über 21000 RM bis 25000 RM mindestens 32 RM und höchstens 50 RM,
über 25000 RM bis 30000 RM mindestens 30 RM und höchstens 46 RM.

Welcher Grundbetrag innerhalb der Rahmensätze (Mindestsatz — Höchstsatz) zu gewähren ist, ist unter Berücksichtigung der gesamten wirtschaftlichen Verhältnisse des Betriebes zu entscheiden. Insbesondere ist der Grundbetrag entsprechend unter dem Höchstsatz zu bemessen, wenn außer dem Familienunterhaltsberechtigten, der den Betrieb fortführt, noch über 16 Jahre alte Familienangehörige im Betrieb mitarbeiten.

(3) Übersteigt der Einheitswert 30000 RM, so wird Pauschwirtschaftsbeihilfe nicht gewährt; in diesem Falle sind die allgemeinen Vorschriften über die Wirtschaftsbeihilfe zur Fortsetzung des Betriebes (Nr. 122 A) anzuwenden. Jedoch können auch Betriebe, deren Einheitswert 30000 RM nur unwesentlich übersteigt, Pauschwirtschaftsbeihilfe dann erhalten, wenn es — insbesondere mit Rücksicht auf die Höhe der Belastung des Betriebes — zur Vermeidung größerer Unterschiede in der Behandlung wirtschaftlich ähnlich liegender Fälle erforderlich erscheint.

(4) Sind Flächen des landwirtschaftlichen Betriebes verpachtet, so ist von dem Einheitswert der auf die verpachtete Fläche entfallende Teil abzusetzen.

127. Kinderzuschlag.

Leben mit der Ehefrau des einberufenen Bauern oder Landwirts Kinder (§ 2, I EFUG.) unter 14 Jahren zusammen, so erhöht sich der Staffelsatz für jedes mit der Ehefrau des Einberufenen zusammenlebende Kind unter 14 Jahren um einen Betrag von 10 RM monatlich. Einem Kinde unter 14 Jahren steht ein mit der Ehefrau des Einberufenen zusammenlebendes Kind über 14 Jahre gleich, wenn es infolge des Besuchs der Volksschule, einer mittleren oder höheren Schule oder infolge einer Berufsausbildung oder infolge körperlicher oder geistiger Gebrechen außerstande ist, im landwirtschaftlichen Betrieb mitzuarbeiten. Für die im landwirtschaftlichen Betrieb mitarbeitenden Kinder über 14 Jahre und für Kinder, die während der Berufsausbildung ein Entgelt erhalten, tritt eine Erhöhung des Staffelsatzes nicht ein. Den Kindern eines einberufenen Bauern oder Landwirts stehen die Kinder eines familienunterhaltsberechtigten Bauern oder Landwirts, in dessen Betrieb der Einberufene bis zum Einstellungstage die Hauptkraft gewesen ist, sowie die Kinder einer solchen einberufenen Hauptkraft gleich.

128. Lastenzuschlag.

Soweit Aufwendungen für auf dem Grundstück lastende Zins- und Tilgungsverpflichtungen und Realleistungen zu erfüllen sind, die jährlich 2,5 v. H. des Einheitswerts des Betriebes übersteigen, erhöht sich der monatliche Staffelsatz um ein Zwölftel des überschießenden Betrages der Aufwendungen. Ist das Grundstück mit einem Altenteil belastet, so kann für die Berechnung nach Satz 1 als jährlicher Aufwand ein Betrag bis zu 360 RM für jeden Altenteiler angesetzt werden. Die Sätze 1 und 2 gelten auch für Altenteile, die zwar nicht im Grundbuch eingetragen sind, aber auf einem mindestens 2 Monate vor dem Einstellungstage abgeschlossenen Übergabevertrage beruhen. Bei Erbhöfen sind die Sätze 1 und 2 auch auf Aufwendungen für Verpflichtungen gleicher Art (Satz 1 und 2) anzuwenden, die nur auf Grund des Belastungsverbots (§ 37 Abs. 1 und 2 des Reichserbhofges. vom 29. 9. 1933, RGBl. I S. 685) nicht in das Grundbuch eingetragen werden dürfen.

129. (1) Die Anrechnung sonstigen eigenen Einkommens — mit Ausnahme des Einkommens aus dem landwirtschaftlichen Betrieb — richtet sich nach § 15 Abs. 1 EFU.-DV., Nrn. 145, 146, 146 a und 147.

(2) Ist der landwirtschaftliche Betrieb mit einem Gewerbebetriebe verbunden, so ist für die Anrechnung des Gewinns aus dem Gewerbebetrieb Nr. 122 A IV Abs. 4 Satz 2 anzuwenden.

130. Die Pauschwirtschaftsbeihilfe wird auch dann gewährt, wenn dadurch die Einkommenshöchstgrenze (Nr. 58 ff.) überschritten wird. Die Feststellung der Einkommenshöchstgrenze unterbleibt somit.

131. Neben der Pauschwirtschaftsbeihilfe kann laufender allgemeiner Familienunterhalt nicht gewährt werden. Dagegen ist die Gewährung einmaliger Beihilfen nach Nrn. 115, 116, 116a sowie von Krankenhilfe und Wochenhilfe zulässig.

132. Hatte der Einberufene neben den Einkünften aus dem landwirtschaftlichen Betrieb auch Einkünfte aus anderen Einkunftsarten (z. B. aus nichtselbständiger Arbeit), die nach dem Einstellungstage weggefallen sind, und überwogen die Einkünfte aus den anderen Einkunftsarten, so kann auf Antrag an Stelle der Pauschwirtschaftsbeihilfe allgemeiner Familienunterhalt (§ 9 EFU.-DV.) gewährt werden. Wird ein solcher Antrag nicht gestellt, so gilt die durch den Wegfall der Einkünfte aus anderen Einkunftsarten entstehende Einkunftsminderung als durch die Pauschwirtschaftsbeihilfe abgegolten.

133. Durch die Pauschwirtschaftsbeihilfe gelten die Kosten einer vorübergehenden Einstellung von Aushilfskräften als abgegolten. Besteht die begründete Annahme, daß im Durchschnitt des Wirtschaftsjahres die Erträge des Betriebes, die sonstigen einzusetzenden Mittel des Einberufenen und seiner familienunterhaltsberechtigten Angehörigen (Nr. 122 A IV Abs. 5) und die Pauschwirtschaftsbeihilfe zusammen zur Deckung der Betriebsaufwendungen und zur Sicherung des notwendigen Lebensbedarfs der Angehörigen (Nr. 122 A IV Abs. 3) nicht ausreichen, so sind auf Antrag für dieses Wirtschaftsjahr, frühestens jedoch vom Zeitpunkt des Beginns der Pauschwirtschaftsbeihilfe an, an Stelle der Nrn. 123 bis 135 die allgemeinen Vorschriften über die Wirtschaftsbeihilfe (Nr. 122 A) anzuwenden. In diesem Falle ist die in diesem Wirtschaftsjahr bereits gezahlte Pauschwirtschaftsbeihilfe bei der endgültigen Abrechnung (Nr. 122 A VI) auf die allgemeine Wirtschaftsbeihilfe anzurechnen. Wird eine dauernde Ersatzkraft für den Einberufenen eingestellt, so sind gleichfalls die allgemeinen Vorschriften über die Wirtschaftsbeihilfe anzuwenden. Für Schwiegereltern und nicht nach § 2 II Nr. 6 EFUG. familienunterhaltsberechtigte Geschwister des Einberufenen (Nr. 124 Abs. 1 Satz 3) darf in den Fällen der Sätze 2 und 4 als notwendiger Lebensbedarf (Nr. 122 A IV Abs. 3) nicht mehr als der örtliche Unterhaltssatz zuzüglich des Nutzungswertes (Mietwertes) der Wohnung — in den Alpen- und Donau-Reichsgauen sowie im Reichsgau Sudetenland nicht mehr als der Unterhaltshöchstsatz (Nr. 74) zuzüglich des Nutzungswertes (Mietwertes) der Wohnung — angesetzt werden; der Unterhaltssatz (Unterhaltshöchstsatz) zuzüglich des Nutzungswertes (Mietwertes) der Wohnung gilt in diesen Fällen zugleich als Einkommenshöchstgrenze.

134. **Besonderheiten bei Pachtbetrieben.**

a) **Einheitswert.**

1. Bei Pachtbetrieben ist der Einheitswert (Nr. 126 Abs. 1) des gepachteten Betriebes maßgebend. Besteht für den Pachtbetrieb kein besonderer Einheitswert, so tritt an dessen Stelle der Hektarsatz des Betriebes, in dessen Einheitswert der Pachtbetrieb berücksichtigt worden ist, vervielfacht mit der in Hektar ausgedrückten Fläche des Pachtbetriebes.

2. Gehören zu einem Betrieb sowohl eigene als auch hinzugepachtete Flächen, so ist der Einheitswert des eigenen Betriebes um den Einheitswert für die zugepachteten Flächen zu erhöhen. Besteht für die zugepachteten Flächen kein besonderer Einheitswert, so ist abweichend von Abs. 1 Satz 2 die Erhöhung nach dem Hektarsatz zu errechnen, der bei der Einheitsbewertung für den eigenen Betrieb zugrunde gelegt worden ist.

b) **Lastenzuschlag.**

1. Den Aufwendungen im Sinne der Nr. 128 Satz 1 steht der vom Pächter zu entrichtende Pachtzins gleich. Hat der Pächter außer dem Pachtzins die in Nr. 128 Satz 1 und 2 genannten Aufwendungen auf Grund des Pachtverhältnisses zu tragen, so sind diese dem Pachtzins hinzuzurechnen. Nicht zum Pachtzins rechnen dagegen sonstige vom Pächter auf Grund des Pachtverhältnisses zu tragende Aufwendungen, z. B. für Steuern oder Gebäudeunterhaltung. Soweit Aufwendungen dieser Art vom Verpächter zu tragen sind, ist ein entsprechender — erforderlichenfalls zu schätzender — Betrag vom Pachtzins abzusetzen; bei hinzugepachteten Flächen unterbleibt die Absetzung.

2. Für die Berechnung des Lastenzuschlages bei Betrieben, die aus eigenen und hinzugepachteten Flächen bestehen, sind die auf die eigene Fläche entfallenden Aufwendungen im Sinne der Nr. 128, der Pachtzins und die sonst nach Abs. 1 zu berücksichtigenden Aufwendungen zusammenzurechnen.

134a. **Besonderheiten bei Gemüse- und Blumengärtnereien.**

(1) Gemüse- und Blumengärtnereien im Sinne dieser Vorschrift sind Betriebe, die zu mehr als der Hälfte der Fläche durch Gemüse-, Blumen- oder Zierpflanzenbau gärtnerisch genutzt werden. Feldgemüsebau im Fruchtwechsel mit landwirtschaftlichen Kulturen gilt nicht als gärtnerische Nutzung.

(2) Es gelten folgende Besonderheiten:

a) Die Pauschwirtschaftsbeihilfe wird nur gewährt, wenn der Einheitswert der Gemüse- oder Blumengärtnerei 12 000 RM nicht übersteigt.

b) Der Grundbetrag (Nr. 126) soll in der Regel nur in Höhe der Mindestsätze (Nr. 126 Abs. 2) gewährt werden.

c) Ein Lastenzuschlag (Nr. 128, Nr. 134 Buchst. b) wird nicht gewährt.

(3) Übersteigt der Einheitswert 12000 RM, so sind die allgemeinen Vorschriften über die Wirtschaftsbeihilfe zur Fortsetzung des Betriebes (Nr. 122 A) anzuwenden.

135. Berechnungsbeispiele:

Beispiel 1.

	Mindestsatz	Höchstsatz
Einheitswert des Betriebes	10000 RM	
Ehefrau und 2 Kinder unter 14 Jahren Grundbetrag	34 RM	54 RM
Kinderzuschlag für jedes Kind 10 RM	20 RM	20 RM
Pauschwirtschaftsbeihilfe	54 RM	74 RM

Beispiel 2.

	Mindestsatz	Höchstsatz
Einheitswert des Betriebes	15000.— RM	
Ehefrau ohne Kinder 1 Altenteiler		
Grundbetrag	38.— RM	62.— RM
Kinderzuschlag	—	—
Der Aufwand für den Altenteiler mit jährlich 360 RM übersteigt nicht 375 RM (d. h. 2½ v. H. des Einheitswertes). Somit wird für den Altenteiler kein Lastenzuschlag gewährt.		
Pauschwirtschaftsbeihilfe	38.— RM	62.— RM

Beispiel 3.

	Mindestsatz	Höchstsatz
Einheitswert des Betriebes	10000.— RM	
Ehefrau ohne Kinder		
Jahresaufwand für eingetragene Grundstücksschulden 5 v. H. von 6000 RM	=	300.— „
Grundbetrag	34.— RM	54.— RM
Kinderzuschlag	—	—
Lastenzuschlag für Grundstücksschulden 4.16 RM, aufgerundet	4.20 RM	4.20 RM
Pauschwirtschaftsbeihilfe	38.20 RM	58.20 RM

Berechnung des Lastenzuschlags:

2½ v. H. des Einheitswertes	=	250.— RM
Jahresaufwand für eingetragene Grundstücksschulden		300.— „
Die Aufwendungen für die Grundstücksschulden übersteigen 2½ v. H. des Einheitswertes um		50.— „
Der Lastenzuschlag beträgt somit 50 : 12	=	4.16 „

Beispiel 4 (Pachtbetrieb).

Einheitswert des Pachtbetriebes	10000.— RM
Ehefrau mit 2 Kindern unter 14 Jahren Pachtzins	400.— „

Grundsteuern, Reichsnährstandsbeiträge usw. und die laufende Gebäudeunterhaltung trägt der Pächter; bleiben unberücksichtigt.

Die Aufwendungen für die eingetragenen Grundstücksschulden trägt der Verpächter; bleiben unberücksichtigt.

	Mindestsatz	Höchstsatz
Grundbetrag	34.— RM	54.— RM
Kinderzuschlag	20.— „	20.— „
Lastenzuschlag	12.50 „	12.50 „
Pauschwirtschaftsbeihilfe	66.50 RM	86.50 RM

Berechnung des Lastenzuschlags:

Einheitswert		10000.— RM
2½ v. H. des Einheitswertes		250.— „
Die Aufwendungen des Pächters (Pachtzins) übersteigen 2½ v. H. des Einheitswertes um	400.— RM	
	— 250.— „	150.— „
Der Lastenzuschlag beträgt 150 : 12	=	12.50 „

Beispiel 5 (Pachtbetrieb).

Einheitswert des Pachtbetriebes	10000.— RM
Ehefrau mit 2 Kindern unter 14 Jahren	
Pachtzins	400.— „
Grundsteuern, Reichsnährstandsbeiträge usw. und die laufende Gebäudeunterhaltung trägt der Verpächter; sie werden daher vom Pachtzins abgezogen	80.— „

Die Aufwendungen für die eingetragenen Grundstücksschulden trägt der Verpächter; bleiben unberücksichtigt.

	Mindestsatz	Höchstsatz
Grundbetrag	34.— RM	54.— RM
Kinderzuschlag	20.— „	20.— „
Lastenzuschlag 5.83 RM, aufgerundet	5.90 „	5.90 „
Pauschwirtschaftsbeihilfe	59.90 RM	79.90 RM

Berechnung des Lastenzuschlags:

Einheitswert		10000.— RM
2½ v. H. des Einheitswertes		250.— „
Die Aufwendungen des Pächters:		
Pachtzins	400.— RM	
ab vom Verpächter getragene Grundsteuern usw.	— 80.— „	
zu berücksichtivende Aufwendungen des Pächters		320.— „
diese übersteigen 2½ v. H. des Einheitswertes um	320.— RM	
	— 250.— „	70.— „
Der Lastenzuschlag beträgt 70 : 12	=	5.83 „

Beispiel 6 (Eigenbetrieb mit zugepachtetem Land).

Eigener Betrieb 10 ha, Hektarsatz 1000 RM, Einheitswert	10000.— RM
Zugepachtetes Land 5 ha, ohne besonderen Einheitswert.	
Der Einheitswert des eigenen Betriebes erhöht sich um 5×1000 RM	5000.— „
Einheitswert von Eigenbetrieb und Pachtland	15000.— RM

Ehefrau mit 2 Kindern unter 14 Jahren

Jahresaufwand für eingetragene Grundstücksschulden des eigenen Betriebes 5 v. H. von 6000 *RM*	300.— *RM*
Pachtzins für das zugepachtete Land	200.— „

Die Aufwendungen für die eingetragenen Grundstücksschulden des Pachtlandes trägt der Verpächter; bleiben unberücksichtigt.

	Mindestsatz	Höchstsatz
Grundbetrag	38.— *RM*	62.— *RM*
Kinderzuschlag	20.— „	20.— „
Lastenzuschlag 10.42 *RM*. aufgerundet	10.50 „	10.50 „
Pauschwirtschaftsbeihilfe	68.50 *RM*	92.50 *RM*

Berechnung des Lastenzuschlages:

Einheitswert		15000.— *RM*
2½ v. H. des Einheitswertes		375.— „
Jahresaufwendungen für eingetragene Grundstücksschulden des Eigenbetriebs	300.— *RM*	
Pachtzins für das zugepachtete Land	200.— „	500.— „
Die Aufwendungen übersteigen 2½ v. H. des Einheitswertes um	500.— *RM*	
	— 375.— „	125.— „
Der Lastenzuschlag beträgt 125 : 12	=	10.42 „

c) Beihilfe für landwirtschaftliche Familienbetriebe.

135 a. (1) Ist der Einberufene bis zum Einstellungstage überwiegend im landwirtschaftlichen Betriebe eines der im § 2 EFUG. oder in den Nrn. 13 a und 13 b aufgeführten Angehörigen zwar nicht als Hauptkraft, aber als **unentbehrliche Arbeitskraft** beschäftigt gewesen, so **kann** dem Betriebsinhaber eine laufende Beihilfe bis zur Höhe des Mindestsatzes des Grundbetrages der Pauschwirtschaftsbeihilfe (Nr. 126) gewährt werden, wenn

a) in dem Betriebe bis zum Einstellungstage die Arbeit überwiegend von Familienangehörigen geleistet worden ist,

b) die Arbeit, die der Einberufene bisher im Betriebe geleistet hat, auch weiterhin unentbehrlich ist und durch Arbeit der Familienangehörigen nicht ersetzt werden kann,

c) nach den gesamten wirtschaftlichen Verhältnissen des Betriebes anzunehmen ist, daß der notwendige Ersatz des Einberufenen durch fremde Arbeitskräfte die Leistungsfähigkeit des Betriebes übersteigt oder übersteigen würde,

d) der Einheitswert des Betriebes 20 000 *RM* — bei Gemüse- und Blumengärtnereien (Nr. 134 a Abs. 1) 12 000 *RM* — nicht übersteigt.

Kinderzuschläge und Lastenzuschläge werden nicht gewährt.

(2) Sind Einkünfte vorhanden, die nicht aus dem landwirtschaftlichen Betriebe stammen, so sind sie auf die Beihilfe nach Maßgabe

des § 15 Abs. 1 EFU.DV. und der Nrn. 145, 146, 146a, 147 anzurechnen.

(3) Die Feststellung einer Einkommenshöchstgrenze unterbleibt.

(4) Wird eine Beihilfe nach Abs. 1 gewährt, so kann daneben allgemeiner Familienunterhalt nicht gewährt werden.

(5) Nr. 134 Buchst. a gilt entsprechend.

(6) In dem Bescheid über die Bewilligung der Beihilfe an Angehörige der Gruppe II des § 2 EFUG. ist darauf hinzuweisen, daß der Einberufene nicht als Ernährer anerkannt worden ist.

XV. Familiengemeinschaft (§ 13 EFU.-DV.).

136. § 13 EFU.-DV. geht davon aus, daß Familienhilfe vor Staatshilfe geht. Die Vorschrift ist nur auf Angehörige eines Einberufenen anzuwenden, die dauernd in die Familiengemeinschaft (Haushaltsgemeinschaft) aufgenommen sind. Bei ihrer Handhabung ist zu beachten, daß von den Mitgliedern der Familiengemeinschaft nur zumutbare Leistungen verlangt werden dürfen (§ 13 Abs. 2 EFU.-DV.). Die Grenze des Zumutbaren ist in Zweifelsfällen zugunsten dieser Mitglieder zu ziehen.

137. Hat ein Mitglied der Familiengemeinschaft schon vor dem Einstellungstag zu den Kosten des Familienhaushalts beigetragen, so kann in der Regel angenommen werden, daß ihm auch nach dem Einstellungstag die Gewährung eines angemessenen Beitrages zugemutet werden kann.

XVI. Einsatz der Arbeitskraft und Meldung beim Arbeitsamt (§ 14 EFU.-DV.).

138. Der RAM. hat in Abs. 1 seines Erl. vom 25. 9. 1939 — V a 5427/I (vgl. Nr. 12 des 2. RdErl. vom 2. 10. 1939, MBliV. S. 2079) angeordnet, daß während des besonderen Einsatzes die Verpflichtung der Familienunterhaltsberechtigten, sich beim Arbeitsamt zu melden (§ 14 Abs. 4 Satz 1 EFU.-DV.), entfällt.

139. Die Befreiung von der Meldepflicht (Nr. 138) entbindet nicht von der Pflicht zum Einsatz der Arbeitskraft. Daher muß auch ein von der Meldepflicht befreiter arbeitsfähiger Familienunterhaltsberechtigter, dem eine Arbeit zugemutet werden kann (§ 14 Abs. 2 und 3 EFU.-DV.), jederzeit nachgewiesene Arbeit annehmen.

140. Die Stadt- und Landkreise haben Familienunterhaltsberechtigte, denen eine Arbeit zugemutet werden kann, in geeigneten Fällen dem Arbeitsamt für den Arbeitseinsatz namhaft zu machen.

141. Verweigert ein Familienunterhaltsberechtigter, dem eine Arbeit zugemutet werden kann, ohne berechtigten Grund den Einsatz seiner Arbeitskraft, so ist zu prüfen, ob eine Kürzung oder Sperre des Familienunterhalts geboten ist (§ 14 Abs. 4 Satz 2 EFU.-DV.).

142. Wenn der RAM. im Einvernehmen mit dem RMdI. für den Arbeitseinsatz von Angehörigen der Einberufenen besondere Vorschriften nach § 14 Abs. 5 EFU.-DV. erläßt, so treten diese Vorschriften an die Stelle der Nrn. 138 bis 141.

143. Hinweis auf Nr. 242 Ziff. 10 und die VO. über den Einsatz zusätzlicher Arbeitskräfte für die Ernährungssicherung des Deutschen Volkes vom 27. 3. 1942 (RGBl. I S. 105).

XVI a. Unwürdiges Verhalten des Familienunterhaltsbrechtigten.

144. (1) Der Familienunterhalt kann wegen ehrlosen oder unsittlichen Verhaltens des Familienunterhaltsberechtigten gekürzt oder entzogen werden.

(2) Der Familienunterhalt kann der Ehefrau des Einberufenen ferner gekürzt oder entzogen werden, wenn das geistige oder leibliche Wohl der Kinder dadurch gefährdet wird, daß sie das Recht der Sorge für die Person der Kinder mißbraucht, die Kinder vernachlässigt oder sich eines ehrlosen oder unsittlichen Verhaltens schuldig macht. Eine Kürzung oder Entziehung des Familienunterhalts ist insbesondere in der Regel geboten, wenn vormundschaftsgerichtliche Maßnahmen gegen die Ehefrau wegen der Sorge für die Person ihrer Kinder ergriffen sind, oder wenn wegen des Verhaltens der Ehefrau die Fürsorgeerziehung der Kinder notwendig geworden ist. Die Jugendämter haben die ihnen zugehenden Beschlüsse der Vormundschaftsgerichte gegenüber familienunterhaltsberechtigten Frauen, aus denen sich ein unwürdiges Verhalten der Frau ergibt, dem zuständigen Stadt- oder Landkreis, Abt. für Familienunterhalt, mitzuteilen.

(3) In den Fällen des Abs. 1 und des Abs. 2 Satz 1 (nicht auch des Abs. 2 Satz 2) darf der Familienunterhalt nur nach vorheriger Verwarnung gekürzt oder entzogen werden. Der Einberufene ist von der erfolgten Verwarnung des Familienunterhaltsberechtigten unter Hinweis auf die damit verbundenen Folgen der Kürzung oder Entziehung des Familienunterhalts in Kenntnis zu setzen.

XVII. Eigenmittel.

145. **Unterhaltspflicht gegenüber nicht familienunterhaltsberechtigten Kindern.**

Bei der Prüfung, welche eigenen Mittel (§ 15 Abs. 1 Satz 1 EFU.-DV.) der familienunterhaltsberechtigte Vater eines Einberufenen einsetzen muß, ehe ihm Familienunterhalt gewährt wird, sind von seinem Einkommen die Mittel abzuziehen, die er gemäß seiner bürgerlich-rechtlichen Unterhaltspflicht für den Unterhalt seiner nicht familienunterhaltsberechtigten Kinder, die sich nicht selbst erhalten können, zu verwenden hat. Das gleiche gilt für die Mutter oder die Großeltern des Einberufenen, wenn sie die gesetzliche Sorgepflicht trifft.

145 a. **Einkünfte aus Vermietung und Verpachtung von Gebäuden** (§ 15 Abs. 1 und § 17 Abs. 3 EFU.-DV.).

(1) Auf den Familienunterhalt anzurechnende Einkünfte aus der Vermietung oder Verpachtung von Gebäuden sind die Einnahmen nach Abzug der Werbungskosten. Zu den Einnahmen zu rechnen ist auch der Nutzungswert (Mietwert) einer etwaigen eigenen Wohnung im Miethaus (nicht Eigenheim; Hinweis auf § 10 Abs. 3 Satz 2 EFU.-DV.). Hinweis auf Nr. 83 Abs. 4.

(2) Zu den Werbungskosten gehören u. a. Schuldzinsen (nicht Tilgungsbeträge!), Steuern vom Grundbesitz, sonstige öffentliche Abgaben, Versicherungsbeiträge, Instandhaltungs- und Instandsetzungskosten — vgl. jedoch Abs. 3 —, Absetzung für Abnutzung. Absetzungen für Abnutzung dürfen in mäßigen Grenzen — bei Wohngebäuden höchstens bis zu 5 v. H. der Miete (Nr. 83 Abs. 2 und 3, Nr. 145 a Abs. 1 Satz 2) — berücksichtigt werden.

(3) Für die Instandhaltungs- und Instandsetzungskosten (Abs. 2) ist ein Pauschbetrag anzusetzen. Der Pauschbetrag darf höchstens betragen:

a) bei Gebäuden, die vor dem 1. 1. 1925 bezugsfertig geworden sind (Altbauten), jährlich bis zu 6 v. H. der Miete (Nr. 83 Abs. 2 und 3, Nr. 145 a Abs. 1 Satz 2),

b) bei Gebäuden, die nach dem 31. 12. 1924 bezugsfertig geworden sind (Neubauten), jährlich bis zu 4 v. H. der Miete.

Satz 2 ist für verpachtete Gebäude sinngemäß anzuwenden.

XVIII. Anrechnungsfreies Nettoeinkommen (§ 15 Abs. 1 Satz 2 EFU.-DV.).

146. Das Nettoeinkommen des Familienunterhaltsberechtigten bleibt im Rahmen der Vorschriften über die Einkommenshöchstgrenze (Nr. 58 ff.) bei der Prüfung der Voraussetzungen und der Bemessung des Familienunterhalts im nachstehenden Umfang außer Ansatz:

1. **Nettoeinkommen aus Arbeitsverdienst** (aus nichtselbständiger Arbeit) nach Maßgabe der folgenden Vorschriften:

a) Von dem Nettoarbeitsentgelt bleiben $66^2/_3$ v. H., mindestens jedoch ein Drittel des maßgebenden örtlichen Unterhaltssatzes[30]) — in den Alpen- und Donau-Reichsgauen sowie im Reichsgau Sudetenland $66^2/_3$ v. H., mindestens jedoch die Hälfte des Unterhaltsregelsatzes — außer Ansatz. Damit sind auch etwaige Werbungskosten abgegolten. Bei der Errechnung des Nettoarbeitsentgelts vom Bruttoarbeitsentgelt sind die Einkommensteuer, der Kriegszuschlag zur Einkommensteuer und die gesetzlichen Beiträge zur Reichsversicherung und zur Ar-

[30]) Nicht des Tabellensatzes (Nr. 77).

beitslosenversicherung abzuziehen. Gehören der Haushaltsgemeinschaft verdienende und nichtverdienende familienunterhaltsberechtigte Mitglieder an, so ist bei der Errechnung des außer Ansatz bleibenden Mindestbetrages des Nettoarbeitsentgelts der Gesamtunterhaltssatz dieser Mitglieder der Haushaltsgemeinschaft zugrunde zu legen; dabei sind jedoch die unter c und d genannten Familienunterhaltsberechtigten nicht mitzurechnen.

b) Nettoarbeitsentgelt, das Familienunterhaltsberechtigte in vorübergehender nichtselbständiger Arbeit bei Bestellungs-, Ernte- und Pflegearbeiten in der Landwirtschaft erzielen.

c) Bei Kleinrentnern, Sozialrentnern und ihnen Gleichgestellten, die das 70. Lebensjahr vollendet haben und bis zum Beginn des Familienunterhalts von der öffentlichen Fürsorge unterstützt worden sind, das Nettoarbeitsentgelt.

d) Bei weiblichen Familienunterhaltsberechtigten das Nettoarbeitsentgelt.

2. Freiwillige für die Zeit der Einberufung gewährte Zuwendungen des Unternehmers des Einberufenen an diesen oder seine familienunterhaltsberechtigten Angehörigen nach Maßgabe der folgenden Vorschriften:

a) § 8 Abs. 2 EFU.-DV. geht den gemäß § 15 Abs. 1 Satz 2 EFU.DV. erlassenen Vorschriften vor. Daher kann der Unternehmer anrechnungsfrei keine höhere Zuwendung gewähren als den Unterschiedsbetrag zwischen dem Nettoeinkommen zuzüglich Familienunterhalt des Familienunterhaltsberechtigten und seiner Einkommenshöchstgrenze (vgl. Nr. 58 ff.), da sonst die Einkommenshöchstgrenze überschritten würde (anrechnungsfreier Höchstbetrag der freiwilligen Zuwendung). In den Fällen, in denen bei Herabsetzung der Einkommenshöchstgrenze trotzdem die Gewährung von Familienunterhalt im Rahmen der früheren Einkommenshöchstgrenze zulässig ist (Nr. 65 Satz 2), ist auch die Fortgewährung der freiwilligen Zuwendung im Rahmen der früheren Einkommenshöchstgrenze zulässig.

b) Bei Einberufenen, die familienunterhaltsberechtigte Angehörige nicht haben, aber selbst Leistungen des Familienunterhalts erhalten können (z. B. eine Mietbeihilfe für eine Wohnung mit eigenem Hausrat, Sicherungsbeitrag zur Aufrechterhaltung einer Lebensversicherung), ist zur Ermittlung des anrechnungsfreien Höchstbetrages der freiwilligen Zuwendung die Einkommenshöchstgrenze in der Weise festzustellen, daß von dem Nettoeinkommen des Einberufenen vor dem Einstellungstage (Nr. 60) ein Betrag abgezogen wird, der den tatsächlichen — nötigenfalls zu schätzenden — Kosten seines Lebensunterhalts (ohne Wohnbedarf) während des nach Nr. 60 für die Ermittlung des Nettoeinkommens zugrunde gelegten Zeitraumes entspricht. Der Unternehmer kann anrechnungsfrei keine höhere Zuwendung geben als den Unterschiedsbetrag zwischen dem Nettoeinkommen nach dem Einstellungstag zuzüglich der Leistungen des Familienunterhalts und der so ermittelten Einkommenshöchstgrenze des Einberufenen.

Beispiel.

Nettoeinkommen des Einberufenen in der Zeit vor dem Einstellungstag		250 RM
Tatsächliche Kosten des Einberufenen für seinen Lebensunterhalt ohne Wohnbedarf		150 „
Einkommenshöchstgrenze		100 RM
Einkünfte des Einberufenen nach dem Einstellungstage		—
Leistungen des Familienunterhalts:		
Mietbeihilfe für die Wohnung mit eigenem Hausrat		60 RM
Sicherungsbeitrag zur Aufrechterhaltung einer Lebensversicherung		10 „
		70 RM
Höchstbetrag der anrechnungsfreien freiwilligen Zuwendung des Unternehmers	100 RM	
	— 70 „	30 RM

c) Bei Einberufenen, die nur familienunterhaltsberechtigte Angehörige der Gruppe II des § 2 EFUG. haben, ist zur Ermittlung des anrechnungsfreien Höchstbetrages der freiwilligen Zuwendung nach Buchst. b (nicht nach Buchst. a) zu verfahren.

d) Die Vorschrift unter a gilt auch für den auf die Zeit nach dem Einstellungstage entfallenden Teilbetrag eines nach dem Einstellungstage gezahlten dreizehnten Monatsgehalts und einer nach dem Einstellungstage gezahlten Tantieme aus einem Dienstverhältnis, einerlei, ob diese Leistungen auf einem Rechtsanspruch beruhen oder freiwillig gewährt werden. Werden solche Leistungen von dem Unternehmer in einer Summe gezahlt, so ist bei der Bemessung des Familienunterhalts für einen Monat jeweils ein Zwölftel zugrunde zu legen. Hinweis auf Nr. 60 Abs. 2 Ziff. 9 und Nr. 147 Ziff. 2.

e) Über den anrechnungsfreien Höchstbetrag hinaus sind zweckgebundene Sonderzuwendungen (z. B. zur Aufrechterhaltung einer Lebensversicherung, zur Beschaffung von Bekleidungsstücken für Zwecke der Einberufung, zu Urlaubsreisen des Einberufenen in die Heimat) zulässig. Das gleiche gilt hinsichtlich der Zulagen, die dem Einberufenen nach dem Einstellungstage mit Rücksicht auf seine Verheiratung oder die Geburt eines Kindes von dem Unternehmer in der üblichen Weise und Höhe gewährt werden. Ferner darf bei Lohn- oder Gehaltserhöhungen, die der Einberufene, wenn er nicht einberufen wäre, auf Grund einer Vorschrift der Tarifordnung oder der Betriebsordnung (Dienstordnung) oder einer mindestens einen Monat vor dem Einstellungstage abgeschlossenen Vereinbarung erhalten würde (Aufrücken in eine höhere Altersstufe, Beförderung) die Einkommenshöchstgrenze durch freiwillige Zuwendungen bis zur Höhe des Unterschiedsbetrages zwischen 85 v. H. des vor dem Einstellungstage bezogenen Nettoarbeitsentgelts und 85 v. H. des Nettoarbeitsentgelts, das der Einberufene ohne die Einberufung nunmehr erhalten würde, überschritten werden; das Entsprechende gilt, wenn der Einberufene während eines Arbeitsurlaubs Lohn- oder Gehaltserhöhungen der genannten Art erhalten hat, für die Zeit nach der Wiedereinberufung. Ebenso bleiben Zuwendungen außer Ansatz, die der Unternehmer eines Einberufenen nach dem Tode des letzteren den hinterbliebenen familienunterhaltsberechtigten Angehörigen aus Anlaß des Todes des Einberufenen für eine Übergangszeit gewährt.

f) Die Zuwendung gilt auch dann als freiwillig im Sinne des Familienunterhalts, wenn ihre Gewährung in der Betriebsordnung vorgesehen ist.

g) Soweit die Zuwendung nach Hauptabschn. I Nr. 13 der Lohnsteuerrichtlinien vom 20. 1. 1940 (RStBl. S. 137) der Lohnsteuer unterliegt, gilt als freiwillige Zuwendung des Unternehmers nur der nach Abzug der Steuern verbleibende Betrag. Die Einkommenshöchstgrenze darf somit um den auf diese Lohnsteuer entfallenden Betrag überschritten werden.

h) Wünscht der Unternehmer vor Bestimmung der Höhe der freiwilligen Zuwendung darüber unterrichtet zu sein, bis zu welchem Höchstbetrag die Zuwendung bei der Bemessung des Familienunterhalts außer Ansatz bleibt, so hat ihm der Stadt- oder Landkreis diesen Höchstbetrag unverzüglich bekanntzugeben und ihn gleichzeitig zu ersuchen, ihm die Höhe der bewilligten Zuwendung alsbald mitzuteilen. Ändert sich die Höhe des Familienunterhalts oder das sonstige Einkommen wesentlich, so ist dem Unternehmer der sich aus der Änderung ergebende neue Höchstbetrag der freiwilligen Zuwendung mitzuteilen.

3. Freiwillige Zuwendungen folgender Organisationen:

a) der Kassenärztlichen Vereinigung Deutschlands nach Maßgabe des RdErl. vom 15. 5. 1940 — Vf 698/40-7900 u. LG 4085-238 I (nicht veröffentl.),

b) der Kassenzahnärztlichen Vereinigung Deutschlands nach Maßgabe des RdErl. vom 27. 2. 1940 — Vf 261/40-7900 und LG 4085-89 I (nicht veröffentl.),

c) des Reichsverbandes Deutscher Dentisten nach Maßgabe des RdErl. vom 26. 3. 1940 — Vf 355/40-7900 u. LG 4085-134 I (nicht veröffentl.),

d) der Zuschußkasse der Deutschen Apotheker nach Maßgabe des RdErl. vom 11. 5. 1940 — Vf 388/40-7900 u. LG 4085-228 I (nicht veröffentl.).

4. Freiwillige Zuwendungen öffentlicher Körperschaften an ihre einberufenen Dienstkräfte, soweit diese Familienunterhalt beziehen. Hin-

weis auf Abs. 4 unter Buchst. b des RdErl. vom 18. 3. 1940 (MBliV. S. 573); RdErl. vom 31. 7. 1940 (MBliV. S. 1605); RdErl. vom 3. 4. 1941 (MBliV. S. 586); RdErl. vom 1. 9. 1941 — V d 308 VI/40-4010 Z (nicht veröffentl.); RdErl. vom 13. 1. 1942 (MBliV. S. 161); Nr. 150 d.

4 a. Freiwillige Zuwendungen, die ein einberufener Handlungsagent (selbständiger Vertreter), der seinen Betrieb während der Dauer der Einberufung nicht fortsetzt, von seinem Geschäftsherrn erhält, nach Maßgabe des RdErl. vom 5. 5. 1942 — V f 272/42-7900 u. LG 4085-784 I A (nicht veröffentl.).

5. Die den zum Wehrdienst einberufenen Fleischbeschautierärzten, Fleischbeschauern und Trichinenschauern zufließenden 50 v. H. der im Beschaubezirk des Einberufenen aufgekommenen Beschaugebühren nach Maßgabe des RdErl. vom 20. 2. 1940 — V f 117/40-7900 u. LG 4085-73 I (nicht veröffentl.).

6. Ein Betrag von monatlich 25 *RM* von Renten, die Beschädigten gewährt werden,

a) nach dem Reichsversorgungsges.[31]) oder dem Altrentnerges.[32]) auf Grund einer Kriegsdienstbeschädigung,
b) nach dem Ges. über die Versorgung der Kämpfer für die nationale Erhebung[33]),
c) nach dem Einsatzfürsorge- und -versorgungsges. vom 6. 7. 1939 (RGBl. I S. 1217),
d) nach § 2 des Kriegspersonenschädenges.[34]),
e) nach dem Besatzungspersonenschädenges.[35]),
f) nach der Personenschäden-VO. vom 10. 11. 1940 (RGBl. I S. 1482),
g) nach anderen Versorgungsges., die gleichartige Bezüge vorsehen.

7. Ein Betrag von monatlich 15 *RM* von Versorgungsbezügen, die wegen einer Dienstbeschädigung gewährt werden auf Grund

a) des Reichsversorgungsges.,
b) des Wehrmachtfürsorge- und -versorgungsges. vom 26. 8. 1938 (RGBl. I S. 1077),
c) des Reichsarbeitsdienstversorgungsges. M. vom 8. 9. 1938 (RGBl. I S. 1158), Bek. der zusammenhängenden Fass. vom 29. 9. 1938 (RGBl. I S. 1253) und vom 3. 12. 1940 (RG-

---

[31]) Vgl. RGBl. 1939 I S. 663.
[32]) Vgl. RGBl. 1927 I S. 515, 531; 1931 I S. 279; 1934 I S. 541; 1937 I S. 886; 1938 I S. 1222.
[33]) Vgl. RGBl. 1934 I S. 133; 1937 I S. 886; 1938 I S. 1196.
[34]) Vgl. RGBl. 1927 I S. 533.
[35]) Vgl. RGBl. 1927 I S. 103; 1931 I S. 779; 1937 I S. 650.

Bl. I S. 1559) sowie des Reichsarbeitsdienstversorgungsges. WJ. vom 20. 12. 1940 (RGBl. I S. 1631),

d) anderer Versorgungsges., die gleichartige Bezüge vorsehen.

8. Die Kinderzulage der Beschädigten, die auf Grund der unter 6. und 7. erwähnten Gesetze gewährt wird.

9. Ein Betrag von monatlich 15 RM von Hinterbliebenenrenten und -beihilfen, die auf Grund der unter 6. und 7. erwähnten Gesetze gewährt werden.

10. Die Frontzulage nach § 31 a des Reichsversorgungsges. und die Alterszulage für Wehrdienstbeschädigte nach der VO. vom 20. 4. 1941 (RGBl. I S. 210).

11. Die Pflegezulage nach § 31 des Reichsversorgungsges., die Pflegezulage und die Blindenzulage nach den §§ 92 und 93 des Wehrmachtfürsorge- und -versorgungsges., den §§ 90 und 91 des Reichsarbeitsdienstversorgungsges. M. und § 32 des Reichsarbeitsdienstversorgungsges. WJ.

12. Die Führhundzulage nach § 7 Abs. 4 des Reichsversorgungsges. und der Führhundzuschuß oder die Unkostenbeihilfe nach § 77 Abs. 3 und 4 des Wehrmachtfürsorge- und versorgungsges., § 75 Abs. 3 und 4 des Reichsarbeitsdienstversorgungsges. M. und § 32 des Reichsarbeitsdienstversorgungsges. WJ.

13. Die Zulage Schutztruppenbeschädigter (§§ 2 und 3 des Erlasses des Führers und Reichskanzlers vom 27. 8. 1939, RGBl. I S. 1553).

14. Die Verstümmelungszulage nach den §§ 11 und 32 des Offizierspensionsges. vom 31. 5. 1906 (RGBl. S. 565) in der Fass. des Ges. vom 27. 9. 1938 (RGBl. I S. 1219); für die Alpen- und Donau-Reichsgaue: nach § 2 Nr. 7 der VO. vom 28. 2. 1939 (RGBl. I S. 422).

15. Beihilfen an Kriegsteilnehmer nach den Ges. vom 22. 5. 1895 (RGBl. S. 237) und 19. 5. 1913 (RGBl. S. 297).

16. Unterstützungen der Veteranen und ihrer Hinterbliebenen aus den im Haushalt des RFM. zu Bewilligungen aller Art vorgesehenen Reichsmitteln (Dispositionsfonds).

17. Veteranensold für Frontkämpfer (§ 3 des Erlasses des Führers und Reichskanzlers vom 27. 8. 1939, RGBl. I S. 1555).

18. Kinderbeihilfen nach der Kinderbeihilfen-VO. vom 9. 12. 1940 (RGBl. I S. 1571). Die Kinderbeihilfen bleiben auch dann außer Ansatz, wenn dadurch die Einkommenshöchstgrenze (vgl. Nr. 58 ff.) überschritten wird.

19. Die Leistungen der Wochenbeihilfe und der Familienwochenhilfe (§§ 195 a, 205 a der RVO.).

20. Das Pflegegeld der Unfallversicherung (§ 558 c der RVO.).

21. Das von der Krankenkasse gewährte Krankengeld im gleichen Umfang wie der Arbeitsverdienst (Nr. 146 Ziff. 1).

22. Leistungsverbesserungen nach dem Ges. über den Ausbau der Rentenversicherung vom 21. 12. 1937 (RGBl. I S. 1393) unter entsprechender Anwendung der Abs. 2, 3, 5, 6, 10 a und 11 des RdErl. vom 12. 12. 1938 (MBliV. S. 2141). Die Leistungsverbesserungen bleiben auch dann außer Ansatz, wenn dadurch die Einkommenshöchstgrenze (vgl. Nr. 58 ff.) überschritten wird.

23. Leistungsverbesserungen, die auf Grund der Art. 1 und 2 des Ges. zum weiteren Abbau der NotVOn. in der Reichsversicherung vom 19. 4. 1939 (RGBl. I S. 793) spätestens vom 31. 12. 1939 an gewährt werden, unter entsprechender Anwendung des RdErl. vom 29. 7. 1939 (MBliV. S. 1615). Die Leistungsverbesserungen bleiben auch dann außer Ansatz, wenn dadurch die Einkommenshöchstgrenze (vgl. Nr. 58 ff.) überschritten wird.

23 a. Leistungsverbesserungen, die auf Grund der §§ 1, 2 des Ges. über die Verbesserung der Leistungen in der Rentenversicherung vom 24. 7. 1941 (RGBl. I S. 443) gewährt werden, unter entsprechender Anwendung des RdErl. vom 28. 7. 1941 (MBliV. S. 1425). Die Leistungsverbesserungen bleiben auch dann außer Ansatz, wenn dadurch die Einkommenshöchstgrenze (vgl. Nr. 58 ff.) überschritten wird.

24. Bei Personen, die bis zum Beginn des Familienunterhalts von der Kleinrentnerhilfe oder Kleinrentnerfürsorge unterstützt worden sind, das Aufwertungseinkommen und die Vorzugsrente nach Maßgabe des § 84 des Aufwendungsges. vom 16. 7. 1925 (RGBl. I S. 117) und des § 26 des Ges. über die Ablösung öffentlicher Anleihen vom 16. 7. 1925 (RGBl. I S. 137).

25. Bei den in Ziff. 24 genannten Personen der infolge Verzichts auf das Auslosungsrecht gewährte Mehrbetrag der Vorzugsrente (§ 20 Abs. 2 des Ges. über die Ablösung öffentlicher Anleihen).

26. Ein Betrag von monatlich 15 *RM* von Unterhaltsrenten nach dem österreichischen Kleinrentnergesetz vom 18. 7. 1929 (BGBlfÖ. S. 983).

27. Ehrensolde und Ehrenzulagen der Inhaber von Orden und Ehrenzeichen.

28. Ehrensolde und Ehrenunterstützungen der NSDAP.

Hierunter fallen:

a) Der Ehrensold oder außerordentliche Zuschuß der NSDAP. an die Hinterbliebenen der im Dienst der nationalsozialistischen Idee und für die Eroberung des Staates Ermordeten bzw. ums Leben Gekommenen (Vf. des Führers vom 9. 11. 1934, VB. Nr. 313 vom 9. 11. 1934; Ausf.-Best. des Reichsschatzmeisters der NSDAP. vom 13. 11. 1934, VOBl. der Reichsleitung der NSDAP. S. 214);

b) Ehrenunterstützungen für Schwerbeschädigte der NSDAP. (vgl. RdErl. des RuPrMdI. und des RuPrAM. vom 11. 3. 1936, MBliV. S. 347);

c) der Adolf-Hitler-Dank (Vf. des Führers vom 20. 4. 1937, VB. Nr. 110 vom 20. 4. 1937; Ausf.-Best. des Reichsschatzmeisters der NSDAP. vom 28. 4. 1937, VB. Nr. 118 vom 28. 4. 1937);

d) Unterstützungen der Hilfskasse der NSDAP., die aus Anlaß einer Gesundheitsschädigung oder des Todes im ehrenamtlichen Dienste der Partei gewährt werden;

e) Unterstützungen der Dienststellen der NSDAP., die aus den unter d genannten Anlässen gewährt werden.

29. Zuwendungen der Nationalsozialistischen Volkswohlfahrt und des Winterhilfswerks, auch wenn dadurch die Einkommenshöchstgrenze (Nr. 58 ff.) überschritten wird.

30. Unterstützungen der Deutschen Arbeitsfront unter entsprechender Anwendung des RdErl. des RuPrMdI. und des RuPrAM. vom 15. 3. 1936 — V W 3809/12. 3. 36 und II b 3475/36 (nicht veröffentl.) über Unterstützungen der Deutschen Arbeitsfront.

31. Zuwendungen, die die freie Wohlfahrtspflege oder ein rechtlich oder sittlich nicht verpflichteter Dritter zur Ergänzung des Familienunterhalts gewährt.

32. Aus öffentlichen Kassen gezahlte Aufwandsentschädigungen.

33. Einkünfte aus Untervermietung möblierter oder unmöblierter Zimmer, sofern die Untervermietung nicht gewerbsmäßig betrieben wird; abzusetzen ist jedoch ein angemessener Betrag mit Rücksicht darauf, daß für die ganze Wohnung (einschl. der untervermieteten Räume) volle Mietbeihilfe (Nr. 83) gewährt wird.

146 a. Einkünfte aus Betrieb oder freiem Beruf des familienunterhaltsberechtigten Angehörigen.

Hat der familienunterhaltsberechtigte Angehörige eines Einberufenen Einkünfte aus einem von dem Angehörigen selbst geführten Betrieb oder freien Beruf (z. B. aus selbständiger Schneiderei) und ist der Angehörige zugleich die Hauptkraft dieses Betriebes oder freien Berufs, so kann von dem Gewinn ein Betrag bis zur Hälfte des örtlichen Unterhaltszusatzes eines Haushaltsvorstandes (Nr. 69 Ziff. 1) — in den Alpen- und Donau-Reichsgauen sowie im Reichsgau Sudetenland bis zur Hälfte des Unterhaltshöchstsatzes eines Haushaltsvorstandes (Nr. 74 Buchst. a Ziff. 1) — im Rahmen der Vorschriften über die Einkommenshöchstgrenze (Nr. 58 ff.) bei der Prüfung der Voraussetzungen und der Bemessung des Familienunterhalts außer Ansatz bleiben. War dagegen der Einberufene die Hauptkraft im Betriebe des Angehörigen (§ 12 Abs. 1 Satz 2 und 3 EFU.-DV.), so ist Nr. 122 anzuwenden.

146 b. Einkünfte aus Heimarbeit.

Einkünfte der familienunterhaltsberechtigten Angehörigen eines Einberufenen aus Heimarbeit sind im Sinne der Anrechnungsvorschriften (§ 15 Abs. 1 EFU.-DV.) als Einkünfte aus nichtselbständiger Arbeit zu behandeln.

XIX. Unterhaltspflicht. Einkünfte des Einberufenen (§ 17 Abs. 3 EFU.-DV.).

147. Bei der Prüfung, ob und inwieweit der Einberufene während der Dauer des besonderen Einsatzes zur Erfüllung seiner Unterhaltspflicht gegenüber einem Familienunterhaltsberechtigten imstande ist, sowie bei der Prüfung der Voraussetzungen und der Bemessung des Familienunterhalts für Einberufene, die selbst Leistungen des Familienunterhalts erhalten können, bleiben außer Ansatz:

1. der Wehrsold, die Frontzulage, die Afrikazulage[36]), das Taschengeld des Reichsarbeitsdienstes;
2. Arbeitsentgelt für die Zeit vor dem Einstellungstage; dazu gehört auch der auf die Zeit vor dem Einstellungstage entfallende Teilbetrag eines nach dem Einstellungstage gezahlten dreizehnten Monatsgehaltes oder einer nach dem Einstellungstage gezahlten Tantieme aus einem Dienstverhältnis. Hinweis auf Nr. 60 Abs. 2 Ziff. 9 und Nr. 146 Ziff. 2 Buchst. d.
3. Einmalige Zuwendungen, die ein einberufenes Gefolgschaftsmitglied in Anerkennung seiner bisherigen Tätigkeit im Betriebe von seinem Unternehmer erhält (Weihnachtszuwendungen, Neujahrszuwendungen, Zuwendungen aus Anlaß des Geschäftsjahresabschlusses);
4. a) Eingänge aus Forderungen für vor dem Einstellungstage bewirkte Leistungen des Einberufenen; Voraussetzung ist, daß der Einberufene bis zum Einstellungstage Unternehmer eines Gewerbebetriebes war oder einen freien Beruf ausübte und der Betrieb oder der freie Beruf während der Dauer der Einberufung nicht fortgesetzt wird[37]). (Zweck: Erhaltung des Vermögens — der aktivierungsfähigen Forderungen — des Einberufenen nach dem Stande des Einstellungstages);
   b) wiederkehrende Einnahmen des Einberufenen aus eigenen Werken der Literatur und Tonkunst (§ 1 des Ges. vom 19. 6. 1901, RGBl. I S. 227, 22. 5. 1910, RGBl. S. 793) auf die Dauer eines Jahres nach dem Einstellungstage, wenn das Werk vor dem Einstellungstage fertiggestellt war. Buchst. a Halbsatz 2 gilt auch hierfür. Entsprechendes gilt für wiederkehrende Einkünfte des Einberufenen aus eigenen Erfindungen, wenn für den Einberufenen vor dem Einstel-

[36]) Vgl. Erl. des OKW. vom 24. 6. 1941 (HVBl. Teil B S. 331; LVBl. S. 491; MVBl. S. 565).

[37]) Für den fortgesetzten Betrieb oder freien Beruf wird auf Nr. 122 A V verwiesen.

lungstage ein Patent erteilt oder ein Gebrauchs- oder Geschmacksmuster eingetragen worden ist;

5. Vergütungen, die auf Grund des § 26 Abs. 1 des Reichsleistungsges. vom 1. 9. 1939 (RGBl. I S. 1645) für die Übereignung eines Gegenstandes gezahlt worden sind; auf Grund des § 26 Abs. 3 des Reichsleistungsges. gezahlte Entschädigungen, soweit sie nicht zur Deckung des Lebensbedarfs bestimmt sind;
6. die dem Einberufenen gewährten Beträge der in Nr. 146 Ziff. 6, 7, 8, 9, 10 und 13 genannten Art in der dort bestimmten Höhe;
7. eine Abgangsentschädigung, die ein Einberufener auf Grund des § 1 der Durchf.-VO. zur VO. über die Stillegung von Betrieben zur Freimachung von Arbeitskräften vom 27. 8. 1940 (RGBl. I S. 1190) und der Verwaltungsanordnung des RAM. vom 3. 9. 1941 (RABl. S. I 383) nach dem Einstellungstage erhält.

XX. Verhältnis zur Kriegsbesoldung und zu den Friedensgebührnissen der Wehrmacht.

148. Nach § 1 Abs. 1 der Zweiten VO. zum Einsatz-Wehrmachtgebührnisges. (EWGG.) vom 28. 2. 1940 (RGBl. I S. 447) erhalten die nicht zum Friedensstand gehörigen Wehrmachtangehörigen in Dienstgraden der Gehaltsempfänger auf Antrag von der Wehrmacht unabhängig vom Wehrsold eine Kriegsbesoldung in Höhe der Friedensgebührnisse der Soldaten oder Wehrmachtbeamten des Friedensstandes nach ihrem Dienstgrad oder ihrer Amtsbezeichnung. Der Personenkreis der Antragsberechtigten ergibt sich des näheren aus Art. I Ziff. 1, 2, 3 und 5 der Durchf.-Best. zur Zweiten VO. zum EWGG. vom 28. 2. 1940 (RGBl. I S. 448). Wird hiervon Gebrauch gemacht, so entfällt nach § 1 Abs. 3 unter c der VO. für die Dauer des Bezugs der Kriegsbesoldung gemäß § 1 Abs. 1 der VO. die Zahlung des Einsatz- und Räumungsfamilienunterhalts; siehe jedoch die besondere Ausnahme in Nr. 23 Abs. 3.

148 a. Wird ein Einberufener Kriegsbesoldungsempfänger, wird aber Familienunterhalt nach Nr. 23 Abs. 3 (Gemeinsame Ernährer) fortgewährt oder nach einem anderen Einberufenen gewährt, so ist bei der Bemessung des Familienunterhalts davon auszugehen, daß Kriegsbesoldungsempfänger in der Regel in der Lage sind, einen Beitrag zum Unterhalt ihrer Angehörigen zu leisten[38]). Dieser Beitrag

[38]) Für die Unterhaltspflicht der Kriegsbesoldungsempfänger gegenüber ihren Angehörigen wird auf den Erl. des OKW. vom 12. 7. 1941 verwiesen (den FU.-Behörden mitgeteilt durch RdErl. vom 2. 9. 1941 — V f 915/41-7900 — nicht veröffentl.).

ist nach der Besonderheit des Einzelfalles zu ermitteln; der Familienunterhalt ist entsprechend zu kürzen.

149. (1) Nach Art. I Ziff. 17 der Durchf.-Best. zur Zweiten VO. zum EWGG. haben die für die Zahlung der Kriegsbesoldung zuständigen Wehrmachtdienststellen den Stadt- oder Landkreisen, die Familienunterhalt gewährt haben, mitzuteilen, von welchem Zeitpunkt ab Kriegsbesoldung gewährt wird. Den Eingang dieser Mitteilung haben die Stadt- und Landkreise der für die Zahlung der Kriegsbesoldung zuständigen Wehrmachtdienststelle unverzüglich zu bestätigen und dabei mitzuteilen, ob und gegebenenfalls in welcher Höhe über den für den Beginn der Kriegsbesoldung bestimmten Zeitpunkt hinaus noch Familienunterhalt gezahlt worden ist, zu welchem Zeitpunkt die Zahlung des Familienunterhalts eingestellt und was an Familienunterhalt bis zu diesem Zeitpunkt gezahlt werden wird. Diese Beträge sind auf die Kriegsbesoldung anzurechnen. Erstattungen zwischen den für die Zahlung der Kriegsbesoldung zuständigen Wehrmachtdienststellen und den Stadt- und Landkreisen unterbleiben.

(2) Die Zahlung des Familienunterhalts (allgemeiner Familienunterhalt — § 9 — oder Wirtschaftsbeihilfe — § 12 EFU.-DV.) ist einzustellen:

a) mit dem Ablauf des 2. Monats, der auf den Monat folgt, in dem der Stadt- oder Landkreis der für die Zahlung der Kriegsbesoldung zuständigen Wehrmachtsdienststelle den Eingang ihrer Mitteilung über die Gewährung der Kriegsbesoldung (vgl. Abs. 1) bestätigt,

b) mit dem Beginn der Kriegsbesoldung, falls diese von einem späteren als dem unter a genannten Zeitpunkt an beginnt.

(3) Gewährt der Unternehmer des Einberufenen freiwillige Zuwendungen (Nr. 146 Ziff. 2), so hat der Stadt- oder Landkreis ihm mitzuteilen, von welchem Zeitpunkt an infolge Gewährung der Kriegsbesoldung an den Einberufenen die Zahlung des ihm oder seinen Angehörigen gewährten Familienunterhalts eingestellt wird.

149 a. In jedem Falle der Fortgewährung des Familienunterhalts über den für den Beginn der Kriegsbesoldung bestimmten Zeitpunkt hinaus ist ohne Rücksicht auf die Überzahlungsursache die **Kriegsbesoldung** als überzahlt anzusehen und der überzahlte Betrag auf die Kriegsbesoldung anzurechnen [39]). Eine auf die laufende Kriegsbesoldung anzurechnende Überzahlung liegt auch vor, wenn entgegen den Vorschriften

a) die für die Zahlung der Kriegsbesoldung zuständige Wehrmachtdienststelle einem Stadt- oder Landkreis den Bezug der Kriegsbesoldung nicht oder nicht rechtzeitig oder nicht zutreffend

---

[39]) Anzurechnen sind **sämtliche** Leistungen des Familienunterhalts. Vgl. auch Erl. des OKH. vom 11. 2. 1942 (HVBl. Teil B S. 103).

mitgeteilt hat und dadurch neben Kriegsbesoldung Familienunterhalt fortgewährt worden ist,

b) der für die Zahlung des Familienunterhalts zuständige Stadt- oder Landkreis den Bezug des Familienunterhalts nicht oder nicht rechtzeitig oder nicht zutreffend mitgeteilt hat und dadurch neben Kriegsbesoldung Familienunterhalt fortgewährt worden ist.

150. Nach Art. I Nr. 26 b der Durchf.-Best. zur Zweiten VO. zum EWGG. in der Fass. vom 7. 1. 1942[40]) ist ein Widerruf des Antrages auf Gewährung der Kriegsbesoldung in Fällen, in denen die Wiedergewährung oder Neugewährung von Familienunterhalt — allgemeiner Familienunterhalt oder Wirtschaftsbeihilfe — beantragt werden soll, mit Wirkung vom Ersten des Monats an, in dem der Antrag auf Widerruf gestellt ist, zulässig. Dem Antrag auf Wiedergewährung oder Neugewährung von Familienunterhalt ist eine Bescheinigung der für die Zahlung der Kriegsbesoldung zuständigen Wehrmachtdienststelle über die Höhe der bisherigen Kriegsbesoldung und den Zeitpunkt ihrer Einstellung beizufügen. Familienunterhalt wird beim Vorliegen der sonstigen Voraussetzungen vom Beginn des Monats an gewährt, in dem der Antrag auf Gewährung der Kriegsbesoldung widerrufen wird. Bereits gezahlte Kriegsbesoldung ist auf den für den gleichen Zeitraum gewährten Familienunterhalt anzurechnen.

150 a. Wird ein Einberufener — frühestens vom Beginn des dritten Dienstjahres an — auf Grund einer freiwilligen Dienstverpflichtung Gehaltsempfänger des Friedensstandes der Wehrmacht (§ 1 Abs. 1 EFU.-DV.), so sind die Nrn. 148 a, 149 und 149 a entsprechend anzuwenden.

XX a. Verhältnis zu Bezügen von Dienstkräften des öffentlichen Dienstes.

150 b. Da einem zum Wehrdienst oder zur Erfüllung der Reichsarbeitsdienstpflicht einberufenen Beamten die Dienstbezüge — unter Abzug des Ausgleichsbetrages nach § 3 Abs. 2 und 3 EWGG. — während der Dauer der Einberufung weitergewährt werden, so entfällt die Gewährung von Familienunterhalt[41]). Das Entsprechende gilt für einberufene Gefolgschaftsmitglieder (Angestellte und Arbeiter) öffentlicher Verwaltungen und Betriebe, wenn der Dienstherr ihre Bezüge während der Dauer der Einberufung weitergewährt.

150 c. Einberufene Beamte.

Eine Bewilligung zusätzlichen Familienunterhalts kann nur in den in dem RdErl. vom 20. 8. 1941 — V f 720/41-7900 u. LG 4085-

[40]) Vgl. HVBl. Teil B S. 25; LVBl. S. 99; MVBl. S. 55.

[41]) Die Vorschrift gilt nicht für Empfänger von Versorgungs- und Hinterbliebenenbezügen.

354 I A (nicht veröffentl.) bezeichneten Ausnahmefällen in Frage kommen.

Einberufene Gefolgschaftsmitglieder (Angestellte und Arbeiter) öffentlicher Verwaltungen und Betriebe (Nrn. 150 d bis 150 g).

150 d. (1) Der RMdI. hat mit Zustimmung des RFM. für den Geschäftsbereich der ihm nachgeordneten Behörden sowie der Gemeinden, Gemeindeverbände und sonstigen Körperschaften des öffentlichen Rechts die aus dem RdErl. vom 13. 1. 1942 (MBliV. S. 161) ersichtliche Anordnung getroffen.

(2) Entsprechende Anordnungen haben mit Zustimmung des RFM. für ihren Geschäftsbereich erlassen

das OKW. für die drei Wehrmachtteile mit Erl. vom 5. 8. 1940 — 26 Beih. 2 W V (IV)/5393/40 a (nicht veröffentl.);

der RMfVuP. mit Erl. vom 30. 8. 1940 — Pers. 1325/8. 7. 40/5, 5 (nicht veröffentl.);

der RVM. mit RdErl. vom 18. 9. 1941 — Wa 7 Pa 3239/41 (RVkBl. A S. 187);

der RWiM. mit Erl. vom 7. 8. 1941 — I Pers. 15/15 459/41 — und vom 18. 8. 1941 — I Pers. 5 b 2755/41 (nicht veröffentl.);

der RAM. mit RdErl. vom 26. 7. 1941 — I a 3735/41 (RABl. S. II 302);

der Reichsarbeitsführer mit Erl. vom 27. 10. 1941 — V W 1 (III) Nr. 6550-4435/41 (nicht veröffentl.);

der RMfEuL. mit Erl. vom 3. 2. 1942 — I A 6 c-90 (LwMBl. S. 105);

der RMfBuM.;

der RPM. für den Bereich der Reichsdruckerei;

der PrFM. mit Erl. vom 21. 7. 1941 — Lo 8195/9. 7. (nicht veröffentl.);

der RForstm. hinsichtlich der einberufenen Waldarbeiter mit RdErl. vom 5. 8. 1940 — P 7610 (RMBlFv. Ausg. A S. 277);

das Reichsbankdirektorium;

das Bayer. StM. der Finanzen.

Eine entsprechende Anordnung ist auch vom RFM. für den Bereich der Reichsfinanzverwaltung mit Erl. vom 22. 8. 1940 — P 2200-58 VI (nicht veröffentl.) getroffen worden.

(3) Anträgen einberufener Angestellten und Arbeiter der in Abs. 1 und 2 genannten Verwaltungen auf Gewährung von Familienunterhalt von dem auf den Wegfall der Dienstbezüge folgenden Tage an ist zu entsprechen, wenn durch eine Bescheinigung der für die Gewährung der Dienstbezüge zuständigen Stelle nachgewiesen wird, daß und von welchem Zeitpunkt an dem Gefolgschaftsmitglied Dienstbezüge nicht mehr gezahlt werden. Auf Antrag des einberufenen Gefolgschaftsmitgliedes ist ihm auch Auskunft zu erteilen, ob die Beträge, die als Fa-

milienunterhalt zu zahlen wären, höher sind als die zu gewährenden Dienstbezüge.

150 e. Im übrigen wird hinsichtlich der Gewährung von Familienunterhalt an Angestellte und Arbeiter des öffentlichen Dienstes auf folgende RdErl. verwiesen:

a) RdErl. vom 3. 4. 1941 (MBliV. S. 586),
b) Abs. 3 des RdErl. vom 18. 3. 1940 (MBliV. S. 573),
c) RdErl. vom 31. 7. 1940 (MBliV. S. 1605),
d) RdErl. vom 1. 9. 1941 — V d 308 VI/40-4010 Z (nicht veröffentl.).

150 f. Hinweis auf den RdErl. vom 7. 6. 1941 — V f 480/41-7900 u. LG 4085-204 I A — über Familienunterhalt, Festsetzung der Einkommenshöchstgrenze und des Tabellensatzes; hier: Einwirkung allgemeiner Maßnahmen auf das Nettoeinkommen der Gefolgschaftsmitglieder (Angestellte und Arbeiter) im öffentlichen Dienst (nicht veröffentl.).

150 g. Hinweis auf Nr. 146 Ziff. 4.

150 h. Den im § 2, II EFUG. genannten Angehörigen eines zum Wehrdienst oder zur Erfüllung der Reichsarbeitsdienstpflicht Einberufenen, die Dienstbezüge als Beamte, Angestellte oder Arbeiter des öffentlichen Dienstes erhalten, kann Familienunterhalt beim Vorliegen der sonstigen Voraussetzungen im Rahmen der Vorschriften über die Einkommenshöchstgrenze (Nr. 58 ff.) gewährt werden, wenn der Ausfall der Unterhaltsleistung des Einberufenen ohne Gewährung von Familienunterhalt nicht zumutbar ist.

XXI. Verhältnis zur Arbeitslosenhilfe, Kurzarbeiterunterstützung, Dienstpflichtunterstützung, Fürsorgeerziehung und öffentlichen Fürsorge (§ 18 EFU.-DV.).

151. Arbeitslosenhilfe wird nicht gewährt, soweit ein Anspruch auf Familienunterhalt besteht. Kurzarbeiterunterstützung geht dem Familienunterhalt vor.

151 a. Unterstützung für Dienstverpflichtete und Gleichgestellte auf Grund der Anordnung des RAM. über Unterstützung für Dienstverpflichtete vom 4. 9. 1939 (RABl. S. I 417) und der dazu ergangenen Ausf.-Best. wird nicht gewährt, soweit ein Anspruch auf Einsatzfamilienunterhalt besteht.

152. Die Verpflichtung des Trägers der Fürsorgeerziehung zur Tragung der Fürsorgeerziehungskosten geht dem Familienunterhalt vor.

153. Ist ein unter § 2, I EFUG. fallender Angehöriger eines Einberufenen bis zum Einstellungstag von der öffentlichen Fürsorge unterstützt worden, so ist ihm während der Dauer der Einberufung an Stelle der öffentlichen Fürsorge — unter Vermeidung des Absinkens der Gesamtbezüge — Familienunterhalt zu gewähren. Das Ent-

sprechende gilt für einen unter § 2, II EFUG. oder die Nrn. 13 a und 13 b fallenden Angehörigen eines Einberufenen, wenn der Einberufene ihm während des maßgebenden Zeitraumes mindestens den für die Anerkennung der Ernährereigenschaft erforderlichen Teil seines Lebensunterhalts gewährt hat, nicht dagegen in den Fällen der Nr. 27 Abs. 2.

D. Kosten. (§ 19 EFU.-DV.).

XXII. Zuweisung und Verwaltung der Mittel.

154. Weggefallen.

155. Der RMdI. stellt den Landesabrechnungsstellen die zur Auszahlung des Reichsanteils an den Kosten des Familienunterhalts für einen Monat erforderlichen Mittel durch Ermächtigungsschreiben zur Verfügung. Hierbei wird die Höhe des Reichsanteils nach der letzten Zusammenstellung E (Nr. 169) zugrunde gelegt, es sei denn, daß die Landesabrechnungsstelle auf Grund eines bei ihr bis zum 10. des Vormonats nach Formbl. F angemeldeten höheren oder niedrigeren Bedarfs der Stadt- und Landkreise bis zum 15. des Vormonats einen höheren oder niedrigeren Bedarf nach Formbl. G beim RMdI. anfordert. Unvorhergesehener erheblicher Mehrbedarf kann erforderlichenfalls von der Landesabrechnungsstelle unter kurzer Begründung beim RMdI. nachgefordert werden (Formbl. G).

156. Die Landesabrechnungsstellen überweisen die Mittel für die erste und zweite Hälfte des Monats nach Formbl. H jeweils rechtzeitig den Stadt- und Landkreisen. Sie lassen die Beträge gleichzeitig bei Einzelplan XVII a[42]) Teil V Unterteil 2 c der Ausgaben des außerordentlichen Reichshaushalts als „Abschlagszahlungen auf den Reichsanteil an den Kosten des Familienunterhalts" für jeden Stadt- oder Landkreis im einzelnen getrennt endgültig buchen. Im Sachbuch ist zu diesem Zweck für jeden Stadt- oder Landkreis ein besonderer Abschnitt einzurichten, unter dem fortlaufend für jeden Monat die Abschlagsauszahlungen zu buchen sind.

157. Bestände, die den Bedarf des nächsten Zahlungszeitraums übersteigen, dürfen bei den Stadt- und Landkreisen für Zwecke des Familienunterhalts nicht geführt werden. Vielmehr sind die nach Ablauf eines Zahlungszeitraumes rechnungsmäßig oder schätzungsweise zu ermittelnden Bestände auf den Bedarf des nächsten Zahlungszeitraumes anzurechnen, also während dieses Zeitraumes zur Auszahlung des Familienunterhalts mitzuverwenden. Für den von den Stadt- oder Landkreisen endgültig zu tragenden Kostenanteil werden Vorschüsse vom Reich nicht gewährt.

158. Für die Aufbewahrung der Familienunterhaltsmittel, ihre Sicherung gegen Diebstahl und Verlust sowie die Erteilung und Aus-

[42]) Bisher XVII.

führung der Kassenanweisungen gelten die für die Kassen maßgebenden Bestimmungen. Das Reich tritt für Verluste, Fehlbeträge und Veruntreuungen nicht ein.

159. Die Familienunterhaltsmittel dürfen selbst für kürzeste Frist nicht zu anderen Zwecken verwendet werden.

XXIII. Antragsformblatt[43]), Aktenführung.

160. Zu den Anträgen ist das Formbl. A zu verwenden. Bei Einberufungen während des besonderen Einsatzes der Wehrmacht darf jedoch ein vereinfachtes Antragsformblatt verwendet werden, dessen Ausgestaltung dem Stadt- oder Landkreis überlassen bleibt. Bei wiederholter Einberufung genügt eine als solche erkennbare Vervollständigung des früheren Antragsformblatts auf den neuesten Stand. Die Akten und Rechnungsunterlagen der Stadt- und Landkreise müssen alle Angaben enthalten, die für den Nachweis der Gesetzmäßigkeit der Familienunterhaltszahlungen erforderlich sind. Alle Feststellungen und Entscheidungen in Familienunterhaltsangelegenheiten sind hiernach aktenkundig festzulegen. Die Verfügungen sind mit der Unterschrift der verantwortlichen Beamten zu versehen.

161. Die Angaben in der Übersicht C (Nr. 163) müssen mit dem Akteninhalt übereinstimmen.

162. Die Beweismittel sind zu den Akten zu nehmen. Werden Urkunden zurückgegeben, oder sind die Erkundigungen mündlich vorgenommen worden, so sind die festgestellten Tatsachen in einem mit der Unterschrift des Bearbeiters versehenen kurzen Aktenvermerk niederzulegen. Falls bei fernmündlichen Feststellungen hinsichtlich der Richtigkeit oder Vollständigkeit der Angaben Zweifel bestehen, ist die schriftliche Bestätigung herbeizuführen.

XXIV. Übersichten.

163. Die Stadt- und Landkreise weisen den von ihnen gezahlten Familienunterhalt, den auf diesen entfallenden Reichsanteil und den Betrag, um den der Reichsanteil höher oder niedriger ist als die anzurechnenden Abschlagsauszahlungen, monatlich in Übersichten nach Formbl. C nach. Die Angaben über die ausgezahlten Beträge müssen aus den Sachbüchern jederzeit einwandfrei festzustellen sein. Die Ausgaben der Stadt- und Landkreise an Familienunterhalt sind daher in den Sachbüchern getrennt nach Sp. 2, 4, 5, 6 und 7 der Übersicht C nachzuweisen. Übersteigt der Reichsanteil den Betrag der Abschlagsauszahlungen, so ist der dem Stadt- oder Landkreis zu erstattende Unterschiedsbetrag in der Übersicht nach Formbl. C für den folgenden Monat in Sp. 9 unter Buchst. a in Rot vorzutragen und findet

---

[43]) Die in Abschn. D erwähnten Formbl. C, D, E, F, G, H sind in den Anl. abgedruckt. Die Anpassung des Formbl. A (vgl. MBliV. 1939 S. 1483) bleibt vorbehalten. Die übrigen Formblätter sind weggefallen.

dadurch ohne besondere Überweisung seine Erstattung. Bei Rückerstattung von Familienunterhalt (Nr. 177) sind die eingegangenen Beträge durch Absetzen von der Ausgabe zu vereinnahmen. Die Übersicht C ist der Landesabrechnungsstelle (Nr. 168) in einer Ausfertigung **bis zum 15. des Nachmonats** vorzulegen. Eine zweite Ausfertigung verbleibt bei dem Stadt- oder Landkreis.

164. Beauftragte Gemeinden und beauftragte engere Gemeindeverbände (GV.) weisen den von ihnen gezahlten Familienunterhalt gleichfalls monatlich in Übersichten nach Formbl. C nach. Für die darin enthaltenen Angaben gilt Nr. 163 Säte 2 bis 5. Die Übersicht ist dem zuständigen Landkreis in einer Ausfertigung **bis zum 10. des Nachmonats** vorzulegen. Eine zweite Ausfertigung verbleibt bei der beauftragten Gemeinde (dem GV.).

165. Die Landkreise haben die Angaben der beauftragten Gemeinden (GV.) — Nr. 164 — in die Übersicht des Landkreises (Nr. 163) als besonderen Posten hinter den Angaben für den Restteil des Landkreises einzutragen. Die Übersicht ist mit den Gesamtzahlen für den Landkreis (Restteil des Landkreises und beauftragte Gemeinden [GV.]) abzuschließen.

XXV. Sachliche und rechnerische Feststellung.

Altreich.

166. Die Übersichten (Nrn. 163 bis 165) bedürfen der sachlichen und rechnerischen Feststellung durch den Stadt- oder Landkreis — die beauftragte Gemeinde (GV.) — nach Maßgabe der §§ 2, 77 bis 88 der Rechnungslegungsordnung für das Reich (RRO.) vom 3. 7. 1929 (RMBl. S. 439).

Alpen- und Donau-Reichsgaue.

Reichsgau Sudetenland.

167. Die Übersichten (Nrn. 163 bis 165) bedürfen der sachlichen und rechnerischen Nachprüfung durch den Stadt- oder Landkreis nach Maßgabe der hierfür geltenden Vorschriften. Die sachliche und rechnerische Richtigkeit ist zu bescheinigen.

XXVI. Verfahren bei der Landesabrechnungsstelle.

168. Landesabrechnungsstellen sind in Preußen die Reg.-Präs. und der Stadtpräs. der Reichshauptstadt Berlin, in den übrigen Ländern des Altreichs die von der obersten Landesbehörde bestimmten Stellen, in der Westmark und in den Alpen- und Donau-Reichsgauen die Reichsstatthalter, in den Reichsgauen Sudetenland, Danzig-Westpreußen und Wartheland die Reg.-Präs.

169. Die Landesabrechnungsstelle hat die eingereichten Übersichten zu prüfen. Sie stellt die Ergebnisse der Stadt- und Landkreise mit einer Schlußsumme für ihren Bereich nach Formbl. E zusammen. In

dieser Zusammenstellung sind sämtliche Spalten aufzurechnen. Die Angaben der beauftragten Gemeinden (GV.) sind im Formbl. E nicht besonders aufzuführen. Die Landesabrechnungsstelle hat die Zusammenstellung (E) nach den §§ 2, 77 bis 88 der RRO. sachlich und rechnerisch festzustellen. In den Alpen- und Donau-Reichsgauen sowie im Reichsgau Sudetenland ist die sachliche und rechnerische Richtigkeit der Zusammenstellung nach den hierfür geltenden Vorschriften zu bescheinigen. Die Landesabrechnungsstellen haben die Zusammenstellung E der zuständigen Kasse lediglich als Rechnungsbeleg zur Verbuchungsstelle Einzelplan XVII a Teil V Unterteil 2 c der Ausgaben des außerordentlichen Reichshaushalts zu übersenden. Die am Schluß des Rechnungsjahres nach der Übersicht C für März den Stadt- und Landkreisen noch zustehenden oder ihnen zu viel gezahlten Beträge (Sp. 10 oder 11 der Übersicht C) sind durch eine Schlußanweisung an die Kasse der Landesabrechnungsstelle in der Weise auszugleichen, daß verbleibende Erstattungsansprüche der Stadt- und Landkreise im abgelaufenen Rechnungsjahr schwarz und im neuen Rechnungsjahr rot zu buchen, dagegen verbleibende Bestände an Reichsmitteln im abgelaufenen Rechnungsjahr rot abzusetzen und im neuen Rechnungsjahr schwarz zu buchen sind.

170. Weggefallen.

171. Weggefallen.

172. Die Landesabrechnungsstelle hat die für die Zahlung und Verrechnung der Ausgaben zuständige Kasse unter Übersendung eines Abdrucks dieses RdErl. als Rechnungsbeleg auf die genaue Beachtung der im Einvernehmen mit dem Rechnungshof des Deutschen Reichs in Nrn. 156 und 169 für die Verbuchung erlassenen Anordnungen hinzuweisen.

173. Die Landesabrechnungsstellen haben dem RMdI. und dem RFM. je eine Abschrift der Zusammenstellung E **bis zum Schluß des Nachmonats** einzureichen.

174. Weggefallen.

175. Die Kosten der Landesabrechnungsstellen haben hinsichtlich des Reichsanteils an den Kosten des Familienunterhalts nach Maßgabe der Richtlinien für die Abrechnung der Kassen der Länder mit der Reichshauptkasse (RdErl. des RFM. vom 26. 4. 1939, RBB. S. 109) monatlich abzurechnen.

XXVII. Forderungen aus dem Familienunterhalt (§ 22 EFU.-DV.).

176. Wird von dem Stadt- oder Landkreis festgestellt, daß Familienunterhalt ganz oder teilweise zu Unrecht gezahlt ist (Überzahlung), oder wird die Entscheidung des Stadt- oder Landkreises hinsichtlich der Gewährung oder Bemessung des Familienunterhalts nachträglich im Prüfungsverfahren beanstandet, so ist wie folgt zu verfahren:

a) Von einer Rückforderung des überzahlten Familienunterhalts ist abzusehen, wenn ein Verschulden des Antragstellers oder Empfängers (vorsätzlich oder fahrlässig falsche Angaben bei Stellung des Antrages, Verletzung der Anzeigepflicht nach § 4 Abs. 5 Satz 2 EFU.-DV.) nicht vorliegt und der Empfänger in dem guten Glauben war, daß ihm der Familienunterhalt zu Recht bewilligt worden ist.

b) (1) Soweit nicht nach Buchst. a von einer Rückforderung des überzahlten Familienunterhalts abzusehen ist, ist der überzahlte Betrag von dem Empfänger zurückzuzahlen oder — gegebenenfalls in Teilbeträgen — auf noch zu zahlenden Familienunterhalt anzurechnen. Die anzurechnenden Beträge sind so zu bemessen, daß der laufende notwendige Lebensbedarf des Familienunterhaltsberechtigten durch die Einbehaltung nicht gefährdet wird.

(2) Über Stundung, Niederschlagung oder Erlaß des zurückgeforderten Betrages entscheidet der Leiter des Stadt- oder Landkreises, der beauftragten Gemeinde (GV.) nach Maßgabe der folgenden Vorschriften:

aa) Eine **Stundung** ist nur zulässig, wenn der Empfänger des überzahlten Familienunterhalts nicht in der Lage ist, den ganzen geschuldeten Betrag sofort zurückzuzahlen und eine Beitreibung für ihn eine besondere Härte bedeuten würde, oder wenn sicherer Anhalt dafür besteht, daß eine sofortige Beitreibung erfolglos sein würde, im Falle der Stundung aber der zurückzuzahlende Familienunterhalt nach Ablauf der Stundungsfrist entrichtet werden wird. Die Dauer der Stundung richtet sich nach den Verhältnissen des Einzelfalles; sie soll möglichst kurz bemessen werden.

bb) Eine **Niederschlagung** ist nur zulässig, wenn die Beitreibung wegen der wirtschaftlichen Verhältnisse des Familienunterhaltsempfängers vorübergehend keinen Erfolg verspricht. In diesen Fällen sind die wirtschaftlichen Verhältnisse des Familienunterhaltsempfängers zu überwachen. Die Einziehung ist erneut zu versuchen, wenn sie nach der Entwicklung der wirtschaftlichen Verhältnisse des Familienunterhaltsempfängers Erfolg verspricht. Andernfalls ist nach cc zu verfahren.

cc) Ein **Erlaß** ist nur zulässig, wenn

1. die Forderung wegen der wirtschaftlichen Verhältnisse des Familienunterhaltsempfängers oder aus anderen Gründen nachweislich dauernd nicht einziehbar ist, oder
2. die Einziehung nach Lage des Falles für den Familienunterhaltsempfänger eine unbillige Härte bedeuten würde, oder
3. die Kosten der Einziehung zu dem Betrag der Forderung in keinem angemessenen Verhältnis stehen.

c) Die Erstattungspflicht des Reiches hinsichtlich des Reichsanteils an dem Familienunterhalt ist von der Landesabrechnungsstelle anzuerkennen, wenn eine schuldhafte Verletzung der maßgebenden gesetzlichen oder Verwaltungsvorschriften durch den Stadt- oder Landkreis nicht vorliegt, insbesondere die Entscheidung über die Gewährung oder Bemessung des Familienunterhalts seinem pflichtmäßigen Ermessen unterlegen hat.

177. Familienunterhaltsbeträge, die nach Nr. 176 unter b zurückzuzahlen sind, sowie Ersatzansprüche gegen Unterhaltspflichtige und sonstige Drittverpflichtete nach § 17 EFU.-DV. sind von den Stadt- und Landkreisen in eine Erstattungsliste nach Formbl. D fortlaufend einzutragen; ihr Eingang ist darin bis zur vollständigen Erledigung des einzelnen Erstattungs- oder Ersatzanspruchs zu überwachen. Die eingegangenen Beträge sind durch Absetzung von der Ausgabe (Nr. 163) zu vereinnahmen; in den entsprechenden Spalten der Übersicht nach Formbl. C (Nr. 163) ist nur der nach Absetzung des in dem laufenden Monat eingegangenen Gesamtbetrages der Erstattungen oder Ersatzleistungen verbleibende Betrag aufzunehmen. Der abgesetzte Gesamtbetrag muß mit der Aufrechnungssumme der entsprechenden Monatsspalte der Erstattungsliste übereinstimmen und ist in Sp. 12 (Bemerkungen) des Formbl. C zu vermerken.

178. Weggefallen.

XXVIII. Prüfungsverfahren.

179. Die Landesabrechnungsstellen haben unabhängig von der Prüfung der monatlichen Übersichten der Stadt- und Landkreise laufend stichprobenweise Prüfungen bei den Stadt- und Landkreisen und beauftragten Gemeinden (GV.) ihres Bereichs an Hand der dort geführten Akten, Übersichten und sonstigen Unterlagen vorzunehmen. Über Vornahme und Ergebnis der Prüfungen ist dem RMdJ. und dem RFM. **bis zum 15. 4. und 15. 10. j. J.** zu berichten.

180. Soweit Gemeindeprüfungsämter bestehen, haben diese bei ihren regelmäßigen Prüfungen der Durchführung des Familienunterhalts besondere Aufmerksamkeit zuzuwenden.

181. Die Stadt- und Landkreise, beauftragten Gemeinden (GV.) und Landesabrechnungstellen haben die Übersichten, Rechnungsbelege, Zahlungsanweisungen und Erstattungslisten (Formbl. D) zur Prüfung durch den Rechnungshof des Deutschen Reichs bereitzuhalten.

E. Ersatzansprüche gegen Träger der Reichsversicherung.

181 a. Zu § 5 EFUG.

Bei der Geltendmachung von Ersatzansprüchen auf Grund der §§ 1531 ff. RVO. wird das Reich als Träger des Familienunterhalts durch den Leiter des Stadt- oder Landkreises, der beauftragten Gemeinde oder des beauftragten engeren Gemeindeverbandes vertreten. Für die Inanspruchnahme von Rentennachzahlungen der Reichsversicherung im Rahmen des Ersatzanspruchs gilt der RdErl. des RAM. und des RMdJ. vom 19. 9. 1940 (MBliV. S. 1839) entsprechend. Soweit Rentenbeträge für einen vor Beginn des Familienunterhalts und daher außerhalb des Ersatzanspruchs liegenden Zeitraum nachgezahlt werden, gelten sie als Vermögen im Sinne des § 15 Abs. 2 EFU.-DV.

2. Abschnitt.

Sonstiger Geltungsbereich des Einsatz-Familienunterhaltsgesetzes.

XXIX. Luftschutzdienst (§ 30 Abs. 1 Nr. 1 EFU.-DV.).

182. Für den Familienunterhalt der Angehörigen der zum Luftschutzdienst einberufenen Luftschutzdienstpflichtigen (§§ 13, 22, 23 der Ersten DurchfVO. zum Luftschutzges. in der Fass. der Bek. vom 1. 9. 1939, RGBl. I S. 1630, und der Vierten Änderungs-VO. zum Luftschutzrecht vom 25. 3. 1941, RGBl. I S. 168) und der zu Ausbildungsveranstaltungen des Reichsluftschutzbundes einberufenen ehrenamtlichen Amtsträger des Reichsluftschutzbundes (§ 8 Nr. 1 der VO. über den Reichsluftschutzbund vom 14. 5. 1940, RGBl. I S. 784) gelten die einschlägigen Bestimmungen des 1. Abschn. entsprechend.

183. Luftschutzdienstpflichtige des öffentlichen Dienstes.

Den Angehörigen der zum Luftschutzdienst einberufenen Empfänger von Dienst-, Versorgungs- oder Hinterbliebenenbezügen aus einem öffentlichen Dienstverhältnis (das ist jede Beschäftigung im Dienste des Reichs, der Länder, Gemeinden, Gemeindeverbände und sonstigen Körperschaften, Anstalten und Stiftungen des öffentlichen Rechts oder Verbänden von solchen) wird Familienunterhalt nicht gewährt, da diese ihre bisherigen Bezüge weiter erhalten (§§ 2 und 3 der Zweiten Ausf.-Best. zu § 12 der Ersten Durchf.-VO. zum Luftschutzges. vom 21. 10. 1939, RMBl. S. 1468, in der Fass. vom 25. 7. 1940, RMBl. S. 197, und 26. 3. 1941, RMBl. S. 73; Abschn. III Abs. 6 des Ersten Teils des RdErl. vom 20. 5. 1939 in der Fass. des RdErl. vom 10. 9. 1941, MBliV. S. 2017).

184. Den Angehörigen der nicht unter Nr. 183 fallenden Luftschutzdienstpflichtigen wird bei Einberufungen zum Luftschutzdienst Familienunterhalt gewährt. In Betracht kommen Einberufungen

a) zum Luftschutzwarndienst oder Sicherheits- und Hilfsdienst (§ 4 der Zweiten Ausf.-Best. zu § 12 der Ersten Durchf.-VO. zum Luftschutzges.),

b) zu dem unter § 23 der Ersten Durchf.-VO. zum Luftschutzges. fallenden Teil des Flugmeldedienstes (§ 4 der Zweiten Ausf.-Best. zu § 12 der Ersten Durchf.-VO. zum Luftschutzges. in

Verbindung mit § 23 der Ersten Durchf.-VO. zum Luftschutzges.),

c) zu dem unter § 22 Abs. 3 der Ersten Durchf.-VO. zum Luftschutzges. fallenden Teil des Luftschutzes der besonderen Verwaltungen (Ergänzungskräfte),

d) zum Werkluftschutz, erweiterten Selbstschutz und Selbstschutz (vgl. Nr. 187).

185. Den Angehörigen der ehrenamtlichen Amtsträger des Reichsluftschutzbundes wird Familienunterhalt gewährt bei Einberufungen zu Ausbildungsveranstaltungen des Reichsluftschutzbundes (§ 8 der VO. über den Reichsluftschutzbund vom 14. 5. 1940). Die Nrn. 183 und 186 finden auf die ehrenamtlichen Amtsträger des Reichsluftschutzbundes entsprechende Anwendung.

186. Die nicht unter Nr. 183 fallenden Angestellten und Arbeiter behalten bei Beurlaubungen zum Luftschutzdienst gegenüber dem Unternehmer den Anspruch auf Zahlung von Arbeitsentgelt oder sonstigen Bezügen, wenn der Urlaub zu einer einzelnen Veranstaltung des Luftschutzdienstes nicht die Dauer von 3 Arbeitstagen übersteigt (§ 14 der Ersten Durchf.-VO. zum Luftschutzges. in der Fass. der Vierten Änderungs-VO. zum Luftschutzrecht vom 25. 3. 1941, RGBl. I S. 168). Werden diese Bezüge gezahlt, so ist den Angehörigen des Luftschutzdienstpflichtigen Familienunterhalt nicht zu gewähren. Bei Beurlaubungen von längerer Dauer als 3 Arbeitstage besteht jedoch ein Anspruch auf Zahlung von Arbeitsentgelt und sonstigen Bezügen nicht; in diesen Fällen ist daher den Angehörigen zur Sicherung des notwendigen Lebensbedarfs Familienunterhalt zu gewähren. Ist der Einberufene Unternehmer eines Betriebes oder übt er einen freien Beruf aus, so kann beim Vorliegen der sonstigen Voraussetzungen auch bei Einberufungen für kürzere Dauer Familienunterhalt (§§ 9 und 12 EFU.-DV.) gewährt werden.

187. Wird die Luftschutzdienstpflicht im Werkluftschutz oder erweiterten Selbstschutz innerhalb des Betriebes erfüllt, so kommt eine Beurlaubung nicht in Betracht; der Anspruch auf Zahlung von Arbeitsentgelt oder sonstigen Bezügen gegenüber dem Unternehmer besteht vielmehr weiter. In diesen Fällen ist daher den Angehörigen des Luftschutzdienstpflichtigen Familienunterhalt nicht zu gewähren. Im Selbstschutz besteht die Erfüllung der Luftschutzdienstpflicht im allgemeinen in Ausbildungsveranstaltungen und Übungen, die in der Regel ohne Beeinträchtigung der Erwerbstätigkeit des Luftschutzdienstpflichtigen durchgeführt werden. Familienunterhalt ist daher in der Regel nicht zu gewähren.

Anrechnung.

188. Bei der Prüfung, ob und inwieweit der einberufene Luftschutzdienstpflichtige während der Dauer der Einberufung zur Erfüllung

seiner Unterhaltspflicht gegenüber einem Familienunterhaltsberechtigten imstande ist, sowie bei der Prüfung der Voraussetzungen und der Bemessung des Familienunterhalts für einberufene Luftschutzdienstpflichtige, die selbst Leistungen des Familienunterhalts erhalten können, bleiben die gemäß § 6 Abs. 2 der Zweiten Ausf.-Best. zu § 12 der Ersten Durchf.-VO. zum Luftschutzges. (RMBl. 1939 S. 1470) festgesetzten Vergütungssätze, die dem zur Dienstleistung im Luftschutzwarndienst oder Sicherheits- und Hilfsdienst einberufenen Luftschutzdienstpflichtigen für seine persönlichen Aufwendungen gewährt werden, außer Ansatz.

188 a. Wird eine Familienunterhaltsberechtigte zum Luftschutzdienst einberufen, so bleiben die ihr als Angehörige des Luftschutzdienstes gezahlten Vergütungssätze (Nr. 188) bei der Prüfung der Voraussetzungen und der Bemessung des Familienunterhalts, den sie — z. B. auf Grund der Einberufung ihres Ehemanns zum Wehrdienst — erhalten kann, außer Ansatz.

189. Einberufung.

Die Einberufung zum Luftschutzdienst wird durch Vorlage des Einberufungsbefehls nachgewiesen. Diese Einberufungsbefehle werden für die einberufenen Luftschutzdienstpflichtigen von den im § 13 Abs. 1 und 2 der Ersten Durchf.-VO. zum Luftschutzges. genannten Stellen, für die ehrenamtlichen Amtsträger des Reichsluftschutzbundes von den Dienststellen des Reichsluftschutzbundes ausgestellt.

190. Die Mitteilung des Stadt- oder Landkreises über die Bewilligung des Familienunterhalts (§ 3 Abs. 2 Satz 2 EFU.-DV.) ist an die Stelle zu richten, die den Einberufungsbefehl ausgestellt hat (Nr. 189).

191. Die im § 13 Abs. 1 und 2 der Ersten Durchf.-VO. zum Luftschutzges. genannten Stellen und die einberufenden Stellen des Reichsluftschutzbundes sind verpflichtet, dem zuständigen Stadt- oder Landkreis (§ 2 Abs. 1 EFU.-DV.) alle für die Einstellung des Familienunterhalts erheblichen Tatsachen unverzüglich mitzuteilen (§ 6 EFU.-DV.). Außerdem macht das zuständige Versorgungsamt die Mitteilungen nach Nr. 55.

192. Sozialversicherung.

Die Sozialversicherung richtet sich nach der VO. über die Sozialversicherung der einberufenen Luftschutzdienstpflichtigen vom 11. 11. 1939 (RGBl. I S. 2181), für die ehrenamtlichen Amtsträger des Reichsluftschutzbundes nach § 8 Nr. 2 der VO. über den Reichsluftschutzbund in Verbindung mit der vorgenannten VO. Sozialversicherungsbeiträge aus Mitteln des Familienunterhalts (Nr. 92 ff.) sind daher nicht zu gewähren.

XXX. Notdienstpflicht (z. B. Ergänzungskräfte der Heimatschutzorganisationen, wie Pol.-Reserve, Zollgrenzschutz, Wasserstraßenschutz, Techn. Nothilfe; ferner Betreuungshelferinnen, Nachrichtenhelferinnen und sonstiger Notdiensteinsatz von Kräften des Deutschen Roten Kreuzes) (§ 30 Abs. 1 Nr. 2 EFU.-DV.).

193. Für den Familienunterhalt der Angehörigen der zu Dienstleistungen auf Grund der Notdienst-VO. vom 15. 10. 1938 (RGBl. I S. 1441) herangezogenen Notdienstpflichtigen gelten die einschlägigen Bestimmungen des 1. Abschn. entsprechend.

194. Notdienstpflichtige des öffentlichen Dienstes.

Den Angehörigen der im Notdienst beschäftigten Empfänger von Dienst-, Versorgungs- oder Hinterbliebenenbezügen aus einem öffentlichen Dienstverhältnis (vgl. Nr. 183) wird Familienunterhalt nicht gewährt (§§ 1 und 2 der Dritten Durchf.-VO. zur Notdienst-VO. vom 14. 10. 1939, RGBl. I S. 2049).

195. Langfristiger Notdienst.

Den Angehörigen der nicht unter Nr. 194 fallenden Notdienstpflichtigen wird bei langfristigem Notdienst Familienunterhalt gemäß § 3 der Dritten Durchf.-VO. zur Notdienst-VO. gewährt. Langfristiger Notdienst liegt vor, sobald die Beschäftigung hauptberuflich erfolgt und länger als 3 Tage dauert oder für eine längere Zeit als 3 Tage bemessen wird (§ 3 Abs. 2 der Notdienst-VO.).

a) Ist der Notdienstpflichtige zum langfristigen Notdienst herangezogen, ohne daß ein einem Arbeitsvertrag entsprechendes Beschäftigungsverhältnis begründet wird (§ 3 Abs. 1 der Dritten Durchf.-VO. zur Notdienst-VO.), so wird Familienunterhalt in der Regel zu gewähren sein, weil der Notdienstpflichtige nur Vergütungssätze für seine persönlichen Aufwendungen erhält. Dieser Fall liegt z. B. vor bei den nicht unter Nr. 194 fallenden Ergänzungskräften der Heimatschutzorganisationen, ferner bei notdienstverpflichteten Ärzten, die zur ärztlichen Versorgung der Zivilbevölkerung wie frei praktizierende und zu den Krankenkassen zugelassene Ärzte (Hilfskassenärzte) eingesetzt werden (Nr. 4 des RdErl. vom 18. 3. 1940, MBliV. S. 661).

b) Ist der Notdienstpflichtige zum langfristigen Notdienst unter Begründung eines einem Arbeitsvertrag entsprechenden Beschäftigungsverhältnisses herangezogen (§ 3 Abs. 2 der Dritten Durchf.-VO. zur Notdienst-VO.), so wird Familienunterhalt in der Regel nicht zu gewähren sein, weil der Notdienstpflichtige entsprechend seiner tatsächlichen Verwendung Dienstbezüge erhält. Dieser Fall liegt z. B. vor, wenn ein nicht unter Nr. 194 fallender Arzt durch den Notdienst in ein einem Arbeitsvertrag ähnliches Beschäftigungsverhältnis, z. B. an einer Krankenanstalt oder dgl., eingesetzt wird (Nr. 5 des RdErl. vom 18. 3. 1940, MBliV. S. 661).

196. Kurzfristiger Notdienst.

Bei kurzfristigem Notdienst hat der Notdienstpflichtige Anspruch auf das regelmäßige Arbeitsentgelt und die sonstigen Bezüge bis zu 3 Tagen aus seinem bisherigen Beschäftigungsverhältnis (§ 5 Abs. 2 der Notdienst-VO. vom 15. 10. 1938, RGBl. I S. 1441). Werden diese Bezüge gezahlt, so ist den Angehörigen des Notdienstpflichtigen Familienunterhalt nicht zu gewähren. In allen anderen Fällen, z. B. wenn der Notdienstpflichtige Unternehmer eines Betriebes ist oder einen freien Beruf ausübt, kann beim Vorliegen der sonstigen Voraussetzungen Familienunterhalt (§§ 9 und 12 EFU.-DV.) auch bei Einberufungen auf kürzere Dauer gewährt werden.

Anrechnung.

197. Bei der Prüfung, ob und inwieweit der Notdienstpflichtige während der Dauer der Notdienstleistung zur Erfüllung seiner Unterhaltspflicht gegenüber einem Familienunterhaltsberechtigten imstande ist, sowie bei der Prüfung der Voraussetzungen und der Bemessung des Familienunterhalts für Notdienstpflichtige, die selbst Leistungen des Familienunterhalts erhalten können, bleiben die vom RMdI. nach § 7 Abs. 1 der Notdienst-VO. bestimmten Vergütungssätze, die dem Notdienstpflichtigen für seine persönlichen Aufwendungen gewährt werden (RdErl. vom 1. 4. 1942, MBliV. S. 649) außer Ansatz. Erhält der Notdienstpflichtige über diese Sätze hinaus eine Entlohnung für seine Beschäftigung im Notdienst, so bleiben nur die diesen Sätzen entsprechenden Beträge außer Ansatz.

197 a. Wird eine Familienunterhaltsberechtigte zum Notdienst einberufen, so bleiben die ihr als Notdienstverpflichtete gezahlten Vergütungssätze (Nr. 197) bei der Prüfung der Voraussetzungen und der Bemessung des Familienunterhalts, den sie — z. B. auf Grund der Einberufung ihres Ehemanns zum Wehrdienst — erhalten kann, außer Ansatz.

197 b. Anrechnung bei notdienstverpflichteten Ärzten.

Für notdienstverpflichtete Ärzte ist die Nr. 197 mit der Maßgabe anzuwenden, daß an Stelle der im RdErl. vom 1. 4. 1942 bestimmten Vergütungssätze die Vergütungssätze der Nr. 7 Abs. 1 des RdErl. vom 18. 3. 1940 (MBliV. S. 661) außer Ansatz bleiben. Dagegen sind die Entschädigungen, die der notdienstverpflichtete Arzt nach Art und Umfang seiner Praxis von der Kassenärztlichen Vereinigung Deutschlands neben den festen Vergütungssätzen des RdErl. vom 18. 3. 1940 erhält, auf den Familienunterhalt anzurechnen.

198. Behörden, die Notdienstleistungen fordern können.

Als Behörden, die langfristige Notdienstleistungen fordern können, kommen bei Anwendung dieses Abschnitts in Betracht:

1. die staatl. Pol.-Verwalter,

2. die unteren Verwaltungsbehörden,
als Behörden, die kurzfristige Notdienstleistungen fordern können, außerdem bei Gefahr im Verzug: die Ortspol.-Behörden und die Bürgermeister, vorbehaltlich nachfolgender Bestätigung durch den Landrat (Bek. vom 8. 7. 1939, RGBl. I S. 1204).

199. Heranziehung zum Notdienst.

Die Heranziehung zum Notdienst wird durch Vorlage des Aufforderungsbescheides oder einer Bescheinigung der heranziehenden Behörde nachgewiesen.

200. Die Mitteilung des Stadt- oder Landkreises über die Bewilligung des Familienunterhalts (§ 3 Abs. 2 Satz 2 EFU.-DV.) ist an die heranziehende Behörde zu richten.

201. Die heranziehenden Behörden (Nr. 198) sind verpflichtet, dem zuständigen Stadt- oder Landkreis (§ 2 Abs. 1 EFU.-DV.) die dem Notdienstpflichtigen gewährte Vergütung, die Beendigung des Notdienstverhältnisses und alle sonst für die Einstellung des Familienunterhalts erheblichen Tatsachen unverzüglich mitzuteilen (§ 6 EFU.-DV.). Außerdem macht das zuständige Versorgungsamt die Mitteilungen nach Nr. 55.

202. Sozialversicherung.

Die Sozialversicherung der Notdienstpflichtigen richtet sich nach der Zweiten Durchf.-VO. zur Notdienst-VO. vom 10. 10. 1939 (RG.-Bl. I S. 2018). Sozialversicherungsbeiträge aus Mitteln des Familienunterhalts (Nr. 92 ff.) sind daher nicht zu gewähren.

XXXI. Waffen-SS (§ 30 Abs. 1 Nr. 3 EFU.-DV.).

203. Für den Familienunterhalt der Angehörigen der zur Waffen-SS Einberufenen gelten die einschlägigen Bestimmungen des 1. Abschn. entsprechend.

204. Die Einberufung erfolgt durch den RF SS.

205. Die Mitteilung des Stadt- oder Landkreises über die Bewilligung des Familienunterhalts (§ 3 Abs. 2 Satz 2 EFU.-DV.) ist an den Führer der SS-Einheit zu richten.

206. Die Führer der SS-Einheiten sind verpflichtet, dem Stadt- oder Landkreis, der den Familienunterhalt bewilligt hat, alle für die Einstellung des Familienunterhalts erheblichen Tatsachen unverzüglich mitzuteilen (§ 6 EFU.-DV.). Entsprechendes gilt hinsichtlich der Mitteilung über die Gewährung von Kriegsbesoldung (Nrn. 53 und 149) für die Kriegsbesoldungsstelle SS-VT. in München 45 und die Kriegsbesoldungsstelle SS-T.-Division in Dachau 3 bei München sowie hinsichtlich der Gewährung von Friedensgebührnissen (Nrn. 53 und 150 a) für die zur Zahlung der Friedensgebührnisse zuständigen Dienststellen der Waffen-SS. Außerdem macht das zuständige Fürsorge- und Versorgungsamt SS die Mitteilung nach Nr. 55.

206a. SS-Pol.-Division.

Eine besondere Stellung nimmt die SS-Pol.-Division ein. Soweit ihre Angehörigen im Pol.-Beamtenverhältnis stehen, kommt Familienunterhalt nicht in Frage. Soweit Angehörige der SS-Pol.-Division und ihrer Ersatzeinheiten nicht im Pol.-Beamtenverhältnis stehen, können sie einberufen sein

a) auf Grund der Notdienst-VO. als Pol.-Reservisten (vgl. Nr. 193 ff.);
b) als Angehörige der Waffen-SS durch den RFSS (vgl. Nr. 203 ff.);
c) als ungediente Wehrpflichtige durch die Wehrersatzdienststellen, die sie der SS-Pol.-Division zur Verfügung stellen.

Soweit der Einberufene nicht im Pol.-Beamtenverhältnis steht, ist in den Fällen a bis c Familienunterhalt zu gewähren. Die Einheiten der SS-Pol.-Division sind verpflichtet, dem zuständigen Stadt- oder Landkreis (§ 2 Abs. 1 EFU.-DV.) die Einstellung solcher Einberufenen, die nicht im Pol.-Beamtenverhältnis stehen, unverzüglich mitzuteilen. Im übrigen gilt Nr. 206 entsprechend.

XXXII. Technische Wehrwirtschaftseinheiten (§ 30 Abs. 1 Nr. 4 EFU.-DV.).

207. Für den Familienunterhalt der zu den Techn. Wehrwirtschaftseinheiten Einberufenen gelten die einschlägigen Bestimmungen des 1. Abschn. entsprechend.

208. Die Einberufungen zu den Techn. Wehrwirtschaftseinheiten erfolgen durch die Wirtschaftsinspektionen oder Wehrersatzdienststellen.

209. Die Mitteilung des Stadt- oder Landkreises über die Bewilligung des Familienunterhalts (§ 3 Abs. 2 Satz 2 EFU.-DV.) ist an den Führer der Techn. Wehrwirtschaftseinheit zu richten.

210. Die Führer der Techn. Wehrwirtschaftseinheiten sind verpflichtet, dem Stadt- oder Landkreis, der den Familienunterhalt bewilligt hat, alle für die Einstellung des Familienunterhalts erheblichen Tatsachen, insbesondere die Entlassung der Einberufenen, unverzüglich mitzuteilen (§ 6 EFU.-DV.). Außerdem macht das zuständige Wehrmachtfürsorge- und -versorgungsamt die Mitteilungen nach Nr. 55.

XXXII a. TR.- (Heerestransport-) Einheiten des Nationalsozialistischen Kraftfahrkorps (NSKK). (§ 30 Abs. 1 Nr. 4 a EFU.-DV. in der Fass. der VO. vom 27. 4. 1942 (RGBl. I S. 248).

210a. Für den Familienunterhalt der nichtmilitärischen Angehörigen der TR.- (Heerestransport-) Einheiten des NSKK. gelten die einschlägigen Bestimmungen des 1. Abschn. entsprechend.

210 b. Die Einberufung erfolgt durch die Wehrersatzdienststellen (bei Personen, die der Wehrüberwachung unterliegen) oder durch den Korpsführer und Chef der Reichs-Motor-Sportschulen im NSKK. (bei älteren Jahrgängen).

210 c. Die Mitteilung des Stadt- oder Landkreises über die Bewilligung des Familienunterhalts (§ 3 Abs. 2 Satz 2 EFU.-DV.) ist an die NSKK.-Kw.-Transport-Ersatz-Abt. (Heer) in Wriezen (Oder) zur etwa erforderlichen Weiterleitung an die NSKK.-Kw.-Transportbrigade (Heer), Feldpostnummer 42 950, zu richten.

210 d. Die NSKK.-Transportbrigade (Heer) bzw. die NSKK.-Kw.-Transport-Ersatz-Abt. (Heer) ist verpflichtet, dem Stadt- oder Landkreis, der den Familienunterhalt bewilligt hat, alle für die Einstellung des Familienunterhalts erheblichen Tatsachen, insbesondere die Entlassung des Einberufenen, unverzüglich mitzuteilen (§ 6 EFU.-DV.). Außerdem macht das zuständige Wehrmachtfürsorge- und -versorgungsamt die Mitteilungen nach Nr. 55.

XXXIII. Freiwillige Krankenpflege (§ 30 Abs. 1 Nr. 5 EFU.-DV.).

211. Für den Familienunterhalt der Angehörigen der in die Freiw. Krankenpflege für Zwecke der Wehrmacht eingestellten Personen, die nicht Wehrmachtangehörige sind, gelten die einschlägigen Bestimmungen des 1. Abschn. entsprechend.

212. Die Einberufung erfolgt durch die Beauftragten des Kommissars der Freiw. Krankenpflege.

213. Die Mitteilung des Stadt- oder Landkreises über die Bewilligung des Familienunterhalts (§ 3 Abs. 2 Satz 2 EFU.-DV.) ist an den Beauftragten des Kommissars der Freiw. Krankenpflege zu richten.

214. Die Beauftragten des Kommissars der Freiw. Krankenpflege sind verpflichtet, dem Stadt- oder Landkreis, der den Familienunterhalt bewilligt hat, alle für die Einstellung des Familienunterhalts erheblichen Tatsachen, insbesondere die Entlassung des (der) Einberufenen, unverzüglich mitzuteilen (§ 6 EFU.-DV.). Außerdem macht das zuständige Wehrmachtfürsorge- und -versorgungsamt die Mitteilungen nach Nr. 55.

214 a. Wird eine Familienunterhaltsberechtigte zur Freiw. Krankenpflege einberufen, so bleiben die Bezüge, die sie als Schwesternhelferin für die Dienstleistung in der Freiw. Krankenpflege erhält, bei der Prüfung der Voraussetzungen und der Bemessung des Familienunterhalts, den sie — z. B. auf Grund der Einberufung ihres Ehemannes zum Wehrdienst — erhalten kann, außer Ansatz.

XXXIV. Deutsches Rotes Kreuz (§ 30 Abs. 1 Nr. 6 EFU.-DV.).

Auf Grund des § 20 des Ges. über das Deutsche Rote Kreuz vom 9. 12. 1937 (RGBl. I S. 1330) wird zur Durchführung der §§ 12, 14 und 15 dieses Ges. folgendes angeordnet:

215. Gemäß § 12 des Ges. über das Deutsche Rote Kreuz erhalten die Angehörigen der Teilnehmer an den nach § 14 des Ges. genehmigten Lehrgängen des Deutschen Roten Kreuzes zur Ausbildung für die Mitwirkung im amtlichen Sanitätsdienst der Wehrmacht Familienunterhalt nach Maßgabe des EFUG. und der EFU.-DV.

216. Nach § 14 des Ges. genehmigte Lehrgänge des Deutschen Roten Kreuzes zur Ausbildung für die Mitwirkung im amtlichen Sanitätsdienst der Wehrmacht sind nur:

a) die vom Präsidium des Deutschen Roten Kreuzes (§ 8 Abs. 1 Satz 3 der Satzung des Deutschen Roten Kreuzes vom 24. 12. 1937, RAnz. 1938 Nr. 1) angeordneten Lehrgänge, die der Kommissar der Freiw. Krankenpflege genehmigt hat,

b) die von den Landes- oder Kreisstellen des Deutschen Roten Kreuzes (§§ 11 Abs. 2 und 12 Abs. 2 Satz 1 der Satzung des Deutschen Roten Kreuzes) angeordneten Lehrgänge, die der für die anordnende Stelle zuständige Inspekteur des Deutschen Roten Kreuzes (Beauftragter des Kommissars der Freiw. Krankenpflege) genehmigt hat.

217. Für den Familienunterhalt der Angehörigen der Teilnehmer an Lehrgängen des Deutschen Roten Kreuzes (Nr. 216) gelten die einschlägigen Bestimmungen des 1. Abschn. entsprechend.

218. Die Einberufung zu einem Lehrgang des Deutschen Roten Kreuzes wird durch Vorlage eines Ausweises nachgewiesen. Der Ausweis wird von der Stelle ausgestellt, die den Lehrgang genehmigt hat (Nr. 216).

219. Die Mitteilung des Stadt- oder Landkreises über die Bewilligung des Familienunterhalts (§ 3 Abs. 2 Satz 2 EFU.-DV.) ist an die zuständige Kreisstelle, im Falle der Einberufung zur Ausbildung in einer Krankenanstalt an den Leiter der Anstalt zu richten.

220. Die in Nr. 219 genannten Stellen sind verpflichtet, dem Stadt- oder Landkreis, der den Familienunterhalt bewilligt hat, alle für die Einstellung des Familienunterhalts erheblichen Tatsachen, insbesondere die etwaige vorzeitige Entlassung des Teilnehmers, unverzüglich mitzuteilen (§ 6 EFU.-DV.).

221. Die Teilnahme an einem Lehrgang des Deutschen Roten Kreuzes berührt eine bestehende Versicherung gegen Krankheit bei einem Träger der reichsgesetzlichen Krankenversicherung nicht (§ 13 Abs. 1 des Ges. über das Deutsche Rote Kreuz). Sozialversicherungsbeiträge aus Mitteln des Familienunterhalts zur Erhaltung des An-

spruchs auf Familienhilfe aus der Versicherung des Einberufenen (Nr. 93) sind daher nicht zu gewähren.

222. Für den Familienunterhalt beim Einsatz des Deutschen Roten Kreuzes zur Hilfeleistung bei öffentlichen Notständen (§ 15 des Ges. über das Deutsche Rote Kreuz) gelten die Nrn. 215, 217, 220, 221 entsprechend.

223. Dem Antrage auf Familienunterhalt ist eine Bescheinigung über die Heranziehung des Mitglieds des Deutschen Roten Kreuzes zum Einsatz bei öffentlichen Notständen und über die Dauer des Einsatzes beizufügen. Die Bescheinigung erteilt die Kreisstelle des Deutschen Roten Kreuzes, der das Mitglied untersteht.

224. Die Stadt- und Landkreise weisen den von ihnen gezahlten Familienunterhalt für Angehörige der Teilnehmer an Lehrgängen des Deutschen Roten Kreuzes und der zum Einsatz bei öffentlichen Notständen herangezogenen Mitglieder des Deutschen Roten Kreuzes monatlich in besonderen Übersichten nach. Für diese Ausgaben ist in den Kassenbüchern ein besonderer Abschnitt einzurichten, in dem auch die eingehenden Beträge durch Absetzen von der Ausgabe zu vereinnahmen sind. Die Landesabrechnungsstellen (Nr. 168) fordern den von den Stadt- und Landkreisen ihres Bereichs gezahlten Familienunterhalt monatlich unter Angabe (Anschrift und Kontonummer) des Reichsbankgiro- oder Postscheckkontos, auf das der Betrag überwiesen werden soll, bei dem Präsidium des Deutschen Roten Kreuzes, Verwaltungsamt, in Potsdam-Babelsberg 2, an und überweisen die eingehenden Beträge den Stadt- und Landkreisen.

XXXV. Lehrgänge der Reichs-Motor-Sportschulen im Nationalsozialistischen Kraftfahrkorps und des Nationalsozialistischen Fliegerkorps (§ 30 Abs. 1 Nr. 7 EFU.-DV.).

225. Für den Familienunterhalt der Angehörigen der Teilnehmer an Lehrgängen der Reichs-Motor-Sportschulen im Nationalsozialistischen Kraftfahrkorps[44]) und der Teilnehmer an Lehrgängen des Nationalsozialistischen Fliegerkorps (NS.-Fliegerkorps) gelten die einschlägigen Bestimmungen des 1. Abschn. entsprechend.

226. Die Einberufung wird durch Vorlage eines Ausweises nachgewiesen. Die Ausweise werden ausgestellt:

a) bei Einberufungen zu einem Lehrgang der Reichs-Motor-Sportschulen im NSKK. von dem zuständigen Wehrbezirkskommando auf Antrag der Reichs-Motor-Sportschulen im NSKK.;

[44]) Einberufungen zu Lehrgängen der Reichs-Motor-Sportschulen im NSKK. finden bis auf weiteres nicht statt.

b) bei Einberufungen zu einem Ausbildungslehrgang des NS.-Fliegerkorps von dem Korpsführer und den Gruppenführern des NS.-Fliegerkorps.

227. Die Mitteilung des Stadt- oder Landkreises über die Bewilligung des Familienunterhalts (§ 3 Abs. 2 Satz 2 EFU.-DV.) ist an den Leiter der Reichs-Motor-Sportschule im NSKK., die den Lehrgang durchführt, bei Ausbildungslehrgängen des NS.-Fliegerkorps an den Leiter des Ausbildungslehrgangs zu richten.

228. Die Leiter der Reichs-Motor-Sportschulen im NSKK. sowie der Korpsführer und die Gruppenführer des NS.-Fliegerkorps sind verpflichtet, dem Stadt- oder Landkreis, der den Familienunterhalt bewilligt hat, alle für die Einstellung des Familienunterhalts erheblichen Tatsachen, insbesondere die etwaige vorzeitige Entlassung des Einberufenen, unverzüglich mitzuteilen (§ 6 EFU.-DV.).

229. Nach § 5 der VO. zum Ges. über die Beurlaubung von Angestellten und Arbeitern für Zwecke der Leibeserziehung vom 19. 3. 1935 (RGBl. I S. 382) bleibt bei Einberufungen zu anerkannten Lehrgängen für Leibeserziehung — hierzu gehören die Lehrgänge der Reichs-Motor-Sportschulen im NSKK. und die Lehrgänge des NS.-Fliegerkorps — der Anspruch auf Familienhilfe aus der Versicherung des Einberufenen für seine Angehörigen (§§ 205 ff. RVO.) gegenüber dem Träger der Krankenversicherung bestehen, ohne daß es einer Beitragsentrichtung bedarf. Daher sind bei Einberufungen zu Lehrgängen des NSKK. und des NS.-Fliegerkorps Sozialversicherungsbeiträge zur Erhaltung des Anspruchs auf Familienhilfe aus der Versicherung des Einberufenen (Nr. 93) nicht zu gewähren.

230. Die Stadt- und Landkreise weisen den von ihnen für Lehrgänge der Reichs-Motorsportschulen im NSKK. gezahlten Familienunterhalt monatlich in besonderen Übersichten nach. Für diese Ausgaben ist in den Sachbüchern ein besonderer Abschnitt einzurichten, in dem auch die eingehenden Beträge durch Absetzen von der Ausgabe zu vereinnahmen sind. Die Landesabrechnungsstellen (Nr. 168) fordern den von den Stadt- und Landkreisen ihres Bereichs gezahlten Familienunterhalt monatlich unter Angabe (Anschrift und Kontonummer) des Reichsbankgiro- oder Postscheckkontos, auf das der Betrag überwiesen werden soll, bei dem Korpsführer und Chef der Reichs-Motor-Sportschulen im NSKK. in Berlin W 35, Graf-Spee-Str. 12, an und überweisen die eingegangenen Beträge den Stadt- und Landkreisen.

231. Die Stadt- und Landkreise weisen den von ihnen für die Ausbildungslehrgänge des NS.-Fliegerkorps gezahlten Familienunterhalt monatlich in besonderen Übersichten sowie unter Angabe der Namen der Lehrgangsteilnehmer nach. Für diese Ausgaben ist in den Sachbüchern ein besonderer Abschnitt einzurichten, in dem auch die eingehen-

den Beträge durch Absetzen von der Ausgabe zu vereinnahmen sind. Die Stadt- und Landkreise fordern den von ihnen gezahlten Familienunterhalt monatlich unter Übersendung einer Abschrift der Übersicht sowie unter Angabe (Anschrift und Konto-Nr.) des Reichsbankgiro- oder Postscheckkontos, auf das der Betrag überwiesen werden soll, unmittelbar bei der Stelle an, die den Ausweis nach Nr. 226 unter b ausgestellt hat (Gruppenführer oder Korpsführer des NS.-Fliegerkorps).

XXXVI. SA.-Führerausbildungslehrgänge (§ 30 Abs. 1 Nr. 8 EFU.-DV.).

232. Für den Familienunterhalt der Angehörigen der zu SA.-Führerausbildungslehrgängen — früher Lehr- und Prüfscheinlehrgänge für Führer der Wehrmannschaften — (vgl. RdErl. vom 19. 5. 1939, MBliV. S. 1189) gelten die einschlägigen Bestimmungen des 1. Abschn. entsprechend.

233. Die Einberufung wird durch Vorlage des Gestellungsbefehls nachgewiesen. Die Gestellungsbefehle werden von den SA.-Gruppen ausgestellt.

234. Die Mitteilung des Stadt- oder Landkreises über die Bewilligung des Familienunterhalts (§ 3 Abs. 2 Satz 2 EFU.-DV.) ist an den Leiter der SA.-Schule, die den Lehrgang durchführt, zu richten.

235. Die Leiter der SA.-Schulen sind verpflichtet, dem Stadt- oder Landkreis, der den Familienunterhalt bewilligt hat, alle für die Einstellung des Familienunterhalts erheblichen Tatsachen, insbesondere die etwaige vorzeitige Entlassung des Einberufenen, unverzüglich mitzuteilen (§ 6 EFU.-DV.).

235 a. Die Vorschrift des § 209 b der RVO. ist nach dem RdErl. des RAM. vom 27. 7. 1940 — II a 10007/40 (RABl. S. II 292) auch auf die versicherten Teilnehmer an SA.-Führer-Ausbildungslehrgängen anzuwenden. Sozialversicherungsbeiträge zur Erhaltung des Anspruchs auf Familienhilfe aus der Versicherung des Einberufenen (Nr. 93) sind daher bei Einberufungen zu SA.-Führer-Ausbildungslehrgängen nicht zu gewähren.

XXXVI a. Lehrgänge für Wehrertüchtigung in den Reichsausbildungslagern der Hitler-Jugend (§ 30 Abs. 1 Nr. 9 EFU.-DV. in der Fass. der VO. vom 16. 6. 1941, RGBl. I S. 320).

235 b. Für den Familienunterhalt der Angehörigen der Teilnehmer an den Lehrgängen für Wehrertüchtigung in den Reichsausbildungslagern der Hitler-Jugend gelten die einschlägigen Bestimmungen des 1. Abschn. entsprechend.

235 c. Die Einberufung wird durch Vorlage des Einberufungs-

befehls nachgewiesen. Die Einberufungsbefehle werden von den Gebietsführern der Hitler-Jugend ausgestellt.

235 d. Die Mitteilung des Stadt- oder Landkreises über die Bewilligung des Familienunterhalts (§ 3 Abs. 2 Satz 2 EFU.-DV.) ist an den Leiter des Reichsausbildungslagers, in dem der Lehrgang durchgeführt wird, zu richten.

235 e. Die Leiter der Reichsausbildungslager sind verpflichtet, dem Stadt- oder Landkreis, der den Familienunterhalt bewilligt hat, alle für die Einstellung des Familienunterhalts erheblichen Tatsachen, insbesondere die etwaige vorzeitige Entlassung des Einberufenen, unverzüglich mitzuteilen (§ 6 EFU.DV.).

235 f. Die Stadt- und Landkreise weisen den von ihnen für Lehrgänge in den Reichsausbildungslagern der Hitler-Jugend gezahlten Familienunterhalt monatlich in besonderen Übersichten sowie unter Angabe der Namen der Lehrgangsteilnehmer nach. Für diese Ausgaben ist in den Sachbüchern ein besonderer Abschnitt einzurichten, in dem auch die eingehenden Beträge durch Absetzen von der Ausgabe zu vereinnahmen sind. Die Landesabrechnungsstellen (Nr. 168) fordern den von den Stadt- und Landkreisen ihres Bereichs gezahlten Familienunterhalt monatlich unter Übersendung einer Abschrift der Übersicht sowie unter Angabe (Anschrift und Kontonummer) des Reichsbankgiro- oder Postscheckkontos, auf das der Betrag überwiesen werden soll, bei dem Reichskassenverwalter der Hitler-Jugend in Berlin N 54, Lothringer Str. 1, an und überweisen die eingegangenen Beträge den Stadt- und Landkreisen.

XXXVII. Angehörige der in § 30 Abs. 2 der EFU.-DV. genannten Personengruppen.

(Fass. der VO. vom 25. 10. 1940, RGBl. I S. 1397).

236. Für den Familienunterhalt der Angehörigen der in § 30 Abs. 2 der EFU.-DV. genannten Personengruppen gelten die einschlägigen Bestimmungen des 1. Abschn. entsprechend; ferner sind die Vorschriften der RdErl. vom 4. 11. 1940 — V f 1581/40-7900 (nicht veröffentl.) und 27. 11. 1940 — V f 1677/40-7900 (nicht veröffentl.) anzuwenden.

236 a. Die Vorschrift des § 209 b der RVO. ist nach dem RdErl. des RAM. vom 23. 12. 1940 — II a 16073/40 (RABl. 1941 S. II 19) auch auf die in § 30 Abs. 2 EFU.-DV. genannten Personengruppen anzuwenden. Sozialversicherungsbeiträge zur Erhaltung des Anspruchs auf Familienhilfe aus der Versicherung dieser Personen (Nr. 93) sind daher in diesen Fällen nicht zu gewähren.

Besatzungsmitglieder deutscher Handelsschiffe.

237. Familienunterhaltsberechtigt nach § 30 Abs. 2 Ziff. 1 der EFU.-DV. sind die im Inland befindlichen Angehörigen der Besatzungsmitglieder deutscher Handelsschiffe, die

1. in neutralen Häfen und in Häfen verbündeter Staaten oder besetzter Gebiete liegen und infolge feindlicher Maßnahmen nicht auslaufen können oder sollen,
2. in feindlichen Häfen festgehalten werden,
3. auf See durch feindliche Maßnahmen aufgebracht oder durch sonstige Kriegsmaßnahmen verlorengegangen sind.

238. Die Seeberufsgenossenschaft in Hamburg 8, Zippelhaus 5 (Seehaus), teilt dem zuständigen Stadt- oder Landkreis (§ 2 Abs. 1 EFU.-DV.) mit, ob und seit wann ein Seemann zu der Personengruppe des § 30 Abs. 2 Ziff. 1 der EFU.-DV. gehört. Sie hat dem Stadt- oder Landkreis alle für die Einstellung des Familienunterhalts erheblichen Tatsachen unverzüglich mitzuteilen (§ 6 EFU.-DV.). Außerdem macht das zuständige Versorgungsamt die Mitteilungen nach Nr. 55.

239. Die Mitteilung des Stadt- oder Landkreises über die Bewilligung des Familienunterhalts (§ 3 Abs. 2 Satz 2 EFU.-DV.) ist an die Seeberufsgenossenschaft zu richten.

3. Abschnitt.

Inkrafttreten. Übergangsvorschriften.

240. (1) Die Vorschriften dieses RdErl. treten am 1. 6. 1942, die Nrn. 155 bis 175 jedoch schon mit Wirkung vom 1. 4. 1942 an in Kraft.

(2) Soweit in laufenden Familienunterhaltsfällen Umrechnungen des Familienunterhalts erforderlich sind, sind diese tunlichst innerhalb dreier Monate durchzuführen, mit der Maßgabe, daß die Neuberechnung des Familienunterhalts, falls eine Erhöhung eintritt, vom 1. 6. 1942 an, und falls eine Herabsetzung eintritt, von dem auf die Neuberechnung folgenden Auszahlungszeitpunkt an wirksam wird.

241. Folgende RdErl. über die Ausführung des Familienunterhalts werden aufgehoben:
1. RdErl. vom 5. 7. 1940 (MBliV. S. 1363),
2. RdErl. vom 14. 12. 1940 (MBliV. S. 2251),
3. RdErl. vom 20. 6. 1941 (MBliV. S. 1116),
4. RdErl. vom 16. 7. 1941 — V f 750/41-7900 u. LG 4085-329 I A (nicht veröffentl.),
5. RdErl. vom 25. 7. 1941 (MBliV. S. 1377),
6. RdErl. vom 25. 8. 1941 — V f 935/41-7900 u. LG 4085-384 I A (nicht veröffentl.),
7. RdErl. vom 3. 10. 1941 — V f 1003/41-7900 u. LG 4085-426 I A (nicht veröffentl.),
8. RdErl. vom 15. 10. 1941 — V f 1030/41-7900 u. LG 4085-428 I A (nicht veröffentl.),

9. RdErl. vom 20. 11. 1941 — V f 1235/41-7900 u. LG 4085-545 I A (nicht veröffentl.),
10. RdErl. vom 6. 12. 1941 — V f 1196/41-7900 u. LG 4085-549 I A (nicht veröffentl.),
11. RdErl. vom 14. 1. 1942 — V f 1385/41-7900 u. LG 4085-614 I A (nicht veröffentl.).

242. Außer den an anderen Stellen dieses RdErl.[45]) aufgeführten nicht veröffentl. RdErl. bleiben folgende nicht veröffentl. RdErl. in Kraft:

1. Beratung der Stadt- und Landkreise durch die Aufsichtsbehörden in Angelegenheiten des Familienunterhalts vom 7. 12. 1939 — V f 782/39-7900;
2. Familienunterhalt (Allgemeine und grundsätzliche Regelungen) vom 20. 1. 1942 — V f 1340/41-7900 u. LG 4085-615 I A;
3. Kriegsleistungen der Stadt- und Landkreise und Gemeinden vom 30. 1. 1940 — V St 6/40-6391; Kreisanteil am Familienunterhalt vom 4. 6. 1940 — V St 374/40-6391 u. LG 4085-256 I —, vom 23. 4. 1941 — V St 23 IV/41-6391 und v. 29. 4. 1942 — V St 168/42 (A)-6391; ferner für Preußen: RdErl. vom 22. 6. 1940 — V St 282 V/40-6391;
4. Familienunterhalt für jüdische Angehörige von Einberufenen vom 6. 2. 1940 — V f 187/40-7900 u. LG 4085-1126 I;
5. Beitrag zur Fürsorgekasse der Reichstierärztekammer vom 20. 4. 1940 — V f 333/40-7900 u. LG 4085-169 I;
6. Aufrechterhaltung von Lebensversicherungen der einberufenen Ärzte vom 20. 9. 1940 — V f 1245/40-7900 u. LG 4085-407 I;
7. Familienunterhalt der Angehörigen der zur Wehrmacht einberufenen Ordensjunker der NSDAP. vom 27. 9. 1940 — V f 1123/40-7900 u. LG 4085-430 I;
8. Familienunterhalt anläßlich der erweiterten Kinderlandverschickung vom 5. 12. 1940 — V f 1658/40-7900 u. LG 4085-590 I A;
9. Familienunterhalt der zum Rangverlust oder zum Verlust eines höheren Dienstgrades verurteilten Soldaten vom 13. 12. 1940 — V f 1426/40-7900;
   Entlassung von Unteroffizieren wegen unehrenhafter Handlungen oder sonstiger Verfehlungen mit dem Ziel ihrer Wiedereinstellung mit dem niedrigsten Mannschaftsdienstgrad vom 26. 9. 1941 — V f 885/41-7900;

---

[45]) Vgl. die Nrn. 4, Anm.; 32, 82, 109 b, 109 c, 109 d, 112, Anm.; 116 a, Anm.; 122 A III, Anm.; 122 A V, Anm.; 123, Anm.; 146 Ziff. 3, 4, 4 a, 5, 30; 148 a, Anm.; 150 c, 150 f, 236.

10. Arbeitseinsatz familienunterhaltsberechtigter Frauen und Anrechnungsfreiheit ihres Nettoeinkommens aus Arbeitsverdienst (aus nichtselbständiger Arbeit) vom 30. 6. 1941 — V f 679/41-7900 — in der Fass. des RdErl. vom 5. 7. 1941 — V f 725/41-7900 u. LG 4085-321 I A;
desgl. hier: Aufgaben der Arbeitsämter vom 21. 7. 1941 — V f 753/41-7900;
desgl. hier: Einkommenshöchgrenze vom 13. 10. 1941 — V f 1075/41-7900 u. LG 4085-444 I A.

243. Soweit in anderen RdErl. auf Vorschriften des RdErl. vom 5. 7. 1940 (MBliV. S. 1363) und der zu seiner Änderung ergangenen RdErl. Bezug genommen wird, treten die entsprechenden Vorschriften dieses RdErl. vom Zeitpunkt ihres Inkrafttretens ab an deren Stelle.

An die Reichsstatthalter in den Reichsgauen (Landesregierungen), den Stadtpräs. der Reichshauptstadt Berlin, die Reg.-Präs., die Stadt- und Landkreise, die Gemeinden.

An den Reichsprotektor und die Oberlandräte in Böhmen und Mähren, die Chefs der Zivilverwaltung im Elsaß, in Lothringen, in Luxemburg, in der Untersteiermark und für die besetzten Gebiete Kärntens und der Krain durch Abdruck.

— MBliV. S. 817.

Formblatt C.

(Seite 1).

Stadt ...., den .... 194...
Landkreis ....

Nr. ......

Übersicht
über ausgezahlten Familienunterhalt
Monat .... 194..

Berechnung des Reichsanteils (Sp. 8a der Seite 3)[1]).

1. Ständige Bevölkerung nach dem Ergebnis der amtlichen Bevölkerungsfortschreibung nach dem Stande vom 1. 4. 1941 (vgl. RdErl. vom 29. 4. 1942 — V St 168/42 (A)–6391, nicht veröffentl.): .... Personen.
2. Kosten des Familienunterhalts, die das Reich anteilmäßig zu erstatten hat
   a) Summe der Sp. 2 . . . . RM,
   b) Summe der Sp. 5 . . . . RM.
   Insgesamt .... RM.
3. Das Reich hat zu erstatten:
   a) 90 v. H. der Kosten bis zu einem Betrag von ...... RM[2]) je Einwohner, mithin bis zu .... RM[2]) mal ständige Bevölkerung (Ziff. 1) . . . . = ... RM,
   b) 95 v. H. der darüber hinausgehenden Kosten von . . . . RM.

4. Der Reichsanteil beträgt:
a) 90 v. H. von ....RM[3]) .... = ...RM,
b) 95 v. H. von ....RM (Ziff. 3b) ...... = ...RM.
Insgesamt (Sp. 8a) ....RM.

Sachlich richtig

....

(Unterschrift des Landrats, Oberbürgermeisters)

Festgestellt[4])

....

(Unterschrift, Amtsbezeichnung)

An den Herrn

....

(Landesabrechnungsstelle)

in ....

(Einzureichen **bis zum 15. des Nachmonats** an die Landesabrechnungsstelle).

[1]) Abschn. I des RdErl. vom 30. 1. 1940 — V St 6/40–6391 (nicht veröffentl.).

[2]) Einzusetzen ist in den
Landkreisen ein Betrag von .... 1.20 RM,
Stadtkreisen mit nicht mehr als 200000 Einwohnern ein Betrag von .... 2.40 RM,
Stadtkreisen mit mehr als 200000 Einwohnern ein Betrag von .... 3.50 RM.

[3]) Einzusetzen ist der Betrag Ziff. 3a oder, wenn der Betrag Ziff. 2 (insgesamt) niedriger ist, dieser niedrigere Betrag.

[4]) In den Alpen- und Donau-Reichsgauen und im Reichsgau Sudetenland ist hierfür zu setzen: „Rechnerisch nachgeprüft."

(Seite 2)

Stadt- oder Landkreis, beauftragte Gemeinde (GV.)	I. Familienunterhalt für Angehörige von Einberufenen und ihnen Gleichstehenden[1])		II. Räumungsfamilienunterhalt[2])			III. Andere beim Familienunterhalt abzurechnende Beträge, die das Reich voll zu erstatten hat[3])	
	Zahl der Einberufenen	Betrag[4]) RM | Rpf	Zahl der Parteien	Beträge, die das Reich voll zu erstatten hat[4]) RM | Rpf	Beträge, die das Reich nur anteilmäßig zu erstatten hat[4]) RM | Rpf	Umstellungsbeihilfen für Personenbeschädigte und ihre Angehörigen[4]) RM | Rpf	Weihnachtszuwendungen nach § 5 Abs. 2 der VO. vom 16. 12. 1939[4]) RM | Rpf
	1	2	3	4	5	6	7
Insgesamt:							

(Seite 3)

IV. Reichsanteil				V. Anrechnung der Abschlagszahlungen auf den Reichsanteil						
an den Beträgen in Sp. 2 und 5 (vgl. die Berechnung auf S. 1)		Insgesamt (Sp. 4 + 6 + 7 + 8 a)		Auf den Reichsanteil (Sp. 8 b) anzurechnende Abschlagsauszahlungen a) Übertrag aus dem Vormonat b) Abschlagsauszahlungen für den Abrechnungsmonat c) Betrag a + b bzw. b—a		Erstattungsanspruch des Stadt- oder Landkreises (Sp. 8 b abzügl. Sp. 9). Dieser Betrag ist in die Sp. 9 unter Buchst. a des Formbl. C für den folgenden Monat in Rot zu übertragen		Bestand an Reichsmitteln (Sp. 9 abzügl. Sp. 8 b). Dieser Betrag ist in die Sp. 9 unter Buchst. a des Formbl. C für den folgenden Monat in Schwarz zu übertragen		Bemerkungen
RM	Rpf	RM	Rpf	RM	Rpf	RM	Rpf	RM	Rpf	
8 a		8 b		9		10		11		12

[1]) Im Abschn. I sind die Aufwendungen für Personen nachzuweisen, die Einsatz-Familienunterhalt erhalten (Wehrpflicht, SS-Verfügungstruppe, Waffen-SS, Reichsarbeitsdienstpflicht, Kriegshilfsdienst der Arbeitsmaiden, Luftschutzdienst, Notdienstpflicht, Techn. Wehrwirtschaftseinheiten, TR.- (Heerestransport-) Einheiten des NSKK., Freiw. Krankenpflege, SA.-Führerausbildungslehrgänge, Angehörige der in § 30 Abs. 2 der EFU.-DV. genannten Personengruppen,

nicht dagegen: Lehrgänge des Deutschen Roten Kreuzes, Lehrgänge der Reichsmotorsportschulen im NSKK., Lehrgänge des NS.-Fliegerkorps und Lehrgänge für Wehrertüchtigung in den Reichsausbildungslagern der Hitler-Jugend.

Die Angabe ist in einer Summe, d. h. ohne Aufteilung nach den vorstehenden Gruppen zu machen.

[2]) Im Abschn. II sind die Aufwendungen für von der Freimachung Betroffene und aus Gründen der Luftgefährdung Umquartierte nachzuweisen, die Familienunterhalt nach der Räumungs-FUV. erhalten, und zwar in Sp. 4 die Aufwendungen, die das Reich voll zu erstatten hat (§ 3 der Räumungs-FUV.), in Sp. 5 die Aufwendungen, die das Reich nur anteilmäßig zu erstatten hat (Nr. 6b des 1. RdErl. vom 1. 9. 1939, MBliV. S. 1925).

[3]) Im Abschn. III sind die Aufwendungen nachzuweisen, die, ohne FU. zu sein, beim FU. abzurechnen und vom Reich voll zu erstatten sind (Umstellungsbeihilfen für Personenbeschädigte nach Abschn. E des RdErl. vom 28. 2. 1941, MBliV. S. 390) und Weihnachtszuwendungen für Kinder von Einberufenen und Gleichstehenden, denen laufender allgemeiner Familienunterhalt nicht gewährt wird (§ 5 Abs. 2 der VO. vom 16. 12. 1939, RGBl. I S. 2425).

[4]) Hierin dürfen persönliche und sächliche Verwaltungskosten nicht enthalten sein.

Formblatt D.

Stadt-/Land-Kreis ....

Nachweisung über Forderungen aus dem Familienunterhalt (Erstattungsliste).

Rechnungsjahr 194....

Lfd. Nr.	Des Zahlungspflichtigen		Aktenzeichen	Soll-Betrag der Forderung	
	Name	Wohnort		RM	Rpf

Ist-Zahlung durch Absetzung von den Ausgaben vereinnahmt im Monat																							
April		Mai		Juni		Juli		August		Septem-ber		Oktober		Novem-ber		Dezem-ber		Januar		Februar		März	
RM	Rpf	RM	Rpf	RM	Rpf	RM	Rpf	RM	Rpf	RM	Rpf	RM	Rpf	RM	Rpf	RM	Rpf	RM	Rpf	RM	Rpf	RM	Rpf

(Seite 1)

Formblatt E.

....,den.......194..

(Landesabrechnungsstelle)

Zusammenstellung
über den im Bereich der Landesabrechnungsstelle ausgezahlten Familienunterhalt.

Zu den Nrn. 169 und 173 des RdErl. d. RMdJ. u. d. RFM. vom 5. 5. 1942 — V f 330/42–7900 u. LS 4085–793 I A (MBliV. S. 817).

Monat .... 194...

Sachlich richtig: Festgestellt:[1])

....

(Unterschrift, Amtsbezeichnung) (Unterschrift, Amtsbezeichnung)

An
den Herrn Reichsminister des Innern
den Herrn Reichsminister der Finanzen
in Berlin.

[1]) In den Alpen- und Donau-Reichsgauen und im Reichsgau Sudetenland ist hierfür zu setzen:
„Rechnerisch nachgeprüft".

(Seite 2)

Stadt- oder Landkreis	I. Familienunterhalt für Angehörige von Einberufenen und ihnen Gleichstehenden			II. Räumungsfamilienunterhalt					III. Andere beim Familienunterhalt abzurechnende Beträge, die das Reich voll zu erstatten hat			
	Zahl der Einberufenen	Betrag		Zahl der Parteien	Beträge, die das Reich voll zu erstatten hat		Beträge, die das Reich nur anteilmäßig zu erstatten hat		Umstellungsbeihilfen für Personenbeschädigte und ihre Angehörigen		Weihnachtszuwendungen nach § 5 Abs. 2 der VO. vom 16. 12. 1939	
		RM	Rpf		RM	Rpf	RM	Rpf	RM	Rpf	RM	Rpf
	1	2		3	4		5		6		7	
Summe												

(Seite 3)

IV. Reichsanteil (Übersicht C Sp. 8 b)		V. Anrechnung der Abschlagsauszahlungen auf den Reichsanteil						Bemerkungen
		Auf den Reichsanteil (Sp. 8) anzurechnende Abschlagsauszahlungen (Übersicht C Sp. 9 Buchst. c)		Erstattungsanspruch des Stadt- oder Landkreises (Sp. 8 abzügl. Sp. 9)		Bestand an Reichsmitteln (Sp. 9 abzügl. Sp. 8)		
RM	Rpf	RM	Rpf	RM	Rpf	RM	Rpf	
8		9		10		11		12

Formblatt F.

Stadt ...., den .... 194...
Landkreis ....

Nr. ....

Anmeldung
der zur Auszahlung des Reichsanteils an den Kosten des Familienunterhalts für den Monat .... 194.... erforderlichen Mittel

(Nrn. 155 u. 157 des RdErl. des RMdI. u. d. RFM. vom 5. 5. 1942 — V f 330/42-7900 u. LG 4085-793 I A, MBliV. S. 817).

1. Bedarf an Mitteln zur Auszahlung des Reichsanteils an den Kosten des Familienunterhalts (einschl. des Räumungsfamilienunterhalts und der anderen beim Familienunterhalt abzurechnenden Beträge) für den oben angegebenen Monat . . . . RM.
2. Aus dem Vormonat ist
   a) abzuziehen ein geschätzter Bestand an Reichsmitteln von — .... RM,
   b) hinzuzurechnen ein geschätzter Erstattungsanspruch des Stadt- oder Landkreises von . . . . + ... RM.
3. Es werden mithin benötigt . . . . RM,
   und zwar in der 1. Hälfte des Monats .... RM,
   in der 2. Hälfte des Monats .... RM.

(Fortsetzung zu Formblatt F)

Die Beträge sind auf ....
....[1]
zu überweisen.

Sachlich richtig: Festgestellt[2]):

....
(Unterschrift des Landrats, Oberbürgermeisters) (Unterschrift, Amtsbezeichnung)

An den Herrn
....
(Landesabrechnungsstelle)
in ....

[1]) Genaue Bezeichnung (Anschrift und Konto-Nr.) des Reichsbankgiro- oder Postscheckkontos, auf das die Beträge überwiesen werden sollen.

[2]) In den Alpen- und Donau-Reichsgauen und im Reichsgau Sudetenland ist hierfür zu setzen: „Rechnerisch nachgeprüft".

Formblatt G.

...., den ....194...
(Landesabrechnungsstelle)

Nr. ....

Anforderung
der bei den Stadt- und Landkreisen im Bereich der Landesabrechnungsstelle zur Auszahlung des Reichsanteils an den Kosten des Familienunterhalts für den Monat .... 194.... erforderlichen Mittel.

Zu Nr. 155 des RdErl. d. RMdJ. u. d. RFM. vom 5. 5. 1942 — V f 330/42-7900 u. LG 4085-793 I A (MBliV. S. 817).

Bedarf	Davon		Kurze Begründung
	in der ersten Hälfte des Monats	in der zweiten Hälfte des Monats	
RM	RM	RM	

Sachlich richtig: Festgestellt[1]):

....
(Unterschrift, Amtsbezeichnung) (Unterschrift, Amtsbezeichnung)

An
den Herrn Reichsminister des Innern
in Berlin

[1]) In den Alpen- und Donau-Reichsgauen und im Reichsgau Sudetenland ist hierfür zu setzen: „Rechnerisch nachgeprüft".

Formblatt H.

...., den..........194...
(Landesabrechnungsstelle)
Nr.......

Rechnungsjahr 194....

Verbuchungsstelle: Einzelplan XVIIa Teil V Unterteil 2c der Ausgaben des außerordentlichen Reichshaushalts.

Auszahlungsanordnung.

Die .... Kasse wird angewiesen, den in der Anlage aufgeführten Stadt- und Landkreisen am .... die in Sp. 3 und am .... die in Sp. 4 angegebenen Beträge durch Überweisung zu zahlen und den Gesamtbetrag (Sp. 5) von

..........*RM*,

in Worten: ....*RM*,

wie oben angegeben, im einzelnen als Abschlagsauszahlungen auf den Reichsanteil an den Kosten des Familienunterhalts für den Monat .... 194.. zu buchen.

Wegen der Buchung und rechnungsmäßigen Darstellung wird auf Nr. 156 des RdErl. vom 5. 5. 1942 (MBliV. S. 817) verwiesen.

Sachlich richtig.

Festgestellt[1]):

....
(Unterschrift, Amtsbezeichnung)

An
die .... Kasse
in ....

Anlage zu Formblatt H.

Abschlagsauszahlungen

auf den Reichsanteil an den Kosten des Familienunterhalts für den Monat .... 194....

Zur Auszahlungsanordnung vom .... 194.... — Nr.....

Lfd. Nr.	Stadt / Landkreis	Zu überweisen am 194... *RM*	Zu überweisen am 194.. *RM*	Insgesamt (Sp. 3 und 4) *RM*	Bezeichnung der Konten, auf die Beträge zu überweisen sind	Bemerkungen
1	2	3	4	5	6	7
	Summe					

Festgestellt[1]):

....
(Unterschrift, Amtsbezeichnung)

[1]) In den Alpen- und Donau-Reichsgauen und im Reichsgau Sudetenland ist hierfür zu setzen: „Rechnerisch nachgeprüft".

5.

Aufrechterhaltene Einzel-Vollzugserlasse[1]).

a) Erlaß d. RMdJ. vom 7. 12. 1939, V f 782/39-7900 über Beratung der Stadt- und Landkreise durch die Aufsichtsbehörden in Angelegenheiten des Familienunterhalts.

Die einheitliche Handhabung des Familienunterhalts erfordert eine laufende Beratung der Stadt- und Landkreise durch die Aufsichtsbehörden über auftretende Zweifelsfragen. Von verschiedenen Aufsichtsbehörden wird eine Beratung bereits in der Weise durchgeführt, daß in kurzen Zeitabständen Besprechungen mit den Behördenvorständen oder Dezernenten und den Sachbearbeitern der Stadt- und Landkreise am Sitz der Aufsichtsbehörde abgehalten werden oder daß der Sachbearbeiter der Aufsichtsbehörde zu den Stadt- und Landkreisen entsandt wird. Beide Verfahren haben sich bewährt.

Die Entsendung des Sachbearbeiters der Aufsichtsbehörde zu den Stadt- und Landkreisen bietet den Vorteil, daß Zweifelsfragen, die sich bei Bearbeitung der Einzelanträge ergeben, mit den Sachbearbeitern eingehender durchgesprochen werden können, als bei Besprechungen mit sämtlichen Sachbearbeitern der Stadt- und Landkreise am Sitz der Aufsichtsbehörde. Sie ist daher nach Möglichkeit auch dann durchzuführen, wenn damit eine örtliche Prüfung bereits abgeschlossener Familienunterhaltsfälle nach Nr. 99 des Runderlasses vom 11. 7. 1939 (RMBliV. S. 1447) nicht verbunden werden kann. Soweit dieses Verfahren aus personellen oder sonstigen Gründen nicht durchgeführt werden kann, haben die Aufsichtsbehörden möglichst allmonatlich Besprechungen mit den Behördenvorständen oder Dezernenten und den Sachbearbeitern der Stadt- und Landkreise ihres Bezirks abzuhalten. Es steht selbstverständlich nichts im Wege, beide Arten von Besprechungen nebeneinander abzuhalten. Von etwaigen Niederschriften über Besprechungen bei der Aufsichtsbehörde ersuche ich mir jeweils drei Abschriften vorzulegen.

b) Erlaß d. RMdJ. vom 30. 1. 1940, V St 6/40-6391 über Kriegsleistungen der Land- und Stadtkreise und Gemeinden.

I.

Durch eine Verordnung zur Ergänzung des Familienunterstützungsgesetzes vom 13. März 1936 (RGBl. I S. 327), die demnächst veröffentlicht wird, werden der Reichsminister des Innern und der Reichsminister der Finanzen ermächtigt, während des besonderen Einsatzes der Wehrmacht den Anteil an den Kosten des Familien-

[1]) Abgedruckt nur, soweit nicht Veröffentlichung ausgeschlossen.

unterhalts, den das Reich den Land- und Stadtkreisen zu erstatten hat, mit Wirkung ab 1. Januar 1940 abweichend von der Vorschrift des § 4 Satz 1 des Familienunterstützungsgesetzes festzusetzen.

Auf Grund dieser Ermächtigung bestimmen wir, daß vom Reich an Stelle der bisherigen vier Fünftel der Kosten des Familienunterhalts (einschließlich der Wirtschaftsbeihilfe) sowie des Räumungsfamilienunterhalts (vgl. Ziff. 6 b des 1. Runderlasses vom 1. September 1939, RMBliV. S. 1925) erstattet werden:

a) **90 v. H.**, soweit die monatlichen Kosten in den Landkreisen einen Betrag von . . . . 1.20 RM, Stadtkreisen mit nicht mehr als 200 000 Einw. einen Betrag von . . . . 2.40 „ Stadtkreisen mit mehr als 200 000 Einw. einen Betrag von . . . . 3.50 „ je Kopf der ortsanwesenden Bevölkerung (nach der Volkszählung von 1939) nicht übersteigen;

b) **95 v. H.** der darüber hinausgehenden Kosten.

Diese Regelung gilt erstmals für die Erstattung der für den Monat Januar 1940 gezahlten Familienunterhaltskosten.

Beispiel:

	Landkreis mit 100000 Einw.	Stadtkreis 150000 Einw.	Stadtkreis 700000 Einw.
monatliche FU. (100%)	300000 RM	450000 RM	3000000 RM
Erstattung des Reichs:			
90% von 120000 RM (1.20 RM je Kopf) 360000 RM (2.40 RM je Kopf) 2450000 RM (3.50 RM je Kopf) =	108000 „	324000 „	2205000 „
95% von 180000 RM 90000 RM 550000 RM =	171000 „	85500 „	522500 „
monatliche Gesamterstattung	279000 RM	409500 RM	2727500 RM
demnach sind selbst aufzubringen . . .	21000 „	40500 „	272500 „
bisher waren aufzubringen	60000 „	90000 „	600000 „
demnach monatliche Entlastung	39000 RM	49500 RM	327500 RM

Wegen des Abrechnungsverfahrens ergehen demnächst weitere Weisungen.

II.

Durch eine weitere Ergänzungsvorschrift zur Kriegswirtschaftsverordnung vom 4. September 1939 (RGBl. I S. 1609), die ebenfalls demnächst veröffentlicht wird, werden der Reichsminister der Finanzen und der Reichsminister des Innern ermächtigt, den von den Gemeinden zu leistenden Kriegsbeitrag anderweit zu bemessen.

Auf Grund dieser Ermächtigung wird vom 1. Januar 1940 ab der nur von den Gemeinden des Altreichs zu leistende monatliche Kriegsbeitrag um 1,5 v. H. der Steuermeßbeträge der Grundsteuer von den land- und forstwirtschaftlichen Betrieben (also von monatlich 2,5 v. H. auf monatl. 1 v. H.) herabgesetzt. Der von der Gesamtheit der Gemeinden eines jeden Landes monatlich aufzubringende Kriegsbeitrag ermäßigt sich hiernach erstmalig bei dem von den Ländern für den Monat Januar 1940 zum 18. Februar 1940 an die Reichshauptkasse im Verrechnungswege abzuführenden Kriegsbeitrag um 1,5 v. H. der mit Runderlaß des RFM. vom 9. Januar 1940 — LG 4022-43 I — (bei Baden, Braunschweig, Lippe und Schaumburg-Lippe: Runderlaß des RFM. vom 23. September 1939, — LG 4022-12 I —) mitgeteilten Steuermeßbeträge der Grundsteuer von den land- und forstwirtschaftlichen Betrieben. Die Höhe des Kriegsbeitrages der Gemeinden jedes Landes wird von mir, dem Reichsminister der Finanzen, dementsprechend erneut festgesetzt und den Landesregierungen mitgeteilt.

Zur Vermeidung umfangreicher Umrechnungen ist zweckmäßig die Senkung des Kriegsbeitrags um volle 1,5 v. H. der Steuermeßbeträge der Grundsteuer von den land- und forstwirtschaftlichen Betrieben auch dann vorzunehmen, wenn der Kriegsbeitrag in einzelnen Ländern anders unterverteilt und demgemäß der Vomhundertsatz der Steuermeßbeträge der Grundsteuer von den land- und forstwirtschaftlichen Betrieben in anderer Höhe (z. B. infolge Heranziehung der Schlüsselzuweisungen als Bemessungsgrundlage niedriger) festgesetzt ist.

Die Landesregierungen usw. werden ersucht, umgehend das Erforderliche zu veranlassen.

Ob und inwieweit entsprechend der Senkung des Kriegsbeitrags der kreisangehörigen Gemeinden auch die in Abschn. V Abs. 6 des Runderlasses vom 9. September 1939 (RMBliV. S. 1858) angeordnete Senkung der Kreisumlage wieder rückgängig zu machen ist, wird der Entscheidung der oberen Gemeindeaufsichtsbehörde überlassen.

c) Kreisanteil am Familienunterhalt.

aa) Erlaß d. RMdI. vom 4. 6. 1940 V St 374/40-6391 über Kreisanteil am Familienunterhalt.

Der Runderlaß vom 19. Februar 1940 — V St 114/40/6391 — wird mit Wirkung ab 1. April 1940 aufgehoben. Für die Errechnung des Kreisanteils am Familienunterhalt ist ab 1. April 1940 die Zahl der ständigen Bevölkerung maßgebend. Zum Begriff der „ständigen Bevölkerung“ wird auf den Runderlaß vom 17. Mai 1940 — V St 347 V 40/6391 — Bezug genommen. Für die preußischen Regierungspräsidenten ergeht demnächst besonderer Erlaß.

Die Zahl der ständigen Bevölkerung ist den Ländern bzw. den preußischen Regierungspräsidenten kürzlich von dem Statistischen

Reichsamt mitgeteilt worden. Die Landesregierungen usw. werden ersucht, soweit nicht bereits geschehen, den Land- und Stadtkreisen die Zahl ihrer ständigen Bevölkerung bekannt zu geben.

bb) Erlaß d. RMdJ. vom 23. 4. 1941 V St 23 IV/41/6391 über Kreisanteil am Familienunterhalt.

Für die Berechnung des Kreisanteils am Familienunterhalt für das Rechnungsjahr 1941 ist ebenso wie im Rechnungsjahr 1940 im Altreichsgebiet die ständige Bevölkerung maßgebend. Nachdem nunmehr endgültige Ergebnisse der Volkszählung 1939 und für die seit September 1939 in das Reichsgebiet eingegliederten Gebietsteile neuere Einwohnerzahlen vorliegen, ordne ich im Einvernehmen mit dem Reichsminister der Finanzen an, daß vom Beginn des Rechnungsjahres 1941 an für die Bemessung des Kreisanteils am Familienunterhalt folgende Einwohnerzahlen maßgebend sind

a) für das Altreichsgebiet, die Reichsgaue der Ostmark und den Reichsgau Sudetenland das endgültige Ergebnis der Volkszählung 1939 (ständige Bevölkerung) und

b) für die eingegliederten Ostgebiete, das Memelland und das Gebiet der ehemaligen Freien Stadt Danzig die Wohnbevölkerung nach der Veröffentlichung des Statistischen Reichsamtes in Heft 23 des 20. Jahrganges von „Wirtschaft und Statistik" (S. 535).

Ich ersuche um sofortige Verständigung der beteiligten Dienststellen.

cc) Erlaß d. RMdJ. vom 29. 4. 1942 V St 168/42 (A) - 6391 über Kreisanteil am Familienunterhalt.

Die statistischen Zentralstellen haben für das Reichsgebiet mit Ausnahme der nicht von der Volkszählung 1939 erfaßten Teile die Ergebnisse der amtlichen Bevölkerungsfortschreibung (Ständige Bevölkerung) nach dem Stande vom 1. April 1941 festgestellt. Im Einvernehmen mit dem Herrn Reichsminister der Finanzen ordne ich an, daß diese Ergebnisse vom Beginn des Rechnungsjahres 1942 ab für die Berechnung des Kreisanteils am Familienunterhalt an die Stelle der Einwohnerzahlen treten, die nach dem Runderlaß vom 23. April 1941 — V St 23 IV/41 - 6391 — (nicht veröffentlicht) im Rechnungsjahr 1941 bei der Berechnung des Kreisanteils am Familienunterhalt verwendet worden sind. In dem nicht von der Volkszählung 1939 erfaßten Reichsgebiet, insbesondere in den eingegliederten Ostgebieten, verbleibt es für das Rechnungsjahr 1942 noch bei den bisherigen Einwohnerzahlen (vgl. die Veröffentlichung des Statistischen Reichsamts in Heft 23 des 20. Jahrgangs von „Wirtschaft und Statistik" S. 535). Eine Ausnahme gilt nur für die Gebiete, für die von mir im

Einvernehmen mit dem Reichsminister der Finanzen zugelassen worden ist oder noch wird, daß für die Berechnung der Finanzausgleichszwecken dienenden Zahlungen — also auch für die Berechnung des Kreisanteils am Familienunterhalt — vom Rechnungsjahr 1942 ab hilfsweise die Ergebnisse der Personenstandsaufnahme vom 10. Oktober 1941 an die Stelle der Wohnbevölkerung treten.

Ich ersuche um sofortige Verständigung der beteiligten Dienststellen.

Für die preußischen Regierungspräsidenten, den Stadtpräsidenten der Reichshauptstadt Berlin, die Reichsstatthalter in den Reichsgauen des Alpen- und Donauraumes, im Sudetengau, für das Saarland, die ehemaligen preußischen und Danziger Teile des Reichsgaues Danzig-Westpreußen füge ich eine kreisweise Zusammenstellung der neuen Einwohnerzahlen bei. Für die übrigen Reichsteile sind die neuen Einwohnerzahlen den entsprechenden Mitteilungen des Statistischen Reichsamts oder der zuständigen statistischen Landeszentralstellen zu entnehmen.

Zusatz für die Regierungspräsidenten in Gumbinnen, Allenstein, Aachen und den Reichsstatthalter in Danzig:

Für das Memelland, den Kreis Sudauen, den Kreisteil Soldau des Kreises Neidenburg, die Kreise Eupen und Malmedy und das Gebiet der ehemaligen Freien Stadt Danzig gelten vom Beginn des Rechnungsjahres 1942 ab die Ergebnisse der Personenstandsaufnahme vom 10. Oktober 1941.

d) Erlaß d. RMdJ. und RFM. vom 20. 4. 1940 V f 333/40-7900 LG 4085-169 I über Familienunterhalt der einberufenen Tierärzte, Beitrag zur Fürsorgekasse der Reichstierärztekammer.

Auf Grund des § 7 des Familienunterstützungsgesetzes vom 30. März 1936 (RGBl. I S. 327) ordnen wir mit Wirkung vom 1. September 1939 an folgendes an:

Die Beiträge der Tierärzte zur Fürsorgekasse der Reichstierärztekammer stellen Beiträge zu einer Sterbegeldversicherung dar. Sie sind den Sicherungsbeiträgen im Sinne der Anordnung Nr. 49 des Reichsaufsichtsamts für Privatversicherung vom 3. November 1939 — A I 2942 — Anlage zu Nr. 68 a des Ausführungserlasses vom 11. Juli 1939 in der Fassung des Runderlasses vom 3. November 1939 (RMBliV. S. 2246) gleichzustellen. Für die einberufenen Tierärzte sind die vollen Beiträge zur Fürsorgekasse der Reichstierärztekammer nach Maßgabe der genannten Vorschrift Nr. 68 a als Beihilfe gemäß § 7 der Einsatz-Familienunterstützungsverordnung vom 1. September 1939 (RGBl. I S. 1563) zu gewähren.

e) Erlaß d. RMdJ. und RFM. vom 20. 9. 1940 V f 1245/40-7900 und LG 4085-407 I über Familienunterhalt. Aufrechterhaltung von Lebensversicherungen der einberufenen Ärzte.

A. Allgemeines.

Die Reichsärztekammer hat durch ihre Anordnung zur Vereinheitlichung des ärztlichen Versorgungswesens vom 7. Februar 1938 (Reichsärzteblatt 1938 Seite 111), die sie gemäß § 46 Abs. 2 der Reichsärzteordnung erlassen hat, eine allgemeine Versorgung für die ihr unterstehenden Ärzte und deren Hinterbliebene eingeführt. Träger der Versorgung ist die Reichsärztekammer. Die örtlichen Geschäfte führen die Ärztekammern, bei denen zu diesem Zweck je eine besondere Abteilung „Ärzteversorgung" errichtet ist, in einzelnen Fällen auch die ärztlichen Bezirksvereinigungen, die dann der Abteilung „Ärzteversorgung" der für sie zuständigen Ärztekammer angegliedert sind. Im allgemeinen sind für die Versicherung der Ärzte Gruppenverträge mit beaufsichtigten Versicherungsunternehmungen (Vertragsgesellschaften) abgeschlossen. Versicherungsnehmer ist in diesem Falle der Träger der Versorgung, d. h. die Reichsärztekammer. Die Versicherungsbeiträge, die der Versicherungsnehmer für den einzelnen Arzt zu entrichten hat, richten sich nach dem Tarif der Vertragsgesellschaften. Die Mittel für die Leistung der Versicherungsbeiträge werden durch Beiträge der Ärzte an die Ärztekammern oder ärztlichen Bezirksvereinigungen aufgebracht. Diese Beiträge (Versorgungsbeiträge) decken sich im allgemeinen nicht mit den für den einzelnen Arzt zu zahlenden Versicherungsbeiträgen, sondern werden gemäß § 11 der Anordnung der Reichsärztekammer vom 7. Februar 1938 unter Berücksichtigung des ärztlichen Berufseinkommens erhoben.

Nur in einigen Fällen wird die Versicherung von der Reichsärztekammer selbst durch deren Untergliederungen durchgeführt. Versicherer ist in diesen Fällen die Reichsärztekammer. Ein Unterschied zwischen Versorgungsbeitrag und Versicherungsbeitrag besteht in diesen Fällen nicht.

Zur Vereinfachung des Verfahrens bei der Gewährung von Beihilfen zur Aufrechterhaltung der Lebensversicherungen (Sicherungsbeitrag) einberufener Ärzte, die der Versorgung der Reichsärztekammer angehören, ordnen wir mit Wirkung vom 1. Mai 1940 an:

Als monatlicher Barbeiterag im Sinne des Abschnitts III des Rundschreibens Nr. 49 des Reichsaufsichtsamts für Privatversicherung gilt für die Berechnung des nach Nr. 106 bis 110 des Runderlasses vom 5. Juli 1940 (RMBliV. S. 1363) als Beihilfe zu gewährenden Sicherungsbeitrags der Beitrag zur Ärzteversorgung, den der einberufene Arzt an die zuständige Ärztekammer oder ärztliche Bezirksvereinigung zuletzt vor der Einberufung zu zahlen hatte[1]).

[1]) Dieser Betrag ist nicht mit dem allgemeinen Beitrag des Arztes zur

B. Besonderheiten.

1. Provinz Schlesien:

Für die zur Ärztekammer Schlesien gehörenden Ärzte — mit Ausnahme der Ärzte des Regierungsbezirks Kattowitz, für die eine allgemeine Ärzteversorgung noch nicht durchgeführt ist — besteht

a) eine Sterbegeldversicherung.

Bei der Berechnung des Sicherungsbeitrages ist nach A, letzter Absatz, zu verfahren;

b) eine von der Reichsärztekammer selbst durchgeführte, durch die Ärztekammer Schlesien verwaltete Rentenversicherung (früher: Versorgungskasse der Ärzte Niederschlesiens und Oberschlesiens e. V.).

Die Berechnung des Sicherungsbeitrages richtet sich nach dem Erlaß vom 20. September 1940 — V f 1246/40-7900 — an die Regierungspräsidenten in Breslau, Liegnitz und Oppeln.

2. Bayern.

Für die zur Ärztekammer Bayern gehörenden Ärzte besteht

a) eine Sterbegeldversicherung.

Bei der Berechnung des Sicherungsbeitrages ist nach A, letzter Absatz zu verfahren,

b) eine Rentenversicherung bei der „Bayerischen Ärzteversorgung".

Die Berechnung des Sicherheitsbeitrages richtet sich nach dem Erlaß vom 8. Mai 1940 — V f 659/40-7900 — an das Staatsministerium des Innern in München.

f) Erlaß d. RMdJ. und RFM. vom 27. 9. 1940 V f 1123/40-7900 und LG 4085-430 I über Familienunterhalt der Angehörigen der zur Wehrmacht einberufenen Ordensjunker der NSDAP.

Um eine einheitliche Regelung des Familienunterhalts für die Ehefrau und die Kinder der zur Wehrmacht einberufenen Ordensjunker der NSDAP. herbeizuführen, ist bei Bemessung des Familienunterhalts und bei Festsetzung der Einkommenshöchstgrenze für diese Angehörigen vom 1. September 1940 an wie folgt zu verfahren:

I. Sofern die Ehefrau den Tabellensatz (Nr. 77 des RdErl. vom 5. Juli 1940 — RMBliV. S. 1363) erhalten kann, sind zum Nettoeinkommen des Einberufenen in der Zeit vor der Einstellung in die Wehrmacht alle Leistungen zu rechnen, die er von der Reichsorganisationsleitung für sich, für die Ehefrau und die Kinder erhalten hat.

Ärztekammer zu verwechseln, der gemäß Nr. 112 b des Runderlasses vom 5. Juli 1940 — RMBliV. S. 1363 — nicht auf den Familienunterhalt übernommen werden darf.

Dieses monatliche Nettoeinkommen setzt sich zusammen aus:

1. Leistungen der Reichsorganisationsleitung an den Ordensjunker selbst
   a) Wert der freien Unterkunft, Verpflegung usw. des Ordensjunkers . . . . 90.— RM
   b) Löhnung (täglich 1 RM) . . . . 30.— „

   mithin im Monat 120.— RM

2. Leistungen der Reichsorganisationsleitung für die Ehefrau und die Kinder des Ordensjunkers
   a) monatlicher Unterhaltsbetrag für die Ehefrau . . 90.— RM
   b) monatlicher Unterhaltsbetrag für jedes Kind . . 27.50 „
   c) Betrag der tatsächlichen Miete der Ehefrau und der Kinder . . . . „
   d) Betrag für die Gemeinschaftskrankenversicherung für jeden dieser Familienangehörigen . . . . . . 5.50 „.

Nach dem Gesamtbetrag der Leistungen zu 1 und 2 ist der Tabellensatz festzusetzen, sofern der Einberufene nicht sonstige hinzuzurechnende Einkünfte hatte (was in der Regel nicht der Fall sein wird).

II. Für die Festsetzung der Einkommenshöchstgrenze (Nr. 58 ff. des RdErl. vom 5. Juli 1940) ist — abweichend von der Vorschrift Nr. 60 Abs. 8 des RdErl. vom 5. Juli 1940, die in diesem Falle nicht angewendet werden kann — von dem Betrag unter I der Lebensunterhalt des Ordensjunkers selbst während des Aufenthalts auf der Ordensburg mit 120 RM (vgl. I 1) abzuziehen. Als Einkommenshöchstgrenze ist somit der Gesamtbetrag der unter II 2 aufgeführten Leistungen zuzüglich etwaiger sonstigen Nettoeinkünfte der familienunterhaltsberechtigten Angehörigen nach den allgemeinen Vorschriften festzusetzen.

III. Als Familienunterhalt für die Ehefrau, die den Tabellensatz erhalten kann, und die Kinder des einberufenen Ordensjunkers werden im Rahmen der Einkommenshöchstgrenze gewährt:

a) der Tabellensatz für die Ehefrau,
b) die nach Nr. 78 des RdErl. vom 5. 7. 1940 maßgebenden Unterhaltssätze für die Kinder,
c) der Betrag der tatsächlichen Miete für die Ehefrau und die Kinder,
d) die Beiträge zur Fortsetzung der Gemeinschaftskrankenversicherung mit 5.50 RM für jeden dieser Familienangehörigen. Ein Beitrag für den Ordensjunker selbst entfällt,
e) sonstige Beihilfen, soweit erforderlich und zulässig.

IV. Kann die Ehefrau den Tabellensatz nicht erhalten (vgl. Nr. 77 Abs. 2 Ziff. 1 und 2 des RdErl. vom 5. Juli 1940), so richtet sich der ihr zu gewährende Familienunterhalt nach Nr. 77 Abs. 2 letzter Satz.

Die Einkommenshöchstgrenze richtet sich, falls der Ordensjunker für die Ehefrau die in I 2 genannten Leistungen erhalten hat, nach II.

V. Einkünfte der Ehefrau und der Kinder, z. B. etwaiges Nettoarbeitsentgelt der Ehefrau, sind auf den Familienunterhalt nach den allgemeinen Vorschriften anzurechnen.

VI. Sofern die Reichsorganisationsleitung während der Dauer der Einberufung des Ordensjunkers zur Wehrmacht zur Ergänzung des Familienunterhalts freiwillige Zuwendungen gewährt, sind diese im Rahmen der Vorschriften über die Einkommenshöchstgrenze bei der Bemessung des Familienunterhalts außer Ansatz zu lassen.

VII. Sofern der Familienunterhalt der einberufenen Ordensjunker bisher anders festgesetzt worden ist, bewendet es hierbei für die Zeit vor dem 1. September 1940. Soweit eine Umrechnung des Familienunterhalts erforderlich ist, wird sie, falls eine Erhöhung eintritt, mit dem 1. September 1940, und falls eine Herabsetzung eintritt, mit dem auf die Neuberechnung folgenden Auszahlungszeitpunkt an wirksam. Die Neuberechnung ist innerhalb von 2 Monaten durchzuführen.

g) Erlaß d. RMdI. und RFM. vom 5. 12. 1940 V f 1658/40-7900 und LG 4085-490 I A über Familienunterhalt anläßlich der erweiterten Kinderlandverschickung.

Im Zuge der erweiterten Kinderlandverschickung werden auch familienunterhaltsberechtigte Kinder aus luftgefährdeten Gebieten auf Kosten des Reiches verschickt (Kinder unter 6 Jahren mit ihren Müttern durch die NSV., Kinder von 6—10 Jahren durch die NSV., Kinder im Alter von 10—14 Jahren mit der Schule durch die HJ.). Während der Dauer der Verschickung ist zwar der notwendige Lebensbedarf der Kinder und Mütter von anderer Seite (§ 9 Abs. 3 EFU.-DV. vom 26. 6. 1940 — RGBl. I S. 912 —) gesichert. Mit Rücksicht auf die mit der Verschickung verbundenen notwendigen besonderen Anschaffungen an Kleidung, Wäsche, Schuhwerk usw. ist jedoch von einer Kürzung oder Einstellung des der Haushaltsgemeinschaft oder einem alleinstehenden Kinde gewährten Familienunterhalts abzusehen. Ferner ist in Fällen, in denen die Voraussetzungen für die Gewährung von Familienunterhalt erst nach der Verschickung eintreten, z. B. weil das Familienhaupt erst nach diesem Zeitpunkt einberufen wird, Familienunterhalt ohne Rücksicht auf die durch die Verschickung veränderten Verhältnisse neu zu gewähren; zuständig ist der Stadt- oder Landkreis, aus dessen Bezirk die Verschickung stattfindet.

Einmalige Beihilfen nach Nrn. 115, 116 des RdErl. vom 5. Juli 1940 (RMBliV. S. 1363) sind insoweit zu gewähren, als der dem Familienunterhaltsberechtigten für die Dauer der Verschickung zustehende Unterhalts- oder Tabellensatz zur Deckung der notwendigen Anschaffungen und sonstigen Ausgaben, soweit sie sich im angemessenen

Rahmen halten, nicht ausreicht. Reicht dieser Unterhalts- oder Tabellensatz zwar aus, sind aber bei größeren Aufwendungen, insbesondere unmittelbar vor der Verschickung ausreichende Mittel zur Deckung der notwendigen Ausgaben nicht vorhanden, so ist der hierfür erforderliche Betrag unter Anrechnung auf den für die Dauer der Verschickung zustehenden Unterhalts- oder Tabellensatz als Vorschuß aus Mitteln des Familienunterhalts zu gewähren.

h) Erlaß d. RMdJ. und RFM. vom 5. 5. 1942 V f 272/42-7900 und LG 4085-784 I A über Familienunterhalt — Provisionen der Handlungsagenten und Handlungsgehilfen.

Über die Behandlung von Provisionen der Handlungsagenten und Handlungsgehilfen (sog. selbständige und nichtselbständige Vertreter) im Familienunterhalt bestehen bei den FU.-Behörden noch vielfach Zweifel. Auf wiederholte Fragen stellen wir deshalb folgendes klar:

I. A. Handlungsagenten (selbständige Vertreter).

(1) Die Handlungsagenten sind ständig damit betraut, für das von ihnen vertretene Unternehmen (den Geschäftsherrn) Geschäfte zu vermitteln oder abzuschließen, stehen aber zu dem Unternehmen (Geschäftsherrn) nicht in einem Dienstverhältnis, sondern sind selbständige Gewerbetreibende. Der Handlungsagent hat für jedes durch seine Tätigkeit zustandegekommene Geschäft Anspruch auf eine Provision, soweit über die ihm zu gewährende Vergütung keine andere Vereinbarung getroffen ist (für das Altreichsgebiet, den Sudetengau und die eingegliederten Ostgebiete §§ 84ff. HGB.; für die Alpen- und Donaureichsgaue §§ 1ff. des österreichischen Handelsagentengesetzes vom 24. Juni 1921 — BGB. Nr. 348).

(2) Eine besondere Gruppe bilden diejenigen Handlungsagenten, die einen Anspruch auf Provision für alle in ihrem Bezirk oder in einem bestimmten Kundenkreis zustandegekommenen Geschäfte haben, gleichgültig, ob die Geschäfte in dem Bezirk oder Kundenkreis durch sie selbst oder ohne ihre Mitwirkung durch den Geschäftsherrn oder für diesen geschlossen sind (Bezirksvertreter, Gebietsagenten); (für das Altreichsgebiet, den Sudetengau und die eingegliederten Ostgebiete § 89 HGB.; für die Alpen- und Donaureichsgaue § 8 des österreichischen Handelsagentengesetzes vom 24. Juni 1921).

(3) Das Vertragsverhältnis zwischen dem Geschäftsherrn und dem Handlungsagenten wird durch die Einberufung zum Wehrdienst nicht gelöst (§ 1 Abs. 1 der Verordnung vom 24. Januar 1940 — RGBl. I S. 225 —). Die Vertragsparteien sollen sich über die weitere Fortsetzung der Geschäftstätigkeit einigen (§ 1 Abs. 2 Satz 1 der Verordnung vom 24. Januar 1940). Der Anspruch des für einen bestimmten Bezirk oder Kundenkreis bestellten Handlungsagenten (I Abs. 2) auf

Provision für diejenigen Geschäfte, welche in seinem Bezirk oder Kundenkreis ohne seine Mitwirkung durch den Geschäftsherrn oder für diesen geschlossen sind, besteht nach der Einberufung nur fort, wenn es besonders vereinbart wird (§ 1 Abs. 2 Satz 2 der Verordnung vom 24. Januar 1940).

B. Handlungsgehilfen (nichtselbständige Vertreter).

Die Handlungsgehilfen sind Angestellte des von ihnen vertretenen Unternehmens. Ihre Einkünfte aus Provisionen sind Einkünfte aus nichtselbständiger Arbeit.

II. Die Hauptarten der Provisionen sind:

a) die Vermittlungs- oder Abschlußprovision. Sie wird für die Vermittlung oder den Abschluß von Geschäften gewährt.

b) die Inkassoprovision. Sie wird als Entgelt für die regelmäßige Einziehung von Kundengeldern (z. B. von Versicherungsbeiträgen) und für sonstige Verwaltungsarbeit (laufende Betreuung und Beratung der Kundschaft) gewährt.

III. Die Behandlung der Provisionen der Handlungsagenten im Familienunterhalt.

1. Es finden die Vorschriften über die Wirtschaftsbeihilfe zur Fortsetzung oder Erhaltung des Betriebes (Nr. 122 A oder B des Ausf.-Erl. vom 5. Mai 1942 — MBliV. Nr. 18) Anwendung. Ob der Betrieb eines Handlungsagenten als fortgesetzt oder ruhend anzusehen ist, ist nach Lage des Einzelfalles zu entscheiden. Als fortgesetzt gilt der Betrieb insbesondere in folgenden Fällen:

a) Wenn neue Geschäftsvorfälle bearbeitet werden. Hierunter fällt z. B. auch die Einziehung von Kundengeldern (Inkasso) aus vor der Einberufung vermittelten oder abgeschlossenen Geschäften durch die Ehefrau in Vertretung und für den Betrieb des einberufenen Ehemanns.

b) Wenn eine gegen Entgelt tätige Ersatzkraft für den Einberufenen in dessen Betrieb eingestellt wird.

c) Wenn ein Handlungsagent, der für einen bestimmten Bezirk oder für einen bestimmten Kundenkreis bestellt ist, von seinem Geschäftsherrn auf Grund besonderer Vereinbarung Provisionen für solche Geschäfte weitererhält, die in seinem Bezirk oder Kundenkreis ohne seine Mitwirkung durch den Geschäftsherrn oder für diesen geschlossen sind oder geschlossen werden (vgl. oben I A Abs. 3 Satz 3).

2. Der Betrieb wird fortgesetzt:

Der Gewinn oder Verlust des Betriebes ist nach den Vorschriften der Nr. 122 A Abschn. V zu ermitteln und gemäß Abschn. IV Abs. 4

Satz 1 und 2 a. a. O. auf die Wirtschaftsbeihilfe anzurechnen. Eingänge aus Provisionsforderungen für solche Geschäfte, die bereits vor der Einberufung vermittelt oder abgeschlossen sind, sind als Eingänge aus Außenständen nach Beispiel V a und b des nicht veröffentlichten RdErl. vom 10. Januar 1941 — V f 1760/40-7900 — zu behandeln (vgl. hierzu Abschn. II der Erläuterungen a. a. O. und den Erlaß vom 30. Juni 1941 — V f 6/41-7930 — an das Staatsministerium des Innern in München). Inkassoprovision für nach der Einberufung getätigte Einziehung von Kundengeldern (z. B. Versicherungsprämien) sind jedoch stets als Betriebserträge anzusetzen, auch wenn das Geschäft als solches, in dessen Erfüllung die Kundenleistungen eingehen, bereits vor der Einberufung vermittelt oder abgeschlossen worden ist.

3. Der Betrieb ruht:

(1) Eingänge aus Provisionsforderungen für solche Geschäfte, die vor der Einberufung vermittelt oder abgeschlossen sind, sind gemäß Nr. 147 Ziff. 4 Buchst. a des Ausf.-Erl. vom 5. Mai 1942 außer Ansatz zu lassen.

(2) Freiwillige Zuwendungen, die der Geschäftsherr des einberufenen Handlungsagenten diesem oder seinen familienunterhaltsberechtigten Angehörigen für die Zeit, in der der Betrieb des Handlungsagenten ruht, gewährt, sind bei der Prüfung der Voraussetzungen und der Bemessung des Familienunterhalts im Rahmen der Einkommenshöchstgrenze außer Ansatz zu lassen (Nr. 146 Ziff. 4 a des RdErl. vom 5. Mai 1942 — MBliV. Nr. 18). Freiwillige Zuwendungen in vorstehendem Sinne sind auch die Provisionen, die einem für einen bestimmten Bezirk oder für einen bestimmten Kundenkreis bestellten Handlungsagenten ohne Rechtsanspruch für solche Geschäfte gewährt werden, die ohne seine Mitwirkung nach der Einstellung seines Betriebes zustandegekommen sind.

IV. Die Behandlung der Provisionen der Handlungsgehilfen (nichtselbständigen Vertreter) — I B — im Familienunterhalt.

(1) Es finden die Vorschriften über den allgemeinen Familienunterhalt Anwendung.

(2) Eingänge aus Provisionsforderungen für vor dem Einstellungstage vermittelte oder abgeschlossene Geschäfte sind als Arbeitsentgelt für die Zeit vor dem Einstellungstage gemäß Nr. 147 Ziff. 2 des Ausf.Erl. vom 5. Mai 1942 außer Ansatz zu lassen.

(3) Leistungen („Provisionen"), die der Unternehmer nach der Einberufung des Handlungsgehilfen freiwillig ohne Gegenleistung des Einberufenen oder seiner familienunterhaltsberechtigten Angehörigen weitergewährt, sind freiwillige Unternehmerzuwendungen im Sinne der Nr. 146 Ziff. 2 des Ausf.Erl. vom 5. Mai 1942.

6.

Neue Einzelvollzugserlasse nach dem 5. Mai 1942.

a) RdErl. d. RMdJ. vom 9. Mai 1942 V f 350/42-7900 über Familienunterhalt. Ausführungserlaß vom 5. 5. 1942.

Der RdErl. über die Ausführung des Einsatz-Familienunterhalts vom 5. Mai 1942 (MBliV. S. 817) faßt die Ausführungsvorschriften zum EFUG. und zur EFU.-DV. vom 26. Juni 1940 (RGBl. I S. 911, 912) zur Arbeitserleichterung der ausführenden Behörden neu zusammen; er ist zu diesem Zweck auch mit einem ausführlichen Stichwortverzeichnis versehen worden. Soweit er neue Bestimmungen enthält, handelt es sich in erster Linie darum, das bestehende Recht zu ergänzen oder klarzustellen.

Zur Erleichterung der Einarbeitung übersende ich

1. ein Verzeichnis der wichtigsten eingefügten oder geänderten Vorschriften (Anl. 1),
2. Erläuterungen und ergänzende Anordnungen zu einzelnen Vorschriften (Anl. 2),
3. Erläuterungen zu § 5 Abs. 1 und 2 EFU.-DV. in der Fassung der VO. vom 27. April 1942 (RGBl. I S. 248), (Anl. 3),
4. Erläuterungen zur Umstellungsbeihilfe für Opfer des gegenwärtigen Krieges (Anl. 4).

Im Auftrag
Dr. Surén.

Zu V f 350/42-7900 Anlage 1.

Verzeichnis der wichtigsten eingefügten oder geänderten Vorschriften.
(Ausführungserlaß vom 5. 5. 1942 — MBliV. S. 817.)

Nr. 4 Abs. 2 Satz 2 und 3.
Nr. 13.
Nr. 13 a Satz 2—5.
Zu Satz 1: Hinsichtlich der Hauptkraft im Betriebe bedeutet die Weglassung des bisherigen Punktes b (Fassung des RdErl. vom 20.6.1941 — MBliV. S. 1116) keine sachliche Änderung; vgl. Nr. 28.
Nr. 13 b Satz 2—5.
Nr. 15 a.
Nr. 20 a vgl. dazu auch Nr. 63.
Nr. 21 Abs. 1 letzter Satz und Abs. 2.
Nr. 22 a letzter Satz.
Nr. 23 Abs. 3 letzter Satz.
Nr. 25 a.
Nr. 27 Abs. 2 vorletzter und letzter Satz.
Nr. 28 a Abs. 3.
Nr. 28 b Abs. 2 und 3.
Nr. 29 Buchst. b letzter Satz.

Nr. 29 a Abs. 1: Der bisherige letzte Satz (Krankenhilfe) ist weggefallen, weil der Soldat Heilfürsorge von der Wehrmacht erhält.
Nr. 30 Abs. 1 Buchst. b letzter Satz.
Nr. 31 Abs. 1 Buchst. b und c.
Nr. 31 a Abs. 2.
Nr. 31 c Ziff. 7.
Nr. 31 d.
Nr. 31 e (alt, Fassung des RdErl. vom 14. 12. 1940, MBliV. S. 2251) ist weggefallen. Die Vorschrift betraf eine Sonderaktion des Jahres 1940.
Nr. 31 e (neu): Die hier im Einvernehmen mit dem OKW. getroffene Neuregelung tritt an die Stelle des nicht veröffentlichten RdErl. über Prüfungsurlaub für Studenten vom 19. 12. 1940 — V f 1841/40-7900 und LG 4085-624 I A. Vgl. auch Nr. 116 a vorletzter Satz.
Nr. 32 a.
Nr. 45.
Nr. 47 Abs. 1 Satz 4 und 5 und Abs. 2.
Nr. 47 b.
Nr. 50 Abs. 2.
Nr. 52 b bis 52 e.
Nr. 53 bis 55 b.
Nr. 56.
Nr. 59.
Nr. 60 Abs. 2 Ziff. 5 a, Ziff. 9; Abs. 5 Satz 2; Abs. 6 Satz 2 und 3; Abs. 6 a; Abs. 7 a.
Nr. 63.
Nr. 64.
Nr. 65.
Nr. 68.
Nr. 71 a.
Nr. 74 Buchst. a Ziff. 3.
Nr. 77 Abs. 1 Satz 1, Abs. 2 Satz 2.
Nr. 83 Abs. 2—4.
Nr. 85.
Nr. 86 Satz 2.
Nr. 89 letzter Satz.
Nr. 90 letzter Satz.
Nr. 94 a.
Nr. 95.
Nr. 96.
Nr. 98.
Nr. 99.
Nr. 100 (bisher Nr. 104 a).
Nr. 105: Rd.-Schreiben 49, Abschn. I Abs. 1 b, Abschn. II Abs. 2 u. 3, Abs. 4 Buchst. a Ziff. 4 a, Abschn. III Abs. 5 Buchst. e.
Nr. 109 a.
Nr. 111.
Nr. 112.
Nr. 113.
Nr. 114 a.
Nr. 115.

Nr. 116 a vorletzter und letzter Satz.
Nr. 122 A IV Abs. 7 vorletzter und letzter Satz (nur Klarstellung).
Nr. 122 B Abs. 1 Satz 2; Abs. 2 Satz 1; Abs. 3; Abs. 5 a; Abs. 8; Abs. 9.
Nr. 124 Abs. 1 letzter Satz; Abs. 2.
Nr. 126 Abs. 4.
Nr. 128 Satz 3.
Nr. 133 letzter Satz.
Nr. 134 a.
Nr. 135 a Abs. 1 Buchst. d und Abs. 1 letzter Satz.
Nr. 143.
Nr. 144.
Nr. 145 a.
Nr. 146 Satz 1; 146 a Satz 1; 147 Satz 1; 188, 197.
Nr. 146 Ziff. 2 Buchst. a Satz 2; b, c, d, Buchst. e letzter Satz.
Nr. 146 Ziff. 4.
Nr. 146 Ziff. 4 a.
Nr. 146 Ziff. 10.
Nr. 146 Ziffern 22, 23, 23 a.
Nr. 146 Ziff. 29.
Nr. 146 Ziff. 33.
Nr. 147 Ziff. 2.
Nr. 147 Ziff. 4.
Nr. 148 a.
Nr. 149.
Nr. 150 a
Nr. 150 b bis 150 h.
Nr. 153 Satz 2.
Nr. 155, 156, Satz 2, 157, 163, 169.
Nr. 176 Buchst. b.
Nr. 181 a.
Nr. 188 a.
Nr. 197 a.
Nr. 206 a.
Nr. 210 a bis 210 d.
Nr. 214 a.
Nr. 240 bis 243.

Zu V f 350/42-7900 Anlage 2.

Erläuterungen und ergänzende Anordnungen zum Ausf.-Erlaß vom 5. 5. 1942 — (MBliV. S. 817).

1. Mietbeihilfen.

Zu Nr. 83 Abs. 4.

Die Vorschrift ist im Zusammenhang mit Nr. 145 a Abs. 1 Satz 2 zu verstehen. Ist die Wohnung des Familienunterhaltsberechtigten nach Nr. 145 a Abs. 1 Satz 2 in dem auf den Familienunterhalt anzurechnenden Einkommen des Einberufenen oder des Familienunterhaltsberechtigten mit ihrem Nutzwert (Mietwert) berücksichtigt, so muß als Ausgleich derselbe Betrag bei der Ermittlung des notwendigen Lebensbedarfs des FU.-Berechtigten als Wohnbedarf (Mietbeihilfe) angesetzt werden.

2. Beihilfe für Eigenheime.

Zu Nr. 85.

Der neue Wortlaut dieser Vorschrift bringt neben der Zusammenfassung bisher schon geltender, im RdErl. vom 5. 7. 1940 und in Sondererlassen (vgl. den Erlaß vom 5. 10. 1940 — V f 507 II/40-7900 — über Beihilfen für Bausparer) niedergelegten Grundsätzen, auch einige Neuerungen, von denen besonders hervorzuheben sind

a) die Berücksichtigung von Instandhaltungs- und Instandsetzungskosten durch Pauschbeihilfen,

b) die Berücksichtigung von Absetzungen für Abnutzung.

Zu a. Für Instandhaltung und Instandsetzung durften bisher in der Regel keine Beihilfen gewährt werden (Nr. 85 Satz 3 alter Fassung). Nur ausnahmsweise war bei unaufschiebbaren Arbeiten die Übernahme der tatsächlich nachgewiesenen Kosten zugelassen (vgl. den Erl. vom 15. 7. 1940 V f Bu 14/40-7900 a —). Nach der neuen Vorschrift werden nunmehr die Instandhaltungs- und Instandsetzungskosten durch eine laufende Pauschbeihilfe abgegolten. Für die Höhe der Beihilfe ist der durchschnittliche Instandhaltungsbedarf, nicht die tatsächlich ausgeführte Instandhaltung oder Instandsetzung maßgebend. Über die Höchstbeträge der Pauschbeihilfe darf auch dann nicht hinausgegangen werden, wenn die Ausgaben für die tatsächlich nachgewiesenen Arbeiten höher liegen.

Zu b. Die bisherigen Vorschriften kannten bei Eigenheimen nur die Berücksichtigung von Schuldentilgungen, nicht dagegen von Absetzungen für Abnutzung. Nach der neuen Vorschrift dürfen nunmehr an Stelle der Tilgung laufende Absetzungen für Abnutzung, jedoch höchstens jährlich bis zu 3/4 v. H. des Einheitswerts in Ansatz gebracht werden; der Sinn dieser Vorschrift ist, daß eine Beihilfe für Absetzungen für Abnutzung dann gewährt wird, wenn eine Beihilfe für Tilgung nicht in Anspruch genommen wird.

Die Bestimmungen über die Eigenheime (Nr. 85) sind mit den Bestimmungen über Vermietung von Gebäuden (Nr. 145 a) in eine gewisse, aber aus besonderen Gründen nicht volle Deckung gebracht.

3. Lebensversicherungen.

Zu Nr. 105.

Rundschreiben 49 des Reichsaufsichtsamtes für Privatversicherung in der Fassung des RdSchr. 39/42 vom 27. 4. 1942.

Abschn. I Abs. 1a.

Die neu eingefügten Worte: „am Einstellungstage oder später" dienen der Klarstellung des bereits geltenden Rechts.

Abschn. I Abs. 1b.

Durch die Vorschrift soll dem verheirateten Einberufenen, sofern eine unter Abs. 1 oder Abs. 1a fallende Lebensversicherung bereits besteht oder beantragt ist, ermöglicht werden, mit Rücksicht auf die nach dem Einstellungstage oder innerhalb der dem Einstellungstage vorangehenden zwei Monate erfolgte Geburt eines Kindes diese Lebensversicherung zu erhöhen oder daneben eine neue Lebensversicherung bei demselben oder einem anderen Versicherungsunternehmen abzuschließen. Auch für eine solche Lebensversicherung wird ein Sicherungsbeitrag gewährt.

Die Höhe, bis zu der die Lebensversicherung durch einen Sicherungsbeitrag aufrecht erhalten wird und bis zu der der Sicherungsbeitrag aus

Mitteln des Familienunterhalts gewährt werden darf, ergibt sich aus Abschn. II Abs. 5 Buchstabe e des Rundschreibens und aus Nr. 109a des Ausf.-Erl. (neuer Fassung).

4. Beihilfen zur Zahlung der Einkommensteuer.

Zu Nr. 114a.

Zur Begleichung der Einkommensteuer durften Beihilfen bisher nicht gewährt werden (vgl. Nr. 112 Buchst. a alter Fassung). Andererseits gehört die Einkommensteuer auch nicht zu den Geschäftsaufwendungen oder Werbungskosten, die bei der Ermittlung des auf den Familienunterhalt anzurechnenden Einkommens des Familienunterhaltsberechtigten in Abzug gebracht werden dürfen[1]). Hat der Familienunterhaltsberechtigte für Einkünfte, die er sich auf den Familienunterhalt anrechnen lassen muß, Einkommensteuer (nicht Lohnsteuer) zu entrichten, so mußte er diese bisher, wenn ihm nicht anrechnungsfreie Einkünfte zur Verfügung standen, aus den für seinen notwendigen Lebensbedarf bestimmten Mitteln oder aus seinem Vermögen bestreiten. Den Härten, die sich hieraus ergaben, soll durch die neue Vorschrift, die eine Ausnahme zu Nr. 112 Buchst. a darstellt, abgeholfen werden. Die Regelung gilt nur für die Einkommensteuer einschließlich des Kriegszuschlags zur Einkommensteuer. Für sonstige Steuern, z. B. die Vermögensteuer, bewendet es bei der Nr. 112 Buchst. a.

5. Zusätzliche Beihilfen bei langer Dauer der Einberufung und bei niedrigen Gesamteinkünften.

Zu Nr. 115 Abs. 2.

Der neue Abs. 2 der Nr. 115 schreibt vor, daß bei der Prüfung der Voraussetzungen für die Gewährung zusätzlicher Beihilfen nach Nr. 115 Abs. 1 um so entgegenkommender zu verfahren ist, je länger der Einberufene im Wehrdienst steht und je geringer die Gesamteinkünfte der Familienunterhaltsberechtigten sind. Zweck der Vorschrift ist eine Abmilderung der Nachteile, die für Angehörige mit niedrigen Gesamteinkünften bei besonders langer Dauer der Einberufung entstehen. Solche Nachteile können nur auf dem hier vorgesehenen Wege beseitigt werden, nicht etwa auf dem Wege der Zugrundelegung von Einkommensverhältnissen, die sich möglicherweise inzwischen ergeben hätten, wenn der Einberufene erst zu einem späteren Zeitpunkt einberufen worden wäre. An dem Grundsatz, daß für die Feststellung der Einkommenshöchstgrenze und des Tabellensatzes nur das tatsächliche Nettoeinkommen des Einberufenen vor dem Einstellungstage maßgebend ist, muß festgehalten werden, weil sich andernfalls völlig irrationale Verhältnisse ergeben würden.

6. Anrechnung des Gewinns aus einem von den Angehörigen ohne Einstellung einer dauernden Ersatzkraft fortgeführten Betrieb.

Zu Nr. 122 A IV Abs. 4 Satz 2.

Wird der Betrieb eines Einberufenen ohne Einstellung einer dauernden Ersatzkraft für den Einberufenen von den Angehörigen fortgeführt, so kann wie bisher von dem Gewinn ein Betrag bis zur Hälfte des ört-

[1]) Eine Ausnahme bildet die Lohnsteuer (Nr. 146 Ziff. 1 Buchst. a).

lichen Unterhaltssatzes eines Haushaltsvorstandes außer Ansatz bleiben. Den von verschiedenen Seiten gestellten Anträgen, mit Rücksicht auf die für die Behandlung des Arbeitsverdienstes familienunterhaltsberechtigter Frauen aus nichtselbständiger Arbeit getroffene Sonderregelung auch den anrechnungsfreien Betrag des Gewinns aus einem fortgesetzten Betrieb oder freien Beruf zu erhöhen, konnte nicht entsprochen werden. Wenn für die Anrechnung des Arbeitsverdienstes der Frau aus nichtselbständiger Arbeit eine über die allgemeinen Grundsätze des Familienunterhalts (Gewährung von Familienunterhalt nur zur Sicherung des notwendigen Lebensbedarfs) hinausgehende Sonderregelung getroffen werden mußte, so geschah dies aus besonderen, hier nicht zur Erörterung stehenden Gründen. Solche besonderen Gründe für eine Ausnahmeregelung liegen bei den Betrieben, die von den Angehörigen des einberufenen Betriebsinhabers fortgeführt werden, nicht vor. Die Fortführung dieser Betriebe geschieht auch in erster Linie im Interesse des Einberufenen selbst, dem durch die Fortsetzung seines Betriebes die Erwerbsgrundlage in weit besserer Weise gesichert bleibt (Erhaltung der Kundschaft), als bei einer Einstellung des Betriebes.

Zur Klarstellung weise ich noch auf folgendes hin:

Die Freilassung des Gewinns bis zur Hälfte des örtlichen Unterhaltssatzes eines Haushaltsvorstandes geschieht mit Rücksicht auf die Mehrarbeit als solche, die die Ehefrau oder die sonstigen Angehörigen bei Fortführung des Betriebes ohne Einstellung einer dauernden Ersatzkraft zu leisten haben, und auf die mit der Mehrarbeit etwa verbundenen Mehrkosten des **persönlichen** Lebensbedarfs. Von den Mehrkosten des persönlichen Lebensbedarfs sind die echten **Betriebsunkosten** zu unterscheiden, die durch die Mehrarbeit der Ehefrau oder der Angehörigen im Betrieb verursacht werden können (z. B. Verschleiß besonderer Schutzkleidung im Betrieb, notwendige Kosten für Fahrten zur Betriebsstätte u. ä.); sie sind Aufwand des Betriebes und als solche bereits nach Maßgabe der Vorschriften über die Ermittlung des Wirtschaftsergebnisses des Betriebes (Nr. 122 A V) zu berücksichtigen.

Um volkswirtschaftlich unerwünschte Einstellungen von Betrieben Einberufener nach Möglichkeit zu verhindern, ist die Vorschrift Nr. 122 B Abs. 8 verschärft worden.

7. Unwürdiges Verhalten der Familienunterhaltsberechtigten.

Zu Nr. 144 Abs. 3.

Von der erfolgten Verwarnung ist auch der Kreisleiter der NSDAP. in Kenntnis zu setzen.

8. Einkünfte aus Vermietung und Verpachtung von Gebäuden.

Zu Nr. 145a.

Die neue Vorschrift regelt die Berechnung der auf den Familienunterhalt anzurechnenden Einkünfte des Familienunterhaltsberechtigten oder des Einberufenen aus Vermietung oder Verpachtung von Gebäuden. Die Vorschrift gilt nicht für Eigenheime (§ 10 Abs. 3 Satz 2 EFU.-DV.).

Abs. 1 Satz 2 betrifft die Fälle, in denen der Einberufene oder Familienunterhaltsberechtigte eine Wohnung des ihm gehörenden Miethauses selbst bewohnt. Den Mieteinnahmen aus dem Hause ist in diesen Fällen der Nutzungswert (Mietwert) der vom Eigentümer selbst bewohnten Wohnung zuzurechnen, d. h. es ist so zu verfahren, als ob der einberufene oder familienunterhaltsberechtigte Eigentümer des Hauses an sich selbst Miete zahlen würde. Bei der Bemessung des Familienunterhalts erscheint dafür der Nutzungswert (Mietwert) der vom einberufenen oder familienunterhaltsberechtigten Eigentümer selbst bewohnten Wohnung als Wohnbedarf (Mietbeihilfe) (vgl. Nr. 83 Abs. 4).

Abs. 2 und 3 enthalten nähere Bestimmungen über die Werbungskosten. Nach Abs. 2 Satz 2 dürfen als Werbungskosten in mäßigen Grenzen auch Absetzungen für Abnutzung berücksichtigt werden. Bei Wohngebäuden darf die Absetzung für Abnutzung höchstens 5 v. H. der Miete einschließlich des Nutzungswertes (Mietwertes) der vom Eigentümer etwa selbst bewohnten Wohnung betragen. Bei Gebäuden, die nicht oder nicht überwiegend Wohnzwecken dienen, wird der Grad der Abnutzung je nach der Benutzungsart verschieden sein. Doch ist darauf zu achten, daß sich die Absetzung auch hier nur in den unbedingt notwendigen Grenzen hält.

Die Aufwendungen für Instandhaltung und Instandsetzung des Gebäudes finden gem. Abs. 3 ausschließlich in Form eines als **Werbungskosten** anzusetzenden Pauschbetrages Berücksichtigung. Für die Höhe des Pauschbetrages ist der durchschnittliche Instandhaltungs**bedarf**, nicht die tatsächlich ausgeführte Instandhaltung oder Instandsetzung maßgebend. Die Höchstbeträge nach Abs. 2 Satz 3 dürfen auch dann nicht überschritten werden, wenn die tatsächlich nachgewiesenen Angaben höher sind. Bei verpachteten Gebäuden tritt für die Berechnung des Höchstsatzes an Stelle der Miete die Pacht. Ob im Einzelfall bis zum Höchstsatz gegangen werden kann, bedarf bei verpachteten Gebäuden besonders sorgfältiger Prüfung.

9. Eingänge an Forderungen für vor dem Einstellungstage bewirkte Leistungen des Einberufenen.

Zu Nr. 147 Ziff. 4.

Die Vorschrift dient der Erhaltung des Vermögens des Einberufenen nach dem Stande des Einstellungstages, wenn der Betrieb oder der freie Beruf während der Dauer der Einberufung nicht fortgesetzt wird. Die bisherige Fassung bezog sich daher nur auf solche Forderungen, die am Einstellungstage bereits einen Vermögenswert darstellten (also aktivierungsfähig waren). Das gleiche besagt Buchst. a der Neufassung. Buchst. b betrifft eine darüber hinausgehende Sonderregelung für Einnahmen aus Urheberrechten und Patenten. Soweit Forderungen aus solchen Rechten am Einstellungstage aktivierungsfähig waren — das ist z. B. bei einmaligen Einnahmen dieser Art der Fall —, fallen sie unter die Vorschrift a. Dagegen werden wiederkehrende Einnahmen dieser Art, die am Einstellungstage noch nicht aktivierungsfähig waren, von der Vorschrift a nicht erfaßt. Bei solchen wiederkehrenden Einnahmen handelt es sich um die bei Schriftstellern, Tonkünstlern, Erfindern häufigen Fälle einer prozentualen Beteiligung am Erlös der abgesetzten Werke je nach dem Absatz des Werkes und dem Erscheinen weiterer Auflagen. Da die Einnahmen aus schriftstellerischer Tätigkeit usw. in der Regel eine über längere Zeiträume ausgedehnte geistige Arbeit voraussetzen, also erst längere Zeit nach der Entlassung des Schriftstellers usw. aus dem Wehrdienst wieder zu fließen beginnen, ist in der Vorschrift Buchst. b vorgesehen, daß auch die während einer bestimmten Zeit — 1 Jahr nach dem Einstellungstage — weiterfließenden wiederkehrenden Einnahmen aus schriftstellerischer Tätigkeit usw. anrechnungsfrei bleiben.

Zuweisung und Verwaltung der Mittel.

Zu Nr. 155.

1. Die bisherige Nr. 154, wonach die zur Auszahlung des Reichsanteils an den Kosten des Familienunterhalts erforderlichen Mittel von den Stadt- und Landkreisen monatlich bei der Landesabrechnungsstelle anzumelden und von der Landesabrechnungsstelle bei mir anzufordern waren, ist weggefallen. Nach Nr. 155 Satz 1 werden diese Mittel künftig von mir den Landesabrechnungsstellen zur Verfügung gestellt, ohne daß es einer Anforderung bedarf. Die Landesabrechnungsstellen haben ihrerseits die Mittel den Stadt- und Landkreisen ihres Bereichs zuzuweisen, und zwar auch hier, ohne daß es einer Anmeldung bedarf.

2. Bei der Zuweisung der Mittel an die Landesabrechnungsstellen werde ich die Höhe des Reichsanteils nach der letzten Zusammenstellung E zugrundelegen, es sei denn, daß die Landesabrechnungsstelle bis zum 15. des Vormonats einen höheren oder niedrigeren Bedarf bei mir anfordert.

3. Die Landesabrechnungsstellen haben ihrerseits bei der Zuweisung der Mittel an die Stadt- und Landkreise ihres Bereichs die letzten Übersichten C zugrundezulegen, es sei denn, daß ein Stadt- oder Landkreis bis zum 10. des Vormonats bei der Landesabrechnungsstelle einen höheren oder niedrigeren Bedarf anmeldet (vgl. Ziff. 6 Abs. 1). Bei der Bemessung des dem einzelnen Stadt- oder Landkreis zuzuweisenden Betrages ist ein in der Übersicht C ausgewiesener Bestand an Reichsmitteln anzurechnen (vgl. Nr. 157), aber auch ein in der Übersicht C ausgewiesener Erstattungsanspruch des Stadt- oder Landkreises zu berücksichtigen.

4. Die von mir durch Ermächtigungsschreiben den Landesabrechnungsstellen zugewiesenen Mittel dürfen jeweils nur in der Höhe in Anspruch genommen werden, die dem unter Anrechnung der Bestände möglichst genau zu ermittelnden oder zu schätzenden Bedarf entspricht. Die Landesabrechnungsstellen haben erforderlichenfalls innerhalb ihres Bereichs einen Ausgleich vorzunehmen. Sie können die einem Stadt- oder Landkreis bereits zugewiesenen Mittel, soweit sie zunächst nicht benötigt werden, zurückfordern und einem anderen Stadt- oder Landkreis ihres Bereichs zuweisen. Nachforderungen an Mitteln bei mir sind auf die Fälle zu beschränken, in denen ein unvorhergesehener erheblicher Mehrbedarf eintritt, zu dessen Deckung die von mir zugewiesenen oder bei den Stadt- oder Landkreisen verfügbaren Mittel nicht ausreichen. Werden die durch Ermächtigungsschreiben zugewiesenen Mittel in einem Monat nicht voll in Anspruch genommen, so ist mir der nicht in Anspruch genommene Betrag sofort nach Ablauf des Monats, für den das Ermächtigungsschreiben gilt, zu melden.

5. Damit Schwankungen in der Höhe der der nächsten Zuweisung zugrundezulegenden Reichsanteile möglichst vermieden werden, haben die Stadt- und Landkreise in der Übersicht C jeweils über alle für den — nicht in dem — betreffenden Monat geleisteten Familienunterhaltszahlungen abzurechnen. Die für die Vorlage der Übersichten C in Nr. 163 und für die Vorlage der Zusammenstellungen E in Nr. 173 vorgeschriebenen

Fristen sind genau einzuhalten, damit die rechtzeitige Überweisung der Mittel gesichert wird.

6. Erkennt ein Stadt- oder Landkreis, daß der Reichsanteil an den Kosten des Familienunterhalts für den folgenden Monat wesentlich höher sein wird als der Reichsanteil nach der letzten Übersicht C, so meldet er, soweit ihm eigene Mittel zur vorläufigen Deckung des Mehrbedarfs nicht zur Verfügung stehen, den zu erwartenden, möglichst genau zu ermittelnden oder zu schätzenden Gesamtbedarf bis zum 10. des Vormonats nach Formblatt F bei der Landesabrechnungsstelle an. Umgekehrt sind die Stadt- und Landkreise aber im Interesse einer sparsamen Bewirtschaftung der Mittel zur Anmeldung des Bedarfs auch dann verpflichtet, wenn zu erwarten ist, daß der Reichsanteil an den Kosten des Familienunterhalts für den folgenden Monat wesentlich niedriger sein wird als der Reichsanteil nach der letzten Übersicht C.

Die Landesabrechnungsstelle prüft die eingehenden Anmeldungen der Stadt- und Landkreise. Ergibt die Prüfung, daß der zu erwartende Gesamtbedarf der Landesabrechnungsstelle wesentlich höher sein wird als nach der letzten Zusammenstellung E, und daß der Mehrbedarf auch nicht im Wege des Ausgleichs innerhalb des Bereichs der Landesabrechnungsstelle gedeckt werden kann, so fordert die Landesabrechnungsstelle ihren Gesamtbedarf für den folgenden Monat bis zum 15. des laufenden Monats nach Formblatt G bei mir an. Umgekehrt ist aber auch die Landesabrechnungsstelle zur Anmeldung des Bedarfs bei mir verpflichtet, wenn zu erwarten ist, daß der Reichsanteil an den Kosten des Familienunterhalts für den folgenden Monat für ihren Bereich wesentlich niedriger sein wird als der Reichsanteil nach der letzten Zusammenstellung E.

Zu Nr. 163 Satz 4.

Nach Nr. 169 Satz 7 (alter Fassung) hatten die Landesabrechnungsstellen, wenn der Reichsanteil an den Kosten des Familienunterhalts die Abschlagsauszahlungen überstieg, den Stadt- und Landkreisen den Mehrbetrag zu erstatten. Diese Vorschrift ist weggefallen. Dafür bestimmt jetzt Nr. 163 Satz 4, daß der dem Stadt- oder Landkreis zu erstattende Unterschiedsbetrag zwischen dem Reichsanteil und dem Betrag der Abschlagsauszahlungen (Erstattungsanspruch des Stadt- oder Landkreises) von den Abschlagsauszahlungen für den folgenden Monat abzuziehen ist; dies geschieht in der Weise, daß der Erstattungsanspruch des Stadt- oder Landkreises in Spalte 9 unter Buchstabe a der Übersicht C für den folgenden Monat in Rot vorgetragen wird. Dadurch findet der Anspruch ohne besondere Überweisung seine Erstattung. Ein bei der Abrechnung verbleibender Bestand von Reichsmitteln (Spalte 11 der Übersicht C) ist wie bisher in Spalte 9 Buchstabe a der Übersicht C für den folgenden Monat in Schwarz zu übertragen.

Zu Nrn. 156—169.

Nach Nr. 156 Satz 2 (alter Fassung) hatten die Landesabrechnungsstellen die den Stadt- und Landkreisen überwiesenen Kassenmittel unter einem besonderen Buchungsabschnitt „Abschlagsauszahlungen auf den Reichsanteil an den Kosten des Familienunterhalts“ für jeden Stadt- oder Landkreis im einzelnen getrennt zu buchen. Nach Nr. 169 Satz 6 (alter Fassung) hatten sie ferner die in der Zusammenstellung E festgesetzten Reichsanteile nach Formblatt J zur endgültigen Verbuchung anzuweisen und gleichzeitig die geleisteten Abschlagsauszahlungen abzuwickeln. Nach Nr. 156 Satz 2 (neu) ist die Buchung der Mittel unter dem besonderen Buchungsabschnitt „Abschlagszahlungen usw." weggefallen. Die Abschlagsauszahlungen werden jetzt bei der Verbuchungsstelle Einzelplan XVII a Teil V Unterteil 2 c der Ausgaben des außerordentlichen Reichshaushalts für jeden Stadt- oder Landkreis im einzelnen getrennt sofort endgültig gebucht. Nach Nr. 169 Satz 7 (neu) erhält die Kasse der Landesabrechnungsstelle die Zusammenstellung E nur noch als Rechnungsbeleg; sie hat also keine besondere Buchung mehr vorzunehmen. Die monatliche kassenmäßige Abwickelung der Abschlagsauszahlungen entfällt. Nur am Schluß des Rechnungsjahres findet ein kassenmäßiger Ausgleich der Bestände an Reichsmitteln und der Erstattungsansprüche der Stadt- und Landkreise nach Maßgabe der Nr. 169 Satz 8 (neu) statt. Ferner entfällt die in Nr. 174 (alt) bisher vorgeschriebene Ausgabekontrolle nach Formblatt K.

Die vorstehenden Vereinfachungen gelten mit Wirkung vom Beginn des Rechnungsjahres (1. 4. 1942).

Zusatz für den Reichsprotektor und die Oberlandräte in Böhmen und Mähren, die Chefs der Zivilverwaltung im Elsaß, in Lothringen und Luxemburg:

Die Anforderung und Verwaltung der Familienunterhaltsmittel für das Protektorat Böhmen und Mähren sowie für das Elsaß, für Lothringen und Luxemburg richtet sich nach den bisherigen Sondervorschriften.

Zu V f 350/42 - 7900 Anlage 3.

Erläuterungen zu § 5 Abs. 1 und 2 EFU.-DV. in der Fassung der VO. vom 27. April 1942 (RGBl. I S. 248).

Abs. 1. Tod des Einbrufenen.

Die bisherigen Vorschriften (§ 5 Abs. 1 Ziff. 1 und 2 alter Fassung) unterschieden zwischen solchen Fällen, in denen der Tod des Einberufenen die Folge einer Beschädigung bei besonderem Einsatz, einer Wehrdienst- oder Arbeitsdienstbeschädigung ist, — hierüber war eine Auskunft des Truppen- (Marine-) teils usw. erforderlich — und solchen Fällen, in denen der Tod nicht die Folge einer Beschädigung bei besonderem Einsatz, einer Wehrdienst- oder Arbeitsdienstbeschädigung ist. Diese Unterscheidung hat in der Praxis zu Schwierigkeiten geführt. Die Auskunft der Truppenteile usw. ist des öfteren entweder gar nicht oder nicht rechtzeitig zu erlangen gewesen. Auch wird die Ursache des Todes häufig endgültig erst im Fürsorge- und Versorgungsverfahren geklärt. Die bisherige Unterscheidung ist deshalb fallen gelassen und durch die Unterscheidung ersetzt worden, ob für den familienunterhaltsberechtigten Angehörigen ein Fürsorge- und Versorgungsverfahren stattfindet oder nicht (Abs. 1 Ziff. 1 und 2 neuer Fassung).

Der neue Wortlaut in Abs. 1 Ziff. 1 Buchst. a bedeutet eine engere Anlehnung an Ziff. 1 Buchst. b der Durchf.-Best. vom 17. Oktober 1939 zu § 122 WFVG. (RGBl. I S. 2044). Inhaltlich ändert sich dadurch ebenso wie durch die Textänderungen in Abs. 1 Ziff. 1 Buchstaben b und c nichts.

Abs. 2. **Entlassung des Einberufenen wegen Dienstunfähigkeit.**

Die Vorschrift tritt an die Stelle der bisherigen Absätze 2 und 3. Sie bezieht sich nur auf solche Fälle, in denen die Dienstunfähigkeit, die zur Entlassung geführt hat, Folge einer während des Wehrdienstes oder während der Erfüllung der Reichsarbeitsdienstpflicht oder während einer Zeit nach § 1 Abs. 2 EFU.-DV. erlittenen Körperschadens ist. Diese Beschränkung ergab sich zwar bisher schon aus Nr. 31 a des Ausf.-Erl. vom 5. 7. 1940 (MBliV. S. 1363) in der Fassung des RdErl. vom 14. 12. 1940 (MBliV. S. 2251), sie ist aber nunmehr in den Wortlaut der Verordnung selbst aufgenommen worden.

Entsprechend dem Abs. 1 neuer Fassung ist auch in Abs. 2 neuer Fassung an Stelle der Unterscheidung, ob die Dienstunfähigkeit Folge oder nicht Folge einer Einsatz-, Wehrdienst- oder Arbeitsdienstbeschädigung ist, die Unterscheidung getreten, ob ein Fürsorge- und Versorgungsverfahren stattfindet oder nicht.

Die Ziff. 1 des Abs. 2 neuer Fassung tritt an die Stelle des Abs. 2 alter Fassung, enthält jedoch einige Erweiterungen. Abs. 2 alter Fassung bezog sich nur auf diejenigen familienunterhaltsberechtigten Angehörigen, „für die Zuschläge zur Versorgung angemeldet sind", d. h. nur auf **Ehefrauen und Kinder** solcher wegen Dienstunfähigkeit entlassenen Einsatz-, Wehrdienst- oder Arbeitsdienstbeschädigten (§ 89 WFVG., § 87 RADVG.-M., §§ 32 und 33 RADVG.-wJ.), die zugleich **arbeitsverwendungsunfähig** sind. Abs. 2 Ziff. 1 Satz 1 neuer Fassung bezieht sich nicht nur auf Ehefrauen und Kinder, sondern auf alle familienunterhaltsberechtigten Angehörigen. Nach Satz 2 und 3 kommt jedoch Familienunterhalt über den Ablauf des dritten Monats nach der Entlassung hinaus nur für Angehörige der Gruppe I — nicht auch der Gruppe II — des § 2 EFUG. in Betracht. Für Angehörige der Gruppe II kann jedoch — ebenso wie für Angehörige der Gruppe I —, wenn der Entlassene arbeitsverwendungsunfähig ist, Umstellungsbeihilfe nach Maßgabe des RdErl. vom 28. Februar 1941 in der Fassung des RdErl. vom 5. Mai 1942 (MBliV. S. 949) in Betracht kommen. Abs. 2 Ziff. 1 neuer Fassung ist ferner nicht mehr auf die Fälle der **Arbeitsverwendungsunfähigkeit** beschränkt, sondern umfaßt auch diejenigen Fälle, in denen der Entlassene zwar infolge eines während des Wehrdienstes usw. erlittenen Körperschadens als dienstunfähig entlassen wird, aber nicht arbeitsverwendungsunfähig ist.

Abs. 2 Ziff. 2 neuer Fassung tritt an die Stelle des Abs. 3 alter Fassung.

Zu V f 350/42-7900 Anlage 4.

Erläuterungen zur Umstellungsbeihilfe für Opfer des gegenwärtigen Krieges.

Der RdErl. vom 5. 5. 1942 (MBliV. S. 949) enthält die erforderlichen Anpassungen an die VO. vom 27. 4. 1942 (RGBl. I S. 248) und an Nr. 52 c Abs. 3 des Ausf.-Erl. vom 5. 5. 1942 (MBliV. S. 817).

Zur Klarstellung weise ich noch auf folgendes hin:

Die Umstellungsbeihilfe nach Abschn. A des Runderlasses vom 28. Februar 1942 — MBliV. S. 390 — wird den familienunterhaltsberechtigten Angehörigen der infolge einer Einsatz- oder Wehrdienstbeschädigung verstorbenen oder arbeitsverwendungsunfähig gewordenen Einberufenen gewährt. Wer zu den familienunterhaltsberechtigten Angehörigen gehört, richtet sich lediglich nach den Vorschriften des Familienunterhaltsrechts. Die Umstellungsbeihilfe nach Abschn. A a. a. O. ist deshalb auch denjenigen familienunterhaltsberechtigten Angehörigen des infolge einer Einsatz- oder Wehrdienstbeschädigung verstorbenen oder arbeitsverwendungsunfähig gewordenen Einberufenen zu gewähren, für die Hinterbliebenenbezüge oder Zuschüsse zur AVU.-Rente nicht gewährt werden.

Die Umstellungsbeihilfe (Abschn. A) besteht in der Gewährung von Familienunterhalt. Zum Familienunterhalt gehören sowohl der allgemeine Familienunterhalt als auch die Wirtschaftsbeihilfe zur Fortsetzung oder Erhaltung des Betriebes oder freien Berufes einschließlich der Pauschwirtschaftsbeihilfe. Ebenso wie allgemeiner Familienunterhalt ist daher auch Wirtschaftsbeihilfe zur Fortsetzung oder Erhaltung des Betriebes oder freien Berufes einschließlich der Pauschwirtschaftsbeihilfe als Umstellungsbeihilfe zu gewähren, sofern im einzelnen die Voraussetzungen dafür vorliegen.

Dagegen sind die Beihilfen nach Nr. 27 Abs. 2 und Nr. 135a des Ausf.-Erlasses vom 5. 5. 1942 (MBliV. S. 817) Leistungen an nicht familienunterhaltsberechtigte Angehörige des Einberufenen. Ihre Gewährung ist mit dem Zeitpunkt einzustellen, mit dem nach den allgemeinen Vorschriften über den Familienunterhalt (§§ 4 und 5 EFU.-DV., Nr. 28a ff. des Ausf.-Erlasses vom 5. 5. 1942) der Familienunterhalt endet. Eine Fortgewährung dieser Beihilfen als Umstellungsbeihilfen ist nicht zuzulässig.

b) RdErl. d. RMdJ. u. d. RFM. vom 11.6.1942 — V f 380/41-7900 und LG 4085-842 I A — über Ausführung des Einsatzfamilienunterhalts; Nichtanrechnung von Zinsen aus Sparguthaben.

(MBliV. Sp. 1295.)

Um die Sparfreudigkeit der kleinen Sparer zu fördern, ordnen wir auf Grund des § 6 des Einsatz-Familienunterhaltsges. (EFUG.) vom 26. 6. 1940 (RGBl. I S. 911) mit Wirkung vom 1. 6. 1942 an folgendes an:

1. Einkünfte des Einberufenen und seiner familienunterhaltsberechtigten Angehörigen (§ 2 EFUG., Nrn. 13a und 13b des RdErl. vom 5. 5. 1942, MBliV. S. 817) aus Zinsen von

a) Einlagen und Guthaben bei Sparkassen, Banken und anderen Kreditanstalten,

b) öffentlichen Anleihen, Pfandbriefen und sonstigen festverzinslichen Wertpapieren,

c) Hypotheken und Grundschulden

bleiben bei der Prüfung der Voraussetzungen und der Bemessung des Familienunterhalts (allgemeiner Familienunterhalt, Wirtschaftsbeihilfe einschl. Pauschwirtschaftsbeihilfe) bis zum Betrage von 10 RM monatlich je Partei (Familie oder Alleinstehender) außer Ansatz, wenn der Gesamtbetrag dieser Einkünfte den Betrag von 20 RM je Partei monatlich nicht übersteigt. Diese Einkünfte bleiben auch dann außer Ansatz, wenn dadurch die Einkommenshöchstgrenze (Nr. 58 ff. des Rd.-Erl. vom 5. 5. 1942) überschritten wird. Betragen die Einkünfte (Satz 1) mehr als 20 RM monatlich, so unterliegt der ganze Betrag — nicht nur der 10 RM überschießende Teil — der Anrechnung nach Maßgabe der allgemeinen Vorschriften. Hat jedoch zunächst Anrechnungsfreiheit nach Satz 1 bestanden und steigt der Gesamtbetrag der Einkünfte später infolge weiterer Spartätigkeit auf mehr als 20 RM monatlich, so bleibt die Anrechnungsfreiheit in dem bisherigen Umfange bestehen.

2. Die Einkünfte der zu einer Partei gehörenden Personen aus Zinsen der in Ziff. 1 Satz 1 bezeichneten Art sind bei der Ermittlung des außer Ansatz zu lassenden Betrages und bei Prüfung der sonstigen in Ziff. 1 genannten Voraussetzungen zusammenzurechnen. Hat der Einberufene solche Einkünfte, so sind sie mit den Einkünften der zu seiner Haushaltsgemeinschaft gehörenden Familienunterhaltsberechtigten zusammenzurechnen. Als zur Haushaltsgemeinschaft des Einberufenen gehörend (Satz 2) ist auch die Ehefrau zu rechnen, die eine Haushaltsgemeinschaft mit ihm vor dem Einstellungstage noch nicht herstellen konnte oder die Ehe mit dem Einberufenen erst nach diesem Tage geschlossen hat, ferner solche in einer Anstalt, in einem Heim oder in Familienpflege untergebrachten Kinder, Enkel, Pflegekinder und Stiefkinder (§ 2 I und § 2 II Nr. 2 EFUG.), denen der für die Haushaltsgemeinschaft des Einberufenen zuständige Stadt- oder Landkreis Familienunterhalt zu gewähren hat. (Unterbringung im Bezirk des gleichen Stadt- oder Landkreises oder gemäß Nr. 33a Ziff. 1 Buchst. b und Ziff. 2 des RdErl. vom 5. 5. 1942.)

3. Am Ende des Kalenderjahres fällig werdende Zinsen werden in Höhe von $^1/_{12}$ ihres Betrages auf die der Fälligkeit folgenden Monate verteilt. Zinsen, die halbjährlich, vierteljährlich usw. fällig werden, sind in entsprechender Weise auf die folgenden Monate zu verteilen.

4. Soweit Zinsen der in Ziff. 1 Satz 1 bezeichneten Art zu den Einnahmen eines Betriebes oder freien Berufs gehören, ist die Freilassung (Ziff. 1 bis 3) in der Weise durchzuführen, daß das nach Nr. 122 A V des RdErl. vom 5. 5. 1942 ermittelte Wirtschaftsergebnis um den nach Ziff. 1 bis 3 anrechnungsfreien Betrag vermindert wird (Verminderung des Gewinns oder Erhöhung des Verlustes; Hinweis auf Nr. 122 A IV Abs. 2 Buchst. b des RdErl. vom 5. 5. 1942). Entsprechendes gilt in den Fällen der Nr. 122 A VI Abs. 3.

5. Die Ziff. 1, 3 und 4 gelten auch für Einberufene, die familienunterhaltsberechtigte Angehörige nicht haben, aber Leistungen des Familienunterhalts erhalten können.

6. Die Ziff. 1 bis 3 sind in den Fällen der Nrn. 27 Abs. 2 und 135 a Abs. 2 des RdErl. vom 5. 5. 1942 sinngemäß anzuwenden.

7. Die Höhe der Einkünfte (Ziff. 1 Satz 1) ist durch Vorlage von Sparkassenbüchern, Bankbelegen u. dgl. nachzuweisen.

c) Erlaß d. RMdJ. vom 13. 6. 1942 V f 316/42-7900 über Familienunterhalt, hier Behandlung der Aufbauzulage und anderer dem Zweck der Aufbauzulage entsprechender Zulagen an deutsche Gefolgschaftsmitglieder (Angestellte und Arbeiter) in den eingegliederten Ostgebieten bei Ermittlung des Nettoeinkommens.

Nr. 60 Abs. 2 Ziff. 8 des Runderlasses über die Ausführung des Einsatz-Familienunterhalts vom 5. Mai 1942 — MBliV. S. 817 — ist auf folgende Bezüge — unbeschadet ihrer steuerlichen Behandlung (vgl. Runderlaß des RFM. vom 18. März 1942 — RStBl. S. 353 —) nicht anzuwenden:

a) die Aufbauzulage für Gefolgschaftsmitglieder (Angestellte und Arbeiter) öffentlicher Verwaltungen und Betriebe nach dem Runderlaß des Reichsfinanzministers vom 25. Oktober 1940 — Nr. A 4522-15342. IV — (RBB. S. 267),

b) die unter gleicher oder ähnlicher Bezeichnung von privaten Arbeitsgebern ihren im Geltungsbereich des unter a genannten Runderlasses verwendeten deutschen Gefolgschaftsmitgliedern zu dem gleichen Zweck gewährten Zulagen.

Demgemäß rechnen die vorbezeichneten Zulagen bei der Ermittlung des Netto-Einkommens im Sinne der Nr. 60 des Runderlasses vom 5. Mai 1942 a. a. O. (Feststellung der Einkommenshöchstgrenze) und der Nr. 77 a. a. O. (Feststellung des Tabellensatzes) zu den Einkünften des Einberufenen.

Soweit es sich bei den Einberufenen oder ihren Angehörigen um Gefolgschaftsmitglieder (Angestellte und Arbeiter) öffentlicher Verwaltungen und Betriebe handelt, sind die Nrn. 150 b bis 150 h a. a. O. zu beachten.

d) Erlaß d. RMdJ. u. RFM. vom 6. August 1942 — V f 1129/41-7900 und LG 4085-938 I A — über Familienunterhalt in den eingegliederten Ostgebieten und im Memelland — hier: Berücksichtigung der Steuererleichterungen usw.

Nach Nr. 60 Abs. 3 des RdErl. vom 5. Mai 1942 — MBliV. S. 817 — ist in den Fällen der Nr. 60 Abs. 2 (Nettoeinkommen der Einberufenen, die nicht zur Einkommensteuer zu veranlagen sind) bei Errechnung des Nettoeinkommens (Nettoarbeitsentgelts) vom Bruttoarbeitsentgelt u. a. die Einkommensteuer und die Bürgersteuer abzuziehen. Bei Einberufenen, die zur Einkommensteuer zu veranlagen sind, ist nach Nr. 60 Abs. 5 a. a. O. bei Ermittlung des Nettoeinkommens die Einkommensteuer und die Bürgersteuer vom „Gesamtbetrag der Einkünfte" abzuziehen. Für die deutschen Staatsangehörigen und die deutschen Volkszugehörigen in den Teilen der eingegliederten Ostgebiete, in denen die §§ 1 und 19 der Ersten Ost-Steuerhilfe-Verordnung vom 9. Dezember 1940 (RGBl. I S. 1565) gelten, und im Memelland ist auf Grund der genannten Vorschriften — für das Memelland in Verbindung mit § 1 der Zweiten Ost-Steuerhilfe-Verordnung vom 20. Februar 1941 (RGBl. I S. 109) — mit Wirkung vom 1. Januar 1941 an eine Senkung der Einkommensteuer und der Bürgersteuer eingetreten. Die Steuersenkung wirkt sich bei denjenigen Einberufenen, bei denen für die Berechnung des Nettoeinkommens ein Zeitraum nach dem 31. Dezember 1940 maßgebend ist, in einem höheren Nettoeinkommen und damit einer höheren Einkommenshöchstgrenze der Familienunterhaltsberechtigten und gegebenenfalls einem höheren Tabellensatz der familienunterhaltsberechtigten Ehefrau aus. Um diesen Vorteil den familienunterhaltsberechtigten Angehörigen aller Einberufenen aus den obengenannten Gebieten — also auch der Einberufenen, bei denen ein Zeitraum vor dem 1. Januar 1941 für die Berechnung des Nettoeinkommens maßgebend ist oder gewesen ist, — gleichmäßig zugute kommen zu lassen, ordnen wir auf Grund des § 6 des Einsatz-Familienunterhaltsgesetzes vom 26. Juni 1940 — RGBl. I S. 911 — an:

1. Bei Errechnung des Nettoeinkommens (Nettoarbeitsentgelts) der einberufenen deutschen Staatsangehörigen und deutschen Volkszugehörigen, die ihren ausschließlichen Wohnsitz oder ihren gewöhnlichen Aufenthalt in den obengenannten Gebieten haben, ist, soweit nach Nr. 60 des RdErl. vom 5. Mai 1942 — MBliV. S. 817 — (für die Zeit vor dem 1. 6. 1942 — Nr. 60 des RdErl. vom 5. Juli 1940 — MBliV. S. 1363) der Ermittlung des Nettoeinkommens (Nettoarbeitsentgelts) ein Zeitraum vor dem 1. Januar 1941 zugrunde zu legen ist oder war, mit Wirkung vom 1. Januar 1941 ab derjenige Betrag der Einkommensteuer und Bürgersteuer vom Bruttoarbeitsentgelt oder vom „Gesamtbetrag der Einkünfte" abzuziehen, der bei Anwendung der §§ 1 und 19 der Ersten Ost-Steuerhilfe-Verordnung vom 9. Dezember 1940 — RGBl. I S. 1565 — zu entrichten wäre.
2. Ist in Fällen der Nr. 60 Abs. 5 des RdErl. vom 5. Mai 1942 die für die Ermittlung des Jahresnettoeinkommens maßgebende Veranlagung vor dem Einstellungstage noch nach ausländischem Recht erfolgt, oder hatte der Einberufene vor dem Einstellungstage ein Einkommen in ausländischer Währung, so ist nach Nr. 60 Abs. 6a mit der Maßgabe zu verfahren, daß bei der Errechnung des Nettoeinkommens die Steuererleichterungen auf Grund der §§ 1 und 19 der Ersten Ost-Steuerhilfe-Verordnung zu berücksichtigen sind.

3. Wenn bei den FU.-Behörden darüber Zweifel bestehen, wie die Neuberechnung der Einkommensteuer und der Bürgersteuer hiernach durchzuführen ist, empfiehlt es sich, hinsichtlich der Einkommensteuer mit dem zuständigen Finanzamt und hinsichtlich der Bürgersteuer mit der Gemeinde, die für ihre Erhebung zuständig gewesen ist, in Verbindung zu treten.

4. Diese Regelung findet in laufenden Fällen rückwirkend vom Einstellungstage, frühestens jedoch vom 1. Januar 1941 ab Anwendung. Soweit bisher aus Anlaß der Einführung der §§ 1 und 19 der Ersten Ost-Steuerhilfe-Verordnung in anderer Weise, etwa durch Gewährung von Beihilfen nach Nr. 113 des RdErl. vom 5. Mai 1942 geholfen worden sein sollte, bewendet es hierbei für die zurückliegende Zeit.

e) RdErl. d. RMdJ. vom 11. 8. 1942 V f 571/42-7900 über Familienunterhalt — Vergünstigungen und Beihilfen zum Besuch von Schwerverwundeten.

Über die Erleichterungen, die den Angehörigen zum Besuch von Schwerverwundeten durch Maßnahmen außerhalb des Familienunterhalts gewährt werden können, bestehen noch vielfach Unklarheiten. Überdies bedarf die Frage, unter welchen Voraussetzungen und in welchem Umfange die Gewährung einmaliger Beihilfen aus Mitteln des Familienunterhalts für solche Besuchsreisen zulässig ist, einer Regelung. Im Einvernehmen mit dem Herrn Reichsminister der Finanzen und dem Oberkommando der Wehrmacht wird deshalb zur Klarstellung und Ergänzung bestehender Vorschriften folgendes mitgeteilt und angeordnet:

I. Besuch von schwerverwundeten oder schwererkrankten Einberufenen.

1. Fahrpreisermäßigung der deutschen Eisenbahnen.

(1) Die deutschen Eisenbahnen gewähren für Reisen naher Angehöriger zum Besuch verwundeter oder kranker deutscher Teilnehmer am gegenwärtigen Krieg auf Entfernungen von mindestens 50 km eine Fahrpreisermäßigung von 50% in der 2. und 3. Klasse der Personenzüge. Bei Benutzung von Eil- und Schnellzügen ist außer dem halben Fahrpreis der volle Eil- oder Schnellzugzuschlag zu zahlen. Erforderlich ist ein Antrag nach vorgeschriebenem Muster, in dem das Verwandtschaftsverhältnis von der Gemeinde- (Ortspolizei-) Behörde bescheinigt sein muß.

(2) Die gleiche Vergünstigung wird auf Entfernungen von mindestens 50 km nahen Angehörigen auch gewährt für Reisen zur Teilnahme an der außerhalb des Heimatortes stattfindenden Beerdigung verstorbener deutscher Teilnehmer am gegenwärtigen Krieg.

(3) Nähere Auskunft über die Bedingungen, unter denen die verbilligten Fahrkarten ausgegeben werden, erteilen die Fahrkartenausgabestellen, wo auch die Antragsvordrucke erhältlich sind.

2. Reisekostenbeihilfen der Wehrmacht[1]).

(1) Den nächsten Angehörigen (Eltern, Pflegeeltern, Ehefrauen, Kindern, Geschwistern oder Verlobten) eines schwerverwundeten oder schwererkrankten Wehrmachtangehörigen kann auf Antrag aus Wehrmachtsmitteln eine Reisekostenbeihilfe gewährt werden, wenn sie wegen seines ernsten Zustandes vom Lazarett auf Veranlassung des zuständigen Sanitätsoffiziers zum Besuche aufgefordert worden sind und sie die Kosten der Reise nicht aus eigenen Mitteln bestreiten können. Die Beihilfe kann in der Regel höchstens für 2 der nächsten Angehörigen gewährt werden. Der Aufenthalt am Ort der Lazarettbehandlung soll in der Regel 2 Tage nicht überschreiten; jedoch kann in besonders gelagerten Fällen nach Anhörung des zuständigen Sanitätsoffiziers auch ein längerer Aufenthalt als notwendig und damit als beihilfefähig anerkannt werden.

(2) Als beihilfefähige Kosten kommen in Betracht:

a) die halben Fahrkosten 3. Klasse, da die deutschen Eisenbahnen bereits eine 50%ige Fahrpreisermäßigung gewähren (vgl. I, 1), zuzüglich etwaiger Schnell- und Eilzug-Zuschläge,

b) für Zehrung und Unterkunft auf der Reise und während der von dem zuständigen Sanitätsoffizier als notwendig anerkannten Dauer des Aufenthalts am Ort der Lazarettbehandlung ein Pauschbetrag bis zur Hälfte der einem Soldaten nach der Reisekostenstufe V bei Dienstreisen von gleicher Dauer und Entfernung zustehenden Tage- und Übernachtungsgelder.

(3) Das Recht der Bewilligung von Reisekostenbeihilfen für 2 der nächsten Angehörigen ist während der Dauer des besonderen Einsatzes den Chefärzten der Reservelazarette übertragen worden, soweit sich die Bewilligung in den Grenzen der Abs. 1 und 2 hält. Wird eine darüber hinausgehende Beihilfe von der Lazarettverwaltung für notwendig gehalten, so liegt die Bewilligung der für das betreffende Reservelazarett zuständigen Wehrkreisverwaltung ob.

(4) In besonders gelagerten Fällen kann die zuständige Wehrkreisverwaltung auch die vollen als notwendig anzuerkennenden Kosten des Besuchs bei Bemessung der Beihilfe berücksichtigen. Die Kosten für Zehrung und Unterkunft werden jedoch über die vollen Sätze des

---

[1]) Vgl. Teil 2 Nr. 23 der Wehrmacht-Sanitäts-Vorschrift — Wm.-SanV. — vom 16. 5. 1933 (Heeres-Druckvorschrift — HDv. — 193/2) in der Fassung des Erl. d. OKW. vom 18. 5. 1938 (HVBl. 1938 Teil B S. 109 Nr. 193 Ziff. 1a und HVBl. 1939 Teil B S. 308, Nr. 484).

Tage- und Übernachtungsgeldes der Reisekostenstufe V[2]) hinaus nicht berücksichtigt.

(5) Unter den entsprechend geltenden Voraussetzungen der Abs. 1 bis 4 kann eine gleiche Beihilfe auch bei Teilnahme von nächsten Angehörigen an der außerhalb des Heimatortes, jedoch nur innerhalb der Reichsgrenzen stattfindenden Beerdigung eines verstorbenen Wehrmachtangehörigen gewährt werden (vgl. Teil 5 Nr. 196 der Wm.-SanV. — H.Dv. 193/5 —).

(6) Bei der Auszahlung der Beihilfe durch die Lazarettverwaltung hat der Besucher das Benachrichtigungsschreiben des Lazaretts vorzulegen. Befindet sich auf diesem ein Vermerk, daß der Besucher von der NSV. oder von der FU.-Stelle einen Vorschuß für die Reise erhalten hat, so ist dieser von der Beihilfe einzubehalten und unmittelbar der Stelle, die den Vorschuß gezahlt hat, zu überweisen.

(7) Auf die Reisekostenbeihilfe der Wehrmacht besteht kein Rechtsanspruch.

3. Vorschüsse und einmalige Beihilfen des Familienunterhalts.

(1) Soweit es sich bei den zum Besuche eines schwerverwundeten oder schwererkrankten Soldaten aufgeforderten Angehörigen (vgl. I, 2 Abs. 1) um Personen handelt, die als familienunterhaltsberechtigte Angehörige (§ 2 EFUG., Nrn. 13 a und 13 b des Runderlasses vom 5. Mai 1942 — MBliV. S. 817) laufend Familienunterhalt beziehen, kann ihnen auf Antrag durch Gewährung von Vorschüssen oder einmaligen Beihilfen aus Mitteln des Familienunterhalts — ggf. durch beides — nach Maßgabe der folgenden Vorschriften geholfen werden:

a) Vorschüsse.

Den familienunterhaltsberechtigten Angehörigen wird ein angemessener Reisekostenvorschuß gewährt, soweit sie die nach Inanspruchnahme der Fahrpreisermäßigung (vgl. I, 1) verbleibenden Reisekosten nicht selbst aufbringen können und nicht bereits von anderer Seite (z. B. von der NSV.) ein Reisekostenvorschuß gewährt worden ist. Die Gewährung des Vorschusses ist von der zuständigen FU.-Stelle auf dem Benachrichtigungsschreiben des Lazaretts unter Angabe (Anschrift und Konto-Nr.) des Reichsbankgiro- oder Postscheckkontos, auf das der von der Lazarettverwaltung zur Abdeckung des Vorschusses einzubehaltende Beihilfebetrag überwiesen werden soll (vgl. I, 2 Abs. 6), zu vermerken. Ist der gewährte Vorschuß höher als der von der Lazarettverwaltung überwiesene Beihilfebetrag, so ist der überschießende Vorschußbetrag zurückzuzahlen, ge-

[2]) Zur Zeit beträgt in der Reisekostenstufe V das volle Tagegeld 5.50 RM, das volle Übernachtungsgeld 4.50 RM.

gebenenfalls vom laufenden Familienunterhalt einzubehalten oder aus der etwa nach Buchst. b gewährten einmaligen Beihilfe abzudecken.

b) Einmalige Beihilfen.

Die Gewährung einer einmaligen Beihilfe ist nur insoweit zulässig, als die nach I, 2 Abs. 2—4 beihilfefähigen Kosten nicht durch eine Reisekostenbeihilfe der Wehrmacht gedeckt sind und die Deckung des verbleibenden Restbetrages aus dem Familienunterhalt oder aus anderen Einkünften des Familienunterhaltsberechtigten oder des Einberufenen nicht zugemutet werden kann.

(2) Abs. 1 ist in den Fällen der Nrn. 27 Abs. 2 und 135a Abs. 2 des Runderlasses vom 5. Mai 1942 — MBliV. S. 817 — sinngemäß anzuwenden.

(3) Abs. 1 gilt entsprechend für familienunterhaltsberechtigte Angehörige schwerverwundeter oder schwererkrankter Soldaten, die nach einer Umquartierung aus Gründen der Luftgefährdung und anläßlich von Fliegerschäden laufend Räumungs-Familienunterhalt nach den einschlägigen Sondervorschriften erhalten. Die zulässigen Vorschüsse und Beihilfen sind aus Mitteln des Räumungs-FU. zu gewähren.

(4) Die Abs. 1 bis 3 gelten entsprechend für familienunterhaltsberechtigte Angehörige sonstiger Schwerverwundeter oder Schwerkranker, die zu den Einberufenen oder ihnen Gleichstehenden (§ 1 Abs. 1 EFUG. in Verbindung mit § 1 Abs. 2 und 3 und § 30 Abs. 1 EFU.-DV. in der Fassung vom 25. 10. 1940 — RGBl. I S. 1397 —, vom 16. 6. 1941 — RGBl. I S. 320 — und vom 27. 4. 1942 — RGBl. I S. 248) gehören sowie für Umstellungsbeihilfeberechtigte nach Abschn. A und E des Runderlasses vom 28. Februar 1941 (MBliV. S. 390) in der Fassung des Runderlasses vom 5. Mai 1942 (MBliV. S. 949). Soweit ihnen Erleichterungen der unter I, 1 und 2 genannten Art gewährt werden, werden entsprechende Beihilfen des Familienunterhalts (bei umstellungsbeihilfeberechtigten Personenbeschädigten und ihren Angehörigen: der Umstellungsbeihilfe E) nicht gewährt.

(5) Die einmalige Beihilfe kann auch gewährt werden, wenn die Voraussetzungen für die Gewährung von Familienunterhalt nur hinsichtlich der nach Abs. 1 Buchst. b beihilfefähigen Reisekosten vorliegen.

(6) Die einmalige Beihilfe kann ferner gewährt werden, auch wenn dadurch die Einkommenshöchstgrenze (Nr. 58 ff. d. RdErl. vom 5. 5. 1942) überschritten wird.

(7) Die Abs. 1 bis 6 sind in Beerdigungsfällen (vgl. I, 2 Abs. 5) entsprechend anzuwenden.

II. Besuch der bei Fliegerangriffen schwer verwundeten Personen, die sich außerhalb des Wohnortes oder (in Fällen der Umquartierung der Angehörigen nach einem anderen Ort) außerhalb des Aufnahmeortes ihrer Angehörigen befinden.

1. Fahrpreisermäßigung der deutschen Eisenbahnen.

Die deutschen Eisenbahnen gewähren die unter I, 1 angegebene Fahrpreisermäßigung auf Entfernungen von mindestens 50 km auch für Reisen naher Angehöriger zum Besuch der bei Fliegerangriffen oder anderen Kampfhandlungen im gegenwärtigen Krieg verletzten und zur Teilnahme an der Beerdigung der aus solchen Anlässen verstorbenen Personen außerhalb ihres Heimatortes.

2. Einmalige Beihilfen des Räumungs-Familienunterhalts.

(1) Personen, die wegen Umquartierung aus Gründen der Luftgefährdung und anläßlich von Fliegerschäden laufend Räumungs-Familienunterhalt beziehen, kann auf Antrag zum Besuch eines außerhalb ihres Wohn- oder Aufnahmeortes untergebrachten, bei Fliegerangriffen schwer verwundeten Familienangehörigen aus Mitteln des Räumungs-Familienunterhalts eine einmalige Beihilfe gewährt werden, wenn zwischen dem Umquartierten und dem Verwundeten ein Angehörigenverhältnis im Sinne des § 2 EFUG. oder der Nrn. 13a und 13b des Runderlasses vom 5. Mai 1942 — Ehefrau, Vater, Sohn usw. — besteht und wenn ferner die Angehörigen wegen des ernsten Zustandes des Schwerverwundeten vom Krankenhaus auf Veranlassung des zuständigen Krankenhausarztes zum Besuche aufgefordert worden sind und sie die mit dem Besuche verbundenen Kosten nicht selbst aufbringen können. Die Beihilfe kann in der Regel höchstens für 2 der nächsten Angehörigen gewährt werden. Der Aufenthalt am Ort der Krankenhausbehandlung soll in der Regel 2 Tage nicht überschreiten; jedoch kann in besonders gelagerten Fällen nach Vorlegung einer dahingehenden Bescheinigung des zuständigen Krankenhausarztes auch ein längerer Aufenthalt als notwendig und damit als beihilfefähig anerkannt werden.

(2) Die Höhe der Beihilfe richtet sich nach den Verhältnissen des Einzelfalls. Von der Gewährung einer Beihilfe ist abzusehen, soweit die Deckung der Kosten aus dem Räumungs-FU. oder aus anderen Einkünften des Familienunterhaltsberechtigten oder des besuchten Angehörigen zugemutet werden kann. Die Beihilfe darf die tatsächlichen Kosten des Besuchs nicht übersteigen. Als beihilfefähige Kosten kommen in Betracht:

a) die halben Fahrtkosten 3. Klasse, da die deutschen Eisenbahnen bereits eine 50%ige Fahrpreisermäßigung gewähren (vgl. II, 1), zuzüglich etwaiger Schnell- und Eilzug-Zuschläge,

b) für Zehrung und Unterkunft auf der Reise und während der

von dem zuständigen Krankenhausarzt als notwendig bescheinigten Dauer des Aufenthalts am Ort der Krankenhausbehandlung ein Pauschbetrag **bis zum vollen** Betrage der einem Angehörigen des öffentlichen Dienstes nach der Reisekostenstufe V bei Dienstreisen von gleicher Dauer und Entfernung zustehenden Tage- und Übernachtungsgelder.

(3) Die Zuständigkeit für die Gewährung der einmaligen Beihilfen richtet sich nach § 2 Abs. 1 RFUV. in Verbindung mit den jeweils geltenden Ausführungsvorschriften.

(4) Bei Beantragung der Beihilfen ist das Benachrichtigungsschreiben des Krankenhauses (Aufforderung zum Besuch) vorzulegen. Wird die Beihilfe vor Antritt der Reise beantragt, so ist zunächst ein angemessener Vorschuß zu gewähren und dessen Gewährung auf dem Benachrichtigungsschreiben des Krankenhauses zu vermerken. Nach Beendigung der Besuchsreise hat der Antragsteller die Höhe der tatsächlich entstandenen Kosten glaubhaft zu machen und eine Bescheinigung des zuständigen Krankenhausarztes über die als notwendig anerkannte tatsächliche Dauer des Aufenthalts am Ort der Krankenhausbehandlung vorzulegen. Alsdann wird die Beihilfe endgültig festgesetzt und der gewährte Vorschußbetrag darauf angerechnet. Der die Beihilfe etwa übersteigende Betrag ist zurückzuzahlen oder gegebenenfalls vom laufenden Räumungs-Familienunterhalt wieder einzubehalten.

(5) Die einmalige Beihilfe kann auch gewährt werden, wenn die Voraussetzungen für die Gewährung von Räumungs-Familienunterhalt nur hinsichtlich der nach Abs. 2 beihilfefähigen Reisekosten vorliegen.

(6) Die einmalige Beihilfe kann ferner gewährt werden, auch wenn dadurch die Einkommenshöchstgrenze (Nr. 58 ff. des Runderlasses vom 5. Mai 1942 a. a. O.) überschritten wird.

(7) Die Abs. 1 bis 6 sind entsprechend anzuwenden bei Teilnahme von Angehörigen an der außerhalb ihres Wohn- oder Aufnahmeortes, jedoch nur innerhalb der Reichsgrenzen stattfindenden Beerdigung des infolge Fliegerangriffs Getöteten oder des an der Verwundung durch Fliegerangriff Verstorbenen. Die Benachrichtigung der Angehörigen und die Bescheinigung über die tatsächliche Dauer des Aufenthaltes am Ort der Beerdigung erfolgt in der Regel in den Fällen, in denen der durch Fliegerangriff Verwundete in einem Krankenhaus verstorben ist, durch die Verwaltung des betreffenden Krankenhauses, im übrigen durch die **Gemeinde- (Ortspolizei-) Behörde** des Beerdigungsorts.

(8) Die Abs. 1 bis 7 gelten auch für Beamte, Angestellte und Arbeiter öffentlicher Verwaltungen und Betriebe, Gehaltsempfänger des Friedenstandes der Wehrmacht, Kriegsbesoldungsempfänger, Reichsarbeitsdienstführer und Reichsarbeitsdienstführerinnen (vgl. RdErl. d.

RMdJ. vom 20. 6. 1941 — MBliV. S. 1092 — und vom 8. 12. 1941 — V f 1170/41-7900 — nicht veröffentlicht —). Sie gelten ferner auch für Dienstverpflichtete und ihnen Gleichgestellte nach Maßgabe des Abs. 7 des durch Runderlaß des Reichsministers des Innern vom 28. Juni 1940 — MBliV. S. 1286 — bekanntgegebenen Erlasses des RAM. vom 20. Juni 1940.

(9) Für die Kostentragung ist § 3 RFUV. in Verbindung mit den jeweils geltenden Ausführungsvorschriften maßgebend.

III. Die Vorschriften unter I, 3 und II dieses Runderlasses treten mit Wirkung vom 1. August 1942 ab mit der Maßgabe in Kraft, daß auch in etwaigen in diesem Zeitpunkt noch nicht abgeschlossenen Fällen danach verfahren werden kann.

Die Krankenhäuser, die für die Aufnahme von bei Fliegerangriffen verwundeten Personen in Frage kommen — hauptsächlich in den luftgefährdeten oder ihnen benachbarten Gebieten — sind über die Regelung unter II dieses Runderlasses in geeigneter Weise zu verständigen.

f) Erlaß d. RMdJ. vom 18. August 1942, V f 580/42-7900 über Familienunterhalt — Einkünfte aus der Untervermietung von Wohnräumen an Fliegergeschädigte.

Zu den Ausführungen des Oberbürgermeisters der Stadt X unter „f" seines Berichts vom 10. Juli 1942 — 593 — (Punkt 12 der Besprechungsfolge vom 30. April/1. Mai 1942) stelle ich im Einvernehmen mit dem Herrn Reichsminister der Finanzen folgendes klar:

1. Nach Nr. 146 Ziff. 33 des Runderlasses vom 5. Mai 1942 (MBliV. S. 817) bleiben im Rahmen der Vorschriften über die Einkommenshöchstgrenze (Nr. 58 ff. a. a. O.) bei der Bemessung des Familienunterhalts die Einkünfte aus Untervermietung möblierter oder unmöblierter Zimmer, sofern die Untervermietung nicht gewerbsmäßig betrieben wird, mit folgender Maßgabe außer Ansatz: Ein angemessener Betrag der Einkünfte aus Untervermietung ist mit Rücksicht darauf, daß dem FU.-Berechtigten für die ganze Wohnung (einschließlich der unvermieteten Räume) volle Mietbeihilfe (Nr. 83 a. a. O.) gewährt wird, vom Familienunterhalt abzusetzen. Entsprechendes gilt bei Untervermietung durch den familienunterhaltsberechtigten Eigenheimbesitzer mit Rücksicht darauf, daß ihm für das ganze Eigenheim eine Beihilfe nach Nr. 85 a. a. O. gewährt wird.

Diese Vorschrift bedeutet nicht, daß in jedem Falle ein Betrag in Höhe des Anteils des untervermieteten Zimmers an der Gesamtmiete der Wohnung (bei Eigenheimbesitzern an den Gesamtlasten des Eigenheims) vom Familienunterhalt abzusetzen ist. Die zuständige FU.-Behörde kann vielmehr auch einen geringeren Betrag absetzen, wenn sie es nach den besonderen Verhältnissen des Einzelfalles oder aus anderen besonderen Gründen für erforderlich und angemessen hält. Das wird beispielsweise angezeigt sein, wenn der verbleibende Teil der Untermiete im Verhältnis zu dem auf das untervermietete Zimmer entfallenden Teil der Gesamtmiete so gering wäre, daß ein Anreiz zur Untervermietung nicht mehr bestünde, oder wenn Vermieter sich durch die Untervermietung über den Rahmen des Zumutbaren hinaus Beschränkungen auferlegen.

Darüber hinaus habe ich in Katastrophenfällen (wie z. B. in X) keine Bedenken, die Beschaffung von Unterkunft durch vorübergehende Verstärkung des Anreizes zur Untervermietung in ausreichendem Umfange dadurch zu erreichen, daß ein noch geringerer Betrag von der Untermiete abgezogen wird.

In einer Stadt mit einer starken Knappheit an möblierten Zimmern wurde allgemein folgende Berechnungsart eingeführt: Von dem Mietpreis des möblierten Zimmers werden zunächst 10 v. H. für das Frühstück und 15 v. H. für die Möbelabnutzung abgezogen; von dem Restbetrag bleibt die Hälfte, mindestens aber ein Betrag von .... RM (in der betr. Stadt 20 RM) anrechnungsfrei. Ich habe diese Berechnungsart, die sich allerdings mit der Vorschrift der Nr. 146 Ziff. 33 des RdErl. vom 5. 5. 1942 nicht ganz deckt, nicht beanstandet, um den damit beabsichtigten Anreiz zur freiwilligen Abgabe von möblierten Zimmern zu unterstützen.

2. Die Annahme, daß für den Fall einer Inanspruchnahme möblierter Zimmer auf Grund des Reichsleistungsgesetzes die Vergütung gemäß Nr. 147 Ziff. 5 des Runderlasses vom 5. Mai 1942 a. a. O. außer Ansatz zu lassen sei, trifft nicht zu. Diese Vorschrift bezieht sich nach ihrem Wortlaut nur auf solche Vergütungen auf Grund des § 26 Abs. 1 des Reichsleistungsgesetzes vom 1. September 1939 (RGBl. I S. 1645), die für die Übereignung eines Gegenstandes gezahlt worden sind, sowie auf die nach § 26 Abs. 3 ebenda gezahlten Entschädigungen, soweit sie nicht zur Deckung des Lebensbedarfs bestimmt sind, nicht aber auf Vergütungen für die auf § 5 — nicht § 26 — des Reichsleistungsgesetzes gestützte Inanspruchnahme von Unterkunft, insbesondere von möblierten Zimmern (vgl. I 1 des Runderlasses vom 16. Mai 1941 — MBliV. S. 911). Diese letzteren Vergütungen gehören vielmehr zu den Einkünften aus Untervermietung im Sinne der Nr. 146 Ziff. 33 a. a. O.

g) Erlaß d. RMdJ. vom 24. 8. 1942, V f 127/42-7900 über den Arbeitseinsatz der weiblichen Familienunterhaltsberechtigten.

Wie sich aus Ziffer 12 des Runderlasses des Herrn Reichsarbeitsministers vom 12. März 1942 — V a 5200/32 — (RABl. S. I 134 ff.) ergibt, ist durch die Verordnung des Beauftragten für den

Vierjahresplan vom 7. März 1942 (RGBl. I S. 105) über den Einsatz zusätzlicher Arbeitskräfte für die Ernährungssicherung des deutschen Volkes und die zu ihrer Durchführung erlassenen Vorschriften der Runderlaß des Herrn Reichsarbeitsministers vom 6. Juli 1941 — V a 5103. 2/2 — (mitgeteilt durch meinen Runderlaß vom 21. Juli 1941 — V f 753/41-7900 — nicht veröffentlicht —) für den von der Verordnung erfaßten Personenkreis überholt. Daher können sich weibliche Familienunterhaltsberechtigte, die von der Verordnung vom 7. März 1942 erfaßt werden, auch nicht auf B I Ziffer 4 meines Runderlasses vom 30. Juni 1941 — V f 679/41-7900 — (nicht veröffentlicht) berufen. Ob ein wichtiger Grund gegen die Aufnahme einer Tätigkeit in der Landwirtschaft vorliegt, richtet sich vielmehr ausschließlich nach den hierfür vom Herrn Reichsarbeitsminister erlassenen Vorschriften.

h) RdErl. d. RMdJ. vom 31. 8. 1942, V f 29/41-7930 über Familienunterhalt. Pauschwirtschaftsbeihilfe für einberufene Bauern und Landwirte.

Die Vorschriften über die Pauschwirtschaftsbeihilfe für einberufene Bauern und Landwirte (Nr. 123 ff. d. Runderlasses vom 5. Juni 1940 — RMBliV. S. 1363 —) haben durch den Runderlaß vom 25. Juli 1941 (RMBliV. S. 1377) verschiedene Änderungen erfahren. Für die Anwendung der neuen Bestimmungen weise ich auf folgende Punkte besonders hin:

1. Die Gewährung der Pauschwirtschaftsbeihilfe setzt wie bisher so auch künftig den Nachweis der Gefährdung der wirtschaftlichen Lage des Betriebes nicht voraus. Es wird vielmehr als Tatsache unterstellt, daß die wirtschaftliche Lage des Betriebes durch die Einberufung gefährdet ist. Die Pauschwirtschaftsbeihilfe darf deshalb, wenn die sonstigen Voraussetzungen gegeben sind, d. h. wenn der Einheitswert sich innerhalb der nunmehr auf 30 000 RM erhöhten Einheitswertgrenze (neue Fassung der Nr. 126 Abs. 3 Satz 1 des AusfErl.) hält und eine dauernde Ersatzkraft für den Einberufenen nicht eingestellt ist, nicht deshalb versagt werden, weil eine Gefährdung der wirtschaftlichen Lage des Betriebes im Einzelfall nicht anzuerkennen ist.

2. Durch die neuen Bestimmungen wird den FU.-Behörden eine gewisse Bewegungsfreiheit bei der Bemessung der Pauschwirtschaftsbeihilfe eingeräumt:

Die Grundbeträge erscheinen in der neuen Fassung der Nr. 126 des AusfErl. als Rahmenbeträge (Mindest- und Höchstsätze).

Die Mindestsätze entsprechen im wesentlichen den bisherigen Grundbeträgen. Sie dürfen nicht unterschritten werden, sondern sind ebenso wie die von 5 auf 10 RM erhöhten Kinderzuschläge (neue Fassung der

Nr. 127 Satz 1 des AusfErl.) ohne Rücksicht auf die wirtschaftlichen Verhältnisse des Einzelfalles zu gewähren. Die Spanne zwischen Mindest- und Höchstsätzen gestattet der FU.-Behörde, den Grundbetrag über die Mindestsätze hinaus den Bedürfnissen der verschiedenen Betriebe anzupassen und dadurch insbesondere nachteilige Unterschiede zur allgemeinen Wirtschaftsbeihilfe, die sich gelegentlich für den Pauschwirtschaftsbeihilfeempfänger ergeben können, auszugleichen. Doch darf die Handhabung der beweglichen Grundbeträge auch nicht zu überhöhten Pauschwirtschaftsbeihilfen führen. Ein offensichtliches Mißverhältnis zwischen Pauschwirtschaftsbeihilfe und allgemeiner Wirtschaftsbeihilfe ist auch in dieser Hinsicht nach Möglichkeit zu vermeiden.

Die Einführung der Rahmensätze darf nicht dazu führen, daß etwa ein Mittelbetrag zwischen Mindestsatz und Höchstsatz oder der Höchstsatz selbst zum Regelsatz wird. Welcher Grundbetrag innerhalb der Rahmensätze zu gewähren ist, ist vielmehr nach den gesamten wirtschaftlichen Verhältnissen des Betriebes zu entscheiden. Es können dabei die verschiedensten Umstände in Betracht zu ziehen sein. So wird sich z. B. der Ausfall der Arbeit des Einberufenen in einem Betrieb mit mitarbeitenden erwachsenen Familienangehörigen weniger ungünstig auswirken, als in einem Betriebe, der ausschließlich auf fremde Hilfskräfte angewiesen ist. Die neuen Bestimmungen sehen deshalb vor, daß der Grundbetrag stets entsprechend unter dem Höchstbetrag zu bleiben hat, wenn außer dem Familienunterhaltsberechtigten, der den Betrieb fortführt, noch über 16 Jahre alte Angehörige im Betriebe mitarbeiten.

3. Durch die neue Fassung der Nr. 128 Satz 2 des Ausführungserlasses ist auch die bisherige starre Bewertung des Altenteils mit 360 RM fallen gelassen worden. Es „kann" künftig für jeden Altenteiler ein jährlicher Aufwand „bis zu 360 RM" angesetzt werden. Damit wird nicht die Berücksichtigung des Altenteils als solche in das Ermessen der FU.-Behörde gestellt. Soweit das Altenteil den Betrieb belastet, muß es vielmehr ebenso wie die andern in Nr. 128 Satz 1 des AusfErl. aufgeführten Grundstückslasten Berücksichtigung finden. Wie hoch jedoch diese Belastung zu bewerten ist, ist künftig durch die FU.-Behörde unter Berücksichtigung der Verhältnisse des Einzelfalls festzustellen. Der im Grundbuch eingetragene Wert des Altenteils ist hierbei nicht unbedingt ausschlaggebend. Arbeitet z. B. der Altenteiler im Betriebe noch mit, so wird die Belastung des Betriebes durch das Altenteil entsprechend niedriger zu bewerten sein als bei Arbeitsunfähigkeit oder gar Pflegebedürftigkeit des Altenteilers. Es wird sogar — wenn auch nur ausnahmsweise — Fälle geben, in denen eine Belastung des Betriebes durch das Altenteil überhaupt nicht anzuerkennen ist, weil die Leistungen an den Altenteiler durch dessen Arbeitsleistung voll aufgewogen werden.

i) RdErl. d. RMdJ. u. d. RFM. vom 14. 9. 1942 — V f 691/42-7900 u. LG 4085-896 I A über Ausführung des Einsatz-Familienunterhalts; hier: Beihilfen zur Zahlung von Umlagebeträgen für in der Zeit vom 20. 8. 1939 bis 30. 9. 1940 durchgeführte Luftschutzmaßnahmen.

I. Nach den Zweiten Richtlinien über Art und Umfang des Beitragens bei der Ausführung von behelfsmäßigen Luftschutzräumen usw. vom 26. 7. 1941 (RMBl. S. 183) in Verbindung mit dem Ergänzungserlaß zu den Zweiten Richtlinien vom 2. 4. 1942 (RMBl. S. 103) werden — von einer Sonderregelung für öffentliche Dienststellen und Betriebe des Werkluftschutzes und erweiterten Selbstschutzes abgesehen — die Kosten für solche bauliche Luftschutzmaßnahmen in bestehenden Gebäuden, die seit dem 1. 10. 1940 durchgeführt worden sind, durch das Reich voll erstattet. Für die in der Zeit vom 20. 8. 1939 bis 30. 9. 1940 durchgeführten Maßnahmen dieser Art ist es dagegen gemäß Nr. 35 der Zweiten Richtlinien bei der in den Abschn. V und VI der Richtlinien vom 6. 2. 1941 (RMBl. S. 46; MBliV. S. 327) getroffenen Regelung verblieben. Danach haben Mieter und Hauseigentümer zu den Kosten für Maßnahmen, die in diese Zeit fallen, nach näherer Maßgabe der Nr. 26 der Richtlinien vom 6. 2. 1941 Geldbeiträge zu leisten. Abschn. V Nr. 27 Satz 1 der Richtlinien vom 6. 2. 1941 bestimmt hierzu folgendes:

„Soweit die Land- oder Stadtkreise durch Gewährung des Familienunterhalts ... für den notwendigen Lebensbedarf des Mieters oder Hauseigentümers zu sorgen haben, gehören hierzu auch, vorbehaltlich näherer Bestimmungen der zuständigen Obersten Reichsbehörden, die auf den Mieter oder Hauseigentümer nach Nrn. 11, 26, 31 und 33 dieser Richtlinien entfallenden Beiträge."

II. Soweit von den Stadt- und Landkreisen Beihilfen des Familienunterhalts auf Grund der vorgenannten Vorschriften bereits bewilligt worden sind, verbleibt es hierbei. Bei Anträgen, die erst künftig gestellt werden, und Anträgen, über die noch nicht entschieden worden ist, ist nach folgenden Vorschriften zu verfahren:

1. Für die von einberufenen Mietern gemäß Nrn. 11, 26, 31 und 33 der Richtlinien vom 6. 2. 1941 in Verbindung mit den unter I genannten Vorschriften zu zahlenden Umlagebeträge für in der Zeit **vom 20. 8. 1939 bis 30. 9. 1940** durchgeführte Luftschutzmaßnahmen (Kosten für behelfsmäßige Luftschutzräume und für Brandmauerdurchbrüche, Kosten für endgültige Luftschutzräume) und für in dem gleichen Zeitraum entstandene Betriebskosten für Beheizung der Luftschutzräume wird eine Beihilfe aus Mitteln des Familienunterhalts gewährt. Die Beihilfe wird auch gewährt, wenn dadurch die Einkommenshöchstgrenze (Nr. 58 ff. des RdErl. vom 5. 5. 1942, MBliV. S. 817) überschritten wird. Die Beihilfe wird auch Einberufenen gewährt, die familienunterhaltsberechtigte Angehörige nicht haben. Von der Gewährung einer Beihilfe ist abzusehen, soweit die Deckung der

Kosten aus dem sonstigen Familienunterhalt oder aus anderen Einkünften des Familienunterhaltsberechtigten oder des Einberufenen zugemutet werden kann.

2. Für einberufene Eigentümer von Eigenheimen (§ 10 Abs. 3 Satz 2 EFU.-DV. vom 26. 6. 1940, RGBl. I S. 912) gilt Ziff. 1 entsprechend mit der Maßgabe, daß die Beihilfe, falls das Eigenheim von dem Eigentümer und seinen familienunterhaltsberechtigten Angehörigen allein bewohnt wird, 5 v. H. des Jahresmietwerts des Eigenheims, falls jedoch das Eigenheim eine zweite — vermietete — Wohnung enthält, 5 v. H. des Jahresmietwerts der vom Eigentümer genutzten Räume nicht übersteigen darf.

3. Wohnt der einberufene Eigentümer eines Miethauses im eigenen Hause, so sind die auf seine Wohnung entfallenden Umlagebeträge (vgl. Nr. 26 Abs. 2 der Richtlinien vom 6. 2. 1941) als Werbungskosten im Sinne der Nr. 145a des RdErl. vom 5. 5. 1942 zu berücksichtigen.

k) RdErl. d. RMdJ. u. RFM. vom 15. 10. 1942, V f 690/42-7900 über Familienunterhalt bei Einberufungen zu kurzfristigem Wehrdienst bei der Luftwaffe:

Auf Grund der Verordnung über kurzfristigen Wehrdienst bei der Luftwache vom 7. Mai 1942 — RGBl. I S. 280 — können Wehrpflichtige für wiederholte Einberufungen zu kurzfristigem Wehrdienst bei der Luftwaffe durch die Wehrersatzdienststellen herangezogen werden. Den Angehörigen der auf Grund dieser Heranziehung zum aktiven Wehrdienst Einberufenen wird Familienunterhalt nach den einschlägigen Bestimmungen des Einsatz-Familienunterhaltsrechts gewährt. Dabei ist folgendes zu beachten:

1. a) Angestellte und Arbeiter behalten — soweit sie nicht als Dienstkräfte des öffentlichen Dienstes ihre Bezüge während der Dauer der Einberufung von dem Dienstherrn weiter erhalten — bei Beurlaubungen zu kurzfristigem Wehrdienst bei der Luftwaffe gegenüber dem Unternehmer den Anspruch auf Arbeitsentgelt, wenn der Urlaub zum aktiven Wehrdienst oder zur notwendigen Erholung vor oder nach dem aktiven Wehrdienst nicht die Dauer von 3 Arbeitstagen übersteigt (§ 5 der Verordnung über kurzfristigen Wehrdienst bei der Luftwaffe vom 7. Mai 1942); soweit hiernach das Arbeitsentgelt gezahlt wird, ist den Angehörigen des Einberufenen Familienunterhalt nicht zu gewähren. Bei Beurlaubungen von längerer Dauer als 3 Arbeitstagen besteht jedoch ein Anspruch auf Zahlung von Arbeitsentgelt nicht; in diesen Fällen ist daher den Angehörigen zur Sicherung des notwendigen Lebensbedarfs Familienunterhalt zu gewähren, falls die sonstigen Voraussetzungen vorliegen.

b) Ist der Einberufene Unternehmer eines Betriebes oder übt er einen freien Beruf aus, so wird auch bei Einberufungen für kürzere

Dauer als 3 Tage Familienunterhalt (§§ 9 und 12 EFU.-DV.) gewährt, falls die sonstigen Voraussetzungen vorliegen.

2. Familienunterhalt wird bereits gewährt, wenn infolge des Verdienstausfalls des Einberufenen für einen Tag oder einen Teil des Tages der notwendige Lebensbedarf der familienunterhaltsberechtigten Angehörigen nicht gesichert ist (Nr. 46 des Runderlasses vom 5. Mai 1942 — MBliV. S. 817).

3. Die Heranziehung zu kurzfristigem Wehrdienst wird durch den Heranziehungsbefehl der Wehrersatzdienststelle, der Beginn und die Beendigung des jeweils abgeleisteten aktiven Wehrdienstes durch eine Bescheinigung des Einheitsführers nachgewiesen.

4. Eine Mitteilung des Stadt- oder Landkreises an den Truppenteil (Einheit) über die Bewilligung des Familienunterhalts (§ 3 Abs. 2 EFU.-DV.) ist nicht erforderlich (Nr. 44 des Bundeserlasses vom 5. Mai 1942 — MBliV. S. 817).

l) Erl. d. RMdI. u. RFM. vom 5. Nov. 1942, V f 45/42-7925 / LG 4085-1080 I A über Familienunterhaltbeihilfen für einberufene Bausparer.

Der Bausparvertrag dient der Finanzierung des Baues, der Verbesserung oder des Erwerbes von Wohnhäusern, insbesondere Eigenheimen und der Ablösung von Baukrediten (Hypotheken oder Bauzwischenkrediten). Die Leistungen des Bausparers bestehen in

1. den Bausparbeiträgen — bei den öffentlichen Bausparkassen „Einzahlungen" genannt —,
2. der Verzinsung und Tilgung des Baudarlehns — bei den öffentlichen Bausparkassen — „Abzahlungen" genannt —,
3. Versicherungsprämien für die mit dem Bausparvertrag verbundene Lebensversicherung.

A. Bausparbeiträge (Einzahlungen).

Die Bausparbeiträge (Einzahlungen) dienen der Ansammlung eines Sparguthabens. Die Gewährung von Beihilfen aus Mitteln des Familienunterhalts zur Bildung von Sparguthaben ist nicht zulässig (Nr. 112 Buchst. e d. RdErl. vom 5. Mai 1942 — MBliV. S. 817). Anträge auf Gewährung von Beihilfen für die Leistung von „Bausparbeiträgen" (Einzahlungen) sind daher abzulehnen.

B. Verzinsung und Tilgung des Baudarlehens. (Abzahlungen.)

Das Baudarlehen wird dem Bausparer nach erfolgter „Zuteilung" von der Bausparkasse in Höhe des durch das Sparguthaben nicht gedeckten Teiles der Bausparsumme bzw. Vertragssumme gewährt und ist hypothekarisch zu sichern. Die Zins- und Tilgungsbeträge — Abzahlungen — können, sofern das beliehene Haus ein Eigenheim (§ 10

Abs. 3 Satz 2 EFU.-DV.) ist — in der Regel wird dies der Fall sein — nach Maßgabe der Vorschriften des § 10 Abs. 3 EFU.-DV. und der Nr. 85 des RdErl. vom 5. Mai 1942 Tilgungsbeträge, also nur bis 2 v. H. jährlich, als Beihilfe aus Mitteln des Familienunterhalts gewährt werden. Da aber bei Baudarlehen der reine Tilgungsbetrag meist höher als 2 v. H. jährlich sein wird, muß der in der Gesamtjahresleistung des Bausparers enthaltene Tilgungsbetrag und die Höhe des Tilgungssatzes durch Anfrage bei der Bausparkasse festgestellt werden. Ist das beliehene Haus ein Miethaus (nicht Eigenheim), so sind nur die Zinsen (nicht die Tilgungsbeträge) und zwar als Werbungskosten nach Maßgabe der Nr. 145 a des RdErl. vom 5. Mai 1942 zu berücksichtigen.

C. Lebensversicherungen, die mit Bausparverträgen verbunden sind.

I. Allgemeines.

Mit Bausparverträgen sind in der Regel Lebensversicherungen für den Todesfall des Bausparers verbunden. Die Verbindung der Lebensversicherung mit dem Bausparvertrag ist verschieden. Bei den öffentlichen Bausparkassen ist außerdem zwischen Bausparverträgen neuerer Art und Bausparverträgen älterer Art zu unterscheiden. Die Merkmale der Lebensversicherungen bei den Bausparverträgen sind folgende:

1. Lebensversicherungen bei Bausparverträgen privater Bausparkassen.

Zur Sicherung der Darlehnsforderung der Bausparkasse an den Bausparer vermittelt die Bausparkasse dem Bausparer eine Lebensversicherung nach Maßgabe eines mit einem Versicherungsunternehmen abgeschlossenen Gruppenversicherungsvertrages. Versicherungsnehmer ist der Bausparer, in manchen Fällen aber die Bausparkasse. Bezugsberechtigt ist die Bausparkasse. Nach Eintritt des Versicherungsfalles wird die Versicherungssumme an die Bausparkasse ausgezahlt und dem Darlehnskonto des Bausparers als Sondertilgung gutgeschrieben. Die Versicherungsleistung kommt also dem Versicherten oder seinen Erben zugute. Die Versicherungsbeiträge werden vom Bausparer *neben* den Zins- und Tilgungsleistungen aus dem Bausparvertrag an die Bausparkasse gezahlt und von dieser an das Versicherungsunternehmen entrichtet. Es kommt vor, daß an Stelle dieser Versicherungsbeiträge während der ganzen Tilgungsdauer festbleibende Versicherungs*zuschläge* vom Bausparer *neben* den Zins- und Tilgungsleistungen zu zahlen sind. Da die Abweichungen von den ordentlichen Versicherungsbeiträgen aber nur geringfügig sind, bestehen keine Bedenken, die Sicherungsbeiträge statt nach dem tatsächlichen Versicherungsbeitrag nach dem Versicherungszuschlag zu berechnen.

2. Lebensversicherungen bei Bausparverträgen neuerer Art der öffentlichen Bausparkassen.

Die Bausparkasse nimmt bei einem Lebensversicherungsunternehmen eine Lebensversicherung auf das Leben des Bausparers. Der Abschluß der Versicherung ist in das Ermessen des Bausparers und der Bausparkasse gestellt. Die Versicherung wird in der Regel erst nach der Zuteilung der Vertragssumme abgeschlossen; sie kann aber auch, wenn der Bausparer einen dahingehenden Antrag stellt, bereits vor der Zuteilung abgeschlossen werden.

Die Leistung der Versicherung besteht in der Zahlung des noch nicht getilgten oder — wenn die Versicherung bereits vor der Zuteilung abgeschlossen worden ist —, des noch nicht angesparten Teiles der Bausparvertragssumme. Auf Grund der Versicherungsleistung werden die Erben des Bausparers in beiden Fällen von der Verpflichtung zur Leistung der nach dem Todestage des Bausparers noch fällig werdenden Zahlungen frei.

Versicherungsnehmer und Bezugsberechtigter ist die Bausparkasse. Beitragsschuldner ist der Bausparer. Der Lebensversicherungsbeitrag wird von dem Bausparer neben den „Einzahlungen" oder „Abzahlungen" an die Bausparkasse gezahlt und von dieser an das Versicherungsunternehmen entrichtet.

3. Lebensversicherungen bei Bausparverträgen älterer Art der öffentlichen Bausparkassen.

Die Bausparkasse nimmt bei Abschluß des Bausparvertrags bei einem Lebensversicherungsunternehmen auf Grund eines zwischen ihr und diesem bestehenden Gruppenversicherungsvertrages eine Lebensversicherung auf das Leben des Bausparers.

Die Leistung der Versicherung besteht in der Zahlung des am Todestage des Bausparers durch die „Abzahlungen" noch nicht getilgten Teiles des Baudarlehens. Auf Grund der Versicherungsleistung werden die Erben des Bausparers von ihrer Verpflichtung zur Leistung der nach dem Todestage des Bausparers noch fällig werdenden Zahlungen frei.

Versicherungsnehmer und Bezugsberechtigter ist die Bausparkasse. Die Bausparkasse entrichtet die Beiträge an das Versicherungsunternehmen aus — also nicht neben — den auf Grund des Bausparvertrages zu entrichtenden Zahlungen des versicherten Bausparers („Einzahlungen", „Abzahlungen"). In den Einzahlungen und Abzahlungen ist ein über die ganze Vertragsdauer des Bausparvertrages sich erstreckender Anteil für die Versicherungsprämie enthalten. Der Versicherungsvertrag läuft vom Beginn des Bausparvertrages an, der Versicherungsschutz beginnt jedoch erst mit der Zuteilung des Baudarlehns. Der versicherte Bausparer zahlt also bereits vor der Zuteilung laufende Versicherungsbeiträge, obwohl ihm der Versicherungsschutz erst nach der Zuteilung zusteht.

II. Behandlung der Lebensversicherungsbeiträge im Familienunterhalt.

1. **Lebensversicherungen bei Bausparverträgen privater Bausparkassen.**

Fall a. Der einberufene Bausparer ist Versicherungsnehmer. Daher ist die Lebensversicherung nach den Vorschriften des Rundschreibens 49 des Reichsaufsichtsamts für Privatversicherung in der hinter Nr. 105 des RdErl. vom 5. Mai 1942 (MBliV. S. 817) abgedruckten Fassung und nach Nrn. 106—109 a des RdErl. vom 5. Mai 1942 zu behandeln.

Fall b. Der Bausparer ist weder Versicherungsnehmer noch Bezugsberechtigter, hat vielmehr nur die Beiträge aufzubringen. Die Lebensversicherung kann daher nicht ohne weiteres als Versicherung des einberufenen Bausparers im Sinne des Rundschreibens 49 des Reichsaufsichtsamts für Privatversicherung angesehen werden.

Im Einvernehmen mit dem Herrn Reichswirtschaftsminister und dem Reichsaufsichtsamt für Privatversicherung ordnen wir an, daß die Lebensversicherung trotzdem nach den Vorschriften des Rundschreibens 49 des Reichsaufsichtsamts für Privatversicherung und der Nrn. 106 bis 109 a des RdErl. vom 5. Mai 1942 zu behandeln ist.

2. **Lebensversicherungen bei Bausparverträgen neuerer Art der öffentlichen Bausparkassen.**

Der Bausparer ist weder Versicherungsnehmer noch Bezugsberechtigter, hat vielmehr nur die Beiträge aufzubringen. Die Lebensversicherung kann daher nicht ohne weiteres als Versicherung des einberufenen Bausparers im Sinne des Rundschreibens 49 des Reichsaufsichtsamts für Privatversicherung angesehen werden.

Im Einvernehmen mit dem Herrn Reichswirtschaftsminister und Reichsaufsichtsamt für Privatversicherung ordnen wir an, daß die Lebensversicherung trotzdem nach den Vorschriften des Rundschreibens 49 des Reichsaufsichtsamts für Privatversicherung und der Nrn. 106 bis 109 a des RdErl. vom 5. Mai 1942 zu behandeln ist.

3. **Lebensversicherungen bei Bausparverträgen älterer Art der öffentlichen Bausparkassen.**

Der Bausparer ist weder Versicherungsnehmer noch Bezugsberechtigter. Die Lebensversicherung kann daher nicht ohne weiteres als Versicherung des einberufenen Bausparers im Sinne des Rundschreibens 49 des Reichsaufsichtsamts für Privatversicherung angesehen werden. Die von dem Bausparer aufzubringende Versicherungsprämie ist in den „Einzahlungen" oder „Abzahlungen" *enthalten*.

Sofern bei *Eigenheimen* die „Abzahlungen" als Beihilfe gem. Nr. 85 des RdErl. vom 5. Mai 1942 gewährt werden (vgl. Abschn. B), sind durch die Beihilfe zugleich die Versicherungsprämien gedeckt. Einer besonderen Regelung hinsichtlich der in den Abzahlungen enthaltenen Versicherungsprämien bedarf es daher nicht.

Liegen die Voraussetzungen für die Gewährung von Abzahlungen aus Mitteln des Familienunterhalts nicht vor (z. B. weil es sich um ein Miethaus, nicht Eigenheim — vgl. § 10 Abs. 3 Satz 2 EFU.-DV. — handelt), so ist — wie hiermit im Einvernehmen mit dem Herrn Reichswirtschaftsminister und dem Reichsaufsichtsamt für Privatversicherung angeordnet wird — die Lebensversicherung nach den Vorschriften des Rundschreibens 49 des Reichsaufsichtsamts für Privatversicherung und den Nrn. 106—109 a des RdErl. vom 5. Mai 1942 zu behandeln, und zwar frühestens vom Zeitpunkt der Zuteilung der Vertragssumme (Beginn des Versicherungsschutzes) an. Sind noch Einzahlungen zu leisten, so sind die darin enthaltenen Versicherungsprämien gleichfalls nach den Vorschriften des Rundschreibens 49 und der Nrn. 106—109 a des RdErl. vom 5. 5. 1942 zu behandeln, und zwar auch dann, wenn der Versicherungsschutz noch nicht begonnen hat. Die Höhe des in den Einzahlungen oder Abzahlungen enthaltenen Versicherungsbeitrages (Barbeitrages) ist in diesen Fällen durch Anfrage bei der Bausparkasse zu ermitteln.

4. Die Anordnungen in Abschn. II Ziff. 1 Buchst. b Abs. 2, Ziff. 2 Abs. 2 und Ziff. 3 Abs. 3 treten mit Wirkung vom 1. September 1939 in Kraft. Wurde die Versicherung seit dem 1. September 1939 in anderer Weise aufrechterhalten, so bewendet es hierbei für die zurückliegende Zeit.

D. Sind bei einer Bausparkasse Vermögensbuchsparverträge abgeschlossen, so sind diese wie Lebensversicherungsverträge nach den Vorschriften der Nrn. 105 bis 109 a und 110 des RdErl. vom 5. Mai 1942 sowie nach dem Rundschreiben 49 des Reichsaufsichtsamts für Privatversicherung zu behandeln.

m) RdErl. d. RMdI. u. d. RFM. vom 20. 2. 1943 — V f 5/43-7930 u. LG 4085-52/43 I A über Familienunterhalt; hier: Nichtanrechnung von Einnahmen aus der Verwertung von Waren in geschlossenen Betrieben.

(MBliV. Sp. 307.)

I. Der RWiM. hat im Einvernehmen mit dem RMfEuL. und dem RForstm. durch die nachstehende Anordnung vom 23. 1. 1943 (Anl.) die Verwertung von Waren in geschlossenen Betrieben geregelt. Der bei der Verwertung der Waren von dem übernehmenden Betrieb für die übertragenen Waren zu zahlende Übernahmepreis enthält den Gegenwert für die übertragenen Waren und einen Anteil der zulässigen Handelsspanne, also des Unterschieds zwischen dem Großhandelspreis (Gegenwert der übertragenen Waren) und dem Kleinhandelspreis. Dieser Anteil der Handelsspanne stellt nach Abzug der auf den übertragenen Waren ruhenden Betriebsaufwendungen, wie z. B. Fracht, Versicherungsgebühren, Miete für die gewerblichen Räume, den Gewinn des geschlossenen Betriebes dar.

II. Für die Behandlung der Einnahmen des geschlossenen Betriebes aus der Verwertung der Waren im Familienunterhalt ordnen wir folgendes an:

1. Der Gegenwert der übertragenen Waren ist als Vermögen des einberufenen oder familienunterhaltsberechtigten Inhabers des geschlossenen Betriebes gemäß § 17 Abs. 3 oder § 15 Abs. 2 EFU.-DV. vom 26. 6. 1940 (RGBl. I S. 912) außer Ansatz zu lassen.

2. Um dem Inhaber des geschlossenen Betriebes späterhin die Neubeschaffung von Waren zu erleichtern, bleibt der Gewinn (I Satz 3) bei der Bemessung des Familienunterhalts (allgemeiner Familienunterhalt oder Wirtschaftsbeihilfe zur Erhaltung des Betriebes) ebenfalls außer Ansatz.

Anlage

Anordnung
des RWiM. über die Verwertung von Waren geschlossener Betriebe vom 23. 1. 1943 (RAnz. Nr. 25 vom 1. 2. 1943).

(1) Die Versorgung der Bevölkerung mit lebenswichtigen Verbrauchsgütern erfordert es, auch die in geschlossenen Betrieben vorhandenen Vorräte einzusetzen. Dabei sollen die berechtigten Interessen aller durch die Kriegsverhältnisse zur Schließung gezwungenen Betriebsinhaber für die Zukunft besonders gewahrt werden.

(2) Auf Grund des § 29 der Kriegswirtschafts-VO. vom 4. 9. 1939 (RGBl. I S. 1609), des § 1 der VO. über den Warenverkehr in der Fass. vom 11. 12. 1942 (RGBl. I S. 686) und des § 36 der VO. über die öffentliche Bewirtschaftung von landwirtschaftlichen Erzeugnissen vom 27. 8. 1939 (RGBl. I S. 1521) wird daher angeordnet:

§ 1. Es ist verboten, ohne Genehmigung der für die Verwertung zuständigen Stellen Waren aus geschlossenen Betrieben (einschl. Nebenbetriebe) der nachstehend genannten Art zu veräußern, zu erwerben oder zu entnehmen, über Bezugsberechtigungen solcher Betriebe zu verfügen sowie Waren für sie zu beziehen oder an sie zu liefern:

1. Handels-, Handwerks- und Gaststättenbetriebe,
2. sonstige Betriebe der Be- oder Verarbeiter von landwirtschaftlichen Erzeugnissen im Sinne der Reichsnährstandsgesetzgebung,
3. Werkküchen, Gemeinschaftslager, Krankenanstalten und ähnliche Einrichtungen,
4. Be- und Verarbeiterbetriebe der Holzwirtschaft im Sinne der forst- und holzwirtschaftlichen Marktordnungsgesetzgebung.

§ 2. (1) Die Schließung eines der im § 1 genannten Betriebe ist innerhalb von 3 Tagen zu melden. Außerdem ist ein Verzeichnis der im Zeitpunkt der Schließung vorhandenen Waren (Warengruppen) einschließlich der Roh- und Hilfsstoffe sowie der Bezugsberechtigungen (auch der Bezugsscheinguthaben oder -schulden und der Kontingentsquoten) unverzüglich einzureichen. Ferner soll der Meldepflichtige dafür sorgen, daß die Lieferanten des Betriebes von der Schließung benachrichtigt werden.

(2) Verpflichtet hierzu ist der Inhaber des Betriebes, in den Fällen des § 1 Nr. 3 der Träger der Einrichtung. Ist eine dieser Personen verhindert,

so ist hierzu die mit der Leitung oder Beaufsichtigung des Betriebes oder der Einrichtung betraute Person verpflichtet.

(3) Die Meldung und das Warenverzeichnis sind einzureichen bei der für die Betreuung des Betriebes zuständigen fachlichen Gliederung der Organisation der gewerblichen Wirtschaft. Die Reichsgruppen Industrie, Handel, Handwerk und Fremdenverkehr oder die von ihnen beauftragten Stellen bestimmen, welche Stellen zuständig sind.

(4) Bei Gaststättenbetrieben und den in § 1 Nr. 3 und, soweit es sich um Verteiler, Be- oder Verarbeiter landwirtschaftlicher Erzeugnisse handelt, auch bei den in § 1 Nrn. 1 und 2 aufgeführten Betrieben und Einrichtungen sind die Meldung und das Warenverzeichnis auch bei dem für den Sitz des Betriebes oder der Zweigniederlassung zuständigen Ernährungsamt einzureichen. Soweit diese Betriebe nicht durch die fachlichen Gliederungen der Organisation der gewerblichen Wirtschaft betreut werden, sind die Meldung und das Warenverzeichnis nur bei dem zuständigen Ernährungsamt einzureichen.

(5) Bei Betrieben der Holzwirtschaft (§ 1 Nr. 4) sind die Meldung und das Warenverzeichnis auch bei dem für den Sitz des Betriebes oder der Zweigniederlassung zuständigen Forst- und Holzwirtschaftsamt einzureichen.

§ 3. (1) Die nach § 2 Abs. 3 zuständige fachliche Gliederung hat der für die Verwertung zuständigen Stelle (§ 4) Vorschläge für eine Verwertung der Waren, die Verwendung der Bezugsberechtigungen und die Übertragung von Kontingentsquoten einzureichen, soweit dies für eine geordnete Verbraucherversorgung notwendig ist. Dies gilt nicht für landwirtschaftliche Erzeugnisse.

(2) Die fachliche Gliederung ist gehalten, die Wünsche des Betriebsinhabers oder seines Beauftragten nach Möglichkeit zu berücksichtigen.

§ 4. (1) Die Verwertung von Waren und Bezugsberechtigungen sowie die Übertragung von Kontingentsquoten ordnen die Ämter (Landwirtschafts-, Landes- [Provinzial-] Ernährungs-, Forst- und Holzwirtschaftsamt) oder die von diesen bestimmten Stellen im einzelnen an.

(2) Von der Anordnung der Verwertung ist abzusehen, wenn der Betrieb in absehbarer Zeit wieder eröffnet werden soll.

§ 5. (1) Die nach § 2 Abs. 3 zuständige fachliche Gliederung hat eine Bescheinigung über die im Zeitpunkt der Schließung vorhandenen und zur Verwertung gelangenden Bestände (§ 2) auszustellen. Für landwirtschaftliche Erzeugnisse stellt die Bescheinigung das zuständige Ernährungsamt, für forst- und holzwirtschaftliche Erzeugnisse das zuständige Forst- und Holzwirtschaftsamt aus.

(2) Die Bescheinigung dient als Grundlage einer bevorzugten Belieferung bei Wiedereröffnung des Betriebes unter Berücksichtigung von Richtlinien, die hierzu erlassen werden.

§ 6. Die vorstehenden Bestimmungen finden entsprechende Anwendung auf Betriebe oder Einrichtungen der in § 1 genannten Art, die bei Inkrafttreten dieser Anordnung bereits geschlossen sind. Die Meldung und das Warenverzeichnis sind binnen eines Monats nach Inkrafttreten dieser Anordnung zu erstatten; sie kann unterbleiben, wenn Warenvorräte im Sinne von § 2 nicht mehr vorhanden sind.

§ 7. Die Ämter können mit Zustimmung der zuständigen Obersten Reichsbehörden ergänzende Bestimmungen treffen.

n) RdErl. d. RMdJ. vom 12. März 1943 — V f 70/43-7900 über Familienunterhalt (hier Vereinfachung der Verwaltung).

1. Rückwirkende Gewährung von Familienunterhalt im Falle des Widerrufs der Kriegsbesoldung.

Die Leiter der Stadt- und Landkreise werden ermächtigt, in Ausnahmefällen — abweichend von Nr. 150 des Runderlasses vom 5. Mai 1942 (MBliV. S. 817) — die rückwirkende Gewährung von Familienunterhalt von dem Zeitpunkt an, zu dem die Kriegsbesoldung widerrufen worden ist, unter Anrechnung der überzahlten Kriegsbesoldung auf den Familienunterhalt zuzulassen. Als Ausnahme können nur die Fälle anerkannt werden, in denen ein Kriegsbesoldungsempfänger infolge seines Einsatzes außerhalb der Reichsgrenzen aus Gründen, die er nicht zu vertreten hat und die von der zuständigen Wehrmachtdienststelle zu bescheinigen sind, nicht in der Lage war, den Antrag auf Widerruf der Kriegsbesoldung so rechtzeitig zu stellen, daß er vor wirtschaftlichen Nachteilen bewahrt blieb. Von der Beibringung einer Bescheinigung der Wehrmachtdienststelle kann abgesehen werden, wenn eine solche nach Lage der Verhältnisse nicht beigebracht werden kann (z. B. bei Kriegsgefangenschaft, Vermißtsein u. dgl.).

2. Prüfungsberichte der Landesabrechnungsstellen.

Auf Einreichung der Prüfungsberichte gemäß Nr. 179 Satz 2 des Runderlasses vom 5. Mai 1942 wird bis auf weiteres verzichtet. Die Verpflichtung zur Vornahme der Prüfungen nach Nr. 179 Satz 1 a. a. O. bleibt jedoch bestehen. Treten hierbei Fragen auf, die der grundsätzlichen Klärung bedürfen, so ist mir darüber einzeln (vgl. Nr. 3) zu berichten. Soweit die örtlichen Prüfungen durch die Landesabrechnungsstelle aus personellen oder sonstigen Gründen nicht laufend und ausreichend durchgeführt werden können, sind Besprechungen mit den Behördenvorständen oder Dezernenten und den FU.-Sachbearbeitern der Stadt- und Landkreise nach Maßgabe des Runderlasses vom 7. Dezember 1939 — V f 782/39-7900 — (nicht veröffentlicht) — abzuhalten.

3. Sammelberichte.

Es ist davon abzusehen, mehrere inhaltlich verschiedene Fragen des Familienunterhalts von grundsätzlicher Bedeutung in einem Bericht (Sammelbericht) zusammenzufassen. Derartige Sammelberichte erschweren die geschäftsmäßige Behandlung, da die vorgelegten Fragen häufig von verschiedenen Sachbearbeitern bearbeitet werden und in der Regel nur ein Teil der gestellten Fragen entscheidungsreif ist, während andere noch der Klärung bedürfen. Es ist daher über jede Zweifelsfrage grundsätzlicher Art einzeln zu berichten.

o) RdErl. d. RMdJ. u. d. RFM. vom 30. April 1943 — V f 130/43-7900 u. LG 4085-146 I A über Familienunterhalt — Behandlung von Leistungsverbesserungen der Rentenversicherung.

A: Auf Grund des § 6 des Einsatz-Familienunterhaltsgesetzes vom 26. Juni 1940 (RGBl. I S. 911) in Verbindung mit § 15 Abs. 1 Satz 2 der Verordnung zur Durchführung und Ergänzung des Einsatz-Familienunterhaltsgesetzes vom 26. Juni 1940 (RGBl. I S. 912) ordnen wir vorbehaltlich der späteren Ergänzung des Runderlasses über die Ausführung des Einsatz-Familienunterhalts vom 5. Mai 1942 (MBliV. S. 817) folgendes an:

I. Bei der Prüfung der Voraussetzungen und der Bemessung des Familienunterhalts bleiben außer Ansatz:

1. Leistungsverbesserungen, die den Empfängern von Renten der Sozialversicherung des Protektorats Böhmen und Mähren gewährt werden, unter entsprechender Anwendung des Runderlasses vom 9. Januar 1943 (MBliV. S. 89).
2. Leistungsverbesserungen, die auf Grund der Verordnung über Leistungsverbesserungen in der Rentenversicherung in den Alpen- und Donau-Reichsgauen, den ehem. tschecho-slowakischen, dem Deutschen Reich eingegliederten Gebieten, den eingegliederten Ostgebieten und der bisherigen Freien Stadt Danzig vom 10. Dezember 1942 (RGBl. I S. 697) gewährt werden, unter entsprechender Anwendung des Runderlasses vom 18. Januar 1943 (MBliV. S. 129).
3. Leistungsverbesserungen, die auf Grund der Verordnung über die Neuregelung der Rentenversicherung im Bergbau vom 4. Oktober 1942 (RGBl. I S. 569) gewährt werden, unter entsprechender Anwendung der Vorschriften, die gemäß § 15 Abs. 4 Satz 2 a. a. O. vom Reichsarbeitsminister im Einvernehmen mit dem Reichsminister des Innern für den Bereich der öffentlichen Fürsorge noch erlassen werden.

II. Die unter A I 1 bis 3 aufgeführten Leistungsverbesserungen bleiben in allen laufenden und künftigen Familienunterhaltsfällen außer Ansatz und zwar auch dann, wenn dadurch die Einkommenshöchstgrenze (Nr. 58 ff. des AusfErl.) überschritten wird.

B. Ferner stellen wir folgendes klar:

I. Von den bisher erlassenen Vorschriften über die Anrechnungsfreiheit von Leistungsverbesserungen in der Rentenversicherung (Nr. 146 Ziff. 22 ff. des AusfErl.) sind anzuwenden:

1. in allen laufenden und künftigen Familienunterhaltsfällen:

a) Nr. 146 Ziff. 22 des AusfErl. hinsichtlich der nach Abs. 2 Buchst. a und b des Runderlasses vom 12. Dezember 1938 — MBliV. S. 2141 — anrechnungsfreien Beträge (Steigerungsbeträge für Weltkriegsteilnehmer, Wehr- und Reichsarbeitsdienstpflichtige),

b) Nr. 146 Ziff. 23a des AusfErl. (Rentenerhöhungen zur Beseitigung der Notverordnungs-Kürzungen von 1932);

2. nur in den laufenden Familienunterhaltsfällen, die vor dem 31. Dezember 1939 begonnen haben, bis zu deren Beendigung:

a) Nr. 146 Ziff. 22 des AusfErl. hinsichtlich der nach Abs. 2 Buchst. c bis f und Abs. 3 des Runderlasses vom 12. Dezember 1938 (MBliV. S. 2141) anrechnungsfreien Beträge,

b) Nr. 146 Ziff. 23 des AusfErl.

II. Soweit Leistungsverbesserungen nach den in Abschn. A I 1 bis 3 und B I 1 und 2 dieses Runderlasses genannten Vorschriften anrechnungsfrei sind, dürfen sie auch nicht im Wege des Ersatzanspruchs nach § 1541 RVO. in der Fassung des § 5 EFUG. in Verb. mit §§ 1531 ff. RVO. und Nr. 181a des Runderlasses vom 5. Mai 1942 (MBliV. S. 817) in Anspruch genommen werden. Das gilt sowohl gegenüber laufenden als auch gegenüber rückständigen Renten (Rentennachzahlungen).

p) RdErl. d. RMdI. vom 14. Mai 1943 V f 310/43-7900 über Familienunterhalt; hier Mietbeihilfe bei Unbenutzbarkeit der Wohnung infolge Bombenschadens.

Es sind Zweifel darüber entstanden, ob die Mietbeihilfe im Falle der Unbenutzbarkeit der Wohnung infolge Bombenschadens einzustellen oder weiterzuzahlen ist. Hierzu weise ich auf folgendes hin:

Nach Nr. 83 des RdErlasses vom 5. Mai 1942 (MBliV. S. 817) richtet sich die Mietbeihilfe nach der tatsächlich zu entrichtenden Miete. Kann die Wohnung infolge Bombenschadens nicht weiter benutzt werden, so entfällt die Mietzahlungspflicht (vgl. RdErl. vom 25. November 1940 — MBliV. S. 2181). Daher kann nach Zerstörung der Wohnung eine Mietbeihilfe für die zerstörte Wohnung nicht mehr gewährt werden. Für den Wohnbedarf eines solchen Fliegergeschädigten wird jedoch nach den Vorschriften des Räumungsfamilienunterhalts oder der Nutzungsschädenregelung gesorgt. Dem anläßlich eines Fliegerschadens außerhalb seines Wohnorts Umquartierten wird zur Deckung seines neuen Unterkunftsbedarfs nach Nr. 15 des 11. RdErlasses vom 25. Juli 1942 (über die Ausführung des Räumungsfamilienunterhalts; Umquartierung aus Gründen der Luftgefährdung und anläßlich von Fliegerschäden — MBliV. S. 1567) eine Mietbeihilfe gewährt. Dem Fliegergeschädigten außerdem die Mietbeihilfe für seine zerstörte Wohnung, für die er keine Miete mehr zu zahlen hat, weiter zu gewähren, entbehrt somit der Grundlage.

Hinsichtlich des Zeitpunktes der Einstellung der Mietbeihilfe ist folgendes zu beachten:

Wird von dem Fliegergeschädigten die Miete nachträglich gezahlt, so ist die Mietbeihilfe noch für den ganzen FU.-Zahlungszeitraum, in dem die Wohnung zerstört worden ist, zu zahlen. Wurde die Miete im voraus gezahlt, so ist die Mietbeihilfe vom Beginn des auf die Zerstörung der Wohnung folgenden FU.-Zahlungszeitraums einzustellen. Ist jedoch die Wohnung erst gegen Ende des FU.-Zahlungszeitraums zerstört worden, so bestehen keine Bedenken dagegen, die Mietbeihilfe in beiden Fällen noch bis zum Ende des auf die Zerstörung der Wohnung folgenden FU.-Zahlungszeitraums weiterzugewähren.

II. Protektorat und eingegliederte Gebiete.

1. Protektorat Böhmen und Mähren.

a)

Verordnung über Familienunterhalt für die deutschen Staatsangehörigen im Protektorat Böhmen und Mähren vom 31. Oktober 1939 (RGBl. I S. 485) i. d. F. d. V. vom 4. Juli 1940 (RGBl. I S. 943).

Auf Grund des Erlasses des Führers und Reichskanzlers über das Protektorat Böhmen und Mähren vom 16. März 1939 (Reichsgesetzbl. I S. 485) wird folgendes verordnet:

§ 1

(1) Die §§ 1, 2 und 7 des Familienunterstützungsgesetzes vom 30. März 1936 (Reichsgesetzbl. I S. 327) gelten auch für die deutschen Staatsangehörigen im Protektorat Böhmen und Mähren.

(2) Von den Vorschriften der Familienunterstützungs-Durchführungsverordnung vom 11. Juli 1939 (Reichsgesetzbl. I S. 1225) sind die §§ 1, 3 Abs. 1 und 2, §§ 4 bis 6, 8 bis 19, 22, 25, 30 und 31 anzuwenden.

(3) Während des besonderen Einsatzes der Wehrmacht sind an Stelle der im Abs. 1 und 2 genannten Vorschriften und des § 4 die §§ 1, 2 und 6 des Einsatz-Familienunterhaltsgesetzes vom 26. Juni 1940 (Reichsgesetzbl. I S. 911) und die §§ 1, 3 Abs. 1 und 2, §§ 4 bis 6, 8 bis 19, 22 und 30 der Verordnung zur Durchführung und Ergänzung des Einsatz-Familienunterhaltsgesetzes vom 26. Juni 1940 (Reichsgesetzbl. I S. 912) anzuwenden.

§ 2

(1) Die Aufgaben des Familienunterhalts werden von den Oberlandräten als staatliche Aufgaben durchgeführt.

(2) Zur Gewährung des Familienunterhalts verpflichtet ist der Oberlandrat, in dessen Bezirk der Berechtigte wohnt oder sich nicht nur vorübergehend aufhält.

(3) Soweit in den anzuwendenden Vorschriften der Familienunter-

stützungs-Durchführungsverordnung die Stadt- und Landkreise genannt sind, treten an deren Stelle die Oberlandräte. Soweit darin der Bürgermeister der Aufenthaltsgemeinde genannt ist, tritt an dessen Stelle die von dem Oberlandrat bezeichnete Stelle.

(4) Gegen die Entscheidung des Oberlandrats findet Berufung an den Reichsprotektor statt; dieser entscheidet endgültig.

§ 3

Die Kosten des Familienunterhalts werden vom Reiche getragen.

§ 4

Ob § 2 II Nr. 1 des Familienunterstützungsgesetzes in der Fassung des § 1 Abs. 2 oder in einer der Fassungen des § 25 Abs. 1 der Familienunterstützungs-Durchführungsverordnung anzuwenden ist, richtet sich nach dem für die Unterhaltspflicht gegenüber der früheren Ehefrau maßgebenden Heimatrecht (§ 1 der Verordnung über die Anwendung deutschen Rechts auf deutsche Staatsangehörige im Protektorat Böhmen und Mähren vom 20. Juli 1939 — Reichsgesetzbl. I S. 1309).

§ 5

(Aufgehoben.)

§ 6

Soweit die im § 1 genannten Vorschriften nicht unmittelbar angewendet werden können, sind sie sinngemäß anzuwenden.

§ 7

Die Verordnung tritt am 1. November 1939 in Kraft.

b)

Ausführung der VO. über Familienunterhalt für die deutschen Staatsangehörigen im Protektorat Böhmen und Mähren.

RdErl. d. RMdI. u. d. RFM. vom 6. Juli 1940 (MBliV. Sp. 1425).

Auf Grund des § 6 des Einsatz-Familienunterhaltsges. vom 26. 6. 1940 (RGBl. I S. 911) ordnen wir folgendes an:

1. Für den Familienunterhalt der deutschen Staatsangehörigen im Protektorat Böhmen und Mähren gelten für die Dauer des besonderen Einsatzes der Wehrmacht die einschlägigen Vorschriften des RdErl. über die Ausführung des Einsatz-Familienunterhalts vom 5. 7. 1940 (RMBliV. S. 1363), und zwar in der für den Reichsgau Sudetenland geltenden Fassung, mit den aus der VO. über Familienunterhalt für die deutschen Staatsangehörigen im Protektorat Böhmen und Mähren vom 31. 10. 1939 (RGBl. I S. 2125) in der Fass. der Änderungs-VO. vom 4. 7. 1940 (RGBl. I S. 943) sinngemäß sich ergebenden Änderungen.

2. Zur Ortsklasse A gehören die Städte Prag, Pilsen, Brünn, Olmütz und Mährisch-Ostrau, zur Ortsklasse B alle übrigen Gemeinden über 500 Einwohner, zur Ortsklasse C die Gemeinden unter 500 Einwohner.

3. Die zur Auszahlung des Familienunterhalts erforderlichen Mittel werden den Oberlandräten aus den der Oberkasse des Reichsprotektors zur Verfügung stehenden Kassenkrediten zur Verfügung gestellt. Etwaigen weiteren Bedarf fordert der Reichsprotektor beim RFM. an.

4. Die Oberlandräte weisen den von ihnen gezahlten Familienunterhalt in Übersichten nach, für die die Vorschriften der Nr. 154 ff. des RdErl. vom 5. 7. 1940 nebst Formbl. C und E sinngemäß gelten. Landesabrechnungsstelle (Nr. 168 des RdErl. vom 5. 7. 1940) ist der Reichsprotektor.

5. Ob in Fällen des § 2 II Nr. 1 des Einsatz-Familienunterhaltsges. der erste oder zweite Halbsatz anzuwenden ist, richtet sich nach dem für die Unterhaltspflicht gegenüber der früheren Ehefrau maßgebenden Heimatrecht (§ 1 der VO. über die Anwendung deutschen Rechts auf deutsche Staatsangehörige im Protektorat Böhmen und Mähren vom 20. 7. 1939, RGBl. I S. 1309). Bei Anwendung der Nrn. 11 und 12 des RdErl. vom 5. 7. 1940 tritt an die Stelle des 1. 1. 1939 der 16. 3. 1939 (vgl. § 3 der vorgenannten VO.).

6. Der Reichsprotektor in Böhmen und Mähren kann mit Zustimmung des RMdI. und des RFM. durch Erlaß ergänzende Vorschriften zur Anpassung von Vorschriften des RdErl. vom 5. 7. 1940 an den Rechtszustand und die besonderen Verhältnisse des Protektorats Böhmen und Mähren erlassen.

7. Der RdErl. vom 31. 10. 1939 (RMBliV. S. 2243) wird aufgehoben.

2. Eingegliederte Ostgebiete.

a) VO. vom 4. Juli 1940 über die Einführung des Familienunterhaltsrechts in den eingegliederten Ostgebieten (RGBl. I S. 943).

Auf Grund des § 8 des Erlasses des Führers und Reichskanzlers über Gliederung und Verwaltung der Ostgebiete vom 8. Oktober 1939 (Reichsgesetzbl. I S. 2042) wird folgendes verordnet:

§ 1

Das Familienunterhaltsgesetz vom 30. März 1936 (Reichsgesetzbl. I S. 327) in der Fassung der Verordnung vom 14. Mai 1940 (Reichsgesetzbl. I S. 779), das Einsatz-Familienunterhaltsgesetz vom 26. Juni 1940 (Reichsgesetzbl. I S. 911), die Verordnung zur Durchführung und Ergänzung des Einsatz-Familienunterhaltsgesetzes vom 26. Juni 1940 (Reichsgesetzbl. I S. 912) und die Räumungs-Familienunterhaltsverordnung vom 1. September 1939 (Reichsgesetzbl. I S. 1761) gelten in den eingegliederten Ostgebieten.

§ 2

Soweit die Fürsorgepflichtverordnung in den eingegliederten Ostgebieten noch nicht eingeführt ist, findet abweichend von § 3 Abs. 2 der Verordnung zur Durchführung und Ergänzung des Einsatzfamilienunterhaltsgesetzes gegen die Entscheidung des Leiters des Stadt- oder Landkreises Beschwerde an den Regierungspäsidenten statt; dieser entscheidet endgültig.

§ 3

Soweit die im § 1 genannten Vorschriften nicht unmittelbar angewendet werden können, sind sie sinngemäß anzuwenden.

§ 4

Die Verordnung tritt mit Wirkung vom 1. Juli 1940 in Kraft.

b) Ausführung der VO. zur Einführung des Familienunterhaltsrechts in den eingegliederten Ostgebieten.

RdErl. d. RMdJ. u. d. RFM. vom 6. 7. 1940 (MBliV. Sp. 1426).

Auf Grund des § 6 des Einsatz-Familienunterhaltsges. vom 26. 6. 1940 (RGBl. I S. 911) ordnen wir folgendes an:

I. Einsatz-Familienunterhalt.

1. Für den Einsatz-Familienunterhalt in den eingegliederten Ostgebieten gelten die Vorschriften des RdErl. über die Ausführung des Einsatz-Familienunterhalts vom 5. 7. 1940 (RMBliV. S. 1363), und zwar in der für das Altreichsgebiet geltenden Fassung.

2. Ernährereigenschaft.

Zu Nr. 16 ff. des RdErl. vom 5. 7. 1940.

War ein vor dem 1. 4. 1940 Einberufener nicht der Ernährer seiner Eltern, weil er infolge wirtschaftlicher Notlage auf Grund der innerpolitischen Verhältnisse im ehemaligen Polen nicht in dem erforderlichen Umfang zu ihrem Unterhalt beitragen konnte, so sind die Eltern familienunterhaltsberechtigt, wenn nach dem persönlichen Verhältnis des Einberufenen zu seinen Eltern und nach seiner Lebens- und Wirtschaftsführung anzunehmen ist, daß er ohne den genannten Hinderungsgrund den Eltern mindestens den für die Anerkennung der Ernährereigenschaft erforderlichen Teil ihres Lebensunterhalts (Nr. 16, 17 des RdErl. vom 5. 7. 1940) gewährt hätte.

3. Soweit in den anzuwendenden Vorschriften der EFU.-DV. vom vom 26. 6. 1940 (RGBl. I S. 912) und des RdErl. vom 5. 7. 1940 der Bürgermeister der Aufenthaltsgemeinde genannt ist, tritt in Gemeinden, denen das Recht der DGO. nicht verliehen worden ist (Art. III § 1 der VO. über die Einführung der DGO. in den einge-

gliederten Ostgebieten vom 21. 12. 1939, RGBl. I S. 2467) der Amtskommissar, sofern der Landrat nichts anderes bestimmt.

4. Nettoeinkommen.

Zu Nr. 58 ff. und 77 des RdErl. vom 5. 7. 1940.

War das durchschnittliche Nettoeinkommen eines einberufenen deutschen Volkszugehörigen aus Estland, Lettland oder Ostpolen vor der Rückwanderung höher als sein letztes Nettoeinkommen vor dem Einstellungstage, so ist das frühere Nettoeinkommen maßgebend.

5. Zu Nr. 58 ff. und 77 des RdErl. vom 5. 7. 1940.

Hatte der Einberufene vor dem Einstellungstage ein Einkommen in ausländischer Währung, so ist das Nettoeinkommen maßgebend, das ein in vergleichbaren Berufs- und Einkommensverhältnissen Stehender z. Z. der Festsetzung des Familienunterhalts in Reichsmark haben würde. Nötigenfalls ist dieses Reichsmark-Einkommen zu schätzen.

6. Unterhaltssätze.

Die Nr. 68 des RdErl. vom 5. 7. 1940 ist in folgender Fassung anzuwenden:

„68. (1) Die örtlichen Unterhaltssätze zur Deckung des laufenden notwendigen Lebensunterhalts sind den örtlichen Verhältnissen anzupassen. Die Unterhaltssätze sollen für Gemeinden mit gleichen Teuerungsverhältnissen gleich hoch sein, auch wenn die Gemeinden verschiedenen Landkreisen angehören; dabei dürfen jedoch die Lohnverhältnisse nicht außer Betracht gelassen werden.

(2) Die örtlichen Unterhaltssätze von Stadt- und Landkreisen, deren Teuerungs- und Lohnverhältnisse mit denen benachbarter Teile des Altreichsgebiets vergleichbar sind, sollen an die örtlichen Unterhaltssätze dieser Gebiete angeglichen werden.

(3) Für die Festsetzung der örtlichen Unterhaltssätze werden die Gemeinden in die Ortsklassen A, B und C eingeteilt. Hierbei ist das Ortsklassenverzeichnis zugrunde zu legen, das auf Grund des Art. II § 3 Abs. 3 der VO. über die Einführung der reichsrechtlichen Vorschriften des Beamtenrechts und des Besoldungsrechts in den eingegliederten Ostgebieten vom 24. 12. 1939 (RGBl. I S. 2489) aufgestellt ist. Abweichend von diesem Ortsklassenverzeichnis werden jedoch alle Stadtkreise der Ortsklasse A des Familienunterhalts, die Gemeinden der Ortsklasse D der Ortsklasse C des Familienunterhalts zugeteilt. Im übrigen sind die Reg.-Präs. befugt, die Zugehörigkeit einer Gemeinde zu einer Ortsklasse des Familienunterhalts abweichend von dem für das Besoldungsrecht geltenden Ortsklassenverzeichnis festzusetzen, sofern ein Bedürfnis hierfür vorliegt."

7. Landesabrechnungsstellen (Nr. 168 des RdErl. vom 5. 7. 1940) sind die Reg.-Präs.

II. Räumungsfamilienunterhalt.

Für die Ausführung des Räumungsfamilienunterhalts gelten die Vorschriften folgender RdErl. mit den aus Abschn. I sich ergebenden Änderungen:

1. RdErl. vom 1. 9. 1939 (RMBliV. S. 1925),
2. RdErl. vom 14. 9. 1939 (RMBliV. S. 1928),
3. RdErl. vom 21. 10. 1939 (RMBliV. S. 2183),
4. RdErl. vom 30. 11. 1939 (RMBliV. S. 2425),

5. RdErl. vom 2. 2. 1940 (RMBliV. S. 227),
6. RdErl. vom 21. 3. 1940 (RMBliV. S. 607),
7. RdErl. vom 18. 11. 1939 — V W I 537/39–7900 (nicht veröffentl.),
8. RdErl. vom 29. 4. 1940 — V f 606/40–7900 (nicht veröffentl.),
9. RdErl. vom 6. 5. 1940 — V f 628/40–7900 (nicht veröffentl.),
10. RdErl. vom 8. 12. 1939 (RMBliV. S. 2465),
11. RdErl. vom 28. 6. 1940 (RMBliV. S. 1286).

III. (1) Die Vorschriften dieses RdErl. treten mit Wirkung vom 1. 7. 1940 in Kraft.

(2) In laufenden Fällen, in denen der Familienunterhalt vor dem 1. 7. 1940 festgesetzt worden ist, verbleibt es bis zur Beendigung des Familienunterhaltsfalles bei der bisherigen Festsetzung, falls diese für den Empfänger günstiger ist und sofern nicht Änderungen in den Verhältnissen, die z. Zt. der Festsetzung maßgebend waren, eintreten.

3. Eupen, Malmedy und Moresnet.

a) VO. über die Einführung des Familienunterhaltsrechts in den Gebieten Eupen, Malmedy und Moresnet.

Vom 4. Juli 1940 (RGBl. I S. 944).

Auf Grund des § 3 Abs. 3 des Erlasses des Führers und Reichskanzlers zur Durchführung der Wiedervereinigung der Gebiete von Eupen, Malmedy und Moresnet mit dem Deutschen Reich vom 23. Mai 1940 (Reichsgesetzbl. I S. 803) wird folgendes verordnet:

§ 1

Das Familienunterhaltsgesetz vom 30. März 1936 (Reichsgesetzbl. I S. 327) in der Fassung der Verordnung vom 14. Mai 1940 (Reichsgesetzbl. I S. 779), das Einsatz-Familienunterhaltsgesetz vom 26. Juni 1940 (Reichsgesetzbl. I S. 911), die Verordnung zur Durchführung und Ergänzung des Einsatz-Familienunterhaltsgesetzes vom 26. Juni 1940 (Reichsgesetzbl. I S. 912) und die Räumungs-Familienunterhaltsverordnung vom 1. September 1939 (Reichsgesetzbl. I S. 1761) gelten in den Gebieten von Eupen, Malmedy und Moresnet.

§ 2

Bis zur Einführung der Fürsorgepflichtverordnung findet abweichend von § 3 Abs. 2 der Verordnung zur Durchführung und Ergänzung des Einsatz-Familienunterhaltsgesetzes gegen die Entscheidung des Leiters des Landkreises Beschwerde an den Regierungspräsidenten statt; dieser entscheidet endgültig.

§ 3

Soweit die im § 1 genannten Vorschriften nicht unmittelbar angewendet werden können, sind sie sinngemäß anzuwenden.

§ 4

Die Verordnung tritt mit Wirkung vom 1. Juli 1940 in Kraft.

b) **Ausführung der VO. über die Einführung des Familienunterhaltsrechts in den Gebieten von Eupen, Malmedy und Moresnet.**

RdErl. d. RMdJ. u. d. RFM. vom 6. 7. 1940 (MBliV. Sp. 1428).

Auf Grund des § 6 des Einsatz-Familienunterhaltsges. vom 26. 6. 1940 (RGBl. I S. 911) ordnen wir folgendes an:

I. Einsatz-Familienunterhalt.

1. Für den Einsatz-Familienunterhalt in den Gebieten von Eupen, Malmedy und Moresnet gelten die Vorschriften des RdErl. über die Ausführung des Einsatz-Familienunterhalts vom 5. 7. 1940 (RMBliV. S. 1363), und zwar in der für das Altreichsgebiet geltenden Fassung.

2. Soweit in den anzuwendenden Vorschriften der EFU.-DV. vom 26. 6. 1940 (RGBl. I S. 912) und des RdErl. vom 5. 7. 1940 der Bürgermeister der Aufenthaltsgemeinde genannt ist, tritt an dessen Stelle bis auf weiteres die von dem Landrat bezeichnete Stelle.

3. Unterhaltssätze. Die Nr. 68 des RdErl. vom 5. 7. 1940 ist in folgender Fassung anzuwenden:

„68. Die örtlichen Unterhaltssätze zur Deckung des laufenden notwendigen Lebensunterhalts sind den örtlichen Verhältnissen anzupassen. Die Unterhaltssätze sollen für Gemeinden mit gleichen Teuerungsverhältnissen gleich hoch sein, auch wenn die Gemeinden verschiedenen Landkreisen angehören; dabei dürfen jedoch die Lohnverhältnisse nicht außer Betracht gelassen werden. Die örtlichen Unterhaltssätze sollen an die örtlichen Unterhaltssätze benachbarter Teile des Altreichsgebiets mit vergleichbaren Teuerungs- und Lohnverhältnissen angeglichen werden."

4. Landesabrechnungsstelle (Nr. 168 des RdErl. vom 5. 7. 1940) ist der Reg.-Präs. in Aachen.

II. Räumungsfamilienunterhalt.

Für die Ausführung des Räumungsfamilienunterhalts gelten die Vorschriften folgender RdErl. mit den aus Abschn. I sich ergebenden Änderungen:

1. RdErl. vom 1. 9. 1939 (RMBliV. S. 1925),
2. RdErl. vom 14. 9. 1939 (RMBliV. S. 1928),
3. RdErl. vom 21. 10. 1939 (RMBliV. S. 2183),
4. RdErl. vom 30. 11. 1939 (RMBliV. S. 2425),
5. RdErl. vom 2. 2. 1940 (RMBliV. S. 227),
6. RdErl. vom 21. 3. 1940 (RMBliV. S. 607),
7. RdErl. vom 18. 11. 1939 — V W I 537/39–7900 (nicht veröffentl.),
8. RdErl. vom 29. 4. 1940 — V f 606/40–7900 (nicht veröffentl.),
9. RdErl. vom 6. 5. 1940 — V f 628/40–7900 (nicht veröffentl.),
10. RdErl. vom 8. 12. 1939 (RMBliV. S. 2465),
11. RdErl. vom 28. 6. 1940 (RMBliV. S. 1286).

III. Die Vorschriften dieses RdErl. treten mit Wirkung vom 1. 7. 1940 in Kraft.

B. Umstellungsbeihilfen und Übergangsbeihilfen

für Opfer des gegenwärtigen Krieges.

1.

RdErl. d. RAM. u. RMdJ. vom 6. 6. 1940 über Fürsorge für Wehrdienst- und Einsatzbeschädigte und ihre Hinterbliebenen (RABl. I S. 296, RMBl. S. 1083)[1].

Zur Durchführung der gehobenen und sozialen Fürsorge für Wehrdienst- und Einsatzbeschädigte und ihre Hinterbliebenen bestimmen wir auf Grund des § 6 Abs. 1 Satz 1 der Fürsorgepflichtverordnung im Einvernehmen mit dem Oberkommando der Wehrmacht folgendes:

(1) Im Falle des Todes eines Einberufenen wird den Hinterbliebenen Familienunterhalt für einen bestimmten Zeitraum weitergewährt (§ 5 der Familienunterhaltsdurchführungsverordnung in der Fassung der Zweiten Verordnungn zur Ergänzung der Einsatzfamilienunterhaltsverordnung vom 30. Mai 1940, Reichsgesetzbl. I S. 828). Der dann eintretende Übergang vom Familienunterhalt zur Versorgung, die auf Grund des Wehrmachtsfürsorge- und -versorgungsgesetzes, des Einsatzfürsorge- und versorgungsgesetzes oder der für den öffentlichen Dienst geltenden Versorgungsvorschriften zu gewähren ist, wird für die Hinterbliebenen vielfach eine Umstellung in ihrer Lebenshaltung zur Folge haben. Die soziale Fürsorge hat den Hinterbliebenen hierbei die erforderliche Hilfe zu leisten. Wenn auch die Versorgungsgebührnisse so bemessen sind, daß sie einen ausreichenden Lebensunterhalt sicherstellen, so bleiben doch die Hinterbliebenen häufig für längere Zeit zunächst mit Ausgaben belastet, die ihre Ursache in der Lebenshaltung vor dem Tode des Einberufenen hatten, nunmehr über den Rahmen der Versorgungsleistungen hinausgehen. Dies ist insbesondere der Fall, solange den Hinterbliebenen keine Wohnung nachgewiesen werden kann, die nach der Höhe der Versorgungsgebührnisse angemessen wäre. Ferner sind nicht selten Verpflichtungen abzutragen, die vor dem Tode des Einberufenen eingegangen wurden und damals den wirtschaftlichen Verhältnissen der Familie entsprachen. Die Fürsorgestelle ist verpflichtet, in derartigen Fällen zusätzlich zu den

[1]) S. dazu Ergänzung durch Erl. d. RAM. vom 8. 9. 1942 II b 4650/42 betr. Übergangsbeihilfen für die Opfer des gegenwärtigen Krieges (nicht veröffentlicht); ferner nichtveröffentlichte Erlasse d. RMdJ., OKW. und RFM. vom 12. 8. 1942 V f 614/42 - 7900 und vom 9. 12. 1942 Nr. V f 1, 42 - 7960.

sonstigen Leistungen der sozialen Fürsorge einmalige, und wenn erforderlich, laufende Beihilfen (Übergangsbeihilfen) zu gewähren, und zwar ohne Rücksicht darauf, ob nach allgemeinen Grundsätzen den Hinterbliebenen zugemutet werden könnte, Ausgaben der genannten Art aus den Versorgungsgebührnissen zu bestreiten, weil diese über das Maß der richtsatzmäßigen Unterstützung hinausgehen. Bei der Frage, inwieweit Mietbeihilfen zu gewähren sind, ist davon auszugehen, daß von dem Gesamtbetrag der Versorgungsbezüge, die den Hinterbliebenen eines Einberufenen zustehen, im allgemeinen nur etwa 1/5 bis 1/4 zur Deckung des Wohnbedarfs verwendet werden soll. Die laufenden Leistungen der gehobenen und sozialen Fürsorge einschließlich der laufenden Übergangsbeihilfen dürfen jedoch zusammen mit den Versorgungsgebührnissen und dem sonstigen Einkommen der Hinterbliebenen nicht ihr bisheriges Einkommen aus Familienunterhalt und sonstigen Einkünften übersteigen.

(2) Übergangsbeihilfen im Sinne des Abs. 1 sind solange zu gewähren, bis die Hinterbliebenen ihre Lebenshaltung soweit umgestellt haben, daß sie ihren Unterhalt aus den Versorgungsgebührnissen und dem sonstigen Einkommen bestreiten können. Der Rückersatz der Kosten der Übergangsbeihilfen und die Heranziehung Dritter gemäß den §§ 21a, 25 bis 25c der Fürsorgepflicht entfällt.

(3) Die vorstehenden Bestimmungen (Abs. 1, 2) gelten sinngemäß zugunsten von Hinterbliebenen, die keinen Familienunterhalt bezogen haben und deren Einkommen sich infolge des Todes verringert, ferner zugunsten von Wehrdienst- und Einsatzbeschädigten, die wegen Dienstunfähigkeit aus dem Wehrdienst entlassen sind und infolge ihrer Versehrtheit zunächst kein Arbeitseinkommen haben oder gegenüber der Zeit vor der Einberufung ein geringeres Arbeitseinkommen erzielen, so daß sie eine allmähliche Umstellung ihrer Lebensverhältnisse vornehmen müssen.

(4) Der Stadt- oder Landkreis, der den Hinterbliebenen eines Einberufenen oder einem aus dem Wehrdienst entlassenen Beschädigten Familienunterhalt nach § 5 der in Abs. 1 genannten Verordnung gewährt, hat hiervon in jedem Einzelfall der Fürsorgestelle Mitteilung zu machen und hierbei den Zeitraum anzugeben, auf den sich voraussichtlich die Leistungen des Familienunterhalts erstrecken werden, damit die Fürsorgestelle in der Lage ist, von sich aus — auch ohne einen Antrag abzuwarten — die notwendigen Betreuungsmaßnahmen rechtzeitig einzuleiten. Die Familienunterhaltsakten sind, sobald sie die Abteilung für Familienunterhalt nicht mehr benötigen, an die Fürsorgestelle abzugeben.

(5) Über die Durchführung des Erlasses haben die Fürsorgestellen ihrer unmittelbaren Aufsichtsbehörde bis zum 1. November 1940 zu berichten; diese und die Hauptfürsorgestellen haben uns einen zusammenfassenden Bericht bis zum 15. Dezember 1940 vorzulegen.

2.

RdErl. d. RMdJ., d. OKW. u. d. RFM. vom 28. 2. 1941 — V f 200/41-7900, B 30 v 10 AWA/W Vers (I) 912/41 u. LG 4085-60 I A i. d. Fass. d. Erl. vom 20. 11. 1942 (MBliV. 1941 Sp. 390 und 1942 Sp. 2204)[1]).

Zur Erleichterung des Übergangs von den bisherigen Einkünften aus öffentlichen Mitteln auf die gesetzliche Versorgung und der im Kriege besonders erschwerten Umstellung in der Lebenshaltung bestimmen wir auf Grund des Einsatz-Familienunterhaltsges. (EFUG.) vom 26. 6. 1940 (RGBl. I S. 911) § 6, des Einsatzfürsorge- und -versorgungsges. (EWFVG.) vom 6. 7. 1939 (RGBl. I S. 1217) § 33 Abs. 3, des Reichsarbeitsdienstversorgungsges. (RADVGM.) in der Fass. der Bek. vom 29. 9. 1938 (RGBl. I S. 1253) § 184 Abs. 2 und der Personenschäden-VO. (PSchVO.) vom 10. 11. 1940 (RGBl. I S. 1482) § 16 folgendes:

A. Umstellungsbeihilfen für die Empfänger von Familienunterhalt.

(1) Den familienunterhaltsberechtigten Angehörigen eines zum Wehrdienst einberufenen Wehrpflichtigen, der während der Ausübung des Wehrdienstes oder während einer Zeit nach § 4 Abs. 8 bis 11 der VO. zur Durchführung und Ergänzung des Einsatz-Familienunterhaltsges. (EFU.-DV.) vom 26. 6. 1940 (RGBl. I S. 912) laut Bescheinigung des Wehrmachtfürsorge- und -versorgungsamtes an den Folgen einer im gegenwärtigen Kriege erlittenen Beschädigung bei besonderem Einsatz oder Wehrdienstbeschädigung verstorben ist, wird im Anschluß an den Zeitpunkt, bis zu dem nach den geltenden Vorschriften des Einsatzfamilienunterhaltsrechts Familienunterhalt zu gewähren ist, als Umstellungsbeihilfe Familienunterhalt weiterhin bis zum Ablauf des auf den Sterbemonat folgenden 12. Monats[2]) gewährt. Wird bei Vermißten der Tod festgestellt, so tritt an die Stelle des Sterbemonats der Monat, in dem das Vermißtsein eingetreten ist. Wird bei Wehrmachtangehörigen, die nicht als vermißt geführt werden, der Tod erst nach Ablauf des Sterbemonats festgestellt, so tritt an die Stelle des Sterbemonats der Monat der Feststellung des Todes.

(2) Wird ein zum Wehrdienst einberufener Wehrpflichtiger infolge

---

[1]) Der Abänderungserl. vom 5. 5. 1942 (MBliV. Sp. 949) ist durch den Abänderungserl. vom 20. 11. 1942 (MBliV. S. 2204), letzter Satz aufgehoben worden.

Die Vorschriften des RdErl. vom 20. 11. 1942 sind am 1. 12. 1942, die Vorschriften, wodurch der Abschn. A Abs. 4 Satz 2 bis 4 und der Abschn. D Abs. 2 abgeändert wurden, jedoch schon mit Wirkung ab 1. 10. 1942 in Kraft getreten. — S. dazu auch nicht veröffentl. Erl. d. RMdJ. vom 9. Dez. 1942, V f 1/42-7960.

[2]) S. dazu Fußnote auf S. 211.

einer im gegenwärtigen Kriege erlittenen Beschädigung bei besonderem Einsatz oder Wehrdienstbeschädigung als dienstunfähig entlassen und wird durch das Wehrmachtfürsorge- und -versorgungsamt festgestellt, daß der Entlassene infolge der Beschädigung arbeitsverwendungsunfähig ist, so wird den familienunterhaltsberechtigten Angehörigen — im Falle des § 5 Abs. 2 Ziff. 1 Satz 4 EFU.-DV. auch dem Arbeitsverwendungsunfähigen selbst — im Anschluß an den Zeitpunkt, bis zu dem nach den geltenden Vorschriften des Einsatzfamilienunterhaltsrechts Familienunterhalt zu gewähren ist, als Umstellungsbeihilfe Familienunterhalt weiterhin bis zum Ablauf des auf den Monat der Entlassung aus dem Wehrdienst folgenden 12. Monats gewährt. Im Falle des § 4 Abs. 8 EFU.-DV. tritt an die Stelle des Monats der Entlassung aus dem Wehrdienst der Monat der Entlassung aus der Krankenbehandlung des Truppen- (Marine-) Teiles oder des Lazaretts. Endet die Arbeitsverwendungsunfähigkeit vor Ablauf dieser 12 Monate, so wird die Umstellungsbeihilfe bis zum Schluß des Monats gewährt, in dem der Beschädigte wieder arbeitsverwendungsfähig geworden ist. Stirbt der Arbeitsverwendungsunfähige innerhalb des 12-Monatszeitraums, so wird Umstellungsbeihilfe bis zum Ablauf des genannten Zeitraums an die Familienunterhaltsberechtigten gewährt.

(3) Die Umstellungsbeihilfe darf auch dann gewährt werden, wenn die Sicherung des notwendigen Lebensbedarfs erst nach dem Zeitpunkt fortgefallen ist, bis zu dem nach den geltenden Vorschriften des Einsatzfamilienunterhaltsrechts Familienunterhalt gewährt werden darf.

(4) Die Versorgungsbezüge der Hinterbliebenen und die Fürsorge- und Versorgungsbezüge des Arbeitsverwendungsunfähigen auf Grund eines Tatbestandes nach Abs. 1 und 2 sind auf die Umstellungsbeihilfe in voller Höhe anzurechnen. Als Versorgungsbezüge in diesem Sinne gelten auch der Zuschuß zur AVU.-Rente, die Witwen-, Waisen- und Elternzulage nach dem EWFVG., der Zuschlag zur Witwenrente, der Zuschuß zur Witwen- und Waisenrente, die Renten und das Kranken- oder Hausgeld aus der Reichsversicherung, ruhegehalt-, witwen- und waisengeldähnliche Bezüge auf Grund einer Beschäftigung im öffentlichen Dienst. Dagegen bleiben Versehrtengeld, Versehrtengeldzulage, Pflegezulage, Blindenzulage, Führhundzuschuß, Unkostenbeihilfe für Blinde und Elterngabe (WFVG. §§ 84, 92, 93, 77 Abs. 3 und 4, EWFVG. § 7, Abschn. I des Erl. des OKW. vom 26. 9. 1942, Wehrmachtsfürsorge- und -versorgungsbest. S. 159) außer Ansatz, auch wenn dadurch die Einkommenshöchstgrenze überschritten wird. Im übrigen gelten die Nrn. 146 und 147 des RdErl. vom 5. 5. 1942 (MBliV. S. 817).

(5) Soweit der Zeitraum, für den eine Umstellungsbeihilfe in Betracht kommt, bei dem Inkrafttreten dieses RdErl. bereits abgelaufen ist, wird die Umstellungsbeihilfe in einem Betrage nachgewährt.

Sind dem Familienunterhaltsberechtigten in der Zwischenzeit Übergangsbeihilfen auf Grund des RdErl. des RAM. und des RMdI. vom 6. 6. 1940 (RMBliV. S. 1083)[2]) gewährt worden, so sind diese auf die Umstellungsbeihilfe anzurechnen. Die Anrechnung hat für solche Übergangsbeihilfen zu unterbleiben, die für besondere, über die Vorschriften des Familienunterhalts hinausgehende Zwecke (z. B. zur Abtragung alter Verbindlichkeiten) gewährt worden sind. Die angerechneten Übergangsbeihilfen sind den Bezirksfürsorgeverbänden aus Mitteln des Familienunterhalts zu erstatten.

(6) Die Vorschriften der Abs. 1 bis 5 finden entsprechende Anwendung auf die Angehörigen des Reichsarbeitsdienstes, die im gegenwärtigen Kriege während der Erfüllung der Reichsarbeitsdienstpflicht oder in der Zeit nach § 1 Abs. 2 EFU.-DV. im Rahmen der Wehrmacht eingesetzt werden (§ 3 der VO. vom 20. 12. 1939, RGBl. I S. 2465), und auf ihre familienunterhaltsberechtigten Angehörigen. Sie sind ferner sinngemäß auf die im § 30 Abs. 1 Ziff. 1 bis 5 und Ziff. 8 sowie Abs. 2 der EFU.DV. in der Fass. der VO. vom 25. 10. 1940 (RGBl. I S. 1397) und der VO. vom 27. 4. 1942 (RGBl. I S. 248) aufgeführten Personen und ihre familienunterhaltsberechtigten Angehörigen anzuwenden. Das gleiche gilt für die in § 30 Abs. 1 Ziff. 6 EFU.-DV. aufgeführten Personen — für die zur Hilfeleistung bei öffentlichen Notständen eingesetzten Mitglieder des Deutschen Roten Kreuzes insoweit, als die Notstände durch den Krieg bedingt sind, — und für ihre familienunterhaltsberechtigten Angehörigen mit der Maßgabe, daß für die Tragung der Kosten § 30 Abs. 3 EFU.-DV. entsprechend gilt. Für die Bescheinigung des Todes oder der Arbeitsverwendungsunfähigkeit tritt an die Stelle des Wehrmachtfürsorge- und -versorgungsamts bei den Angehörigen des Reichsarbeitsdienstes das Versorgungsamt IV Berlin, bei den in § 30 Abs. 1 Ziff. 1 und 2 EFU.-DV. aufgeführten Personen das örtlich zuständige Versorgungsamt, bei den a. a. O. Ziff. 3 aufgeführten Personen das Fürsorge- und Versorgungsamt ᛋᛋ, bei den a. a. O. Ziff. 6 aufgeführten Personen das Deutsche Rote Kreuz, bei den a. a. O. Ziff. 8 aufgeführten Personen die Oberste SA.-Führung und bei den in § 30 Abs. 2 Ziff. 1 bis 3 EFU.-DV. in der Fass. der VO. vom 25. 10. 1940 (RGBl. I S. 1397) aufgeführten Personen das örtlich zuständige Versorgungsamt.

(7) Den Empfängern von Umstellungsbeihilfe werden Weihnachtszuwendungen unter entsprechender Anwendung des § 5 der VO. über die Gewährung von Weihnachtszuwendungen im öffentlichen Dienst und an Soldaten der Wehrmacht vom 16. 12. 1939 (RGBl. I S. 2425) und der dazu ergangenen oder noch ergehenden Durchf.- und Ausf.-Best. gewährt.

[2]) Hier abgedruckt S. 211.

B. Umstellungsbeihilfen für die Empfänger von Kriegsbesoldung und ihre Hinterbliebenen.

(1) Den Witwen und versorgungsberechtigten Waisen von Angehörigen der Wehrmacht, die in diesem Kriege gefallen oder infolge einer in diesem Kriege erlittenen Beschädigung bei besonderem Einsatz oder Wehrdienstbeschädigung gestorben sind, wird im Anschluß an den 3-Monatszeitraum, für den nach Wehrmachtfürsorge- und -versorgungsges. (WFVG.) § 100 Abs. 2 Sterbegeld zusteht, für weitere 9 Monate eine Umstellungsbeihilfe in Höhe des Unterschieds zwischen der Kriegsbesoldung (Zweite VO. zum Einsatz-Wehrmachtgebührnisges. — EWGG. — vom 28. 2. 1940, RGBl. I S. 447) und der in Betracht kommenden Gesamtversorgung, ausschließlich der Elternversorgung, gewährt.

(2) Eltern mit Anspruch auf Elterngeld oder -rente nach EWFVG. § 14 in Verbindung mit WFVG. § 111 wird, wenn Anspruchsberechtigte nach Abs. 1 nicht vorhanden sind, im Anschluß an den 3-Monatszeitraum, für den nach WFVG. § 101 Sterbegeld gewährt worden ist, für weitere 9 Monate eine Umstellungsbeihilfe in Höhe des Unterschieds zwischen der gesetzlichen Elternversorgung und 50 v. H. der Kriegsbesoldung des Verstorbenen gewährt. Hat der Verstorbene den Eltern nachweislich einen höheren Betrag der Kriegsbesoldung laufend zugewendet, so kann dieser auf Antrag an die Stelle des genannten Hundertsatzes treten. Ist Sterbegeld nach WFVG. § 101 nicht gewährt worden, so ist die Umstellungsbeihilfe für die auf den Sterbemonat folgenden 12 Monate zu zahlen.

(3) Den übrigen Eltern und sonstigen Verwandten kann, wenn Anspruchsberechtigte nach Abs. 1 nicht vorhanden sind und ein Bedürfnis besteht, auf Antrag eine Umstellungsbeihilfe für die auf den Sterbemonat folgenden 12 Monate bis zur Höhe des Betrages der Kriegsbesoldung gewährt werden, den ihnen der Verstorbene nachweislich laufend zugewendet hat. Haben diese Verwandten Sterbegeld nach WFVG. § 101 erhalten, so wird dieses auf die für die ersten drei Monate in Betracht kommende Umstellungsbeihilfe angerechnet.

(4) Erhalten versorgungsberechtigte Eltern (Abs. 2) und sonstige Verwandte (Abs. 3) eine Umstellungsbeihilfe, so darf deren Höchstbetrag — Unterschied zwischen der gesetzlichen Elternversorgung und der Kriegsbesoldung — nicht überschritten werden; die Umstellungsbeihilfe nach Abs. 2 hat den Vorrang.

(5) Wird bei Angehörigen der Wehrmacht, die nicht als vermißt geführt werden, der Tod erst nach Ablauf des Sterbemonats festgestellt, so tritt an die Stelle des Sterbemonats der Monat der Feststellung des Todes.

(6) Abs. 1 bis 4 gelten entsprechend für die Ehefrauen, Kinder, Eltern und sonstigen Verwandten von Angehörigen der Wehrmacht, die vermißt (verschollen) sind, wenn der Tod als Folge einer Beschädi-

gung bei besonderem Einsatz oder Wehrdienstbeschädigung wahrscheinlich ist. Wird bei Vermißten (Verschollenen) nachträglich der Tod festgestellt, so beginnt der 12-Monatszeitraum mit dem Ersten des auf das Vermißtsein folgenden Monats.

(7) Angehörige der Wehrmacht, die infolge einer während des jetzigen Krieges erlittenen Wehrdienstbeschädigung oder Beschädigung bei besonderem Einsatz wegen Dienstunfähigkeit entlassen werden und arbeitsverwendungsunfähig sind, erhalten für die auf den Entlassungsmonat folgenden 12 Monate eine Umstellungsbeihilfe in Höhe des Unterschiedes zwischen der Versorgung und der Kriegsbesoldung. Endet die Arbeitsverwendungsunfähigkeit vor Ablauf dieser 12 Monate, so wird die Umstellungsbeihilfe bis zum Schlusse des Monats gewährt, in dem der Beschädigte wieder arbeitsverwendungsfähig geworden ist.

(8) Stirbt der als arbeitsverwendungsunfähig Entlassene innerhalb des 12-Monatszeitraums (Abs. 7), so wird bis zu dessen Ablauf die Umstellungsbeihilfe an seine Hinterbliebenen weitergewährt.

(9) Die Umstellungsbeihilfen werden von den Wehrmachtfürsorge- und -versorgungsämtern — WFVA. — festgestellt und gezahlt.

(10) Soweit der Zeitraum, für den eine Umstellungsbeihilfe in Betracht kommt, bei Inkrafttreten dieses RdErl. bereits abgelaufen ist, wird die Umstellungsbeihilfe in einem Betrage nachgewährt. Nach dem RdErl. des RAM und des RMdI. vom 6. 6. 1940 (RMBliV. S. 1083) gezahlte Übergangsbeihilfen sind anzurechnen. Jedoch werden solche Übergangsbeihilfen nicht angerechnet, die für besondere, über die Vorschriften des Familienunterhaltsrechts hinausgehende Zwecke (z. B. zur Abtragung alter Verbindlichkeiten) gewährt worden sind; Erstattungen unterbleiben.

(11) Die Vorschriften dieses Abschnitts gelten auch für die Angehörigen der Waffen-SS und ihre Hinterbliebenen. An die Stelle des Wehrmachtfürsorge- und -versorgungsamts tritt das Fürsorge- und Versorgungsamt SS.

C. Umstellungsbeihilfen für Empfänger von Friedensdienstbezügen und ihre Hinterbliebenen.

(1) Friedensdienstbezüge sind die Dienstbezüge der Angehörigen der Friedenswehrmacht und die während des Wehrdienstes weitergezahlten Dienst- und Ruhegehaltsbezüge der Beamten, Reichsarbeitsdienstführer und Gefolgschaftsmitglieder des öffentlichen Dienstes. Die Dienstaufwandentschädigungen und Stellenzulagen rechnen dazu, wenn sie auch als Sterbegeld gewährt werden.

(2) Witwen und versorgungsberechtigte Waisen von Angehörigen der Wehrmacht, die in diesem Kriege gefallen oder infolge einer in diesem Kriege erlittenen Beschädigung bei besonderem Einsatz oder Wehrdienstbeschädigung gestorben sind, wird für die auf den Sterbemonat folgenden 12 Monate eine Umstellungsbeihilfe in Höhe des

Unterschieds zwischen den Friedensdienstbezügen und der in Betracht kommenden Gesamtversorgung, ausschließlich der Elternversorgung, gewährt. Auf den Zeitraum von 12 Monaten sind die Zeiten anzurechnen, für die Sterbegeld nach WFVG. § 100, DBG. § 93, sterbegeldähnliche Bezüge nach einer Tarif- oder Dienstordnung gewährt oder Dienstbezüge nichtbeamteter Gefolgschaftsmitglieder den Hinterbliebenen auf Grund des Erl. des RFM. vom 3. 10. 1940 (RBesBl. S. 246 Nr. 3529) weitergezahlt wurden.

(3) Eltern mit Anspruch auf Elterngeld oder Elternrente nach EWFVG. § 14 in Verbindung mit WFVG. § 111 wird, wenn Anspruchsberechtigte nach Abs. 2 nicht vorhanden sind, für die auf den Sterbemonat folgenden 12 Monate eine Umstellungsbeihilfe in Höhe des Unterschieds zwischen der gesetzlichen Elternversorgung und 50 v. H. der Friedensdienstbezüge des Verstorbenen gewährt. Hat der Verstorbene den Eltern nachweislich einen höheren Betrag der Friedensdienstbezüge laufend zugewendet, so kann dieser auf Antrag an die Stelle des genannten Hundertsatzes treten. Auf den Zeitraum von 12 Monaten sind Zeiten, für die Sterbegeld oder sterbegeldähnliche Bezüge gewährt worden sind, anzurechnen.

(4) Den übrigen Eltern und sonstigen Verwandten kann, wenn Anspruchsberechtigte nach Abs. 2 nicht vorhanden sind und ein Bedürfnis besteht, auf Antrag eine Umstellungsbeihilfe für die auf den Sterbemonat folgenden 12 Monate bis zur Höhe des Betrages der Friedensdienstbezüge gewährt werden, den ihnen der Verstorbene nachweislich laufend zugewendet hat. Wurden Sterbegeld oder sterbegeldähnliche Bezüge gewährt, so sind sie auf die für den gleichen Zeitraum in Betracht kommende Umstellungsbeihilfe anzurechnen.

(5) Erhalten versorgungsberechtigte Eltern (Abs. 3) und sonstige Verwandte (Abs. 4) eine Umstellungsbeihilfe, so darf deren Höchstbetrag — Unterschied zwischen der gesetzlichen Elternversorgung und den Friedensdienstbezügen — nicht überschritten werden; die Umstellungsbeihilfen nach Abs. 3 haben den Vorrang.

(6) Wird bei Angehörigen der Wehrmacht, die nicht als vermißt geführt werden, der Tod erst nach Ablauf des Sterbemonats festgestellt, so tritt an die Stelle des Sterbemonats der Monat der Feststellung des Todes.

(7) Abs. 2 bis 5 gelten entsprechend für die Ehefrauen, Kinder, Eltern und sonstigen Verwandten von Angehörigen der Wehrmacht, die vermißt (verschollen) sind, wenn der Tod als Folge einer Beschädigung bei besonderem Einsatz oder Wehrdienstbeschädigung wahrscheinlich ist. Wird bei Vermißten (Verschollenen) nachträglich der Tod festgestellt, so beginnt der 12-Monatszeitraum mit dem Ersten des auf das Vermißtsein folgenden Monats.

(8) Angehörige der Wehrmacht, die infolge einer während des jetzigen Krieges erlittenen Wehrdienstbeschädigung oder Beschädigung

bei besonderem Einsatz wegen Dienstunfähigkeit entlassen werden und arbeitsverwendungsunfähig sind, erhalten für die auf den Entlassungsmonat folgenden 12 Monate eine Umstellungsbeihilfe in Höhe des Unterschiedes zwischen der Versorgung und den Friedensdienstbezügen. Endet die Arbeitsverwendungsunfähigkeit vor Ablauf dieser 12 Monate, so wird die Umstellungsbeihilfe bis zum Schlusse des Monats gewährt, in dem der Beschädigte wieder arbeitsverwendungsfähig geworden ist.

(9) Stirbt der als arbeitsverwendungsunfähig Entlassene innerhalb des 12-Monatszeitraums (Abs. 8), so wird bis zu dessen Ablauf die Umstellungsbeihilfe an seine Hinterbliebenen weitergewährt.

(10) Die Umstellungsbeihilfen werden von den WFVA. festgestellt und gezahlt. Die für die Feststellung des Ruhegehalts, der Hinterbliebenenversorgung oder der entsprechenden Bezüge nach der RVO. zuständigen Behörden teilen den WFVA. Beginn und Höhe dieser Bezüge sowie Höhe und Zusammensetzung der Friedensdienstbezüge mit.

(11) Soweit der Zeitraum, für den eine Umstellungsbeihilfe in Betracht kommt, bei Inkrafttreten dieses RdErl. bereits abgelaufen ist, wird die Umstellungsbeihilfe in einem Betrage nachgewährt. Nach dem RdErl. des RAM. und des RMdJ. vom 6. 6. 1940 (RMBliV. S. 1083) gezahlte Übergangsbeihilfen sind anzurechnen. Jedoch werden solche Übergangsbeihilfen nicht angerechnet, die für besondere, über die Vorschriften des Familienunterhaltsrechts hinausgehende Zwecke (z. B. zur Abtragung alter Verbindlichkeiten) gewährt worden sind; Erstattungen unterbleiben.

(12) Die Vorschriften dieses Abschnitts gelten sinngemäß auch für Empfänger von Friedensdienstbezügen und ihre Hinterbliebenen, soweit es sich um Angehörige folgender Personenkreise handelt:

a) die im Rahmen der Wehrmacht eingesetzten Angehörigen des Reichsarbeitsdienstes,
b) die in § 30 Abs. 1 Ziff. 1 bis 5 und Ziff. 8 sowie Abs. 2 EFU.-DV. in der Fass. der VO. vom 25. 10. 1940 (RGBl. I S. 1397) und der VO. vom 27. 4. 1942 (RGBl. I S. 248) aufgeführten Personen,
c) die in § 30 Abs. 1 Ziff. 6 EFU.-DV. aufgeführten Personen — für die zur Hilfeleistung bei öffentlichen Notständen eingesetzten Mitglieder des Deutschen Roten Kreuzes insoweit, als die Notstände durch den Krieg bedingt sind —,
d) die langfristig Notdienstverpflichteten gemäß Nr. 195 Buchst. b des RdErl. des RMdJ. und des RFM. vom 5. 7. 1940 (RMBliV. S. 1363), die bis zum Eintritt der Notdienstbeschädigung Bezüge aus öffentlichen Mitteln auf Grund eines einem Arbeitsvertrag entsprechenden Beschäftigungsverhältnisses erhalten haben.

An die Stelle des Wehrmachtfürsorge- und -versorgungsamts tritt bei den Angehörigen des Reichsarbeitsdienstes das Versorgungsamt V Berlin, bei den in § 30 Abs. 1 Ziff. 1 und 2 EFU.-DV. aufgeführten Personen das örtlich zuständige Versorgungsamt, bei den a. a. O. Ziff. 3 aufgeführten Personen das Fürsorge- und Versorgungsamt ϟϟ, bei den a. a. O. Ziff. 6 aufgeführten Personen das Deutsche Rote Kreuz, bei den a. a. O. Ziff. 8 sowie in § 30 Abs. 2 Ziff. 1 bis 3 EFU.-DV. in der Fass. der VO. vom 25. 10. 1940 (RGBl. I S. 1397) aufgeführten Personen und bei den langfristig Notdienstverpflichteten (vgl. d) das örtlich zuständige Versorgungsamt.

D. Gemeinsame Vorschriften für Abschn. B und C.

(1) Der RdErl. findet auch Anwendung auf die im WFVG. § 68 aufgeführten Zivilpersonen und auf diejenigen Personen, die nach Wehrges. § 35 [1]) den für Soldaten geltenden Fürsorge- und Versorgungsbestimmungen unterworfen sind, sowie die Angestellten und Arbeiter, die bei den im Rahmen der Wehrmacht eingesetzten Einheiten des Reichsarbeitsdienstes tätig sind.

(2) Als Versorgungsbezüge im Sinne dieses RdErl., die bei der Ermittlung der Umstellungsbeihilfe zu berücksichtigen sind, gelten auch der Zuschuß zur AVU.-Rente, die Witwen-, Waisen- und Elternzulage nach dem EWFVG., der Zuschlag zur Witwenrente, der Zuschuß zur Witwen- und Waisenrente, die Renten und das Kranken- oder Hausgeld aus der Reichsversicherung, ruhegehalt-, witwen- und waisengeldähnliche Bezüge auf Grund einer Beschäftigung im öffentlichen Dienst sowie sonstige Zuwendungen aus öffentlichen Mitteln, auch wenn der Beschädigte (Verstorbene) zur Aufbringung der Mittel beigetragen hat. Dagegen bleiben Versehrtengeld, Versehrtengeldzulage, Blindenzulage, Führhundzuschuß, Unkostenbeihilfe für Blinde und Elterngabe (WFV.-G. §§ 84, 92, 93, 77 Abs. 3 und 4, EWFVG. § 7, Abschn. I des Erl. des OKW. vom 26. 9. 1942, Wehrmachtsfürsorge- und -versorgungsbest. S. 159) bei Ermittlung der Umstellungsbeihilfe außer Betracht.

(3) Kriegsbesoldung und Friedensdienstbezüge unterliegen der Kürzung nach der ersten Gehaltskürzungs-VO. [2]). Der Ausgleichsbetrag nach EWGG. [3]) § 3 Abs. 2 ist nur bei Ermittlung der Umstellungsbeihilfe für Hinterbliebene abzusetzen; dies gilt entsprechend für außerhalb der Wehrmacht stehende Personen. Zur Kriegsbesoldung und zu den Dienstbezügen der Soldaten der Friedenswehrmacht gehört auch der widerrufliche Gehaltszuschuß von 15 *RM* monatlich nach dem Erl. des OKW. vom 6. 1. 1941 — Az. 60 a 12 AWA/W Allg (I b)

---

1) Vgl. RGBl. 1935 I S. 609.
2) Vgl. RGBl. 1930 I S. 517, 522; 1931 I S. 538; 1932 I S. 522.
3) Vgl. RGBl. 1939 I S. 1531.

Nr. 1539/40 g[1]). Der den Gehaltszuschuß von monatlich 15 *RM* übersteigende Betrag der früheren Zehrzulage bleibt außer Ansatz.

(4) Soweit durch die Zahlung von Umstellungsbeihilfen oder von Vorschüssen hierauf infolge späterer Feststellung anzurechnender Versorgungsbezüge Überzahlungen entstehen, sind sie gegen die noch zustehenden Umstellungsbeihilfen aufzurechnen. Sind überzahlte Beträge nach Wegfall der Umstellungsbeihilfe noch ungedeckt, so verbleiben sie in Ausgabe.

(4a) Den Empfängern von Umstellungsbeihilfe nach Abschn. B und C werden Weihnachtszuwendungen unter entsprechender Anwendung der §§ 1—3 der VO. über die Gewährung von Weihnachtszuwendungen im öffentlichen Dienst und an Soldaten der Wehrmacht vom 16. 12. 1939 (RGBl. I S. 2425) und der dazu ergangenen oder noch ergehenden Durchf.- und Ausf.-Best. gewährt, wenn der Verstorbene oder der wegen seiner Dienstunfähigkeit entlassene Arbeitsverwendungsunfähige solche bei Weitergewährung der bisherigen Kriegsbesoldung oder der bisherigen Friedendienstbezüge erhalten hätte. Die Weihnachtszuwendungen werden von den für die Gewährung der Umstellungsbeihilfe zuständigen Stellen gezahlt.

E. Umstellungsbeihilfen für Personenbeschädigte und ihre Angehörigen.

Personen, die infolge eines Personenschadens (PSchVO. vom 10. 11. 1940, RGBl. I S. 1482) die Sicherung ihres notwendigen Lebensbedarfs verlieren, erhalten als Umstellungsbeihilfe Familienunterhalt nach den Vorschriften des Einsatzfamilienunterhaltsrechts mit folgenden Maßgaben:

1. Als Berechtigte kommen in Betracht:
   a) die infolge eines Personenschadens arbeitsverwendungsunfähigen Personen,
   b) die im § 2 EFUG. und in den Nrn. 13a und 13b des Rd.-Erl. vom 5. 5. 1942 (MBliV. S. 817) aufgeführten Angehörigen einer infolge eines Personenschadens arbeitsverwendungsunfähigen oder verstorbenen männlichen Person unter den Voraussetzungen des § 2 EFUG. oder der Nrn. 13a und 13b des RdErl. vom 5. 5. 1942. Die in § 2, II EFUG. und in den Nrn. 13a und 13b des RdErl. vom 5. 5. 1942 genannten Angehörigen sind daher nur umstellungsbeihilfeberechtigt, wenn der Personenbeschädigte ganz oder zu einem wesentlichen Teil ihr Ernährer gewesen ist,
   c) die im § 2 EFUG. und in den Nrn. 13a und 13b des Rd.-Erl. vom 5. 5. 1942 aufgeführten Angehörigen und der Ehemann einer infolge eines Personenschadens arbeitsverwendungsunfähigen oder verstorbenen weiblichen Person, wenn sie in Be-

[1]) Nicht veröffentl.

ziehung zur letzteren die Voraussetzungen des § 2 EFUG. oder der Nrn. 13a und 13b des RdErl. vom 5. 5. 1942 erfüllen und wenn die Personenbeschädigte ganz oder zu einem wesentlichen Teil ihr Ernährer gewesen ist.

2. (1) Formelle Voraussetzung der Gewährung der Umstellungsbeihilfe ist eine Bescheinigung des nach der PSchVO. zuständigen Versorgungsamts, daß der Tod oder die Arbeitsverwendungsunfähigkeit die Folge eines Personenschadens ist.

(2) Die Zustimmung des Versorgungsamts ist notwendig zur Gewährung einer Umstellungsbeihilfe, wenn die für eine Umstellunsbeihilfe in Betracht kommende Person nicht die deutsche Staatsangehörigkeit besitzt.

3. (1) Sachliche Voraussetzung für die Gewährung der Umstellungsbeihilfe ist der Verlust der Sicherung des notwendigen Lebensbedarfs infolge eines Personenschadens.

(2) Eine Umstellungsbeihilfe ist daher insoweit nicht zu gewähren, als der Berechtigte seinen notwendigen Lebensbedarf aus eigenen Kräften und Mitteln beschaffen kann oder ihn von anderer Seite, insbesondere von Angehörigen, erhält.

(3) Eine Umstellungsbeihilfe ist auch nicht zu gewähren, wenn gleichzeitig Anspruch auf Gewährung von Einsatz- oder Räumungsfamilienunterhalt oder auf eine Umstellungsbeihilfe nach Abschn. A besteht. Liegt die Umstellungsbeihilfe nach Abschn. E höher als der Einsatz- oder Räumungsfamilienunterhalt oder die Umstellungsbeihilfe nach Abschn. A, so wird der Einsatz- oder Räumungsfamilienunterhalt oder die Umstellungsbeihilfe nach Abschn. A auf den Betrag der Umstellungsbeihilfe nach Abschn. E erhöht. Fällt der Anspruch auf Einsatz- oder Räumungsfamilienunterhalt oder auf Umstellungsbeihilfe nach Abschn. A während der für die Umstellungsbeihilfe nach Abschn. E in Betracht kommenden Zeit weg, so wird die Umstellungsbeihilfe nach Abschn. E für die Restzeit gewährt.

(4) Eine Umstellungsbeihilfe nach den Vorschriften dieses Abschnitts ist endlich nicht zu gewähren, wenn ein Beamter, ein Reichsarbeitsdienstführer oder ein Gefolgschaftsmitglied des öffentlichen Dienstes, die bis zum Eintritt des Personenschadens Dienstbezüge aus öffentlichen Mitteln erhalten haben, und wenn ein Ruhegehaltsempfänger einen Personenschaden erleidet; in diesen Fällen wird Umstellungsbeihilfe in entsprechender Anwendung der Vorschriften des Abschn. C durch das örtlich zuständige Versorgungsamt gewährt. Das gleiche gilt für die in Abschn. C Abs. 12 Buchst. d aufgeführten Personen.

3a. **Besonderheiten bei der Feststellung der Einkommenshöchstgrenze** (Nr. 58ff. des RdErl. vom 5. 5. 1942, MBliV. S. 817).

(1) Einkommenshöchstgrenze des arbeitsverwendungsunfähigen Personenbeschädigten selbst (Ziff. 1 Buchst. a) ist das Nettoeinkommen des Personenbeschädigten vor dem Tage des Eintritts des Personenschadens (Nr. 60 Abs. 2 bis 7 des RdErl. vom 5. 5. 1942) einschließlich etwaiger Unterhaltsleistungen, die der Personenbeschädigte von Dritten (z. B. das Kind von den Eltern) erhalten hat.

(2) Hat jedoch der arbeitsverwendungsunfähige Personenbeschädigte bis zum Eintritt des Personenschadens in Haushaltsgemeinschaft mit umstellungsbeihilfeberechtigten Angehörigen der Gruppe I des § 2 EFUG. gelebt (Nr. 60 Abs. 1 des RdErl. vom 5. 5. 1942) oder handelt es sich um einen Fall der Nr. 61 Satz 1 des RdErl. vom 5. 5. 1942, so ist gemeinsame Einkommenshöchstgrenze das Gesamtnettoeinkommen des Personenbeschädigten und der umstellungsbeihilfeberechtigten Angehörigen (Nr. 60 Abs. 2 bis 7a des RdErl. vom 5. 5. 1942). Die Absetzung nach Nr. 60 Abs. 8 des RdErl. vom 5. 5. 1942 unterbleibt. Die Sätze 1 und 2 gelten entsprechend, wenn eine Ehefrau, die durch einen Personenschaden arbeitsverwendungsunfähig geworden ist, bis zum Eintritt des Personenschadens in Haushaltsgemeinschaft mit ihrem nach Ziff. 1 Buchst. c umstellungsbeihilfeberechtigten Ehemann gelebt hat.

(3) In den nicht unter Abs. 2 fallenden Fällen richtet sich die Einkommenshöchstgrenze der umstellungsbeihilfeberechtigten Angehörigen nach Nrn. 61 Satz 2, 62, 13a Satz 2, 13b Satz 2 des RdErl. vom 5. 5. 1942.

3b. Die Nrn. 63, 66 und 67 des RdErl. vom 5. 5. 1942 finden auch auf den arbeitsverwendungsunfähigen Personenbeschädigten selbst Anwendung.

3c. Unterhaltssätze für den arbeitsverwendungsunfähigen Personenbeschädigten.

(1) Der arbeitsverwendungsunfähige Personenbeschädigte (Ziff. 1 Buchst. a), der nicht mit Angehörigen in Haushaltsgemeinschaft lebt, erhält, wenn er das 16. Lebensjahr vollendet hat, für seine Person nach Maßgabe der Nr. 77 Abs. 1 des RdErl. vom 5. 5. 1942 den Tabellensatz oder den örtlichen Unterhaltssatz eines Haushaltsvorstandes (Nr. 69 Ziff. 1, Nr. 72 Ziff. 1, Nr. 74 Buchst. a Ziff. 1 des RdErl. vom 5. 5. 1942). Der Tabellensatz richtet sich nach dem Nettoeinkommen des Personenbeschädigten selbst.

(2) Der arbeitsverwendungsunfähige Personenbeschädigte, der mit Angehörigen in Haushaltsgemeinschaft lebt, erhält, wenn er das 16. Lebensjahr vollendet hat, für seine Person den örtlichen Unterhaltssatz eines Haushaltsvorstandes (Nr. 69 Ziff. 1, Nr. 72 Ziff. 1, Nr. 74 Buchst. a Ziff. 1 des RdErl. vom 5. 5. 1942).

(3) Hat der arbeitsverwendungsunfähige Personenbeschädigte das 16. Lebensjahr noch nicht vollendet, so erhält er, gleichgültig, ob er mit Angehörigen in Haushaltsgemeinschaft lebt oder nicht, den

Unterhaltssatz nach Nr. 69 Ziff. 4, Nr. 72 Ziff. 4, Nr. 74 Buchst. a Ziff. 4 des RdErl. vom 5. 5. 1942.

3d. Unterhaltssätze für die umstellungsbeihilfeberechtigten Angehörigen.

(1) Die umstellungsbeihilfeberechtigten Angehörigen des arbeitsverwendungsunfähigen oder verstorbenen Personenbeschädigten (Ziff. 1 Buchst. b und c) werden in Beziehung zu diesem wie familienunterhaltsberechtigte Angehörige eines Einberufenen angesehen. Sie erhalten daher den Unterhaltssatz (Tabellensatz) unter sinngemäßer Anwendung der für die familienunterhaltsberechtigten Angehörigen eines Einberufenen geltenden Vorschriften (Nrn. 68 bis 79 des RdErl. vom 5. 5. 1942).

(2) Der umstellungsbeihilfeberechtigte Ehemann, der von der personenbeschädigten Ehefrau bis zum Eintritt des Personenschadens ernährt worden ist (Ziff. 1 Buchst. c), erhält nach Maßgabe der Nr. 77 Abs. 1 des RdErl. vom 5. 5. 1942 den Tabellensatz oder den örtlichen Unterhaltssatz eines Haushaltungsvorstandes (Nr. 69 Ziff. 1, Nr. 72 Ziff. 1, Nr. 74 Buchst. a Ziff. 1 des RdErl. vom 5. 5. 1942).

(3) Nr. 79 des RdErl. vom 5. 5. 1942 findet auch Anwendung, wenn die personenbeschädigte Mutter, die die Ernährerin der Kinder gewesen ist (Ziff. 1 Buchst. c), bis zum Eintritt des Personenschadens nur mit den Kindern, nicht auch mit dem Ehemann (z. B. weil dieser verstorben ist) in Haushaltsgemeinschaft gelebt hat oder wenn der Ehemann der Personenbeschädigten, die die Ernährerin der Kinder gewesen ist, nach dem Eintritt des Personenschadens aus dem Haushalt ausscheidet.

(4) In den Fällen der Abs. 2 und 3 ist für die Berechnung des Tabellensatzes das Nettoeinkommen der Ehefrau maßgebend. Nr. 77 Abs. 1 des RdErl. vom 5. 5. 1942 findet entsprechende Anwendung.

3e. Gehört ein arbeitsverwendungsunfähiger Personenbeschädigter (Ziff. 1 Buchst. a) zugleich zu den umstellungsbeihilfeberechtigten Angehörigen (Ziff. 1 Buchst. b und c) eines anderen Personenbeschädigten, so erhält er für seine Person den günstigeren Unterhaltssatz (Tabellensatz).

4. Trifft ein Personenschaden eine Frau, die ihre Arbeitskraft im eigenen Haushalt oder im eigenen Betrieb oder freien Beruf eingesetzt hat, so ist bei Bemessung der Umstellungsbeihilfe die Einstellung einer Ersatzkraft entgegenkommend zu berücksichtigen. Hierbei kann, soweit es sich um die Beschäftigung von Ersatz- oder Aushilfskräften im Haushalt handelt, die Einkommenshöchstgrenze überschritten werden.

4a. Stirbt eine Frau, die ihre Arbeitskraft im Haushalt eingesetzt hat, infolge eines Personenschadens, so können auch solche Angehörigen (Angehörige nach § 2 EFUG., Nrn. 13a, 13b des RdErl. vom 5. 5. 1942 und der Ehemann), deren Ernährerin (Ziff. 1 Buchst. c) die Personenbeschädigte nicht gewesen ist, die aber mit ihr bis zum

Eintritt des Personenschadens in Haushaltsgemeinschaft gelebt haben, eine Beihilfe erhalten, wenn ihnen durch die notwendige Beschäftigung von Ersatz- oder Aushilfskräften im Haushalt Mehrkosten entstehen. Die Beihilfe darf nur gewährt werden, wenn und soweit den Angehörigen die Bestreitung der Mehrkosten aus ihren Einkünften ohne unbillige Einschränkung der Lebenshaltung nicht zugemutet werden kann. Sie darf den Betrag der nachgewiesenen Mehrkosten nicht überschreiten, sie ist jedoch an die Vorschriften über die Einkommenshöchstgrenze (Nr. 58 ff. des RdErl. vom 5. 5. 1942) nicht gebunden.

5. (1) Die Umstellungsbeihilfe wird bei Vorliegen der Voraussetzungen vom Tage des Eintritts des Personenschadens bis zum Ablauf des darauffolgenden 12. Monats gewährt.

(2) Tritt der Verlust der Sicherung des notwendigen Lebensbedarfs im Zusammenhang mit dem Personenschaden erst im Laufe des 12-Monatszeitraums ein, so wird die Umstellungsbeihilfe für die Restzeit gewährt.

(3) Endet die Arbeitsverwendungsunfähigkeit vor Ablauf der 12 Monate, so wird die Umstellungsbeihilfe bis zum Schluß des Monats gewährt, in dem der Personenbeschädigte wieder arbeitsverwendungsfähig geworden ist.

(4) Stirbt der arbeitsverwendungsunfähige Personenbeschädigte innerhalb des 12-Monatszeitraums, so wird Umstellungsbeihilfe bis zum Ablauf des genannten Zeitraums an seine Angehörigen gewährt, falls die Voraussetzung der Ziff. 1 Buchst. b oder c erfüllt ist.

6. Soweit der Zeitraum, für den eine Umstellungsbeihilfe in Betracht kommt, bei dem Inkrafttreten dieses RdErl. bereits abgelaufen ist, wird die Umstellungsbeihilfe in einem Betrage nachgewährt.

7. (1) Die Versorgungsbezüge sind auf die Umstellungsbeihilfe anzurechnen. Die Vorschrift des Abschn. A Abs. 4 ist entsprechend anzuwenden.

(2) Zu den anzurechnenden Bezügen gehören auch die Beihilfen, die vorbehaltlich der Anrechnung auf die Versorgungsbezüge gewährt worden sind, sowie die vorläufigen Unterstützungen nach § 8 der Ersten DVO. zur PSchVO.[5]).

(3) Werden Versorgungsbezüge für den Zeitraum der Umstellungsbeihilfe nachgezahlt, so ist die Umstellungsbeihilfe auf die Nachzahlung anzurechnen. Erstattungen zwischen den für die Zahlung der Versorgungsbezüge und für die Zahlung der Umstellungsbeihilfe zuständigen Dienststellen unterbleiben.

8. Die Umstellungsbeihilfe wird durch den Stadt- oder Landkreis gewährt, der für die Gewährung des Einsatzfamilienunterhalts zuständig wäre.

---

[5]) Vgl. RGBl. 1940 I S. 1486.

9. Die Kosten der Umstellungsbeihilfe werden abweichend von § 4 EFUG. ausschließlich vom Reich getragen. Persönliche und sächliche Verwaltungskosten sind nicht erstattungsfähig.

10. Die Vorschriften des Einsatzfamilienunterhaltsrechts sind, soweit sie auf den Tatbestand nicht unmittelbar angewendet werden können, sinngemäß anzuwenden. An Stelle des Einstellungstages im Sinne der Vorschriften des Einsatzfamilienunterhaltsrechts tritt der Tag des Eintritts des Personenschadens.

10 a. Den Empfängern von Umstellungsbeihilfe werden Weihnachtszuwendungen unter entsprechender Anwendung des § 5 der VO. über die Gewährung von Weihnachtszuwendungen im öffentlichen Dienst und an Soldaten der Wehrmacht vom 16. 12. 1939 (RGBl. I S. 2425) und der dazu ergangenen oder noch ergehenden Durchf.- und Ausf.-Best. gewährt.

F. Schlußvorschrift.

(1) Der RdErl. gilt für alle seit dem 26. 8. 1939 eingetretenen einschlägigen Tatbestände.

(2) Die Anpassung des RdErl. des RAM. und des RMdJ. vom 6. 6. 1940 (RMBliV. S. 1083) über Fürsorge für Wehrdienst- und Einsatzbeschädigte und ihre Hinterbliebenen an diese Vorschriften wird gesondert erfolgen.

3.

RdErl. d. RAM. u. RMdJ. vom 26. Mai 1941 über soziale Fürsorge für Opfer des gegenwärtigen Krieges (RABl. I S. 252, RVBl. S. 39 und MBliV. Sp. 1005).

1. Unser Runderlaß vom 6. Juni 1940 — IIb 4300/40 und IV W I 14/40-7410 — (Reichsarbeitsbl. S. I 296, RMBliV. S. 1083, Reichsversorgungsbl. S. 35) sieht für Wehrdienst- und Einsatzbeschädigte und ihre Hinterbliebenen einmalige und laufende Beihilfen (Übergangsbeihilfen) als zusätzliche Leistungen der gehobenen und sozialen Fürsorge vor, um diesen Volksgenossen die Umstellung in ihren Lebensverhältnissen zu erleichtern. Demselben Zweck dienen nunmehr die Umstellungsbeihilfen, die nach dem Runderlaß vom 28. Februar 1941 — RMdJ. V f 200/41 — 7900, OKW. B 30 v 10 AWA/W Vers. (I) 912/41 und RFM. L. G. 4085 — 60 I A — (RMBliV. S. 390) den Angehörigen eines einberufenen Wehrpflichtigen, der infolge seiner Beschädigung bei besonderem Einsatz oder einer Wehrdienstbeschädigung verstorben oder als arbeitsverwendungsunfähig entlassen ist, und gegebenenfalls dem Arbeitsverwendungsunfähigen selbst zuteil werden. Nach dieser Regelung ist für die Zeit

von 12 Monaten [1]) nach dem Tode oder der Dienstentlassung des einberufenen Wehrpflichtigen eine Umstellungsbeihilfe zu gewähren.

2. (1) Solange ein Anspruch auf die Umstellungsbeihilfe besteht, sind Übergangsbeihilfen nach unserem Runderlaß vom 6. Juni 1940 nicht zu gewähren, da die Umstellungsbeihilfe den notwendigen Lebensbedarf in der Übergangszeit sicherstellt.

(2) Die Fürsorgestellen bleiben aber auch während dieses Zeitraums verpflichtet, sich der Volksgenossen ganz besonders anzunehmen, die im gegenwärtigen Kriege ihre Gesundheit geopfert oder ihren Ernährer verloren haben. Sie haben ihnen nach wie vor in jeder Weise durch persönliche und wirtschaftliche Beratung und Betreuung behilflich zu sein. Dabei ist namentlich das Bestreben der Berechtigten zu unterstützen, sich aus eigener Kraft eine sichere Grundlage für die Zukunft zu schaffen. Auf diese Weise wird es meist gelingen, im Laufe des Jahres, in dem der Familienunterhalt weitgehend für die wirtschaftliche Sicherstellung sorgt, die notwendige Umstellung der Lebensverhältnisse vorzubereiten und durchzuführen. Bei den Umstellungsmaßnahmen werden die Beschaffung einer Wohnung, deren Mietzins dem künftigen Einkommen entspricht, die Berufstätigkeit der Witwe und die Berufsausbildung der Kinder im Vordergrunde stehen. Auf die von den Finanzämtern für Kriegerwaisen und Kinder von Schwerkriegsbeschädigten gewährten Ausbildungsbeihilfen (Runderlaß des RMdF. vom 26. Februar 1941 — H 2081 — 844 III — Reichssteuerbl. 1941 S. 202 —) weisen wir in diesem Zusammenhang hin. Bei der Durchführung der sozialen Fürsorge haben die Bezirksfürsorgeverbände in allen Fragen der Berufsbefähigung und Berufsausbildung mit den Arbeitsämtern und den Hauptfürsorgestellen eng zusammenzuarbeiten.

(3) In besonders gelagerten Fällen können die Fürsorgestellen und Hauptfürsorgestellen den Versehrten und den Hinterbliebenen auch während des Bezuges der Umstellungsbeihilfe zinslose Darlehen unter angemessenen Rückzahlungsbedingungen gewähren.

(4) Den Eltern gefallener oder an den Folgen einer während des Krieges erlittenen Wehrdienstbeschädigung verstorbener Söhne können nach dem Erlaß des Oberkommandos der Wehrmacht vom 12. April 1941 — W Vers. (I a 1) 31 e 18 — Nr. 1401/41 — von den Wehrmachtfürsorge- und -versorgungsämtern zum Ausgleich von Härten Unterstützungen gewährt werden, wenn sie für die Berufsausbildung dieser Söhne Verpflichtungen eingegangen sind, zu deren Tilgung aus eigenen Mitteln sie außerstande sind.

(5) Ist die Fürsorgestelle für eine notwendige Hilfsmaßnahme unzuständig, darf sie sich nicht auf die Abweisung des Hilfesuchenden

---

[1]) Nach Erl. d. RMdJ. vom 12. 8. 1942, V f 614/42-7900 auch über die 12 Monate hinaus bis auf weiteres.

beschränken. Sie hat vielmehr die zuständige Stelle zu ermitteln und sich gegebenenfalls mit ihr in Verbindung zu setzen, um dem Versehrten und den Hinterbliebenen die Regelung ihrer Angelegenheiten zu erleichtern.

3. Falls den Wehrdienst- und Einsatzbeschädigten und ihren Hinterbliebenen im Laufe des Jahres, für das der Familienunterhalt noch gewährt wird, die Umstellung in ihren Lebensverhältnissen trotz aller Bemühungen nicht gelingt, sind für die folgende Zeit einmalige oder laufende Übergangsbeihilfen nach unserem Runderlaß vom 6. Juni 1940 zu gewähren. Dies kann namentlich notwendig werden, wenn der Familienunterhalt als Umstellungsbeihilfe (unter Anrechnung einer bisher gewährten Übergangsbeihilfe) rückwirkend gewährt wird. Auch in diesen Fällen haben die Fürsorgestellen den Betreuten bei der Umstellung tatkräftig zu unterstützen, um ihn sobald wie möglich von der Übergangsbeihilfe unabhängeg zu machen.

4. (1) Für die Familien der Wehrdienst- und Einsatzbeschädigten, die wegen Dienstunfähigkeit aus dem Wehrdienst entlassen, aber noch arbeitsverwendungsfähig sind, findet der Runderlaß vom 28. Februar 1941 keine Anwendung. Das Oberkommando der Wehrmacht hat sich in dem anliegenden Erlaß vom 20. Febr. 1941 $\frac{\text{— 30 u 14 W Vers. (I) —}}{\text{854/41}}$ [2]), betr. Betreuung versehrter Wehrdienst- und Einsatzbeschädigter unter Berücksichtigung der Verordnung über Berufsfürsorge für entlassene Soldaten und männliche Angehörige des Reichsarbeitsdienstes im und nach dem Kriege vom 18. September 1940, von Fall zu Fall ein Eingreifen im Wege der Fürsorge vorbehalten, wenn der Beschädigte auf seinem neuen Arbeitsplatz sein früheres Arbeitseinkommen nicht erreicht und alle Möglichkeiten einer Ein- oder Umschulung erschöpft sind. Der Erlaß enthält ferner ergänzende Bestimmungen zu § 87 des Wehrmachtfürsorge- und -versorgungsgesetzes und sieht vor, daß bis zur beruflichen Unterbringung und während einer Ein- oder Umschulung für den Versehrten und seine Angehörigen im Notfalle über die Übergangsunterstützungen nach § 87 des Wehrmachtfürsorge- und versorgungsgesetzes hinaus einmalige oder laufende Unterstützungen gewährt werden können.

(2) Bei Neuanträgen dürfen die Fürsorgestellen den in der Berufsausbildung befindlichen Wehrdienst- und Einsatzbeschädigten Übergangsbeihilfen nach dem Erlaß vom 6. Juni 1940 nur gewähren, wenn das frühere Arbeitseinkommen monatlich mehr als 200 RM betragen hat. Hierzu treten nach dem jetzigen Familienstande Zuschläge von 50 RM für die Ehefrau — das gleiche gilt beim Witwer — und von 20 RM für jedes Kind. Von den Wehrmachtfürsorge- und -versorgungsämtern gewährte Beihilfen (Übergangsunterstützungen und lau-

[2]) Siehe nachstehend S. 233.

fende Unterstützungen) sind auf die Übergangsbeihilfen voll anzurechnen. In den Fällen, in denen das frühere Arbeitseinkommen die genannten Beträge nicht überstiegen hat, sind die Übergangsunterstützungen der Wehrmacht im allgemeinen so ausreichend bemessen, daß der notwendige Lebensbedarf der Versehrten und ihrer Angehörigen bis zur Unterbringung in Arbeit sichergestellt ist.

(3) In entsprechender Weise dürfen auch nach der beruflichen Unterbringung Übergangsbeihilfen gewährt werden, wenn das frühere Arbeitseinkommen vorerst nicht erreicht wird. Hängt dies nicht nur damit zusammen, daß dem arbeitenden Versehrten eine gewisse Schonfrist zugebilligt ist, so hat die Fürsorgestelle von der gewährten Übergangsbeihilfe unverzüglich dem Wehrmachtfürsorge- und -versorgungsamt unter genauer Darlegung der Verhältnisse des Versehrten Mitteilung zu machen. Abschrift der Mitteilung ist der Hauptfürsorgestelle zu übersenden, mit der das zuständige Wehrkreiskommando gemeinsam prüft, ob dem Versehrten nach einer weiteren Berufsausbildung ein Arbeitsplatz verschafft werden kann, auf dem er sein früheres Arbeitseinkommen erreicht. Ist dies nicht möglich, so wird das Wehrkreiskommando den Fall dem Oberkommando der Wehrmacht vorlegen. Die Mitteilungspflicht der Fürsorgestelle besteht auch, wenn eine Übergangsbeihilfe schon jetzt gewährt wird.

(4) Im übrigen findet diese Regelung nur auf neue Fälle Anwendung. In den bereits laufenden Fällen sind die Übergangsbeihilfen nach den bisher geltenden Grundsätzen, also auch dann weiterzugewähren, wenn das frühere Arbeitseinkommen die genannten Beträge nicht überstiegen hat. Erhöhungen der Übergangsunterstützung sind voll anzurechnen.

(5) Keinesfalls darf eine notwendige Hilfe verzögert werden, weil Zweifel über die Zuständigkeit bestehen. Die Fürsorgestellen haben in solchen Fällen sofort und ausreichend zu helfen und sich nachträglich mit dem zuständigen Wehrmachtfürsorge- und -versorgungsamt in Verbindung zu setzen.

5. (1) Unser Runderlaß vom 6. Juni 1940 findet mit den vorstehenden Änderungen auf alle Personengruppen sinngemäß Anwendung, für die der Runderlaß vom 28. Februar 1941 Umstellungsbeihilfen durch Gewährung des Familienunterhalts oder des Unterschiedsbetrages zwischen den bisherigen Dienstbezügen und der in Betracht kommenden Gesamtversorgung vorsieht, jedoch unter Einbeziehung der arbeitsverwendungsfähigen Versehrten.

(2) Übergangsbeihilfen können auch den in § 2 des Einsatz-Familienunterhaltsgesetzes (EFUG.) vom 26. Juni 1940 aufgeführten Angehörigen und dem Ehemann einer infolge eines Personenschadens verstorbenen Frau gewährt werden, denen die Umstellungsbeihilfe nicht bewilligt werden kann, weil die Personenbeschädigte nicht ihr Ernährer gewesen ist (Runderlaß vom 28. Februar 1941 Abschn. E Nr. 1

Buchst. c). Bei der Bemessung der Übergangsbeihilfe ist die Einstellung einer Ersatzkraft entgegenkommend zu berücksichtigen. Handelt es sich um die Einstellung einer Ersatzkraft im eigenen Haushalt, so kann die im Runderlaß vom 6. Juni 1940 Nr. 1 letzter Satz bezeichnete Einkommensgrenze überschritten werden (vgl. Runderlaß vom 28. Februar 1941 Abschn. E Nr. 4).

6. Die Fürsorgestellen haben sich künftig vor Gewährung einer Übergangsbeihilfe zur Vermeidung einer Doppelbetreuung mit der zuständigen Familienunterhaltsabteilung oder der Versorgungsbehörde des Versehrten und der Hinterbliebenen in Verbindung zu setzen. (Wegen der Zuständigkeit für die Gewährung der Umstellungsbeihilfen vgl. Runderlaß vom 28. Februar 1941.) Insbesondere bei der Fürsorge für die arbeitsverwendungsfähigen Versehrten haben sie mit den Versorgungsdienststellen eng zusammenzuarbeiten.

Zugleich im Namen des Reichsministers des Innern
Der Reichsarbeitsminister
Im Auftrag
Dr. Engel.

*

Anlage

Oberkommando der Wehrmacht. Berlin, den 20. Februar 1941.
30 u 14 W Vers. (I)
854/41

Betr.: Betreuung versehrter Wehrdienst- und Einsatzbeschädigter unter Berücksichtigung der Verordnung über Berufsfürsorge für entlassene Soldaten und männliche Angehörige des Reichsarbeitsdienstes im und nach dem Kriege vom 18. September 1940 (Reichsgesetzbl. I S. 1241)[1].

1. Das Schwergewicht der Beschädigtenfürsorge nach dem WFVG. liegt neben der Heilfürsorge und der durch sie anzustrebenden Wiederherstellung der alten Arbeitsfähigkeit in der Unterbringung in einem geeigneten Arbeitsplatz nach Möglichkeit mit mindestens dem früheren Arbeitseinkommen. Das WFVG. mit seinen DB. und AB. und eine Reihe von Sondererlassen weisen Wege zu diesem Ziele, das für alle Beschädigten gilt, soweit sie arbeitsverwendungsfähig sind.

Unter dem „früheren Arbeitseinkommen" im Sinne des § 1 Abs. 3 vorletzter Satz der Verordnung vom 18. September 1940 ist bei Angestellten und Arbeitern das Normaleinkommen der betreffenden Berufs- oder Tarifgruppe zu verstehen. Konjunkturverdienste und besondere Leistungsprämien bleiben hierbei außer Betracht.

Kann ein Versehrter seinen früheren freien Beruf wieder aufneh-

[1]) Abgedr. S. 234.

men, so ist im Regelfalle anzunehmen, daß er dann auch imstande ist, sich aus eigener Kraft zu erhalten.

Bei richtiger und erschöpfender Anwendung der gegebenen Bestimmungen wird der Fall, daß der Beschädigte das frühere Arbeitseinkommen nach beendeter Einarbeitung nicht erreicht, kaum eintreten können. Sollten derartige Ausnahmefälle aber noch vorliegen oder in Zukunft vorkommen, so ist zunächst nochmals zu prüfen, ob alle Möglichkeiten einer Ein- oder Umschulung erschöpft sind. Wenn auf diesem Wege endgültig keine Abhilfe zu schaffen ist, sind die Akten mit sämtlichen Unterlagen nebst Bericht des WFO. und Stellungnahme des WFVA. und WKK. dem OKW. vorzulegen.

Das OKW. behält sich die Entscheidung über die Fürsorge, die dann nach der Verordnung vom 18. September 1940 § 1 Abs. 3 letzter Satz zu treffen ist, zunächst von Fall zu Fall vor.

2. Zur sinngemäßen Durchführung der Bestimmung, daß der Versehrte letzten Endes sein früheres Arbeitseinkommen erreichen soll, gehören auch Maßnahmen, die ihm in der Übergangszeit ein angemessenes Einkommen sichern.

Nach WFVG. § 87 wird Versehrten bis zu ihrer beruflichen Unterbringung und während einer Ein- oder Umschulung Übergangsunterstützung bis zur Höhe der AVU.-Rente gewährt. Hierzu wird ergänzend bestimmt:

Während der Ein- oder Umschulung und solange Versehrte in einer Übergangszeit wegen notwendiger Gewöhnung an orthopädische Hilfsmittel oder an infolge des Körperschadens veränderte Arbeitsbedingungen nur ein vermindertes Arbeitseinkommen erreichen, kann Übergangsunterstützung auch neben einem Arbeitseinkommen so weit gezahlt werden, daß durch Arbeitseinkommen und Übergangsunterstützung deren Höchstbetrag (AVU.-Rente) erreicht wird. Nach der ersten Feststellung bleiben Schwankungen im neuen Einkommen bis zu 10 v. H. unberücksichtigt.

Besteht insbesondere bei Verheirateten im Hinblick auf das vom Versehrten früher erzielte Arbeitseinkommen dennoch eine Notlage, so kann mit angemessenen einmaligen oder laufenden Unterstützungen geholfen werden.

Dieser Erlaß ist in den Fürs.- u. Vers.-Best. 1941 Nr. 35 veröffentlicht worden.

4.

VO. über Berufsfürsorge für entlassene Soldaten und männliche Angehörige des Reichsarbeitsdienstes im und nach dem Kriege.

Vom 18. September 1940 (RGBl. I S. 1241).

In Anerkennung der hervorragenden Leistungen der siegreichen Wehrmacht im Kriege und um den Soldaten einen Teil der Dankesschuld der Nation abzustatten, soll die Berufsfürsorge für Soldaten und männliche Angehörige des Reichsarbeitsdienstes über die bisherigen Vorschriften hinaus erweitert werden.

Der Ministerrat für die Reichsverteidigung verordnet daher mit Gesetzeskraft:

§ 1

Für Soldaten und männliche Angehörige des Reichsarbeitsdienstes.

(1) Auf alle Soldaten und männlichen Angehörigen des Reichsarbeitsdienstes, die während des Krieges und später bei der Überleitung in das Friedensverhältnis in Ehren entlassen werden und sich nicht in einem Beschäftigungsverhältnis befinden, das auf Grund des § 1 der Verordnung zur Abänderung und Ergänzung von Vorschriften auf dem Gebiete des Arbeitsrechts vom 1. September 1939 (Reichsgesetzbl. I S. 1683) fortbesteht, sind die §§ 2 bis 6, 8 bis 11 und 13 bis 18 der Verordnung über Fürsorge für Soldaten und Arbeitsmänner in der Fassung vom 29. Dezember 1937 (Reichsgesetzblatt I S. 1417) sinngemäß anzuwenden. Soweit Ansprüche aus dem Beschäftigungsverhältnis von der Dauer der Betriebszugehörigkeit abhängen, wird über die Bestimmung des § 3 der Verordnung über Fürsorge für Soldaten und Arbeitsmänner hinaus außer der Zeit des erfüllten Wehr- und Reichsarbeitsdienstes auch die Zeit, die im letzten Beschäftigungsverhältnis zu berücksichtigen war, auf die Dauer der Betriebszugehörigkeit angerechnet; im übrigen bleibt § 3 Abs. 2 der Verordnung unberührt.

(2) Die §§ 1 und 7 der Verordnung über Fürsorge für Soldaten und Arbeitsmänner gelten insoweit nicht, als die Vorschriften der §§ 1 und 2 der Verordnung zur Abänderung und Ergänzung von Vorschriften auf dem Gebiete des Arbeitsrechts eingreifen.

(3) Versehrten ist erhöhte Berufsfürsorge zuzuwenden. Wenn es nötig ist, sind sie vor dem Arbeitseinsatz zu schulen. Die rechtzeitige Schulung versehrter Soldaten vermitteln die Wehrmachtfürsorgeoffiziere, für Versehrte des Reichsarbeitsdienstes die Arbeitsgauführer. Nach der Schulung sind die Versehrten nach Möglichkeit in solche Arbeitsplätze einzuweisen, in denen sie mindestens ihr früheres Arbeitseinkommen erreichen. Gelingt das in Einzelfällen nicht, so ist durch Fürsorge nach Maßgabe noch zu erlassender Bestimmungen zu helfen.

§ 2

Für Ergänzungsbeamte der Wehrmacht.

Die Vorschriften des § 1 gelten auch für die Ergänzungsbeamten der Wehrmacht.

§ 3

Durchführung und Ergänzung der Verordnung sowie sinngemäße Anwendung auf andere Personenkreise.

(1) Der Chef des Oberkommandos der Wehrmacht erläßt im Einvernehmen mit den zuständigen Reichsministern die zur Durchführung und Ergänzung dieser Verordnung erforderlichen Rechts- und Verwaltungsvorschriften.

(2) Ob und inwieweit in besonderen Fällen diese Vorschriften sinngemäß auf Personenkreise anzuwenden sind, die der Wehrmacht oder dem Reichsarbeitsdienst nicht angehören, jedoch für Zwecke der Landesverteidigung eingesetzt worden sind, bestimmt der Chef des Oberkommandos der Wehrmacht im Einvernehmen mit den zuständigen Reichsministern, soweit nicht für den Luftschutz und den Notdienst besondere Vorschriften erlassen werden.

§ 4

Gültigkeit der Verordnung.

Die Verordnung tritt mit Wirkung vom 26. August 1939 in Kraft.

C. Familienunterhalt.

1.

Gesetz über den Unterhalt der Angehörigen der einberufenen Wehrpflichtigen und Arbeitsdienstpflichtigen (Familienunterhaltsgesetz)[1, 2, 3]. Vom 30. März 1936.

(RGBl. I S. 327.)

Die Reichsregierung hat das folgende Gesetz beschlossen, das hiermit verkündet wird:

§ 1

(1) Die Angehörigen der zur Erfüllung der aktiven Dienstpflicht, zu kurzfristiger Ausbildung oder Übungen der Wehrmacht einberufenen Wehrpflichtigen und der einberufenen Reichsarbeitsdienstpflichtigen erhalten zur Sicherung des notwendigen Lebensbedarfs Unterhalt (Familienunterhalt). Er wird auch den Angehörigen der auf Grund freiwilliger Meldung zur Erfüllung der aktiven Dienstpflicht, zu kurzfristiger Ausbildung oder Übungen der Wehrmacht sowie zur Erfüllung der Reichsarbeitsdienstpflicht Einberufenen gewährt.

(2) Der Familienunterhalt ist keine Leistung der öffentlichen Fürsorge. Er ist nicht zurückzuerstatten. Er unterliegt nicht der Pfändung.

---

[1]) Vorher: § 37 Abs. 2 des Wehrgesetzes und § 26 Reichsarbeitsdienstgesetz in Verbindung mit V. über die Unterstützung der Angehörigen der zur Erfüllung der aktiven Dienstpflicht einberufenen Wehrpflichtigen und der einberufenen Arbeitsdienstpflichtigen vom **19. Dez. 1935** (RGBl. I S. 1511) samt Durchführungsvorschriften vom 19. Dez. 1935 und Runderlaß des RJnn. und RFinMin. vom 16. Jan. 1936 (RMBliV., Sp. 71) und 20. März 1936 (RMBliV. 1936 Sp. 375).

Amtl. Begründung zum Familienunterhaltsges. vom 30. März 1936 abgedruckt DVerwBl. 1936 S. 190.

[2]) Abgeändert ist das Ges. durch V. vom 14. Mai 1940 (RGBl. I S. 779), wonach das Ges. die Bezeichnung „Familienunterhaltsgesetz" (statt Familienunterstützungsgesetz) erhielt und das Wort „Familienunterstützung" im Gesetz und in den Durchführungsverordnungen jeweils durch das Wort „Familienunterhalt" zu ersetzen ist. Während des besonderen Einsatzes gilt das Gesetz in der besonderen Fassung des Einsatz-Familienunterhaltsgesetzes vom 26. Juni 1940 (oben abgedr. S. 8ff.).

[3]) Eingeführt in den Ostgebieten durch V. vom 4. Juli 1940 (RGBl. I S. 943), im Protektorat Böhmen und Mähren s. V. vom 31. Okt. 1939 (RGBl. I S. 2125), geändert 26. Juni 1940 (RGBl. I S. 943).

§ 2.

Berechtigt sind, soweit der notwendige Lebensbedarf nicht oder nicht ausreichend gesichert ist, nachstehende Angehörige des Einberufenen:

I. Die Ehefrau, die ehelichen oder für ehelich erklärten und die vor Aushändigung des Gestellungs- oder Einberufungsbefehls an Kindes Statt angenommenen Kinder des Einberufenen, ferner die mit der Ehefrau zusammenlebenden Stiefkinder des Einberufenen, ferner uneheliche Kinder des Einberufenen, wenn dessen Verpflichtung zur Unterhaltsgewährung feststeht [4]).

II. Wenn der Einberufene bis zur Aushändigung des Gestellungs- oder Einberufungsbefehls ganz oder zu einem wesentlichen Teil der Ernährer gewesen ist:

1. die schuldlos geschiedene Ehefrau, der der Einberufene nach § 1578 des Bürgerlichen Gesetzbuchs Unterhalt zu gewähren verpflichtet ist,
2. Enkel, Pflegekinder und die nicht mit der Ehefrau des Einberufenen zusammenlebenden Stiefkinder,
3. uneheliche Kinder, wenn der Einberufene seine Vaterschaft nach § 1718 des Bürgerlichen Gesetzbuchs anerkannt hat oder wenn seine Unterhaltspflicht in einem vollstreckbaren Titel festgestellt ist [5]),
4. Verwandte der aufsteigenden Linie,
5. Adoptiveltern, wenn sie den Einberufenen vor der Aushändigung des Gestellungs- oder Einberufungsbefehls an Kindes Statt angenommen haben, Stiefeltern und Pflegeeltern.

§ 3.

Die Aufgaben dieses Gesetzes werden den Stadt- und Landkreisen als staatliche Aufgaben übertragen.

§ 4.

Vier Fünftel der Kosten des Familienunterhalts werden den Stadt- und Landkreisen vom Reiche erstattet. Persönliche und sächliche Verwaltungskosten sind nicht erstattungsfähig.

§ 5.

(1) Angehörige eines Einberufenen, die bis zum 1. April 1936 nach der Familienunterstützungsverordnung vom 19. Dezember 1935 (Reichsgesetzbl. I S. 1511) unterstützt worden sind, bleiben nach dieser Verordnung unterstützungsberechtigt.

---

[4]) Die Worte „ferner uneheliche Kinder ... usw." sind für Kriegsdauer eingefügt durch § 2 der V. vom 14. Mai 1940 (RGBl. I S. 779).

[5]) § 2, II Nr. 3 für Kriegsdauer nicht anwendbar, § 2 der V. v. 14. 5. 1940 (RGBl. I S. 779).

(2) Einberufene, die bis zum 1. April 1936 nach § 4 der Verordnung über die Einberufung zu Übungen der Wehrmacht vom 25. November 1935 (Reichsgesetzbl. I S. 1358) Unterstützung erhalten haben, sind nach dieser Verordnung von den Arbeitsämtern weiter zu unterstützen.

§ 6.

(1) In § 1266 Ziffer 3 der Reichsversicherungsordnung und § 34 Ziffer 2 des Angestelltenversicherungsgesetzes in der Fassung des Gesetzes vom 17. Mai 1934 (Reichsgesetzbl. I S. 419) werden hinter dem Wort „Fürsorge" die Worte „oder des Familienunterhalts" eingefügt.

(2) In § 1541 der Reichsversicherungsordnung werden zwischen den Worten „für" und „Betriebsunternehmer" die Worte „das Reich als Träger des Familienunterhalts und für" eingefügt.

(3) Dem § 111a des Gesetzes über Arbeitsvermittlung und Arbeitslosenversicherung in der Fassung des Gesetzes vom 12. Oktober 1929 (Reichsgesetzbl. I S. 153) wird folgender Absatz 2 angefügt:

„(2) Abs. 1 gilt entsprechend, wenn das Reich als Träger des Familienunterhalts einen Arbeitslosen in einer Zeit unterstützt hat, für die ihm versicherungsmäßige, nicht von der Hilfsbedürftigkeit abhängige Arbeitslosenunterstützung bewilligt wird."

(4) Die Absätze 1 bis 3 gelten auch für eine nach der Familienunterhaltsverordnung vom 19. Dezember 1935 (Reichsgesetzbl. I S. 1511) gewährte Unterstützung.

§ 7.

Der Reichsminister des Innern erläßt die zur Durchführung und Ergänzung des Gesetzes erforderlichen Rechts- und Verwaltungsvorschriften.

§ 8.

Dieses Gesetz tritt am 1. April 1936 in Kraft.

2.

Verordnung zur Ergänzung und Durchführung des Familienunterstützungsgesetzes (Familienunterstützungs-Durchführungsverordnung — FU.-DVO. —) [1].

Vom 11. Juli 1939.

(RGBl. I S. 1225.)

3.

Ausführung der Familienunterstützung [1].

RdErl. d. RMdI. u. d. RFM. vom 11. Juli 1939.

(RMBliV. Sp. 1447 ff.).

[1]) Von einem Abdruck der DurchfVO. und des AusfErl. wird abgesehen, da zur Zeit durch das Einsatzfamilienunterhaltsrecht ersetzt.

D. Räumungsfamilienunterhalt[1].

1.

Verordnung über Familienunterhalt bei Räumung oder Freimachung von gefährdeten Gebieten oder Wohngebäuden im Falle des besonderen Einsatzes der Wehrmacht.
(Räumungs-Familienunterhaltsverordnung — Räumungs-FUV. —)
Vom 1. September 1939
(RGBl. I S. 1761).

Auf Grund des § 7 des Familienunterhaltsgesetzes vom 30. März 1936 (Reichsgesetzbl. I S. 327) wird folgendes verordnet:

§ 1

Personen, die im Falle des besonderen Einsatzes der Wehrmacht infolge einer behördlich angeordneten Räumung oder Freimachung von gefährdeten Gebieten oder Wohngebäuden die Sicherung ihres notwendigen Lebensbedarfs verlieren, erhalten Familienunterhalt nach Maßgabe der Verordnung über Familienunterhalt bei besonderem Einsatz der Wehrmacht vom 1. September 1939 (Reichsgesetzbl. I S. 1563) mit den in dieser Verordnung geregelten Änderungen.

§ 2

(1) Der Stadt- oder Landkreis, in dessen Bezirk sich eine der im § 1 genannten Personen aufhält, ist zur Gewährung des Familienunterhalts auch dann verpflichtet, wenn der Aufenthalt ein nur vorübergehender ist.

(2) Der Reichsminister des Innern kann anordnen, daß die im § 1 genannten Personen Familienunterhalt nur an einem ihnen behördlich zugewiesenen Aufenthaltsort erhalten.

§ 3

Erhalten die im § 1 genannten Personen außerhalb des Stadt- oder Landkreises, in dessen Bezirk sie bis zur Räumung oder Freimachung gewohnt oder sich nicht nur vorübergehend aufgehalten haben, Familienunterhalt, so trägt abweichend von § 4 des Familienunterhaltsgesetzes das Reich die Kosten des Familienunterhalt mit Ausnahme der Verwaltungskosten ganz.

---

[1]) Aus Raumersparnisgründen mußte vom Abdruck des 1. bis 10. Rd.-Erlasses des RMdJ. sowie weiterer Einzelerlasse über Räumungsfamilienunterhalt abgesehen werden.

§ 4

Haben die im § 1 genannten Personen bis zur Räumung oder Freimachung als Angehörige eines Einberufenen (§ 2 des Familienunterhaltsgesetzes) Familienunterhalt erhalten, so gelten für die Fortgewährung des Familienunterhalts einschließlich der Kostentragung nach der Räumung oder Freimachung die Vorschriften dieser Verordnung.

§ 5

Der Reichsminister des Innern erläßt im Einvernehmen mit dem Reichsminister der Finanzen die zur Durchführung und Ergänzung dieser Verordnung erforderlichen Rechts- und Verwaltungsvorschriften.

2.

Ausführung des Räumungs-Familienunterhalts; Umquartierung aus Gründen der Luftgefährdung und anläßlich von Fliegerschäden.

11. RdErl. d. RMdJ. u. d. RFM. vom 25. 7. 1942 — V f 567/42-7900 u. LG 4085-892 I A.

(MBliV. S. 1567).

Auf Grund des § 5 der Räumungs-Familienunterhalts-VO. vom 1. 9. 1939 (RGBl. I S. 1761) ordnen wir mit Wirkung vom 1. 8. 1942 folgendes an:

I. Allgemeines

1. (1) Leistungen auf Grund der Vorschriften der Räumungs-Familienunterhalts-VO. (RFUV.) vom 1. 9. 1939 werden gewährt:

A. bei vorsorglicher Umquartierung an

a) Personen, die auf behördliche Anordnung oder mit behördlicher Einwilligung oder Genehmigung (vorheriger oder nachträglicher Zustimmung), vgl. RdErl. des RMdJ. vom 27. 7. 1942 — I Ra 2178/42-220 N (nicht veröffentl.), aus Gründen der Luftgefährdung ihrer Wohnung oder ihres Eigenheims — z. B. wegen allgemeiner Gefährdung von Gemeinden, Gemeindeteilen oder Einzelgebäuden oder wegen der Lage in der Nähe besonders luftgefährdeter Anlagen und Einrichtungen — vorsorglich in andere Räume innerhalb ihres Wohnorts oder in Aufnahmegebiete außerhalb ihres Wohnorts umquartiert werden;

b) Personen, die ihre der Ausübung ihres Betriebes oder freien Berufs dienenden Räume auf behördliche Anordnung oder mit behördlicher Einwilligung (Genehmigung) aus Gründen der Luftgefährdung vorsorglich (vgl. Buchst. a) räumen oder den Betrieb oder Beruf in andere Räume innerhalb ihres Betriebsortes oder in Aufnahmegebiete außerhalb ihres Betriebsortes verlegen müssen;

B. bei Eintritt von Fliegerschäden an

a) Personen, die wegen tatsächlicher Zerstörung ihrer Wohnung oder ihres Eigenheims durch einen Fliegerangriff oder wegen unmittelbar drohender Gefahren für die Wohnung oder das Eigenheim durch Einwirkung von Waffen oder sonstigen Kampfmitteln (z. B. Langzeitzündern, nicht detonierter Abwurfmunition, Flakgranaten-Blindgängern) auf behördliche Anordnung in Aufnahmegebiete außerhalb ihres Wohnorts umquartiert werden;

b) Personen, deren dem Betrieb oder freien Beruf dienenden Räume durch einen Fliegerangriff zerstört worden sind oder wegen unmittelbar drohender Gefahren durch Einwirkung von Waffen oder sonstigen Kampfmitteln nicht benutzt werden können, wenn diese Personen auf behördliche Anordnung in Aufnahmegebiete außerhalb ihres Betriebs- oder Wohnorts umquartiert werden.

Zu a und b:

Im Falle der Zerstörung der Wohnung (des Eigenheims) oder der dem Betrieb (freien Beruf) dienenden Räume werden die Leistungen des Räumungs-Familienunterhalts auch dann gewährt, wenn eine ausdrückliche behördliche Anordnung der Umquartierung nicht ergangen ist, aber eine Abreisebescheinigung (Nr. 9) erteilt ist. Hinweis auf Nr. 10 und Nr. 32 Abs. 3.

(2) An Personen, die bei Eintritt eines Fliegerschadens (vgl. Abs. 1 Abschn. B) innerhalb ihres Wohnorts oder Betriebsorts umquartiert werden, wird Räumungs-Familienunterhalt nicht gewährt. In diesen Fällen ist nach Maßgabe der Vorschriften über die Entschädigung von Nutzungsschäden (vgl. insbesondere die Zweite Anordnung über die Entschädigung von Nutzungsschäden vom 23. 4. 1941, RMBl. S. 87; MBliV. S. 773) durch die Feststellungsbehörde Ersatz zu gewähren.

(3) Auch in den Fällen des Abs. 1 Abschn. B (Umquartierung in Aufnahmegebiete außerhalb des Wohn- oder Betriebsorts bei Eintritt von Fliegerschäden) wird Räumungs-Familienunterhalt nicht gewährt, wenn die alsbaldige Gewährung einer Entschädigung oder einer Vorauszahlung auf die zu erwartende Entschädigung nach Maßgabe der Vorschriften über die Entschädigung von Nutzungsschäden (vgl. insbesondere die Zweite Anordnung über die Entschädigung von Nutzungsschäden vom 23. 4. 1941) durch die Feststellungsbehörde des Schadenorts (Heimatorts) gesichert ist. Dies wird z. B. der Fall sein, wenn der Aufnahmeort in der nächsten Umgebung des Schadenorts und des Sitzes der Feststellungsbehörde — z. B. Randgemeinde eines Stadtkreises — liegt. Auf jeden Fall ist aber — durch Fühlungnahme zwischen dem Stadt- oder Landkreis des Aufnahmeorts und der Feststellungsbehörde — sicherzustellen, daß der Antragsteller nicht ohne alsbaldige Hilfe bleibt.

2. (1) Die Leistungen des Räumungs-Familienunterhalts richten sich nach den einschlägigen Vorschriften des Einsatz-Familienunterhaltsrechts in der jeweils geltenden Fass. (EFUG. vom 26. 6. 1940, RG.-Bl. I S. 911, EFU.-DV. vom 26. 6. 1940, RGBl. I S. 912, RdErl.

über die Ausführung des Einsatz-Familienunterhalts vom 5. 5. 1942, MBliV. S. 817), soweit sich nicht aus der RFUV. und den Vorschriften dieses RdErl. etwas anderes ergibt.

(2) Voraussetzung der Gewährung von Leistungen des Räumungs-Familienunterhalts ist der Verlust der Sicherung des notwendigen Lebensbedarfs — bei Unternehmern von Betrieben und bei freien Berufen der Verlust der Erwerbsgrundlage — infolge der Umquartierung (Nr. 1 Abs. 1). Räumungs-Familienunterhalt ist daher insoweit nicht zu gewähren, als der Betroffene den notwendigen Lebensbedarf für sich und seine Angehörigen (Nr. 4) aus eigenen Kräften und Mitteln beschaffen kann oder ihn von anderer Seite, insbesondere von Angehörigen, erhält.

3. Bleibt zwar die Erwerbsgrundlage des Betroffenen nach der Umquartierung bestehen — z. B. wegen Verbleibens an der bisherigen Arbeitsstelle — und reichen die Einkünfte hieraus und etwaige sonstige Einkünfte zur Sicherung einer den Verhältnissen vor der Umquartierung entsprechenden Lebenshaltung des Betroffenen und seiner Angehörigen aus, so wird die Gewährung von Räumungs-Familienunterhalt in der Regel nicht in Betracht kommen. Dabei sind auch diejenigen Einkünfte in Betracht zu ziehen, die nach den Vorschriften des Einsatz-Familienunterhaltsrechts außer Ansatz zu lassen wären. Erwachsen dem Betroffenen aber infolge der in Nr. 1 Abs. 1 genannten Tatbestände für sich und seine Angehörigen notwendigerweise Mehrausgaben (z. B. doppelte Haushaltsführung, erhöhte Fahrtkosten zur Arbeitsstätte oder erhöhte Miete), deren Bestreitung aus seinen Einkünften ihm ohne unbillige Einschränkung der Lebenshaltung nicht zugemutet werden kann, so werden insoweit Leistungen des Räumungs-Familienunterhalts bis zur Höhe der angemessenen Mehraufwendungen, und zwar ohne Einschränkung durch die Vorschriften über die Einkommenshöchstgrenze (Nr. 58 ff. des RdErl. vom 5. 5. 1942) gewährt. Hinweis auf Nr. 36.

II. Personenkreis

4. (1) Familienunterhaltsberechtigt im Sinne des § 1 RFUV. sind:

a) das umquartierte (Nr. 1 Abs. 1) Familienhaupt oder die umquartierte Einzelperson,
b) die Angehörigen der unter a genannten Personen, die in Beziehung zu diesen Personen die Voraussetzungen des § 2 EFUG. oder der Nrn. 13 a und 13 b des RdErl. vom 5. 5. 1942 erfüllen. Die in § 2, II EFUG. und in den Nrn. 13 a und 13 b des RdErl. vom 5. 5. 1942 genannten Angehörigen sind daher familienunterhaltsberechtigt, wenn der Umquartierte vor der Umquartierung ganz oder zu einem wesentlichen Teil ihr Ernährer gewesen ist.

(2) Familienunterhaltsberechtigt im Sinne des § 4 RFUV. sind Personen, die bis zur Umquartierung als Angehörige eines Einbe-

rufenen oder als Einberufene Einsatz-Familienunterhalt erhalten haben und außerdem von einer Umquartierung betroffen werden. Hinweis auf Nr. 34.

III. Zuständigkeit und Verfahren

Zuständigkeit

5. (1) Nach § 2 Abs. 1 RFUV. ist abweichend von § 2 Abs. 1 EFU.-DV. der Stadt- oder Landkreis, in dessen Bezirk sich der Umquartierte aufhält, zur Gewährung des Familienunterhalts auch dann verpflichtet, wenn der Aufenthalt ein nur vorübergehender ist. In Fällen des § 4 RFUV. geht die Zuständigkeit zur Gewährung des Familienunterhalts nach der Umquartierung auf den nach § 2 Abs. 1 RFUV. zuständigen Stadt- oder Landkreis über.

(2) Werden die von der Umquartierung Betroffenen zunächst durch die Dienststellen der Partei (NS.-Volkswohlfahrt) betreut, so beginnt die Verpflichtung des nach § 2 Abs. 1 RFUV. zuständigen Stadt- oder Landkreises zur Gewährung des Räumungs-Familienunterhalts erst mit dem Zeitpunkt der Überführung des Betroffenen in die Betreuung des Stadt- oder Landkreises.

6. Will ein Umquartierter seinen Aufenthalt aus dem Bezirk des Stadt- oder Landkreises, der ihm Räumungs-Familienunterhalt gewährt, in den Bezirk eines anderen Stadt- oder Landkreises verlegen, so hat er bei dem ersteren unter Vorlage seiner Abreisebescheinigung (Nr. 9) die Überführung in die Betreuung des letzteren Stadt- oder Landkreises zu beantragen. Dem Antrage darf nur entsprochen werden, wenn ein berechtigter Grund für die Übersiedlung vorliegt. Ein berechtigter Grund ist insbesondere anzuerkennen, wenn nachweislich durch die Übersiedlung eine Haushaltsgemeinschaft mit Angehörigen für längere Dauer hergestellt werden soll oder wenn ein Fall der Nr. 23 Abs. 1 Satz 3 vorliegt. Für die Weitergewährung des Räumungs-Familienunterhalts ist nach Überführung der Stadt- oder Landkreis des neuen Aufnahmeortes zuständig. Die Kosten der Überführung nach dem neuen Aufnahmeort können (als Aufwendungen zur Sicherung einer neuen Unterkunft) gemäß § 3 RFUV. von dem Stadt- oder Landkreis des bisherigen Aufnahmeortes gewährt werden.

7. Wird ein Umquartierter auf behördliche Anordnung aus einem Aufnahmeort in einen anderen Aufnahmeort übergeführt, so ist dies von dem Stadt- oder Landkreis des bisherigen Aufnahmeortes oder dem Bürgermeister dieser Gemeinde in der Abreisebescheinigung (Nr. 9) des Umquartierten zu vermerken. Für die Fortgewährung des Räumungs-Familienunterhalts ist nach Überführung der Stadt- oder Landkreis des neuen Aufnahmeorts zuständig. Die Kosten der Überführung sind (als Aufwendungen zur Sicherung einer neuen Unterkunft) gemäß § 3 RFUV. von dem Stadt- oder Landkreis des bisherigen Aufnahmeorts zu zahlen.

Zuständigkeit bei Anstaltspflege

8. Soweit die Kosten der Anstaltspflege als Räumungs-Familienunterhalt zu gewähren sind (vgl. Nr. 33), ist der Stadt- oder Landkreis des Aufnahmeorts zur Gewährung des Räumungs-Familienunterhalts verpflichtet. Wird der Umquartierte aus dem Bezirk dieses Stadt- oder Landkreises in einer Anstalt im Bezirk eines anderen Stadt- oder Landkreises untergebracht, so geht, falls es sich um einen dauernden Anstaltsaufenthalt handelt, die Zuständigkeit zur Gewährung des Räumungs-Familienunterhalts auf den Stadt- oder Landkreis des Anstaltsorts über. Handelt es sich dagegen um eine vorübergehende Anstaltsunterbringung (z. B. zum Zwecke einer vorübergehenden Krankenhausbehandlung) im Bezirk eines anderen Stadt- oder Landkreises, so bleibt der Stadt- oder Landkreis des bisherigen Aufnahmeorts zur Fortgewährung des Räumungs-Familienunterhalts verpflichtet.

Antrag

9. (1) Die Gewährung von Räumungs-Familienunterhalt setzt voraus, daß die Umquartierung behördlich angeordnet oder mit behördlicher Einwilligung (Genehmigung) erfolgt ist und der von der Umquartierung Betroffene sich durch Vorlage einer ordnungsmäßig ausgestellten Abreisebescheinigung der Gemeindebehörde seines Wohnorts (vgl. Abschn. 3 Abs. 3 des RdErl. vom 2. 5. 1941 — I Ra 985/41 II-220, den RdErl. vom 14. 1. 1942 — I Ra 12/42-220 — und den RdErl. vom 27. 7. 1942 — I Ra 2178/42-220 N, sämtl. nicht veröffentl.) ausweist. Die Abreisebescheinigung gilt zugleich als Nachweis für die behördliche Anordnung der Umquartierung oder die behördliche Einwilligung (Genehmigung) zur Umquartierung (vgl. RdErl. vom 14. 1. und 27. 7. 1942). Sie wird im Falle der Zerstörung der Wohnung (des Eigenheims) oder der dem Betrieb (freien Beruf) dienenden Räume (vgl. Nr. 1 Abs. 1 B „Zu a und b") auch erteilt, wenn eine ausdrückliche behördliche Anordnung der Umquartierung nicht ergangen ist. Ist ein Umquartierter nicht im Besitz einer Abreisebescheinigung, so hat er sich diese nachträglich zu beschaffen.

(2) Bei Katastrophenfällen genügt bei Stellung des Antrages auf Räumungs-Familienunterhalt für die Gewährung von Abschlagszahlungen nach Nr. 38 des RdErl. vom 5. 5. 1942 zunächst die Glaubhaftmachung des Sachverhalts. Die Vorlage der Abreisebescheinigung ist jedoch sobald als möglich nachzuholen (vgl. Abs. 1 letzter Satz).

(3) Wenn die Umquartierten zunächst durch die Dienststellen der Partei (NS.-Volkswohlfahrt) betreut werden (Nr. 5 Abs. 2), so kann der Antrag auf Überführung in die Betreuung des Stadt- oder Landkreises auch von den Dienststellen der Partei gestellt werden. Dem

Antrag ist sofort zu entsprechen, damit die Umquartierten ohne Verzögerung aus der Sammelbetreuung der NS.-Volkswohlfahrt in die Betreuung des Stadt- oder Landkreises übergeführt werden können.

Mitteilungspflicht

10. In den Fällen der Umquartierung anläßlich von Fliegerschäden (Nr. 1 Abs. 1 B) werden die Leistungen des Räumungs-Familienunterhalts bei der Ermittlung der nach der Zweiten Anordnung über die Entschädigung von Nutzungsschäden vom 23. 4. 1941 (RMBl. S. 87; MBliV. S. 773) zu gewährenden Ersatzleistungen berücksichtigt. Daher hat der Stadt- oder Landkreis des Aufnahmeorts in jedem Falle der Feststellungsbehörde des Heimatorts des Umquartierten unter Hinweis auf die Abreisebescheinigung die von ihm gezahlten Leistungen des Räumungs-Familienunterhalts laufend mitzuteilen. Die für die ersten zwei Monate nach der Umquartierung gezahlten zusätzlichen laufenden Beihilfen (Nr. 21) und Beihilfen aus Billigkeitsgründen (Nr. 22) sind der Feststellungsbehörde nicht mitzuteilen. Hinweis auf Nr. 32 Abs. 3.

IV. Voraussetzung, Art und Maß des Räumungs-Familienunterhalts

Einkommenshöchstgrenze

11. Bei Anwendung der Vorschriften über die Einkommenshöchstgrenze (Nr. 58 ff. des RdErl. vom 5. 5. 1942) ist ein Betrag für den ersparten Lebensunterhalt des Familienhauptes nicht abzusetzen, wenn das Familienhaupt selbst umquartiert wird.

12. Läßt sich eine Einkommenshöchstgrenze bei den Umquartierten nicht feststellen, weil Unterlagen dafür, z. B. Lohn- oder Gehaltsbescheinigungen, nicht beigebracht werden können, so hat der Antragsteller die Höhe seines bisherigen Nettoeinkommens selbst schriftlich anzugeben oder zur Niederschrift zu erklären.

Unterhaltssatz

13. Werden Familienunterhaltsberechtigte über 16 Jahre im Bezirk des nach § 2 Abs. 1 RFUV. zuständigen Stadt- oder Landkreises getrennt von den übrigen Mitgliedern ihrer Familie untergebracht, so ist für jeden getrennt Untergebrachten der örtliche Unterhaltssatz für eine Einzelperson mit eigenem Haushalt (Nr. 69 Ziff. 1, Nr. 72 Ziff. 1, Nr. 74 Buchst. a Ziff. 1 des RdErl. vom 5. 5. 1942) anzuwenden. Für Familienunterhaltsberechtigte unter 16 Jahren, die getrennt von ihren Angehörigen untergebracht werden, ist der örtliche Unterhaltssatz für Kinder in fremdem Haushalt (Nr. 69 Ziff. 4, Nr. 72 Ziff. 4, Nr. 74 Buchst. a Ziff. 4 des RdErl. vom 5. 5. 1942) anzuwenden.

Tabellensatz

14. (1) Lebt das umquartierte Familienhaupt am Aufnahmeort in Haushaltsgemeinschaft mit der Ehefrau, so erhält das Familienhaupt nach Maßgabe der Nr. 77 Abs. 1 des RdErl. vom 5. 5. 1942 den Tabellensatz oder den örtlichen Unterhaltssatz eines Haushaltsvorstandes (Nr. 69 Ziff. 1, Nr. 72 Ziff. 1, Nr. 74 Buchst. a Ziff. 1). Die Ehefrau erhält den örtlichen Unterhaltssatz für Haushaltsangehörige über 16 Jahre (Nr. 69 Ziff. 2, Nr. 72 Ziff. 2, Nr. 74 Buchst. a Ziff. 2 des RdErl. vom 5. 5. 1942).

(2) Sind die Ehegatten in verschiedenen Aufnahmeorten oder in verschiedenen Quartieren desselben Aufnahmeorts untergebracht, so erhält jeder Ehegatte einen Tabellensatz. Dieser richtet sich jedoch für jeden Ehegatten nach der Einkommensstufe in Sp. 1 der Tabelle, in die die Hälfte des letzten Nettoeinkommens des Ehemannes fällt. Ist dagegen der Ehemann nicht umquartiert, so erhält die umquartierte Ehefrau den Tabellensatz nach dem vollen Nettoeinkommen des Ehemannes; in diesem Falle ist aber Nr. 28 anzuwenden.

(3) Der Tabellensatz wird nach Maßgabe der Nr. 77 Abs. 1 des RdErl. vom 5. 5. 1942 auch umquartierten Alleinstehenden gewährt. Er richtet sich nach dem Nettoeinkommen des Alleinstehenden.

Mietbeihilfe

15. Bringt sich der von der Umquartierung Betroffene selbst unter, so wird eine Mietbeihilfe zur Deckung des angemessenen Unterkunftsbedarfs gewährt. Bei der Prüfung, ob und inwieweit der Unterkunftsbedarf als angemessen anzuerkennen ist, ist auf die persönlichen und wirtschaftlichen Verhältnisse der umquartierten Personen unter Beachtung der durch den Krieg, insbesondere die Verknappung der Unterkunftsmöglichkeiten, gebotenen Einschränkungen Rücksicht zu nehmen. Ergeben sich bei Selbstunterbringung unangemessene hohe Kosten, so ist nach Möglichkeit von § 5 des Reichsleistungsges. vom 1. 9. 1939 (RGBl. I S. 1645) Gebrauch zu machen.

16. Wird dem Umquartierten Unterkunft nach § 5 des Reichsleistungsges. gewährt, so erhält er für die am Aufnahmeort liegende Unterkunft neben der an den Quartiergeber zu zahlenden Quartiervergütung keine Mietbeihilfe.

17. Übersteigt die nach § 5 des Reichsleistungsges. zu zahlende Vergütung für die Unterkunft (Quartiergeld) den Betrag der von dem Umquartierten an seinem Wohnort bisher gezahlten Miete, so darf die Einkommenshöchstgrenze (Nr. 58 ff. des RdErl. vom 5. 5. 1942) um den Betrag überschritten werden, um den das Quartiergeld die gezahlte Miete übersteigt.

18. (1) Ist für die am Wohnort liegende Wohnung die Miete

weiterzuentrichten[1]), so ist auch hierfür eine Mietbeihilfe als Leistung des Räumungs-Familienunterhalts zu gewähren, auch wenn für die neue Unterkunft eine Mietbeihilfe oder eine — dem Quartiergeber zu zahlende — Unterkunftsvergütung nach § 5 des Reichsleistungsges. gewährt wird. Diese Mietbeihilfe ist jedoch nur insoweit zu gewähren, als die Aufwendungen für diese Miete nicht bereits bei Bestimmung des Umfangs der Unterhaltspflicht des an seinem Arbeitsplatz verbliebenen Familienhaupts gegenüber seinen umquartierten Angehörigen (vgl. Nr. 28 Satz 2) in Abzug gebracht worden sind. Die Höhe der für die bisherige Wohnung zu entrichtenden Miete ist durch eine Bescheinigung des Vermieters nachzuweisen. Die Mietbeihilfe wird auch gewährt, wenn dadurch die Einkommenshöchstgrenze (Nr. 58 ff. des RdErl. vom 5. 5. 1942) überschritten wird.

(2) Abs. 1 ist entsprechend anzuwenden für am Wohnort liegende Eigenheime (§ 10 Abs. 3 EFU.-DV. und Nr. 85 des RdErl. vom 5. 5. 1942) und gemietete Garagen (Nr. 84 des RdErl. vom 5. 5. 1942).

Verpflegung

19. Wird dem Umquartierten Verpflegung nach § 6 des Reichsleistungsges. gewährt, so ist diese Verpflegung in Höhe der dem Leistungspflichtigen gewährten Vergütung auf den Unterhalts- oder Tabellensatz anzurechnen.

Anmeldung nach dem Reichsleistungsgesetz

20. Wird Unterkunft und Verpflegung für Umquartierte auf Grund der §§ 5 und 6 des Reichsleistungsges. von dem Unterkunftgeber gestellt, so hat der Stadt- oder Landkreis die von ihm als Bedarfsstelle dem Unterkunftgeber gewährte Vergütung (§ 26 des Reichsleistungsges.) als Kosten des Räumungs-Familienunterhalts anzumelden.

Zusätzliche laufende Beihilfe

21. (1) Zum Ausgleich der wirtschaftlichen Nachteile, die die Umquartierten durch die Aufgabe ihres heimischen Haushalts haben, wird ihnen neben dem laufenden Räumungs-Familienunterhalt eine zusätzliche laufende Beihilfe gewährt. Diese beträgt monatlich

für das umquartierte Familienhaupt oder für den umquartierten Alleinstehenden . . . . 20 RM,

---

[1]) Bei vorsorglicher Umquartierung aus Gründen der Luftgefährdung ist die Miete für die am Wohnort liegende, von dem Mieter beibehaltene Wohnung weiterzuentrichten. Über die Frage, ob und inwieweit die Mieter von Wohnungen, die in Auswirkung eines Fliegerangriffs ganz oder teilteilweise nicht mehr benutzt werden können und gegebenenfalls geräumt werden müssen, Miete zu entrichten haben, vgl. Nr. 16 des RdErl. über Nutzungsschäden vom 14. 7. 1942 (MBliV. S. 1525).

für jeden weiteren umquartierten familienunterhaltsberechtigten Angehörigen über 8 Jahre . . . . 10 *RM*,
für jeden weiteren umquartierten familienunterhaltsberechtigten Angehörigen bis 8 Jahren . . . . 8 *RM*.

(2) Die zusätzliche laufende Beihilfe wird nicht gewährt, wenn lediglich Leistungen im Sinne der Nr. 3 für Mehrausgaben gegeben werden.

(3) Werden Umquartierte nach § 6 des Reichsleistungsges. von einem Leistungspflichtigen, z. B. dem Quartiergeber, verpflegt und wird gemäß Nr. 19 die dem Leistungspflichtigen gewährte Vergütung auf den örtlichen Unterhaltssatz oder Tabellensatz angerechnet und ist ferner die Vergütung für Verpflegung höher als der maßgebende örtliche Unterhaltssatz oder Tabellensatz, so darf der überschießende Betrag nicht auf die zusätzliche laufende Beihilfe angerechnet werden. Es verbleiben somit den Umquartierten die in Abs. 1 genannten Beträge zu ihrer Verfügung.

(4) Die zusätzliche laufende Beihilfe wird auch gewährt, wenn dadurch die Einkommenshöchstgrenze (Nr. 58 ff. des RdErl. vom 5. 5. 1942) überschritten wird.

(5) Die Gewährung der sonstigen zulässigen Nebenleistungen wird durch die vorstehenden Vorschriften nicht berührt.

Beihilfe aus Billigkeitsgründen

22. Wird laufender Räumungs-Familienunterhalt nicht gewährt, so kann die zusätzliche laufende Beihilfe (Nr. 21 Abs. 1) ganz oder teilweise gewährt werden, wenn besondere Billigkeitsgründe es rechtfertigen (z. B. bei niedrigem Einkommen des Familienhauptes).

Beihilfe zum Schulbesuch

23. (1) Umquartierten Minderjährigen, die bis zur Umquartierung eine mittlere oder höhere Schule besucht haben, werden die Kosten der weiteren Erziehung in einer solchen Schule als Beihilfe gemäß § 9 Abs. 2 Nr. 3 EFU.-DV. gewährt. Befindet sich in der Aufnahmegemeinde keine mittlere oder höhere Schule, so werden außer dem Schulgeld auch die Kosten der Fahrt zwischen Aufnahmegemeinde und Schulort gewährt. Kann die tägliche Hin- und Rückfahrt dem Minderjährigen wegen der Entfernung des Schulorts nicht zugemutet werden, so ist ein berechtigter Grund für die Übersiedlung des Minderjährigen und seiner Angehörigen an den Schulort anzuerkennen; in diesem Falle ist Nr. 6 anzuwenden.

(2) Die Beihilfe nach Abs. 1 Satz 2 wird auch gewährt, wenn dadurch die Einkommenshöchstgrenze (Nr. 58 ff. des RdErl. vom 5. 5. 1942) überschritten wird.

Beihilfe zu Familienheimfahrten

24. Wird ein Familienhaupt durch seine Beschäftigung in luftgefährdeten Gebieten längere Zeit von seinen umquartierten nächsten Angehörigen getrennt, so wird auf Antrag zum Besuch seiner Ehefrau und Kinder unter 14 Jahren zweimal im Jahr, und zwar einmal im ersten Halbjahr und einmal im zweiten Halbjahr, erstmalig frühestens 3 Monate nach der Umquartierung, eine Reisebeihilfe aus Mitteln des Räumungs-Familienunterhalts nach Maßgabe der folgenden Vorschriften gewährt:

a) Das Nettoeinkommen darf im Monat 250 RM nicht übersteigen.
b) Die verkehrsmäßige Verbindung zwischen dem Aufenthaltsort des Familienhaupts und dem Aufnahmeort seiner Ehefrau oder Kinder unter 14 Jahren muß mindestens 100 km betragen.
c) Die Reisebeihilfe wird in Höhe der Kosten einer Fahrkarte 3. Klasse für Hin- und Rückfahrt gewährt.
d) Die Auszahlung der Reisebeihilfe erfolgt durch den Stadt- oder Landkreis, der den Angehörigen laufenden Räumungs-Familienunterhalt gewährt, gegen Vorlage einer behördlichen Bescheinigung über den Preis der benutzten Fahrkarten.
e) Der Bezug von Leistungen nach Nr. 3 schließt die Gewährung der Reisebeihilfe nicht aus.

Arbeitspflicht und Meldepflicht der Umquartierten

25. (1) Umquartierte, die schon bisher hauptberuflich tätig waren und auch weiterhin für den Arbeitseinsatz in Betracht kommen, haben sich bei dem zuständigen Arbeitsamt als Arbeitsuchende zu melden. Hinweis auf § 14 Abs. 4 Satz 2 EFU.-DV.

(2) Selbständige Gewerbetreibende (Kaufleute, Handwerker usw.) melden sich bei der für den Aufnahmeort zuständigen Berufsvertretung (Gauwirtschaftskammer, Kreishandwerkerschaft) und teilen ihren gegenwärtigen Aufenthalt umgehend der für ihren Heimatwohnsitz zuständigen Gauwirtschaftskammer (Kreishandwerkerschaft) mit (vgl. Nr. 3 Buchst. b des RdErl. des RMdI. vom 7. 5. 1942, MBliV. S. 995).

Nettoeinkommen aus Arbeitsverdienst (aus nichtselbständiger Arbeit) des umquartierten Familienhauptes

26. (1) Hat das nach einem Aufnahmeort außerhalb seines Wohnorts umquartierte Familienhaupt infolge der Umquartierung (Nr. 1 Abs. 1) seine bisherige Arbeitsstelle verloren und tritt es einen neuen Arbeitsplatz außerhalb seines Wohnorts an, so bleibt — abweichend von Nr. 146 Ziff. 1 Buchst. a des RdErl. vom 5. 5. 1942 — bei der Bemessung des Räumungs-Familienunterhalts für ihn und seine mitumquartierten familienunterhaltsberechtigten Angehörigen ein Drittel

seines Nettoeinkommens aus Arbeitsverdienst außer Ansatz, solange ohne diese Freilassung die Gesamtlebensverhältnisse der Familie gegenüber den Lebensverhältnissen vor der Umquartierung wesentlich zurückbleiben.

(2) Verlegt das nach einem Aufnahmeort außerhalb seines Wohnorts umquartierte Familienhaupt aus Anlaß des Antritts eines Arbeitsplatzes seinen Aufenthalt und bleiben die familienunterhaltsberechtigten Angehörigen am bisherigen Aufnahmeort, so scheidet das Familienhaupt von der ersten Lohn- oder Gehaltszahlung an aus der Gewährung des Räumungs-Familienunterhalts aus; dieser wird jedoch den Angehörigen fortgewährt, wobei die Ehefrau nunmehr als Haushaltsvorstand gilt. Bei Prüfung der Frage, inwieweit dem in Arbeit stehenden Familienhaupt die Erfüllung seiner Unterhaltspflicht gegenüber seinen Angehörigen zumutbar ist, ist nach Nr. 28 zu verfahren.

Unterhaltspflicht

27. Ist ein Umquartierter bis zur Umquartierung von Verwandten der auf- oder absteigenden Linie ganz oder zu einem wesentlichen Teil unterhalten worden, so findet § 17 Abs. 2 EFU.-DV. gegenüber diesen Verwandten keine Anwendung. Die Heranziehung hat sich jedoch in den Grenzen des Zumutbaren zu halten.

28. Bei der Prüfung, inwieweit einem umquartierten, in Arbeit stehenden Unterhaltspflichtigen, der von seiner Familie getrennt lebt, die Erfüllung seiner Unterhaltspflicht gegenüber seinen Angehörigen zumutbar ist, ist darauf zu achten, daß ihm zur Deckung seines durch die getrennte Haushaltsführung erhöhten Eigenbedarfs und zur Fortführung seines Berufs (z. B. Aufwendungen für die Berufskleidung) ein nach den Verhältnissen seines Aufenthaltsorts angemessener Teil seines Arbeitseinkommens verbleibt; das über diesen angemessenen Bedarf hinausgehende Nettoeinkommen ist auf den Räumungsfamilienunterhalt seiner Angehörigen anzurechnen. Dies gilt auch gegenüber dem an seinem Arbeitsplatz bleibenden Familienhaupt, das infolge der Umquartierung seiner Angehörigen von ihnen getrennt wird.

V. Sonstiger Geltungsbereich

Behördenbedienstete[2])

29. (1) Die Vorschriften dieses RdErl. gelten auch für Beamte, Angestellte und Arbeiter öffentlicher Verwaltungen und Betriebe, Gehaltsempfänger des Friedensstandes der Wehrmacht, Kriegsbesoldungsempfänger, Reichsarbeitsdienstführer und Reichsarbeitsdienstführerinnen. Bei einer Umquartierung in Aufnahmegebiete außerhalb ihres Wohnsitzes ist diesen Personen somit — neben ihren bis-

[2]) Vgl. auch den RdErl. vom 20. 6. 1941 (MBliV. S. 1092).

herigen Dienstbezügen, Vergütungen usw., die ihnen stets vom Dienstherrn weiterzuzahlen sind — gegebenenfalls Räumungs-Familienunterhalt zu gewähren.

(²) Wegen der Meldepflicht der Behördenbediensteten wird auf Nr. 3 Buchst. c des RdErl. des RMdI. vom 7. 5. 1942 (MBliV. S. 995) verwiesen.

Dienstverpflichtete und Gleichgestellte

30. Die Unterstützung für Dienstverpflichtete und Gleichgestellte auf Grund der Anordnung des RAM. vom 4. 9. 1939 (RABl. S. I 417) und der dazu ergangenen Ausf.-Best. geht hinsichtlich der laufenden Unterstützungsleistungen (einschl. der Leistungen nach Nr. 3), der zusätzlichen Leistungen der Krankenhilfe und Wochenhilfe sowie der Gewährung von Vorschüssen zur Hausbrandbevorratung und zur Einkellerung von Speisekartoffeln dem Räumungs-Familienunterhalt vor. Aus Mitteln des Räumungs-Familienunterhalts werden einem Dienstverpflichteten oder Gleichgestellten dagegen einmalige Beihilfen nach Nrn. 115 und 116 des RdErl. vom 5. 5. 1942 und Beihilfen für Familienheimfahrten (Nr. 24) gewährt (vgl. die Erl. des RAM. vom 6. 12. 1939 und 20. 6. 1940, mitgeteilt durch RdErl. vom 8. 12. 1939, MBliV. S. 2465, und 28. 6. 1940, MBliV. S. 1286).

Ausländer

31. Die Berechtigung zum Bezuge von Räumungs-Familienunterhalt wird grundsätzlich nicht dadurch ausgeschlossen, daß die Umquartierten nicht die deutsche Staatsangehörigkeit besitzen.

VI. Kosten

Allgemeines

32. (¹) Erhält der Umquartierte außerhalb des Stadt- oder Landkreises, in dessen Bezirk er bis zur Umquartierung gewohnt oder sich nicht nur vorübergehend aufgehalten hat, Räumungs-Familienunterhalt, so trägt das Reich die Kosten des Räumungs-Familienunterhalts mit Ausnahme der Verwaltungskosten ganz (§ 3 RFUV.). Dies gilt auch in den Fällen des § 4 RFUV.

(²) Bleibt der Umquartierte innerhalb des Stadt- oder Landkreises seiner bisherigen Wohnung oder seines bisherigen nicht nur vorübergehenden Aufenthalts, so hat der Stadt- oder Landkreis die Kosten des Räumungs-Familienunterhalts nach Maßgabe der in Nr. 242 Ziff. 3 des RdErl. vom 5. 5. 1942 genannten Vorschriften anteilig zu tragen.

(³) Die an fliegergeschädigte Umquartierte (Nr. 1 Abs. 1 B) ausgezahlten Leistungen des Räumungs-Familienunterhalts sind als Kosten des Räumungs-Familienunterhalts zu verrechnen. Hinweis auf Nr. 10.

Kosten der Anstaltspflege

33. (1) Die Kosten der Anstaltspflege für Umquartierte sind nach § 1 RFUV. in Verbindung mit § 9 Abs. 2 Nr. 2 EFU.-DV. und Nr. 91 des RdErl. vom 5. 5. 1942 in nachstehendem Umfange als Räumungs-Familienunterhalt zu gewähren:

a) Befand sich der Anstaltspflegling bis zur Umquartierung (Nr. 1 Abs. 1) auf Kosten eines Trägers der Reichsversicherung in einer Anstalt, deren Räumung aus Gründen der Luftgefährdung oder anläßlich von Fliegerschäden behördlich angeordnet oder mit behördlicher Einwilligung (Genehmigung) erfolgt ist, so ist der Versicherungsträger auch nach der Umquartierung zur Tragung der Kosten verpflichtet. Dies gilt auch dann, wenn die Verpflegungssätze in der neuen Anstalt höher sind als in der bisherigen Anstalt. Soweit erforderlich, sind die Kosten zunächst von dem Stadt- oder Landkreis des Anstaltsorts als Räumungs-Familienunterhalt zu gewähren, vorbehaltlich des Ersatzanspruches gegen den Versicherungsträger aus § 5 EFUG. in Verbindung mit §§ 1531 ff. RVO. und Nr. 181 a des RdErl. vom 5. 5. 1942.

b) Befand sich der Anstaltspflegling bis zur Umquartierung (Nr. 1 Abs. 1) auf eigene Kosten oder auf Kosten eines Unterhaltspflichtigen in Anstaltspflege, so sind die Kosten auch nach der Umquartierung dem bisher Zahlungspflichtigen in Rechnung zu stellen. Sind die Verpflegungssätze in der neuen Anstalt höher als in der bisherigen Anstalt oder erwachsen dem bisher Zahlungspflichtigen infolge der Verlegung sonstige Mehrkosten, so ist Nr. 3 sinngemäß anzuwenden. Soweit von dem Zahlungspflichtigen Kostenersatz nicht erlangt werden kann, ist Räumungs-Familienunterhalt nach Maßgabe der hierfür geltenden Vorschriften zu gewähren; die öffentliche Fürsorge scheidet insoweit als Kostenträger aus.

c) Hinsichtlich der Anstaltspfleglinge, für die bis zur Umquartierung die öffentliche Fürsorge die Kosten der Anstaltspflege getragen hat, sind folgende Fälle zu unterscheiden:

aa) Wird ein Geisteskranker, Geistesschwacher, Epileptiker, Taubstummer, Blinder oder Krüppel als Anstaltspflegling einer Anstalt, deren Räumung aus Gründen der Luftgefährdung oder anläßlich von Fliegerschäden auf behördliche Anordnung oder mit behördlicher Einwilligung (Genehmigung) erfolgt ist, in eine andere Anstalt verlegt, so bleiben die bisher zuständigen Fürsorgeverbände auch nach der Umquartierung gemäß § 15 der Fürsorgepflicht-VO.[3]) weiter verpflichtet.

bb) In den übrigen Fällen sind die Kosten der Anstaltspflege nach der Umquartierung nach Maßgabe des § 18 EFU.-DV. und der Nr. 153 des RdErl. vom 5. 5. 1942 als Räumungs-Familien-

---

[3]) Vgl. RGBl. 1924 I S. 100.

unterhalt zu gewähren, wenn für die Gemeinde, in deren Bereich die für die endgültige Fürsorgepflicht maßgebende örtliche Beziehung des Hilfsbedürftigen oder im Falle des § 8 der Fürsorgepflicht-VO. seiner unehelichen Mutter bestanden hat, die Umquartierung ganz oder hinsichtlich bestimmter Personengruppen auf behördliche Anordnung oder mit behördlicher Einwilligung (Genehmigung) erfolgt ist; andernfalls bleibt der bisher zuständige Fürsorgeverband gemäß § 15 der Fürsorgepflicht-VO. weiter verpflichtet. Die Höhe des Räumungs-Familienunterhalts richtet sich nach den für die Unterbringung Hilfsbedürftiger in Anstalten des Stadt- oder Landkreises des Ausnahmeorts üblichen Anstaltspflegesätzen.

d) In Fällen, in denen ein Umquartierter erst nach der Umquartierung in Anstaltspflege kommt, ist Räumungs-Familienunterhalt nach Maßgabe der hierfür geltenden Vorschriften zu gewähren; die öffentliche Fürsorge scheidet insoweit als Kostenträger aus.

VII. Zusammentreffen mehrerer Arten des Familienunterhalts

34. Treffen Ansprüche auf Leistungen des Räumungs-Familienunterhalts mit Ansprüchen auf Einsatz-Familienunterhalt (einschl. der Umstellungsbeihilfe nach Abschn. A des RdErl. über Umstellungsbeihilfen für Opfer des gegenwärtigen Krieges vom 28. 2. 1941, MBliV. S. 390, in der Fass. des RdErl. vom 5. 5. 1942, MBliV. S. 949) mit Ansprüchen auf vorläufige Unterstützung nach § 8 der Ersten Durchf.-VO. zur Personenschäden-VO. vom 10. 11. 1940 (RGBl. I S. 1486) oder mit Ansprüchen auf Umstellungsbeihilfe für Personenbeschädigte und ihre Angehörigen (Abschn. E des RdErl. vom 28. 2. 1941/5. 5. 1942) zusammen, so sind die Leistungen nach der Umquartierung nach den für den Empfänger günstigeren Vorschriften, jedoch stets als Räumungs-Familienunterhalt durch den für diesen zuständigen Stadt- oder Landkreis (Nrn. 5 bis 8) zu gewähren. Hat der Empfänger Anspruch auf vorläufige Unterstützung nach § 8 der Ersten Durchf.-VO. zur Personenschäden-VO. oder auf Umstellungsbeihilfe für Personenbeschädigte und ihre Angehörigen, so werden die Kosten für die Dauer der Umstellungsbeihilfe-Berechtigung auch bei Umquartierungen innerhalb desselben Stadt- oder Landkreises (Nr. 32 Abs. 2) ganz vom Reiche getragen; die Kosten werden in Sp. 4 der Übersichten C und E (MBliV. 1942 S. 921 ff., 927 ff.) abgerechnet.

VIII. Schlußvorschriften

35. Für umquartierte Juden ist der RdErl. vom 18. 11. 1939 — V W I 537/39-7900 u. LG. 4085-1058 I (nicht veröffentl.) anzuwenden.

36. Hinsichtlich der Vergütung von Lohnausfällen an nichtselbständige Arbeiter bei Fliegeralarm und bei Beschädigungen durch Luftangriffe verbleibt es bei der vom RAM. getroffenen Regelung (vgl. die Anordnung über Erstattung von Lohnausfällen, die infolge von Beschädigungen der Betriebe durch Luftangriffe eintreten, vom 6. 7. 1940, RABl. S. I 355, den Durchf.-Erl. vom 2. 9. 1940, RABl. S. I 472, die Änderungsanordnung vom 22. 10. 1940, RABl. S. I 533, sowie die Erl. des RAM. über Erstattungen der Lohnausfälle vom 19. 6. 1940, RABl. S. I 339, 7. 8. 1940, RABl. S. I 525, 8. 3. 1941 — RdErl. des RAM. D. 105 —, vom 18. 8. 1941, RABl. S. I 374, 19. 11. 1941, RABl. S. I 524, und 7. 3. 1942, RABl. S. I 165, ferner den Bescheid des RAM. vom 9. 10. 1940, RABl. S. I 504).

37. Folgende RdErl. werden aufgehoben:

1. Ausführung des Räumungs-Familienunterhalts; hier: Umquartierung aus Gründen der Luftgefährdung vom 20. 6. 1941 (MBliV. S. 1125).
2. Räumungs-Familienunterhalt für Angehörige von Gehaltsempfängern des Friedensstandes der Wehrmacht und Kriegsbesoldungsempfänger in Fällen der Umquartierung aus Gründen der Luftgefährdung vom 8. 12. 1941 — V f 1170/41-7900 u. LG. 4085-546 I A (nicht veröffentl.).
3. Familienheimfahrten in Fällen der Umquartierung aus Gründen der Luftgefährdung vom 16. 9. 1941 — V f 929/41-7900 u. LG. 4085-386 I A (nicht veröffentl.).

Nachtrag

nach dem Stande vom 15. Oktober 1943.

Zu A. Einsatzfamilienunterhalt.

I. Altreich.

1.

Verordnung über Sonderführer des Reichsarbeitsdienstes. Vom 21. Mai 1943

(Reichsgesetzbl. I S. 312).

Auszug.

§ 5

Familienunterhalt nach dem Einsatzfamilienunterhaltsgesetz vom 26. Juni 1940 (Reichsgesetzbl. I S. 911) wird nicht gewährt.

§ 6

Die §§ 2 bis 5 gelten entsprechend für die Sonderführerinnen des Reichsarbeitsdienstes.

2.

Neue Einzelvollzugserlasse.

a) RdErl. d. RMdJ. u. RFM. vom 17. 6. 1943 — V f 230/43-7900 betr. Familienunterhalt der einberufenen Tierärzte; Nichtanrechnung freiwilliger Beihilfen der Reichstierärztekammer.

Die Reichstierärztekammer gewährt seit Januar 1943 den Familien einberufener praktischer Tierärzte in besonders schwierigen Fällen aus Mitteln der Tierärztlichen Verrechnungsstellen eine freiwillige Beihilfe. Diese Beihilfe wird in erster Linie Familien mit Kindern gewährt, wobei als Bemessungsgrundlage ein Betrag von monatlich etwa 20 *RM* je Kind vorgesehen ist. Diese freiwillige Beihilfe der Reichstierärztekammer bleibt mit Wirkung vom 1. Januar 1943 an bei der Prüfung der Voraussetzungen und der Bemessung des Familienunterhalts im Rahmen der Einkommenshöchstgrenze außer Ansatz.

b) RdErl. d. RMdJ. u. RFM. vom 26. 6. 1943 V f 330/43-7900 betr. Ausführung des Einsatz-Fam.Unterhalts — Fam.Unterhalt für Notdienstpflichtige bei Begründung eines einem Arbeitsvertrag entsprechenden Beschäftigungsverhältnisses.

1. In Nr. 195 b des RdErl. vom 5. Mai 1942 — MBliV. S. 817 — ist bestimmt, daß in Fällen der Heranziehung zum langfristigen Not-

dienst unter Begründung eines einem Arbeitsvertrag entsprechenden Beschäftigungsverhältnisses (§ 3 Abs. 2 der Dritten Durchf.-VO. zur Notdienst-VO.) Familienunterhalt „in der Regel" nicht zu gewähren ist, weil der Notdienstpflichtige entsprechend seiner tatsächlichen Verwendung Bezüge erhält. Ein Ausnahmefall, in dem Familienunterhalt (allgemeiner Familienunterhalt, Wirtschaftsbeihilfe) gewährt werden darf, liegt vor, wenn das Einkommen nach Eintritt in den Notdienst (Bezüge aus dem Beschäftigungsverhältnis im Notdienst und sonstiges Einkommen) wesentlich hinter dem vor Eintritt in den Notdienst bezogenen Einkommen zurückbleibt.

2. (1) Gegenwärtig werden namentlich Rechtsanwälte und Notare auf Grund der Notdienstverordnung unter Begründung eines einem Arbeitsvertrag entsprechenden Beschäftigungsverhältnisses zu langfristigem Notdienst für Aufgaben der Reichsverteidigung — unter anderem als beauftragte Richter und Staatsanwälte — herangezogen.

(2) Stellt ein solcher zum Notdienst herangezogener Rechtsanwalt oder Notar während der Dauer des Notdienstes seine Praxis ein und kann er aus seinem Einkommen während des Notdienstes berufliche Verbindlichkeiten, zu deren Erfüllung Wirtschaftsbeihilfe zur Erhaltung des Betriebes oder freien Berufes gewährt werden darf (Büromiete, Versicherungsleistungen, etwaige Schuldzinsen), nicht decken, so bestehen gegen die Gewährung einer Wirtschaftsbeihilfe keine Bedenken. Auch die Gewährung allgemeinen Familienunterhalts kann nach Lage des Einzelfalles, z. B. bei hoher Wohnungsmiete oder hohen Leistungen für eine Lebensversicherung beim Vorliegen der Voraussetzungen in Ziff. 1 Satz 2 in Betracht kommen.

(3) Führt ein solcher zum Notdienst herangezogener Rechtsanwalt oder Notar seine Praxis fort und kann er aus seinem Einkommen während des Notdienstes (Einnahmen aus der Praxis, Bezüge aus dem Beschäftigungsverhältnis im Notdienst und sonstiges Einkommen) seine beruflichen Verbindlichkeiten und den notwendigen Lebensunterhalt seiner familienunterhaltsberechtigten Angehörigen nicht in vollem Umfange decken, so darf Wirtschaftsbeihilfe zur Fortsetzung des Betriebes oder freien Berufs gewährt werden.

(4) Die Anrechnung der Dienstbezüge des Notdienstpflichtigen richtet sich in allen Fällen nach Nr. 197 Satz 2 des RdErl. vom 5. Mai 1942.

c) RdErl. d. RMdJ. vom 12. 7. 1943 V St. 314/43 (A) — 6391 F betr. Kreisanteil am Familienunterhalt.

Für die Berechnung des Kreisanteils am Familienunterhalt bestimme ich im Einvernehmen mit dem Reichsminister der Finanzen folgendes:

Vom 1. August 1943 ab sind der Berechnung des Kreisanteils am Familienunterhalt die gleichen Einwohnerzahlen zugrunde zu legen wie der Berechnung der Schlüsselzuweisungen der Gemeinden. Bei den Landkreisen ist die Summe der Einwohnerzahlen der kreisangehörigen Gemeinden maßgebend. Die Einwohnerzahlen sind aus Sp. 3 der vom Finanzausgleichsamt beim RMdI. aufgestellten und den Landesregierungen, Reichsstatthaltern, Preuß. Reg.-Präs. sowie den Land- und Stadtkreisen jeweils übersandten Schlüsselnachweisungen zu entnehmen. Veränderungsnachweisungen zu diesen Schlüsselnachweisungen sind vom Beginn des auf den Eingang der Nachweisung folgenden Monats ab zu berücksichtigen. In den wenigen Ländern, in denen das im überwiegenden Teil des Reiches geltende System der Schlüsselzuweisungen noch nicht eingeführt ist, sind die bisher für die Bemessung des Kreisanteils am Familienunterhalt verwendeten Einwohnerzahlen weiter maßgebend bis zur Angleichung des Finanzausgleichsrechts an die Vorschriften für das übrige Reichsgebiet.

Zusatz für Preußen, Mecklenburg, Oldenburg, Lippe und Schaumburg-Lippe sowie für den ehem. preußischen Teil des Reichsgaues Danzig-Westpreußen:

Soweit in den Einwohnerzahlen (Sp. 3 der Schlüsselnachweisungen) zusätzliche Einwohnerzahlen für Bädergemeinden und Kurorte auf Grund der Vorschriften über den Bäderfinanzausgleich (vgl. d. preuß. RdErl. vom 18. Juli 1941 — MBliV. 1297 —) mitenthalten sind, dürfen diese zusätzlichen Einwohnerzahlen bei der Berechnung des Kreisanteils am Familienunterhalt nicht berücksichtigt werden. Sie sind daher von den in Sp. 3 der Schlüsselnachweisungen angegebenen Summen der Einwohnerzahlen der Land- und Stadtkreise abzusetzen.

d) RdErl. d. RMdI. vom 14. 7. 1943 V f 487/43-7900 über Familienunterhalt, Zuwendungen der Betriebe an Einberufene oder deren Angehörige.

Ich übersende Abdruck des von dem Generalbevollmächtigten für den Arbeitseinsatz im Einvernehmen mit mir an die Reichstreuhänder der Arbeit ergangenen Runderlasses über Zuwendungen der Betriebe an Einberufene und deren Angehörige vom 30. Juni 1943 — III 9 Nr. 20525/43 — zur Kenntnis und Beachtung. Auf Ziffer 4 weise ich besonders hin.

Abschrift.

Berlin SW 11, den 30. Juni 1943
Saarlandstr. 96.

Der Beauftragte für den Vierjahresplan
Der Generalbevollmächtigte für den Arbeitseinsatz
III 9 Nr. 20525/43

An alle Herren Reichstreuhänder der Arbeit.

Betrifft: Zuwendungen der Betriebe an Einberufene oder deren Angehörige.

Nach mir vorliegenden Berichten einzelner Reichstreuhänder der Arbeit fragen in zunehmendem Umfange die Betriebsführer an, in welcher Höhe Zuwendungen an die zum Wehrdienst einberufenen Gefolgschaftsmitglieder oder an deren Angehörige nach den Vorschriften über den Lohnstop zulässig sind. Der Reichsarbeitsminister hat die Frage über die Zulässigkeit freiwilliger Beihilfen an die Familienangehörigen einberufener Gefolgschaftsmitglieder in der Verwaltungsanordnung vom 7. 11. 1939 (RABl. S. I 527) zu § 1 Buchstabe e bereits bejaht. Im Einvernehmen mit dem Oberkommando der Wehrmacht und dem Reichsminister des Innern bitte ich jedoch, darauf zu achten, daß nicht derartige Zuwendungen der Betriebsführer über Gebühr ausgeweitet und lediglich deswegen ausgeschüttet werden, um den steuerpflichtigen Gewinn des Betriebes zu verringrn. Ein zu großer Unterschied in der Höhe derartiger Zuwendungen wirkt auch ungünstig auf die Stimmung an der Front und ruft Mißstimmung hervor, deren Entstehen im Interesse einer Ausrichtung aller Kräfte auf eine siegreiche Beendigung dieses Kriegs unerwünscht ist. Aus diesen Überlegungen beantworte ich die mir vorgelegten Fragen wie folgt:

1. Einzelne Betriebe beabsichtigen, neben den üblichen betrieblichen Leistungen den zum Wehrdienst einberufenen Gefolgschaftsmitgliedern unmittelbar — also nicht den unterhaltsberechtigten Familienangehörigen — laufende oder einmalige Zuwendungen zukommen zu lassen.

a) Laufende Zuwendungen werden, soweit durch ihr Hinzutreten die Einkommenshöchstgrenze überschritten wird, auf den Familienunterhalt immer, also auch dann, wenn sie unmittelbar dem einberufenen Gefolgschaftsmitglied gegeben werden, angerechnet. Infolgedessen werden gegen die Gewährung von laufenden Zuwendungen nur in den Fällen Bedenken auftreten können, in denen kein Familienunterhalt gewährt wird, wie z. B. bei Kriegsbesoldungsempfängern oder bei Gefolgschaftsmitgliedern, denen Lohn oder Gehalt vom Betriebsführer auch nach der Einberufung weitergezahlt wird. Es ist unter den gegenwärtigen Verhältnissen nicht erwünscht, daß die durchweg ausreichenden Einkünfte dieser Personenkreise noch durch zusätzliche laufende Zuwendungen aufgebessert werden. Ich bitte daher, regelmäßig der Ausschüttung solcher zusätzlichen laufenden Zuwendungen überall dort entgegenzutreten, wo ihnen eine derartige Absicht des Betriebsführers bekannt werden sollte.

b) Einmalige zweckgebundene Sonderzuwendungen des Betriebsführers, z. B. für Urlaubsreisen usw. an einberufene Gefolgschaftsmitglieder oder deren Angehörige werden nach Maßgabe von Nr. 146 Ziff. 2 Buchst. e und Nr. 147 Ziff. 3 des Runderlasses des Reichsministers des Innern und des Reichsministers der Finanzen vom 5. 5. 1942 (RMBliV. vom 6. 5. 1942 S. 817 ff.) in der Regel nicht auf den Familienunterhalt angerechnet. Es ist jedoch unter den gegenwärtigen Verhältnissen wenig erwünscht, wenn einige Betriebe derartige zusätzliche Zuwendungen in überreichem Maße ausschütten, auf diese Weise die Kaufkraft erhöhen und insofern ungünstige Rückwirkungen auf die Stimmung an der Front auslösen, weil in gleichem Umfange nicht alle Betriebe derartige Zuwendungen geben können. Ich bitte daher, in der Regel anfragende Betriebsführer auf diese Auswirkungen aufmerksam zu machen und gegebenenfalls die Ausschüttung derartiger Zuwendungen zu unterbinden. Da das Arbeitsverhältnis des einberufenen Gefolgschaftsmitgliedes zum Betrieb aufrechterhalten ist, können derartige einmalige Zuwendungen als aus dem Arbeitsverhältnis fließend angesehen und unter Umständen von Ihnen auf Grund der Verordnung über die Lohngestaltung vom 25. 6. 1938 auch verboten werden. Ich bitte, in den Ihnen bekannt werdenden Einzelfällen in diesem Sinne zu verfahren.

2. In den Fällen, in denen an Stelle des Familienunterhalts Kriegsbesoldung getreten ist, bestehen keine Bedenken, wenn der Betriebsführer aus diesem Anlaß bisher gewährte betriebliche Zuwendungen an einberufene Gefolgschaftsmitglieder oder deren Angehörige mindert oder einstellt. Anfragen der Betriebsführer sind in diesem Sinne zu beantworten.

3. Soweit Betriebsführer in der Lage und willens sind, bisher gewährte Zuwendungen an einberufene Gefolgschaftsmitglieder oder deren Angehörige auch noch dann weiterzugewähren, wenn der Betrieb oder die Betriebsabteilung auf Grund behördlicher Anordnung stillgelegt und das Arbeitsverhältnis des einberufenen Gefolgschaftsmitgliedes auf diese Weise beendet worden ist, werden keine Einwendungen zu erheben sein. Desgleichen bestehen keine Bedenken, wenn Betriebsführer, deren Betriebe durch Feindeinwirkung ganz oder zum Teil zerstört sind, bisher gewährte Zuwendungen an einberufene Gefolgschaftsmitglieder oder deren Angehörige weiterzahlen wollen.

Die Ziff. 1 und 2 dieses Erlasses gelten auch in diesen Fällen.

4. Nach den geltenden Vorschriften über den Familienunterhalt waren bisher freiwillige Zuwendungen des Betriebes von der Anrechnung auf den Familienunterhalt nach Maßgabe von Nr. 146 Ziff. 2 Buchstabe e Satz 3 des Runderlasses vom 5. 5. 1942 selbst dann frei, wenn sie über 85% des vor der Einberufung bezogenen Nettoeinkommens hinausgingen, das Einkommen des einberufenen Gefolgschaftsmitgliedes sich jedoch auf Grund einer Tarifordnung oder einer gebilligten Betriebs- oder Dienstordnung erhöht hätte, wenn das Gefolgschaftsmitglied nicht einberufen worden wäre. Der Reichsminister des Innern hat sich nunmehr auch damit einverstanden erklärt, daß die Vorschrift Nr. 146 Ziff. 2 Buchst. e Satz 3 des Runderlasses vom 5. 5. 1942 auch dann Anwendung findet, wenn die Lohn- oder Ge-

haltserhöhung, die der Einberufene erhalten würde, falls er nicht einberufen worden wäre, auf einer im Betrieb bestehenden Übung beruht. Voraussetzung hierfür ist jedoch, daß der zuständige Reichstreuhänder oder Sondertreuhänder der Arbeit den Lohn- oder Gehaltserhöhungen nach Maßgabe der Anordnung des Reichsarbeitsministers über die Durchführung des allgemeinen Lohnstops bei Aufrücken in höher entlohnte Altersstufen, Berufs- oder Tätigkeitsgruppen vom 25. 4. 1941 — III b 8128/41 — zugestimmt hat. In diesen Fällen hat der Reichstreuhänder oder Sondertreuhänder der Arbeit zu bescheinigen, daß ein Lohn oder Gehalt im Betrieb von ..... RM für das Gefolgschaftsmitglied in dem Fall angemessen sein würde, wenn es nicht einberufen worden wäre.

Ich bitte, in Fällen dieser Art auf Verlangen derartige Bescheinigungen zu erteilen.

e) Erl. des OKW. vom 15. 7. 1943 betr. Familienunterhalt und Elternversorgung (RVBl. S. 30).

(WFVG. § 111 AB. Nr. 1 b — RVG. § 45 AB. Nr. 2.)

Im Einvernehmen mit dem Reichsminister des Innern wird angeordnet:

1. Bezüge auf Grund des Familienunterhaltsgesetzes gelten nicht als Einkommen, wenn bei Feststellung der Elternversorgung Familienunterhalt bereits bewilligt ist. Dies gilt auch für Erhöhungen des Familienunterhalts nach Feststellung der Elternversorgung, soweit sich aus Ziffer 2 nichts anderes ergibt.

2. Wird nach Feststellung der Elternversorgung ein weiteres Familienmitglied einberufen und wird wegen dieses Einberufenen Familienunterhalt neu bewilligt oder bereits bewilligter Familienunterhalt erhöht, so gilt der neubewilligte oder der auf die Erhöhung entfallende Betrag des Familienunterhalts als Einkommen. Der Reichsminister des Innern wird jedoch die FU.-Behörden anweisen, in diesen Fällen den Familienunterhalt nur bis zu dem Betrage neu zu bewilligen oder zu erhöhen, den die Versorgungsdienststellen bei der Feststellung der Elternversorgung als tatsächliche Unterhaltsleistung des Einberufenen angesetzt haben, so daß zu einer Änderung der Elternversorgung in der Regel kein Anlaß bestehen wird. Die Versorgungsdienststellen haben den FU.-Behörden auf Anfrage die Höhe der bei Feststellung der Elternversorgung berücksichtigten Unterhaltsleistung des Einberufenen mitzuteilen.

3. Neufeststellungen gemäß Ziffer 1 sind in amtsbekannten Fällen von Amts wegen, im übrigen nur auf Antrag vorzunehmen.

Soweit bisher abweichend von Ziffer 2 verfahren worden ist, hat es dabei sein Bewenden. Werden in solchen Fällen Anträge auf Erhöhung der bereits gewährten Elternversorgung gestellt, so sind bei der Prüfung der Anträge die Bezüge auf Grund des Familienunterhaltsgesetzes als Einkommen zu berücksichtigen; Herabsetzungen der Elternversorgung in der bereits bewilligten Höhe haben aus diesem Anlaß zu unterbleiben.

4. WFVG. § 111 AB. Nr. 1 b und RVG. § 45 AB. Nr. 2 sind mit Hinweis zu versehen.

f) RdErl. d. RMdJ. u. d. RFM. vom 16. 7. 1943 — V f 50/43-7930 u. LG 4085-256/43 I A betr. Familienunterhalt; hier: Wirtschaftsbeihilfe und Stillegung von Betrieben auf behördliche Anordnung.

(MBliV. Sp. 1193).

Auf Grund der VO. zur Freimachung von Arbeitskräften für kriegswichtigen Einsatz vom 29. 1. 1943 (RGBl. I S. 75) können Betriebe des Handels, Handwerks und Gewerbes auf behördliche Anordnung ganz oder teilweise stillgelegt oder mit einem anderen Betrieb zusammengelegt oder Unternehmern bestimmte Tätigkeiten untersagt werden. Der Stillegung auf behördliche Anordnung stehen die Fälle gleich, in denen ein Unternehmer durch eine Bescheinigung des Landeswirtschaftsamts oder einer anderen zur Stillegung befugten Stelle nachweist, daß er seinen Betrieb freiwillig mit Genehmigung der zuständigen Stelle nach dem 30. 1. 1943 im Zuge dieser Stillegungsmaßnahmen geschlossen oder mit einem anderen Betrieb vereinigt hat. Im Falle der Einberufung des Inhabers oder der Hauptkraft eines unter die vorstehenden Maßnahmen fallenden Betriebes zum Wehrdienst oder einem diesem gleichstehenden Dienst gilt hinsichtlich der Gewährung von Familienunterhalt (allgemeiner Familienunterhalt und Wirtschaftsbeihilfe) folgendes:

I. Der Inhaber oder die Hauptkraft des Betriebes ist vor der Stillegung einberufen.

1. Wurde der Betrieb bis zur Stillegung fortgeführt und Wirtschaftsbeihilfe zur Fortsetzung des Betriebes gewährt, so ist nach der Stillegung bei Vorliegen der sonstigen Voraussetzungen zur Sicherung des notwendigen Lebensbedarfs der familienunterhaltsberechtigten Angehörigen allgemeiner Familienunterhalt und nötigenfalls daneben Wirtschaftsbeihilfe zur Erhaltung des Betriebes nach Nr. 122 B des RdErl. vom 5. 5. 1942 (RMBliV. S. 817) zu gewähren.

2. (1) Wurde der Betrieb bis zur Stillegung ohne Gewährung von Wirtschaftsbeihilfe zur Fortsetzung des Betriebes fortgeführt, so ist nach der Stillegung bei Vorliegen der sonstigen Voraussetzungen zur Sicherung des notwendigen Lebensbedarfs der familienunterhaltsberechtigten Angehörigen allgemeiner Familienunterhalt zu gewähren. Das der Berechnung der Einkommenshöchstgrenze und des Tabellensatzes zugrunde zu legende Nettoeinkommen ist nach den allgemeinen Vorschriften, d. h. nach dem vor der Ein-

berufung erzielten Jahresnettoeinkommen nach Maßgabe der Nr. 60 Abs. 5 und 5a des RdErl. vom 5. 5. 1942 zu ermitteln.

(2) Wirtschaftsbeihilfe zur Erhaltung des Betriebes darf nicht gewährt werden, da ein ursächlicher Zusammenhang zwischen der Einberufung und der aus der Stillegung sich ergebenden Gefährdung des Betriebes nicht besteht (Nr. 122 B Abs. 5 in Verbindung mit Nr. 122 A Abschn. I Abs. 5 des RdErl. vom 5. 5. 1942). Die für den Betrieb erforderliche wirtschaftliche Hilfe wird durch Maßnahmen außerhalb des Familienunterhalts gewährt (Gemeinschaftshilfe der Wirtschaft, Stillegungshilfe, Beihilfen zur Mietzahlung bei gewerblichen Räumen des Handels).

II. Der Inhaber oder die Hauptkraft des Betriebes wird nach der Stillegung des Betriebes einberufen.

(1) Wird der Inhaber oder die Hauptkraft des Betriebes erst nach der auf behördliche Anordnung erfolgten Stillegung des Betriebes einberufen, so ist bei Vorliegen der sonstigen Voraussetzungen zur Sicherung des notwendigen Lebensbedarfs der familienunterhaltsberichtigten Angehörigen allgemeiner Familienunterhalt zu gewähren. Der Berechnung der Einkommenshöchstgrenze und des Tabellensatzes darf, sofern nicht Nr. 60 Abs. 2 Ziff. 6a des RdErl. vom 5. 5. 1942 anzuwenden ist, das vor der Stillegung erzielte Jahresnettoeinkommen gemäß Nr. 60 Abs. 5a des RdErl. vom 5. 5. 1942 zugrunde gelegt werden.

(2) Wirtschaftsbeihilfe zur Erhaltung des Betriebes ist in diesen Fällen nicht zu gewähren. Hinweis auf Abschn. I Ziff. 2 Abs. 2.

III. In den Fällen, in denen ein Betrieb nur teilweise stillgelegt wird oder einem Unternehmer bestimmte Tätigkeiten untersagt werden, sowie in den Fällen der Zusammenlegung von Betrieben (Kriegsbetriebsgemeinschaften) gilt hinsichtlich der Gewährung allgemeinen Familienunterhalts Abschn. I und II entsprechend. Wirtschaftsbeihilfe zur Fortsetzung des Betriebes darf nicht gewährt werden, da ein ursächlicher Zusammenhang zwischen der Einberufung und der aus der teilweisen Stillegung oder Einschränkung oder Zusammenlegung sich ergebenden Gefährdung des Betriebes nicht besteht (Nr. 122 A Abschn. I Abs. 5 des RdErl. vom 5. 5. 1942). Der unter Berücksichtigung der auf den stillgelegten Betriebsteil oder auf die bisherige Betriebsstätte entfallenden Kosten verbleibende Gewinn ist auf den Familienunterhalt anzurechnen.

IV. Werden die Stillegungsmaßnahmen später wieder aufgehoben und ist der Inhaber oder die Hauptkraft des Betriebes z. Zt. der Aufhebung noch einberufen, so ist bei Vorliegen der sonstigen Voraussetzungen Wirtschaftsbeihilfe wieder oder neu zu gewähren, und zwar, sofern der Betrieb fortgesetzt wird, Wirtschaftsbeihilfe zur Fortsetzung des Betriebes, sofern der Betrieb geschlossen bleibt, neben allgemeinem Familienunterhalt Wirtschaftsbeihilfe zur Erhaltung des Betriebes.

V. Dieser RdErl. ist mit Wirkung vom 1. 2. 1943 anzuwenden. Erstattungen zwischen den Familienunterhaltsbehörden und den für die Maßnahmen außerhalb des Familienunterhalts zuständigen Stellen finden nicht statt.

g) RdErl. d. RMdJ. vom 27. 7. 1943 — V f 490/43-7900 betr. Einsatz-Familienunterhalt; hier: Mietbeihilfe bei Unbenutzbarkeit der Wohnung infolge Bombenschadens.

(MBliV. Sp. 1293.)

Empfänger von Einsatz-Familienunterhalt, die bei Unbenutzbarkeit ihrer Wohnung infolge Bombenschadens innerhalb ihres Wohnorts umquartiert werden, sind aus Gründen der Verwaltungsvereinfachung — abweichend von Nr. 1 Abs. 2 Satz 2 des 11. RdErl. vom 25. Juli 1942 (MBliV. S. 1567) wegen der Kosten für ihre neue Unterkunft — gleichgültig, ob es sich um eine vorläufige oder endgültige Unterkunft handelt — nicht an die Feststellungsbehörde zu verweisen. Vielmehr ist die Bemessung des Familienunterhalts von der ganzen Miete für die neue Unterkunft auszugehen. Hierbei sind die Nrn. 15 (diese in Verb. mit Nr. 66 des RdErl. vom 5. Mai 1942, MBliV. S. 817), 16 und 17 des RdErl. vom 25. Juli 1942 entsprechend anzuwenden.

h) RdErl. d. RMdJ. u. RFM. vom 5. 8. 1943 — V f 532/43-7900 betr. Familienunterhalt bei Beurlaubung verwundeter Soldaten zum Arbeitseinsatz bei andauernder Nachbehandlung.

Zur Ergänzung des RdErl. vom 12. Januar 1943 — V f 570/42-7900 — (nicht veröffentl.) ordnen wir folgendes an:

1. Von dem stundenweisen Arbeitseinsatz verwundeter Lazarettinsassen (vgl. Abschn. II A Abs. 2 des RdErl. vom 12. Januar 1943) sind zu unterscheiden die Fälle, in denen Verwundete, insbesondere solche mit Nervenverletzungen, während ihrer andauernden Nachbehandlung aus therapeutischen Gründen von den Lazaretten zur Arbeitsleistung bis zur Dauer von 6 Monaten beurlaubt werden. Diese Soldaten erhalten während ihrer Beurlaubung ihre Wehrmachtgebührnisse weiter. Familienunterhalt ist in diesen Fällen bei Vorliegen der sonstigen Voraussetzungen fortzugewähren. Die Lazarette erteilen eine besondere Bescheinigung, daß ein Fall der hier genannten Art vorliegt. Der während der Beurlaubung erzielte Arbeitsverdienst des beurlaubten Soldaten ist ohne Rücksicht auf die Vorschriften über die Einkommenshöchstgrenze auf den Familienunterhalt nicht anzurechnen.
2. (Ergänzung zu Abschn. II A des RdErl. vom 12. Januar 1943):

Familienunterhalt ist bei Vorliegen der sonstigen Voraussetzungen auch in den Fällen fortzugewähren, in denen verwundete Soldaten, die sich in Lazaretten befinden, vom Chefarzt die Genehmigung erhalten, stundenweise einer Beschäftigung in einem kriegswichtigen Betrieb oder in ihrem bürgerlichen Beruf nachzugehen. Der aus der Beschäftigung erzielte Verdienst bleibt in jeder Hinsicht außer Ansatz.

i) RdErl. d. RMdJ. vom 18. 8. 1943 — II a 1280/43-6850 u. V f 516/43-7900 betr. Anrechnung des Familienunterhalts auf die Nachzahlung von Dienstbezügen.

(MBliV. Sp. 1339.)

(1) Wird ein Urteil, demzufolge der Beamte aus dem Beamtenverhältnis ausgeschieden ist, im Wiederaufnahmeverfahren durch ein Urteil ersetzt, das diese Folge nicht hat, so erhält nach § 55 Abs. 1 DBG. vom 26. 1. 1937 (RGBl. I S. 39) der Verurteilte von der Rechtskraft der aufgehobenen Entscheidung oder von der nach gesetzlicher Vorschrift erfolgten früheren Einbehaltung von Teilen seiner Dienstbezüge ab die Bezüge, die er erhalten hätte, wenn das aufgehobene Urteil dem neuen entsprochen hätte. Auf diese Nachzahlungen muß er sich nach Abs. 7 ein anderes Arbeitseinkommen oder einen Unterhaltsbeitrag anrechnen lassen.

(2) Hierzu wird festgestellt, daß als Unterhaltsbeitrag im Sinne dieser Bestimmungen auch der Einsatz- oder Räumungs-Familienunterhalt gilt. Die für die Wiederbewilligung der Dienstbezüge zuständigen Stellen haben den Stadt- und Landkreisen, die den Familienunterhalt gewährt haben, die Wiedergewährung der zivilen Dienstbezüge mitzuteilen und anzufragen, in welcher Höhe und bis zu welchem Zeitpunkt Familienunterhalt gewährt worden ist.

k) RdErl. d. RMdJ. u. RFM. vom 2. 9. 1943 V f 580/43-7900 betr. Behandlung von Überzahlungen des Familienunterhalts bei Tod oder Vermißtsein eines Einberufenen.

Auf Grund des § 6 des Einsatz-Familienunterhaltsgesetzes vom 26. Juni 1940 (RGBl. I S. 911) ordnen wir folgendes an:

1. Im Falle des Todes oder des Vermißtseins eines Einberufenen oder eines ihm Gleichstehenden (§ 1 Abs. 1 EFUG. in Verbindung mit §§ 1 und 30 Abs. 1 und 2 EFU.-DV.) ist von der Einziehung (Anrechnung) des für ihn oder seine Angehörigen überzahlten Familienunterhalts (Nr. 176 b Abs. 1 des Runderlasses vom 5. Mai 1942 — MBliV. S. 817 —) abzusehen, soweit die Anrechnung des überbezahlten Betrages auf eine für den gleichen Zeitraum zustehende Nachzahlung von Versorgungs- oder Vermißtengebührnissen (§ 5 Abs. 4 EFU.-DV.) oder von Familienunterhalt (Umstellungsbeihilfe) nicht möglich ist.
2. Die Vorschrift Nr. 1 ist entsprechend anzuwenden, wenn ein Fami-

lienunterhaltsempfänger infolge eines Personenschadens gestorben ist oder vermißt wird.

3. Die Vorschriften Nr. 1 und 2 sind nicht anzuwenden, soweit die Überzahlung von dem Verstorbenen oder Vermißten selbst oder von seinen Hinterbliebenen oder Angehörigen versätzlich herbeigeführt worden ist.
4. Der Verzicht auf Einziehung des überzahlten Familienunterhalts ist in jedem Einzelfall unter Bezugnahme auf diesen Runderlaß aktenkundig zu machen. Eines Verfahrens nach Nr. 176 b Abs. 2 des Runderlasses vom 5. Mai 1942 bedarf es nicht.
5. Dieser Runderlaß ist mit Wirkung vom 1. September 1939 ab anzuwenden. Soweit bisher anders verfahren worden ist, behält es dabei sein Bewenden. Bereits zurückgezahlte Beträge sind nicht wieder auszuzahlen.

l) RdErl. d. RMdJ. u. RFM. vom 10. 9. 1943 V f 620/43 - 7900 betr. Familienunterhalt.

Auf Grund zahlreicher Anfragen wird folgendes klargestellt und angeordnet:

I. Familienunterhaltsberechtigung der Kinder des Einberufenen.

1. (1) Das Eintreten des Staates für die Angehörigen eines Einberufenen im Wege des Familienunterhalts ist darin begründet, daß der Einberufene durch den Wehrdienst oder einen diesem gleichstehenden Dienst gehindert ist, seinen Angehörigen Unterhalt zu gewähren. Bei Kindern des Einberufenen (§ 2, I EFUG.) gehört es daher zu den Voraussetzungen der Familienunterhaltsberechtigung, daß sie dem Vater gegenüber unterhaltsberechtigt wären — (bei den mit der Ehefrau zusammenlebenden Stiefkindern des Einberufenen: daß sie von diesem unterhalten würden) —, wenn er nicht einberufen wäre.

(2) Bei Kindern, die außerstande sind, sich selbst zu unterhalten, (z. B. minderjährige unverheiratete Kinder ohne eigene Einkünfte; volljährige unverheiratete Kinder, die wegen Krankheit, Pflegebedürftigkeit oder Berufsausbildung keiner Berufstätigkeit nachgehen können), ist Familienunterhaltsberechtigung ohne weiteres zu bejahen.

(3) Bei *verdienenden* Kindern liegt dagegen Familienunterhaltsberechtigung nur vor, soweit der Ertrag ihrer Arbeit und ihre sonstigen Einkünfte zu ihrem Unterhalt nicht ausreichen. Das gilt sowohl, wenn das verdienende Kind mit den Eltern in Haushaltsgemeinschaft lebt, als auch, wenn es dem Haushalt der Eltern nicht angehört.

(4) Das nicht nur vorübergehend *außerhalb* des Haushalts der Eltern lebende *verdienende* Kind wird in der Regel bereits wirtschaftlich unabhängig, also dem Vater gegenüber nicht mehr unterhaltsberechtigt und daher auch nicht familienunterhaltsberechtigt sein

(zu Tatbeständen, die zu Ausnahmen führen, vgl. Ziff. 2 Abs. 2). Das Kind ist aber auf der anderen Seite auch nicht zum Unterhalt der familienunterhaltsberechtigten Angehörigen des Einberufenen heranzuziehen (§ 17 Abs. 2 EFU.-DV.).

(5) Für die Entscheidung der Frage, wann bei einem verdienenden Kinde, das in Haushaltsgemeinschaft mit den Eltern lebt, Familienunterhaltsberechtigung anzuerkennen ist, fehlt es bisher an reichseinheitlichen Richtlinien. Die Familienunterhaltsbehörden verfahren überwiegend so, daß Familienunterhaltsberechtigung nur dann bejaht wird, wenn die eigenen Einkünfte des verdienenden Kindes eine bestimmte obere Grenze nicht übersteigen. Dieses Verfahren billige ich grundsätzlich. Bei der Bestimmung dieser oberen Grenze wird jedoch von den FU.-Behörden so unterschiedlich verfahren, daß eine Vereinheitlichung erforderlich erscheint. Es ist daher wie folgt zu verfahren:

a) Für die in Haushaltsgemeinschaft mit den Eltern lebenden verdienenden Kinder ist Familienunterhaltsberechtigung nicht oder nicht mehr anzuerkennen, wenn das eigene laufende Nettoeinkommen (Nettoarbeitsentgelt und etwaige sonstige Einkünfte) des Kindes das Dreifache des maßgebenden örtlichen Unterhaltssatzes des Kindes (Nr. 69 Ziff. 2 oder Ziff. 3 des Ausführungs-Erlasses) — in den Alpen- und Donaureichsgauen und im Reichsgau Sudetenland das Dreifache des maßgebenden Unterhaltshöchstsatzes (Nr. 74 Buchst. a Ziff. 2 oder Ziff. 3 des Ausführungserlasses) — erreicht oder übersteigt (obere Grenze). Übersteigt das eigene laufende Nettoeinkommen des Kindes die obere Grenze nur unwesentlich, so kann Familienunterhaltsberechtigung trotzdem anerkannt werden, wenn es aus Gründen der gleichmäßigen Behandlung mehrerer der Haushaltsgemeinschaft angehörenden verdienenden Kinder oder zur Vermeiden von Härten erforderlich ist.

b) Verdienende Kinder, deren Familienunterhaltsberechtigung nach a zu verneinen ist, sind in die Bedarfsberechnung des Familienunterhalts (Abschn. II Ziff. 1 Abs. 3 und Ziff. 3 Abs. 1) nicht aufzunehmen.

c) Für verdienende Kinder, deren Familienunterhaltsberechtigung nach a zu bejahen ist, gelten für die Prüfung der hinsichtlich des Bedarfs zu erfüllenden Voraussetzungen des Familienunterhatls die allgemeinen Vorschriften (vgl. Abschn. II).

2. (1) Ziff. 1 Abs. 5 Buchst. a—c ist auf die in § 2 II Nr. 2 und 6 EFUG. sowie in Nr. 13 b des Runderlasses vom 5. Mai 1942 genannten Angehörigen des Einberufenen, soweit sie mit anderen familienunterhaltsberechtigten Angehörigen des Einberufenen in Familien- (Haushalts-) Gemeinschaft leben, sinngemäß anzuwenden.

(2) Ziff. 1 Abs. 5 Buchst. a und c ist sinngemäß anzuwenden

a) auf die außerhalb des Haushalts der Eltern lebenden verdienenden Kinder (§ 2 I EFUG.),

b) auf die in § 2 II Nr. 2 und 6 EFUG. sowie in Nr. 13 b des Runderlasses vom 5. Mai 1942 genannten Angehörigen des Einberufenen, die nicht mit anderen familienunterhaltsberechtigten Angehörigen des Einberufenen in Familien- (Haushalts-) Gemeinschaft leben,

sofern nicht im Einzelfall besonders gelagerte Verhältnisse eine Heraufsetzung der oberen Grenze (Ziff. 1 Abs. 5 Buchst. a Satz 1) erfordern. Eine solche Heraufsetzung wird insbesondere gerechtfertigt sein, wenn das auswärts wohnende Kind für seine Unterkunft Miete zu zahlen hat.

II. Prüfung der hinsichtlich des Bedarfs zu erfüllenden Voraussetzungen des Familienunterhalts (Fehlen der Sicherung des notwendigen Lebensbedarfs).

1. (1) Wann der notwendige Lebensbedarf als gesichert anzusehen ist, ergibt sich aus § 9 Abs. 3 EFU.-DV. und zwar — wie durch die Neufassung des Runderlasses über die Ausführung des Einsatz-Familienunterhalts vom 5. Mai 1942 (MBliV. S. 817) klargestellt worden ist — in Verbindung mit den Vorschriften über die Nichtanrechnung von Einkünften (Nrn. 145, 146 bis 147, 188, 188 a, 197, 197 b, 214 a und 242 Ziff. 10 und Runderlaß über die Nichtanrechnung von Zinsen aus Sparguthaben vom 11. Juni 1942 — MBliV. S. 1295 —). Diese Vorschriften sind also nicht erst bei der Bemessung des Familienunterhalts anzuwenden, sondern schon bei der „Prüfung der Voraussetzungen" (s. Nr. 146 Satz 1 des Ausf.Erl. usw.).

(2) Unter „Voraussetzungen" im Sinne der in Abs. 1 genannten Vorschriften des AusfErl. sind nur die hinsichtlich des Bedarfs zu erfüllenden Voraussetzungen (Fehlen der Sicherung des notwendigen Lebensbedarfs) zu verstehen (vgl. Abschn. C des Ausführungserlasses „Voraussetzung, Art und Maß des Familienunterhalts"), nicht auch die „Voraussetzungen der Familienunterhaltsberechtigung" (vgl. Abschn. A III Buchst. a und b des Ausführungserlasses).

Folglich sind bei der Feststellung der Ernährereigenschaft (vgl. Abschn. A III Buchst. b des Ausführungserlasses) ausschließlich die Nrn. 16—28 des Ausführungserlasses anzuwenden. Dies gilt auch in den Fällen der Nr. 17 a des Ausführungserlasses; den Unterhaltsleistungen des Einberufenen sind also sämtliche Einkünfte der Angehörigen, deren Familienunterhaltsberechtigung festgestellt werden soll, gegenüberzustellen. Von den Einkünften eines familienunterhaltsberechtigten Angehörigen (z. B. des Vaters oder Großvaters des Einberufenen) sind jedoch vor der Gegenüberstellung diejenigen Beträge abzuziehen, die er gemäß seiner bürgerlich-rechtlichen Unterhaltspflicht für den Unterhalt seiner nicht familienunterhaltsberechtigten Angehörigen (Kinder, Enkel), die sich nicht selbst erhalten können, zu verwenden hat. Wird die Ernährereigenschaft verneint, so entfällt damit auch die Möglichkeit, Leistungen des Familienunterhalts zu gewähren (Ausnahmen: Nr. 27 Abs. 2, Nr. 135 a des Ausführungserlasses). In eine Prüfung der Frage, ob der notwendige Lebensbedarf gesichert ist, ist alsdann nicht mehr einzutreten. Nr. 17 a soll im übrigen sachlich unbegründeten Anträgen von verdienenden Angehörigen der Gruppe II des § 2 EFUG. auf Gewährung von Familienunterhalt entgegenwirken.

(3) Bei der Prüfung der Frage, ob der notwendige Lebensbedarf der familienunterhaltsberechtigten Angehörigen (§ 2 EFUG. und Nrn. 13 a und 13 b des Ausführungserlasses in Verbindung mit Abschn. I des vorliegenden Runderlasses) des Einberufenen gesichert ist (Abs. 1), sind gegenüberzustellen:

a) der nach § 9 Abs. 1 und 2 EFU.-DV. und den einschlägigen Vorschriften des Ausführungserlasses zu ermittelnde Bedarf der FU.-Berechtigten (Bedarf oder Soll) und
b) die zur Deckung des Bedarfs (a) verfügbaren Eigenmittel, soweit sie nicht nach §§ 15 und 17 EFU.-DV. und den dazu ergangenen Ausführungsvorschriften (Nrn. 145, 146 bis 147, 188, 188 a, 197 bis 197 b, 214 a und 242, Ziff. 10 des Runderlasses vom 5. Mai 1942 — MBliV. S. 817 — und Runderlaß über die Nichtanrechnung von Zinsen aus Sparguthaben vom 11. Juni 1942 — MBliV. S. 1295 —) außer Ansatz zu lassen sind (anzurechnendes Einkommen oder Ist). Der Unterschied zwischen dem Bedarf (a) und dem anzurechnenden Einkommen (b) bildet die *rechnerische* Grundlage für die Feststellung, ob der notwendige Lebensbedarf als gesichert anzusehen ist oder nicht.

Erreicht oder übersteigt der Betrag b den Betrag a, so ist der notwendige Lebensbedarf als gesichert anzusehen und Familienunterhalt nicht zu gewähren.

2. Ist der sich aus der Berechnung nach Ziff. 1 Abs. 3 ergebende Betrag b geringer als der Betrag a, so ist der Unterschiedsbetrag nicht ohne weiteres als Familienunterhalt zu gewähren, sondern zunächst zu prüfen, in welcher Höhe bis zur Erreichung des FU.-Bedarfs (Solls) — Ziff. 1 Abs. 3 Buchst. a — Familienunterhalt gewährt werden kann. Dabei sind zu beachten:

1. die Vorschriften über die Einkommenshöchstgrenze (§ 8 Abs. 2 EFU.-DV. und Nr. 58 ff. des Runderlasses vom 5. Mai 1942),
2. die Anrechnungsvorschriften (§§ 15 und 17 EFU.-DV. in Verbindung mit den dazu ergangenen Ausführungsvorschriften, vgl. Ziff. 1 Abs. 3 Buchst. b mit folgender Maßgabe:
   a) Bei Gewährung der Grundleistung des Familienunterhalts (Unterhalts- oder Tabellensatz) sowie von Nebenleistungen nach

§ 9 Abs. 2 Ziff. 1, 3 und 4 EFU.-DV. (Mietbeihilfen oder Beihilfen für Eigenheime, Beihilfen zur Erziehung und Erwerbsbefähigung) und nach Nr. 105 ff. des Runderlasses vom 5. Mai 1942 (Sicherungsbeiträge zur Aufrechterhaltung von Lebensversicherungen) bleiben die in Nrn. 146 usw. behandelten Einkünfte in dem dort näher bezeichneten Umfang außer Betracht.

b) Nach Nr. 89, 90, 91, 95, 96, 98, 99, 111, 113, 114, 114 a und 115 des Runderlasses vom 5. Mai 1942 ist von der Gewährung von Beihilfen abzusehen, soweit die Deckung der dort genannten Kosten aus dem sonstigen Familienunterhalt oder aus anderen Einkünften des Familienunterhaltsberechtigten oder des Einberufenen zugemutet werden kann. Zu den „anderen Einkünften" gehören auch die Einkünfte, die nach den Vorschriften über die Nichtanrechnung von Einkünften (II Ziff. 1 Abs. 1) ganz oder zum Teil außer Ansatz zu bleiben haben, soweit die Zweckbestimmung einzelner Einkünfte (z. B. von Zuwendungen der NSV. und des WHW.) dem nicht entgegensteht. Im übrigen unterliegt die Bestimmung, ob und in welchem Umfange diese Beihilfen zu gewähren sind, wenn anrechnungsfreie Einkünfte vorhanden sind, dem pflichtmäßigen Ermessen der FU.-Behörde, das eine natürliche Grenze in der Zumutbarkeit der Verweisung der Antragsteller auf anrechnungsfreie Einkünfte findet.

3. (1) Leben mehrere familienunterhaltsberechtigte (verdienende und nichtverdienende) Angehörige (§ 2 EFUG. und Nrn. 13 a und 13 b des Runderlasses vom 5. Mai 1942 in Verbindung mit Abschn. I des vorliegenden Runderlasses) des Einberufenen in einer Familien- (Haushalts-) Gemeinschaft zusammen, so sind sie in einer gemeinsamen Bedarfsberechnung zusammenzufassen. In diesem Falle ist der Gesamtbedarf (Ziff. 1 Abs. 3 Buchst. a) der familienunterhaltsberechtigten Mitglieder der Familien- (Haushalts-) Gemeinschaft den Gesamteinkünften (Ziff. 1 Abs. 3 Buchst. b) der familienunterhaltsberechtigten Mitglieder gegenüberzustellen; daher bedarf es einer besonderen Ermittlung dessen, was das verdienende familienunterhaltsberechtigte Mitglied gem. § 13 EFU.-DV. etwa noch zum Unterhalt der übrigen Mitglieder der Familien- (Haushalts-) Gemeinschaft beizutragen hat, in der Regel nicht.

(2) Lebt der Familienunterhaltsberechtigte mit Personen in Familien- (Haushalts-) Gemeinschaft, die nicht zu den familienunterhaltsberechtigten Angehörigen (§ 2 EFUG. und Nrn. 13 a und 13 b des Runderlasses vom 5. Mai 1942) des Einberufenen zählen, so ist der von den nichtfamilienunterhaltsberechtigten Mitgliedern der Familien- (Haushalts-) Gemeinschaft zu leistende Unterhaltsbeitrag (§ 13 EFU.-DV. und Nrn. 136 und 137 des Runderlasses vom 5. Mai 1942) zu ermitteln und durch Hinzurechnung zu den nach Ziff. 2 anzurechnenden Einkünften zu berücksichtigen.

(3) Lebt der FU.-Berechtigte mit nicht familienunterhaltsberechtigten weiblichen Personen in einer Familien- (Haushalts-) Gemeinschaft, so dürfen diese mit ihrem Nettoarbeitsentgelt (aus nichtselbständiger Arbeit) nicht zur Deckung des notwendigen Lebensbedarfs des Familienunterhaltsberechtigten gem. § 13 EFU.-DV. herangezogen werden.

III. Soweit sich durch diesen Runderlaß in Einzelfällen höhere Familienunterhalts-Leistungen ergeben, sind sie frühestens vom 1. Oktober 1943 ab zu gewähren. Soweit sich in Einzelfällen, in denen bei Bekanntwerden dieses Runderlasses der FU. bereits festgesetzt war, geringere Familienunterhalts-Leistungen ergeben, können — wenn und solange es zur Vermeidung von Härten erforderlich ist — bei Vorliegen der sonstigen Voraussetzungen die bisherigen höheren Leistungen weitergewährt werden.

m) RdErl. d. RMdJ. u. RFM. vom 14. 9. 1943 — V f 590/43-7900; L G 4085-358 I A, betr. Familienunterhalt bei Einberufungen zu kurzfristigem Wehrdienst.

I. Nach § 1 der Zweiten Durchführungsverordnung über den kurzfristigen Wehrdienst vom 28. Juli 1943 — RGBl. I S. 452 — ist die Verordnung über den kurzfristigen Wehrdienst bei der Luftwaffe vom 7. Mai 1942 — RGBl. I S. 280 — nebst den dazu erlassenen Durchführungs- und Ergänzungsvorschriften in der jeweiligen Fassung auch auf den kurzfristigen Wehrdienst bei den anderen Wehrmachtteilen entsprechend anzuwenden.

II. Unter Aufhebung des Runderlasses vom 15. Oktober 1942 — V f 690/42-7900 — (nicht veröffentlicht) wird zur Beachtung auf folgendes hingewiesen:

1. (1) Angestellte und Arbeiter sind für die Dauer der Einberufung zu kurzfristigem aktiven Wehrdienst und zur notwendigen Erholung vor oder nach diesem Wehrdienst von ihrem Dienst- oder Arbeitsverhältnis zu beurlauben. Sie behalten — soweit sie nicht als Dienstkräfte des öffentlichen Dienstes ihre Bezüge für die Dauer der Einberufung weiter erhalten — gegenüber dem Unternehmer den Anspruch auf Arbeitsentgelt, wenn der Urlaub nicht die Dauer von drei Arbeitstagen übersteigt (§ 5 der Verordnung vom 7. Mai 1942, § 5 der 2. Durchführungsverordnung vom 28. Juli 1943, Runderlasse vom 20. und 21. Oktober 1942 — MBliV. S. 2021 —). Dem Unternehmer wird das Arbeitsentgelt vom Arbeitsamt erstattet (vgl. Anordnung des GBA. vom 25. Februar 1943, Reichsministerialbl. S. 8). In diesen Fällen ist FU. nicht zu gewähren.

(2) Dauert die einzelne Beurlaubung länger als drei zusammenhängende, nicht durch Arbeit im Betrieb unterbrochene Arbeitstage, so besteht ein Anspruch des Einberufenen auf Zahlung von Arbeitsent-

gelt nicht. In diesen Fällen ist daher bei Vorliegen der sonstigen Voraussetzungen Familienunterhalt zu gewähren.

2. (1) Ist der Einberufene Unternehmer eines Betriebes oder übt er einen freien Beruf aus, so erhält er vom Arbeitsamt für die Dauer der Einberufung während seiner Arbeitszeit bis zu drei Tagen den in § 4 Abs. 3 der Zweiten Durchführungsverordnung über den kurzfristigen Wehrdienst vorgesehenen Stundensatz (vgl. Anordnung des GBA. vom 10. August 1943 — Reichsministerialbl. S. 77 —). In diesen Fällen ist FU. nicht zu gewähren.

(2) Dauert die Einberufung länger als drei Tage, so ist bei Vorliegen der sonstigen Voraussetzungen FU. (§§ 9 und 12 EFU.-DV.) zu gewähren.

(3) Beträgt das Einkommen des einberufenen Unternehmers eines Betriebes oder des einberufenen Angehörigen eines freien Berufs nach dem letzten Einkommensteuerbescheid insgesamt mehr als 10 000 RM (§ 4 Abs. 3 letzter Satz der Zweiten Durchführungsverordnung über den kurzfristigen Wehrdienst), so kommt die Erstattung eines Stundensatzes durch das Arbeitsamt nicht in Frage. In diesen Fällen ist, sofern die sonstigen Voraussetzungen vorliegen, Familienunterhalt (§§ 9 und 12 EFU.-DV.) zu gewähren.

3. Bei Nichtselbständigen, die zu kurzfristigem Wehrdienst für länger als drei Tage einberufen werden und die vor dem Einstellungstage mit Angehörigen der Gruppe II des § 2 EFUG. in Haushaltsgemeinschaft gelebt haben, kann aus Vereinfachungsgründen — abweichend von Nr. 37 Buchst. d des Runderlasses vom 5. Mai 1942 (MBliV. S. 817) — für die Schätzung der Unterhaltsleistung (Nr. 18 des Runderlasses vom 5. Mai 1942) die Verdienstbescheinigung für den letzten Monat vor dem Einstellungstage als ausreichend angesehen werden, sofern anzunehmen ist, daß die Feststellung des Nettoarbeitsverdienstes für das letzte halbe Jahr vor dem Einstellungstage zu keinem wesentlich anderen Ergebnis führen würde.

4. Die Heranziehung zu kurzfristigem Wehrdienst wird durch den Heranziehungsbefehl der Wehrersatzdienststelle, der Beginn und die Beendigung des jeweils abgeleisteten aktiven Wehrdienstes durch eine Bescheinigung des Einheitsführers nachgewiesen.

5. Eine Mitteilung des Stadt- oder Landkreises an den Truppenteil (Einheit) über die Bewilligung des Familienunterhalts (§ 3 Abs. 2 EFU.DV.) ist nicht erforderlich (Nr. 44 des Runderlasses vom 5. Mai 1942).

III. Bei dem Runderlaß vom 2. November 1942 — V f 790/42-7900 — (nicht veröffentlicht) handelt es sich um Einberufungen zu kurzfristigem Wehrdienst in Sonderfällen ohne Beteiligung der Wehrersatzdienststellen. Der genannte Runderlaß wird daher durch die vorliegende Regelung nicht berührt.

n) Erl. des Oberkommandos der Wehrmacht vom 8. Sept. 1943 — Az. 31 s 15 B Nr. 6020/43 AWA/W Allg (Ib).

Im Einvernehmen mit dem Reichsminister des Innern wird bestimmt:

1. Bei Kriegsgefangenschaft oder Vermißtsein eines Kriegsbesoldungsempfängers ist auch der Antrag der Ehefrau auf Widerruf der Kriegsbesoldung als rechtsverbindlicher Widerrufsantrag gemäß Nr. 26 Buchst. b der Durchführungsbestimmungen zum EWGG. anzuerkennen, vorausgesetzt, daß der Familienunterhalt höher ist als die bisher bezogene Kriegsbesoldung.

Dasselbe gilt für Anträge auf Gewährung von Familienunterhalt, die mit einer Besserstellung gegenüber der Kriegsbesoldung begründet werden.

Die weitere Behandlung des Widerrufs erfolgt nach den allgemein für den Widerruf des Antrages auf Kriegsbesoldung geltenden Bestimmungen (Nr. 26 b der DurchfBest. zur 2. VO. zum EWGG.; Nr. 150 des RdErl. des Reichsministers des Innern zur Ausführung des Einsatz-Familienunterhalts vom 5. Mai 1942 — MBliV. S. 817; RdErl. des Reichsministers des Innern vom 12. März 1943 — V f 70/43-7900 — nicht veröffentlicht). Auf den letzten Satz der Nr. 1 des RdErl. des Reichsministers des Innern vom 12. März 1943 wird besonders verwiesen.

Billigt der Wehrmachtangehörige später den von seiner Ehefrau gestellten Antrag auf Widerruf der Kriegsbesoldung nicht, so ist auf die Kriegsbesoldung, die der Wehrmachtangehörige für die zurückliegende Zeit beansprucht, der für dieselbe Zeit an seine Angehörigen gezahlte Familienunterhalt in jedem Falle voll anzurechnen. Erstattungen zwischen Wehrmachtdienststellen und Familienunterhaltsstellen unterbleiben.

2. Das Recht der Ehefrau auf Widerruf der Kriegsbesoldung ist nicht zuzulassen in den Fällen, in denen sich aus dem Antrag auf Kriegsbesoldung oder aus den sonstigen Unterlagen ein entgegenstehender Wille des Kriegsbesoldungsempfängers urkundlich ergibt.

3. Der Reichsminister des Innern wird die Stadt- und Landkreise anweisen, Anträge der in Ziff. 1, Abs. 2 genannten Art unverzüglich in Abschrift an die für die Zahlung der Kriegsbesoldung zuständigen Gebührnisstellen weiterzuleiten.

Der Reichsminister des Innern Berlin, den 24. Sept. 1943.
IV f 635/43-7900.

Abschrift übersende ich zur Kenntnis und Beachtung.

Erklärungen von Ehefrauen kriegsgefangener oder vermißter Kriegsbesoldungsempfänger vor der FU.-Behörde, die zwar nicht ausdrücklich einen Antrag auf Widerruf der Kriegsbesoldung enthalten, aber erkennen lassen, daß die Ehefrau zum Familienunterhalt übergehen möchte, weil die Kriegsbesoldung geringer ist, sind unverzüglich in Abschrift an die für die Zahlung der Kriegsbesoldung zuständigen Gebührnisstellen weiterzuleiten.

Zu II. Protektorat und eingegliederte Gebiete.

RdErl. d. RMdI. vom 1. Juli 1943, V f 469/43-7900 betr. Familienunterhalt in den eingegliederten Ostgebieten.

Die beiden nachstehend abgedruckten Einzelbescheide sind von grundsätzlicher Bedeutung für den Familienunterhalt in den eingegliederten Ostgebieten. Ich übersende sie gefälligst zur Kenntnis und Beachtung.

1. Reichsversicherungsrenten — 24. März 1943 — V f 1000/42-7900 —:

Die laufenden Rentenerhöhungen, die infolge der Umrechnung der Renten auf Grund der Verordnung über die Einführung der Reichsversicherung in den eingegliederten Ostgebieten vom 22. Dezember 1941 (RGBl. I S. 777) eintreten, sind bei der Prüfung der Voraussetzungen und der Bemessung des Familienunterhalts in Ansatz zu bringen. Dagegen sind Renten-Nachzahlungen, die sich bei der Umrechnung ergeben, unter entsprechender Anwendung des Runderlasses vom 16. Januar 1943 (MBliV. S. 127) im Wege des Ersatzanspruchs nach § 1541 RVO. in der Fassung des § 5 EFUG. in Verbindung mit §§ 1531 ff. RVO. und Nr. 181 a des Runderlasses vom 5. Mai 1942 (RMBliV. S. 817) von den Familienunterhaltsbehörden nicht in Anspruch zu nehmen.

2. Volksdeutsche Angehörige des polnischen Heeres — 26. März 1943 — V f Nr. 30/42-7900 a —:

Nach den bestehenden Vorschriften ist die Gewährung von Familienunterhalt an Angehörige von Volksdeutschen, die als Angehörige des polnischen Heeres in russische Gefangenschaft geraten oder vermißt sind, nicht möglich und nicht angebracht. Insbesondere kann die Bewilligung des Familienunterhalts im vorliegenden Falle nicht auf meinen Runderlaß vom 27. November 1940 — V f 1677/40-7900 — (nicht veröffentlicht) gestützt werden.

Sofern das zuständige Versorgungsamt zur Gewährung von Hinterbliebenenbezügen nach § 112 WFVG. in Verbindung mit § 5 Abs. 2 PSchVO. nicht bereit ist und Hilfsbedürftigkeit vorliegt, ist öffentliche Fürsorge nach den für deutsche Staatsangehörige geltenden Grundsätzen zu gewähren.

Zu B. Umstellungsbeihilfen und Übergangsbeihilfen.

RdErl. d. RMdJ. vom 18. 8. 1943 — V f 21/43-7960 betr. Umstellungsbeihilfen für Besatzungsmitglieder deutscher Staatsangehörigkeit auf Schiffen der freien Fahrt und ihre Hinterbliebenen.

Den umseitigen Abdruck eines gemeinsamen RdErl. des RMdJ., des ORW. und des RFM. vom heutigen Tage übersende ich zur Kenntnis und Beachtung.

Die Feststellung und Auszahlung der Umstellungsbeihilfen für Besatzungsmitglieder deutscher Staatsangehörigkeit auf Schiffen der freien Fahrt ist künftig Sache des örtlich zuständigen Versorgungsamts. Schwebende Anträge sind dorthin abzugeben. Soweit ein Stadt- oder Landkreis die Umstellungsbeihilfe E bereits festgestellt hat, verbleibt bei ihm die Auszahlung der Umstellungsbeihilfe bis zum Ablauf des Beihilfefalles. In diesem Falle wird auch die Seeberufsgenossenschaft in Hamburg, die Abdruck des vorliegenden Runderlasses erhält, den Zuschuß zur Umstellungsbeihilfe bis zum Ablauf des Beihilfefalles weitergewähren.

Die Versorgungsämter werden vom ORW., Reichsvers., benachrichtigt.

RdErl. d. RMdJ., d. ORW. u. d. RFM. vom 18. Aug. 1943 — V f 21/43-7960 — Reichsvers.-Nr. 792/43 — und LG. 4085/232/43 I A über Umstellungsbeihilfen für Besatzungsmitglieder deutscher Staatsangehörigkeit auf Schiffen der freien Fahrt und ihrer Hinterbliebenen.

(1) Die Voraussetzungen des Abschnitts E Nr. 3 Abs. 4 des RdErl. vom 28. 2. 1941 (MBliV. S. 390) liegen auch vor bei Besatzungsmitgliedern deutscher Staatsangehörigkeit auf Schiffen freier Fahrt, die während der Ausübung ihres Dienstes einen Personenschaden (§ 2 PSchVO.) erleiden.

(2) Diese Regelung gilt für alle künftigen sowie für die bereits anhängigen, aber noch nicht festgestellten Umstellungsbeihilfefälle mit der Maßgabe, daß Zahlungen nur für die Zeit vom 1. September 1942 ab geleistet werden.

(3) Diese Regelung findet keine Anwendung auf Besatzungsmitglieder von Fähr- und Förderschiffen, Schiffen der Haff- und Boddenfahrt, sowie der Küstenfischerei.

Zu D. Räumungsfamilienunterhalt.

a) Erl. des Beauftragten f. d. Vierjahresplan, GBA. vom 2. 12. 1942 betr. Räumungsfamilienunterhalt, Verhältnis zu den Unterstützungsleistungen der Arbeitsämter (RABl. 1943 I S. 29).

Durch den 11. Runderlaß über die Ausführung des Räumungs-Familienunterhalts vom 25. Juli 1942 (MBliV. S. 1567 ff.) sind die Vorschriften über den Räumungs-Familienunterhalt neu zusammengefaßt worden. Der genannte Runderlaß regelt die Gewährung des Räumungs-Familienunterhalts bei Umquartierung aus Gründen der Luftgefährdung und anläßlich von Fliegerschäden. Die Tatbestände, bei deren Vorliegen der Räumungsfamilienunterhalt eingreift, sind im einzelnen aus Nr. 1 des 11. Runderlasses zu entnehmen. Nach Nr. 2 ist in allen Fällen Voraussetzung für die Gewährung des Räumungs-Familienunterhalts der Verlust der Sicherung des notwendigen Lebensbedarfs — bei Unternehmern von Betrieben und bei freien Berufen der Verlust der Erwerbsgrundlage — infolge der Umquartierung. Dagegen erstreckt sich der 11. Runderlaß nicht auf die Tatbestände der seinerzeitigen Freimachung im Westen. Für die Behandlung der wenigen auslaufenden Fälle dieser Art bleiben die bisherigen einschlägigen Runderlasse über die Ausführung des Räumungs-Familienunterhalts mit der Maßgabe in Geltung, daß an die Stelle der darin genannten älteren Vorschriften des Einsatz-Familienunterhalts die entsprechenden Vorschriften des Runderlasses vom 5. Mai 1942 (MBliV. S. 817) treten.

Das Verhältnis des Räumungs-Familienunterhalts auf Grund des 11. Runderlasses über die Ausführung des Räumungs-Familienunterhalts zu den Unterstützungsleistungen der Arbeitsämter regelt sich wie folgt:

1. Für die Arbeitslosenhilfe und die Kurzarbeiterunterstützung gelten die Bestimmungen des Einsatz-Familienunterhalts (vgl. Nr. 151 des Runderlasses über die Ausführung des Einsatz-Familienunterhalts vom 5. Mai 1942 in Verbindung mit § 1 der Verordnung über Familienunterstützung bei Räumung oder Freimachung von gefährdeten Gebieten oder Wohngebäuden in Fällen des besonderen Einsatzes der Wehrmacht vom 1. September 1939 — Reichsgesetzbl. I S. 1761 —). Demnach wird Arbeitslosenhilfe nicht gewährt, soweit ein Anspruch auf Räumungs-Familienunterhalt besteht. Hierzu weise ich besonders auf den Runderlaß des Herrn Reichsarbeitsministers vom 25. Oktober 1939 — V b 7805/20 — hin, der nach wie vor in Geltung ist. Dagegen geht die Kurzarbeiterunterstützung dem Räumungs-Familienunterhalt vor.

2. Für die Dienstpflichtunterstützung ist in Nr. 30 des 11. Rund-

erlasses über die Ausführung des Räumungs-Familienunterhalts eine besondere Bestimmung getroffen worden. Diese hat folgenden Wortlaut:

„Die Unterstützung für Dienstverpflichtete und Gleichgestellte auf Grund der Anordnung des Reichsarbeitsministers vom 4. September 1939 (Reichsarbeitsbl. S. 1417) und der dazu ergangenen Ausführungsbestimmungen geht hinsichtlich der laufenden Unterstützungsleistungen (einschl. der Leistungen nach Nr. 3), der zusätzlichen Leistungen der Krankenhilfe und Wochenhilfe sowie der Gewährung von Vorschüssen zur Hausbrandvorratung und zur Einkellerung von Speisekartoffeln dem Räumungs-Familienunterhalt vor. Aus Mitteln des Räumungs-Familienunterhalts werden einem Dienstverpflichteten oder Gleichgestellten dagegen einmalige Beihilfe nach den Nrn. 115 und 116 des Runderlasses vom 5. Mai 1942 und Beihilfen für Familienheimfahrten (Nr. 24) gewährt (vgl. die Erlasse des Reichsarbeitsministers vom 6. Dezember 1939 und 20. Juni 1940, mitgeteilt durch Runderlasse vom 8. Dezember 1939, MBliV. S. 2465 und 28. Juni 1940, MBliV. S. 1286)."

Bei den angeführten Erlassen handelt es sich um die Erlasse über Unterstützung für Dienstverpflichtete und Räumungs-Familienunterhalt vom 6. Dezember 1939 (Reichsarbeitsbl. S. I 581) und 20. Juni 1940 (Reichsarbeitsbl. S. I 299). Danach sind Personen, die Anspruch sowohl auf Dienstpflichtunterstützung als auf Räumungs-Familienunterhalt haben, von den Arbeitsämtern zu betreuen. Sie erhalten also nach der jetzigen Rechtslage bei Vorliegen der Voraussetzungen Trennungszuschlag, Sonderunterstützung und Sonderzuwendung. Diese Dienstpflichtunterstützungen sind in ihrer Gesamtheit in jedem Falle — also auch wenn hierdurch die an sich für Dienstpflichtunterstützungen vorgeschriebenen Sätze überschritten werden — so zu bemessen, daß der Unterhalt des Dienstverpflichteten und seiner Angehörigen mindestens in der gleichen Weise gesichert ist, als wenn sie den Räumungs-Familienunterhalt erhalten oder weiter erhalten würden. Infolgedessen scheiden der Dienstverpflichtete selbst sowie seine Angehörigen, falls sie bisher Räumungs-Familienunterhalt bezogen haben, aus diesem mit dem Beginn der Dienstleistung aus. Die Arbeitsämter haben die Höhe des Räumungs-Familienunterhalts, den der Dienstverpflichtete und seine Angehörigen an laufenden Unterstützungsleistungen im Sinne der Nr. 30 des 11. Runderlasses zu beanspruchen haben, bei dem zuständigen Stadt- oder Landkreis festzustellen und diesem hierbei mitzuteilen, von welchem Zeitpunkt an die Unterstützungsleistungen des Arbeitsamts einsetzen, damit Doppelunterstützungen vermieden werden. Dagegen werden einmalige Beihilfen auch für Dienstverpflichtete von dem zuständigen Stadt- oder Landkreis gewährt.

3. Hinsichtlich der Vergütung von Lohnausfällen bei Fliegeralarm und bei der Regelung, die in dem Erlaß über Lohnausfälle bei Fliegeralarm, hier Erstattung der von den Betrieben aufgewendeten Vergütungen vom 19. Juli 1940 — V b 7809/41 — (Reichsarbeitsbl. S. I 339) und der Anordnung über Erstattung von Lohnausfällen, die infolge von Beschädigung der Betriebe durch Luftangriffe eintreten, vom 6. Juli 1940 — V b 7809/46 — (Reichsarbeitsbl. S. I 355) sowie den zu ihrer Abänderung und Durchführung ergangenen Erlassen getroffen worden ist (vgl. Nr. 36 des 11. Runderlasses über die Ausführung des Räumungs-Familienunterhalts).

b) RdErl. d. RMdI. u. RFM. vom 7. 8. 1943 betr. Räumungs-Familienunterhalt.

I. Der 11. Runderlaß über die Ausführung des Räumungs-Familienunterhalts vom 25. Juli 1942 — MBliV. Nr. 30 — faßt die Vorschriften über Räumungs-Familienunterhalt (Umquartierung aus Gründen der Luftgefährdung und anläßlich von Fliegerschäden) neu zusammen.

Im Protektorat Böhmen und Mähren sind die Vorschriften der Räumungs-Familienunterhaltsverordnung vom 1. September 1939 (RGBl. I S. 1761) und des 11. Runderlasses von 25. Juli 1942 z. Zt. noch nicht eingeführt. Beim Vorliegen der in Nr. 1 des 11. Runderlasses genannten Tatbestände kann daher dort z. Zt. Familienunterhalt nur unter sinngemäßer Anwendung der Vorschriften des Einsatzfamilienunterhalts, die unter Umständen ungünstiger sind als der Räumungs-Familienunterhalt, gewährt werden.

Für das Gebiet von Elsaß, Lothringen, Luxemburg, der Untersteiermark, die besetzten Gebiete Kärntens und der Krain und den Bezirk Bialystok habe ich die CdZ. gebeten, beim Vorliegen der in Nr. 1 des 11. Runderlasses genannten Tatbestände die Vorschriften der Räumungs-Familienunterhaltsverordnung vom 1. September 1939 — RGBl. I S. 1761 — und des 11. Runderlasses anzuwenden.

II. Der 11. Runderlaß über die Ausführung des Räumungs-Familienunterhalts erstreckt sich *nicht* auf die Tatbestände der seinerzeitigen *Freimachung* im Westen. Für die Behandlung der wenigen auslaufenden Fälle dieser Art, in denen der Familienunterhalt in der Regel längst festgesetzt ist, bleiben die *bisherigen* einschlägigen Runderlasse über die Ausführung des Räumungs-Familienunterhalts mit der Maßgabe in Geltung, daß an die Stelle der darin genannten älteren Vorschriften des Einsatz-Familienunterhalts die entsprechenden Vorschriften des Runderlasses vom 5. Mai 1942 — MBliV. S. 817 — treten (vgl. Nr. 243 a. a. O.).

c) RdErl. d. RMdJ. u. RFM. vom 23. 6. 1943, V f 40/43-7950 betr. Ausführung des Räumungs-Familienunterhalts; Umquartierung aus Gründen der Luftgefährdung und anläßlich von Fliegerschäden.

Die Umquartierungen wegen Luftgefährdung und Bombenschäden werden künftig nach dem beiliegenden[1]) Runderlaß des RMdJ. vom 19. April 1943 — I Ra 4116/43 — 220 U — durchgeführt. Die Durchführung des Räumungs-Familienunterhalts richtet sich, wie bisher, nach dem 11. Runderlaß über die Ausführung des Räumungs-Familienunterhalts vom 25. Juli 1942 — MBliV. S. 1567 —. Zur Ergänzung dieser Runderlasse wird im Einvernehmen mit dem Reichsminister der Finanzen und dem Leiter der Partei-Kanzlei folgendes angeordnet und klargestellt:

I. Abgrenzung der Maßnahmen der NS-Volkswohlfahrt gegenüber dem Räumungs-Familienunterhalt.

Nach Abschn. IV des Runderlasses vom 19. April 1943 erfolgt der Abtransport und die Unterbringung (einschließlich erster Verpflegung) der Umzuquartierenden bei behördlicher Umquartierung wegen Luftgefährdung und Bombenschäden durch die NS-Volkswohlfahrt. Außerdem quartiert die NS-Volkswohlfahrt von sich aus alte und sieche Personen und im Rahmen der Erweiterten Kinderlandverschickung auch Kinder bis zu 10 Jahren und Mütter mit Kleinkindern um.

1. Befinden sich die Umzuquartierenden bereits im Besitz einer Abreisebescheinigung (Nr. 9 Abs. 1 des 11. RdErl. vom 25. 7. 1942), so wird die NS-Volkswohlfahrt sobald als möglich ihre Überführung in die Betreuung des Stadt- oder Landkreises des Aufnahmeortes beantragen (vgl. Nr. 9 Abs. 3 a. a. O.). Dem Antrag ist sofort zu entsprechen. Die Überführung hat die Wirkung, daß nunmehr beim Vorliegen der sonstigen Voraussetzungen Räumungs-Familienunterhalt zu zahlen ist. In den Fällen, in denen bis zur Überführung Quartier und Verpflegung von der NS-Volkswohlfahrt an den Quartiergeber gezahlt wurde, sind diese Zahlungen nunmehr von dem Stadt- oder Landkreis des Aufnahmeorts aus Mitteln des Räumungs-Familienunterhalts an den Quartiergeber zu leisten. Auch nach der Überführung der Umquartierten in den Räumungs-Familienunterhalt behält die NS-Volkswohlfahrt die ideelle Betreuung bei.

2. Werden die umzuquartierenden Kinder und Mütter von der NS-Volkswohlfahrt zunächst im Rahmen der Erweiterten Kinderlandverschickung betreut, ohne daß eine Abreisebescheinigung erteilt ist, treten aber später die Voraussetzungen für die Ausstellung einer Abreisebescheinigung ein, so werden die Umquartierten von der NS-Volkswohlfahrt alsbald, spätestens jedoch mit Ablauf von 3 Mo-

[1]) Vom Abdruck ist hier abgesehen.

naten nach Beginn der Verschickung veranlaßt werden, bei der Gemeindebehörde des Heimatortes eine Abreisebescheinigung zu beantragen, da die Dauer der Erweiterten Kinderlandverschickung grundsätzlich auf 3 Monate beschränkt ist. Nach Erteilung der Abreisebescheinigung ist nach Ziff. 1 zu verfahren. Dagegen sind bis zur Erteilung der Abreisebescheinigung keinerlei Leistungen des Räumungs-Familienunterhalts zusätzlich zu gewähren.

Der Runderlaß vom 5. Dezember 1940 — V f 1658/40-7900 —, betr. Familienunterhalt anläßlich der Erweiterten Kinderlandverschickung, bezieht sich nur auf solche Empfänger von Einsatz-Familienunterhalt, die ohne Erteilung einer Abreisebescheinigung verschickt worden sind. Er bleibt für die Fälle der Erweiterten Kinderlandverschickung (Verschickung ohne Abreisebescheinigung) aufrechterhalten. Von der Erteilung der Abreisebescheinigung an gelten dagegen ausschließlich die Vorschriften des 11. Runderlasses vom 25. Juli 1942.

II. Zusätzliche laufende Beihilfe.

Es hat sich herausgestellt, daß der Räumungs-Familienunterhalt oft dann nicht ausreicht, wenn der Umquartierte nach § 6 des Reichsleistungsgesetzes verpflegt wird; denn in diesen Fällen wird die dem Umquartierten gewährte Verpflegung in Höhe der dem Leistungspflichtigen gewährten Vergütung auf den Unterhalts- oder Tabellensatz angerechnet (Nr. 19 des 11. Runderlasses vom 25. Juli 1942). Dem Umquartierten verbleibt daher zur Deckung seiner sonstigen persönlichen Bedürfnisse vielfach nur die zusätzliche laufende Beihilfe (Nr. 21 a. a. O.). Zur Beseitigung der sich hieraus ergebenden Härten wird daher mit Wirkung vom 1. Juli 1943 an die Nr. 21 Abs. 3 des Runderlasses vom 25. Juli 1942 folgender Satz 3 angefügt:

„Führt die Anrechnung (Satz 1) dazu, daß dem Umquartierten — abgesehen von der zusätzlich laufenden Beihilfe (Abs. 1) an Räumungs-Familienunterhalt weniger als 15 v. H. des maßgebenden örtlichen Unterhaltssatzes oder Tabellensatzes zur Deckung des sonstigen Bedarfs verbleibt, so kann — auch wenn dadurch die Einkommenshöchstgrenze überschritten wird — der Räumungs-Familienunterhalt so erhöht werden, daß dem Umquartierten außer der zusätzlichen laufenden Beihilfe 15 v. H. des Unterhalts- oder Tabellensatzes verbleiben; dies gilt nicht, wenn der Umquartierte eine zumutbare Arbeit ohne berechtigten Grund nicht übernimmt."

Ein Beispiel zur Erläuterung der neuen Vorschrift ist beigefügt.

III. Unterhaltspflicht.

Unterhaltspflichtige, insbesondere das Familienhaupt, sind (worauf noch mehr als bisher zu achten ist) zur Leistung angemessener Unterhaltsbeiträge an ihre umquartierten Angehörigen verpflichtet (vgl. Nrn. 27 und 28 des 11. Runderlasses vom 25. Juli 1942). Ist der Unterhaltspflichtige am Heimatsort geblieben, so hat der Stadt-

oder Landkreis des Aufnahmeorts durch Anfrage bei der Heimatbehörde zu ermitteln, welchen Beitrag der Unterhaltspflichtige leisten kann; der Räumungs-Familienunterhalt ist entsprechend zu kürzen.

IV. Leistungen für Mehraufwendungen bei Fortbestehen der Erwerbsgrundlage.

Hinsichtlich der Anwendung der Nr. 3 Satz 2 des 11. Runderlasses vom 25. Juli 1942 (Leistungen für Mehraufwendungen bei Fortbestehen der Erwerbsgrundlage) wird folgendes klargestellt:

a) Voraussetzung für die Gewährung von Räumungs-Familienunterhalt nach den allgemeinen Vorschriften (Nr. 2) ist der Verlust der Sicherung des notwendigen Lebensbedarfs infolge der Umquartierung. Ist die Erwerbsgrundlage eines Umquartierten — in der Regel: des Familienhaupts — nach der Umquartierung bestehen geblieben und hat sich in den Verhältnissen gegenüber der Zeit vor der Umquartierung, abgesehen von bestimmten nachweisbaren Mehraufwendungen, nichts geändert, kann insbesondere die Haushaltsgemeinschaft mit den umquartierten Angehörigen auch nach der Umquartierung durchgeführt werden, so liegen die Voraussetzungen für die Anwendung der allgemeinen Vorschriften (Nr. 2) nicht vor. In einem solchen Falle muß davon ausgegangen werden, daß der Umquartierte nach wie vor aus seinem weiterbezogenen Einkommen den Lebensunterhalt für sich und seine Angehörigen bestreiten kann. Soweit ihm jedoch infolge der Umquartierung Mehraufwendungen in nicht zumutbarer Höhe entstehen, sind Beihilfen nach Nr. 3 Satz 3 zu gewähren. Diese Vorschrift ist insbesondere anzuwenden, wenn die Umquartierung in einen Aufnahmeort der näheren Umgebung des bisherigen Arbeitsortes erfolgt, von dem aus das Familienhaupt (Familienmitglied, Alleinstehender) ordnungsmäßig seiner Tätigkeit nachgehen kann.

b) Sind nur die Angehörigen umquartiert, so ist ihnen Räumungs-Familienunterhalt nach den allgemeinen Vorschriften (Nr. 2) zu gewähren. Hierbei ist der Bedarf der Angehörigen ausschließlich nach den Verhältnissen am Aufnahmeort zu bemessen. Der Räumungs-Familienunterhalt der Angehörigen ist jedoch um die Beträge zu kürzen, die ein an seinem Arbeitsplatz verbliebener nicht umquartierter Unterhaltspflichtiger, insbesondere das Familienoberhaupt, zum Unterhalt seiner Angehörigen beitragen kann (vgl. Nr. 27, 28 des 11. Runderlasses und Abschn. III dieses Runderlasses).

c) Werden sowohl die Angehörigen als auch der Unterhaltspflichtige, insbesondere das Familienhaupt umquartiert, aber in verschiedene Aufnahmeorte, und wird dabei der Unterhaltspflichtige so untergebracht, daß er seiner Tätigkeit am bisherigen Arbeitsort ordnungsmäßig nachgehen kann, so ist auf die Angehörigen Buchst. b und auf den Unterhaltspflichtigen an sich Buchst. a Satz 4 anzuwenden. Eine

Beihilfe nach Nr. 3 wird aber für den Unterhaltspflichtigen in der Regel entfallen, da die für ihn durch die Umquartierung entstehenden Mehrauswendungen bei der Bemessung des Unterhaltsbeitrages für die Angehörigen zu berücksichtigen sind (Nr. 28).

d) Die Ausführungen unter a bis c gelten auch für Behördenbedienstete und ihnen Gleichstehende (Nr. 29).

Anlage zu V f 40/43
7950

Erläuterungsbeispiel zu II.

1. Die Vergütung für die Inanspruchnahme von Verpflegung in Betrieben und Gaststätten des Beherbergungsgewerbes setzt sich nach Nr. 16 des RdErl. über die Inanspruchnahme von Betrieben des Gaststätten- und Beherbergungsgewerbes auf Grund der §§ 5 und 6 des Reichsleistungsgesetzes vom 16. Mai 1941 (MBliV. S. 911) aus einem Betrag für Lebensmittel in Höhe von täglich 1.35 RM und einem Unkostenzuschlag, der nach der Art der Betriebe und der Ortsklasse verschieden ist, zusammen. Der Unkostenzuschlag beträgt

für Betriebe der	in Orten der Ortsklasse	
	B und höher RM.	C und D RM.
Klasse I	1,25	1,15
Klasse II	0,95	0,85
Klasse III	0,65	0,55

Demgemäß betragen die Vergütungssätze in

Klasse I	2,60	2,50
Klasse II	2,30	2,20
Klasse III	2,—	1,90

2. Untergebracht sind in einem Ort der Ortsklasse D in einem Gaststättenbetrieb der Klasse III 1 Ehefrau und 2 Kinder unter 8 Jahren. Es werden gewährt:

ein Tabellensatz nach einem Nettoeinkommen von 260 RM von	100.— RM
und Unterhaltssätze für 2 Kinder, angenommen mit je 20 RM = ...	40.— „
Zusammen	140.— RM
außerdem als zusätzliche laufende Beihilfe für die Ehefrau 20 RM und für die Kinder je 8 RM, zusammen	36.— RM
	176.— RM

Die von der FU.-Behörde zu zahlende Vergütung für die Verpflegung beträgt je Person 1.90 RM, also für 3 Personen 5.70 RM täglich;

für den Monat 30 × 5.70 RM = 171.— RM.

Infolge der Anrechnung der Vergütung für die Verpflegung (171.— RM) auf den Tabellensatz und die Unterhaltssätze (140.— RM) würde den Umquartierten für ihre sonstigen persönlichen Bedürfnisse nur die zusätzliche laufende Beihilfe von 36.— RM verbleiben.

Daher ist der Räumungs-Familienunterhalt bis zu 15 v. H. des Tabellensatzes und der Unterhaltssätze, also bis zu 15 v. H. von 140 RM = ... 21.— RM
zu erhöhen, so daß den Umquartierten nunmehr mit der zusätzlich laufenden Beihilfe von . . . . 36.— RM
zusammen 57.— RM
für ihre sonstigen persönlichen Bedürfnisse zur Verfügung stehen.

d) RdErl. des beauftr. f. d. Vierjahrespl. GBA. vom 10. 7. 1943 V a 7830/148, betr. Vergütung von Lohnausfällen bei Fliegerschäden.

Gefolgschaftsmitglieder, die infolge einer Beschädigung ihrer Wohnung durch Luftangriffe auf behördliche Anordnung außerhalb des Betriebsortes umquartiert werden mußten, ohne daß sie ihren Arbeitsplatz in ihrem bisherigen Betrieb aufgeben mußten, sind in der Regel in der Lage, ihrer Berufsarbeit in gewohnter Weise nachzugehen. Es kann aber auch der Fall eintreten, daß sie durch ungünstige Verkehrsverbindungen daran gehindert werden, die betriebsübliche Arbeitszeit einzuhalten, und dadurch über die unmittelbare Schadenswirkung hinaus noch Lohnausfälle erleiden. Zu der Frage, inwieweit solche Lohnausfälle etwa im Rahmen der Kriegsschädenregelung oder der Regelung über Lohnerstattung bei Fliegerschäden oder auf andere Weise erstattet werden können, nehme ich im Einvernehmen mit dem Herrn Reichsminister des Innern wie folgt Stellung:

1. Derartige wi,rtschaftliche Nachteile sind nicht nach Nr. 1 Abs. 1 der Zweiten Anordnung über die Entschädigung von Nutzungsschäden (Allgemeine Richtlinien) vom 23. April 1941 (RMBl. 87 — MBliV. S. 774) durch die Feststellungsbehörde entschädigungsfähig. Denn sie sind lediglich eine mittelbare Folge des Verlustes der Nutzung der beschädigten Wohnung; durch die Innehaltung dieser Wohnung hatte das Gefolgschaftsmitglied vor dem Schadensfalle keine Einnahmen erzielt, war vielmehr dadurch lediglich in die Lage versetzt worden, seinem Beruf außerhalb der Wohnung nachzugehen.

2. Auch aus Mitteln des Räumungsfamilienunterhalts können Lohnausfälle, die die Sicherung des notwendigen Lebensbebedarfs nicht beeinträchtigen, nicht gedeckt werden. In den Fällen, in denen die Erwerbsgrundlage des Betroffenen nach Umquartierung bestehen bleibt und die Einkünfte hieraus und etwaige sonstige Ein-

künfte zur Sicherung einer den Verhältnissen vor der Umquartierung entsprechenden Lebenshaltung des Betroffenen und seiner Angehörigen ausreichen, können nur die dem Betroffenen und seinen Angehörigen notwendigerweise erwachsenden Mehrausgaben (z. B. durch doppelte Haushaltsführung, erhöhte Fahrtkosten zur Arbeitsstätte oder erhöhte Miete, deren Bestreitung aus seinen Einkünften ihm ohne unbillige Einschränkung der Lebenshaltung nicht zugemutet werden kann), aus dem Räumungsfamilienunterhalt erstattet werden, und zwar ohne Einschränkung durch die Vorschriften über die Einkommenshöchstgrenze (vgl. Nr. 3 des 11. Runderlasses zur Ausführung des Räumungsfamilienunterhalts, Umquartierung aus Gründen der Luftgefährdung und anläßlich von Fliegerschäden vom 24. Juli 1942, MBliV. S. 1567).

3. Die Erstattung von Lohnausfällen ist in solchen Fällen nach der Anordnung vom 6. Juli 1940 (Reichsarbeitsbl. S. I 355) und den hierzu ergangenen Durchführungsbestimmungen zugelassen; jedoch ist der dadurch gewährleistete volle Lohnausgleich auf die Dauer von 14 Arbeitstagen nach dem Eintritt des Schadens beschränkt.

4. Dauert ein unvermeidbarer Lohnausfall über den Ablauf dieser 14tägigen Frist hinaus noch an, so kann nach der Verordnung vom 16. Dezember 1942 (Reichsgesetzbl. I S. 702) Ausfallvergütung gewährt werden, allerdings nur für Arbeiter. Nach § 8 a. a. O. erhalten Arbeiter eines gewerblichen Betriebes Ausfallvergütung, wenn sie vorübergehend Arbeitsausfälle von einem gewissen Mindestumfang dadurch erleiden, daß es ihnen aus Gründen, die nicht in ihrer Person liegen, nicht oder nicht rechtzeitig möglich ist, ihre Arbeitsstelle zu erreichen. Einer wohlwollenden Auslegung des Begriffs „vorübergehende Arbeitsausfälle" im Sinne des § 8 dieser Verordnung steht in den Fällen von Umquartierung bei Fliegerschäden nichts entgegen.

Ich bitte im vorstehenden Sinne zu verfahren. Abdrucke für die Arbeitsämter liegen bei. Eine Veröffentlichung dieses Erlasses bleibt vorbehalten.

e) 12. RdErl. d. RMdJ. u. d. RFM. vom 16. 7. 1943 — V f 50/43-7950 u. LG 4085-265/43 I A betr. Ausführung des Räumungs-Familienunterhalts; Umquartierung aus Gründen der Luftgefährdung und anläßlich von Fliegerschäden.

(MBliV. Sp. 1192.)

(1) Auf Grund des § 5 der Räumungs-Familienunterhalts-VO. vom 1. 9. 1939 (RGBl. I S. 1761) ordnen wir mit Wirkung vom 1. 7. 1943 folgendes an:

(2) Der 11. RdErl. über die „Ausführung des Räumungs-Familienunterhalts; Umquartierung aus Gründen der Luftgefährdung und anläßlich von Fliegerschäden" vom 25. 7. 1942 (MBliV. S. 1567) wird wie folgt ergänzt:

1. Hinter Nr. 9 wird folgende Nr. 9a eingefügt:

„9a. Abschlagszahlungen in Katastrophenfällen.

Beschafft sich in einem Katastrophenfall der von der Umquartierung Betroffene zunächst selbst Unterkunft und Verpflegung und ergeben sich hierbei Kosten, die die zu erwartenden Leistungen des Räumungsfamilienunterhalts übersteigen, so hat er unverzüglich dem Stadt- oder Landkreis (Nr. 5) oder dem Bürgermeister der Aufenthaltsgemeinde Mitteilung zu machen, damit seine Unterkunft und Verpflegung mit möglichster Beschleunigung anderweitig geregelt werden können (Umquartierung entsprechend den wirtschaftlichen Verhältnissen des Zugezogenen, gegebenenfalls unter Mitwirkung der NS.-Volkswohlfahrt, nötigenfalls mittels des Reichsleistungsges. oder nachträgliche Überführung in das für die Heimatgemeinde des Zugezogenen vorgesehene Aufnahmegebiet im Benehmen mit der NS.-Volkswohlfahrt). Die in diesen Fällen zu gewährenden Abschlagszahlungen (Nr. 38 des RdErl. vom 5. 5. 1942) sind so zu bemessen, daß die dem von der Umquartierung Betroffenen bis zur anderweitigen Regelung seiner Unterkunft und Verpflegung notwendigerweise entstehenden Mehraufwendungen gedeckt werden; dabei sind die für den gleichen Zeitabschnitt zur Verfügung stehenden eigenen Einkünfte zu berücksichtigen. Ergibt sich bei der endgültigen Festsetzung des Räumungsfamilienunterhalts ein niedrigerer Betrag als die gewährte Abschlagszahlung, so darf der überzahlte Betrag weder zurückgefordert noch auf den Räumungsfamilienunterhalt der folgenden Zeit angerechnet werden."

2. In Nr. 21 wird an Abs. 3 folgender Satz 3 angefügt:

„Führt die Anrechnung (Satz 1) dazu, daß dem Umquartierten — abgesehen von der zusätzlichen laufenden Beihilfe (Abs. 1) — an Räumungsfamilienunterhalt weniger als 15 v. H. des maßgebenden örtlichen Unterhaltssatzes oder Tabellensatzes zur Deckung des sonstigen Bedarfs verbleibt, so kann — auch wenn dadurch die Einkommenshöchstgrenze überschritten wird — der Räumungsfamilienunterhalt so erhöht werden, daß dem Umquartierten außer der zusätzlichen laufenden Beihilfe 15 v. H. des Unterhalts- oder Tabellensatzes verbleiben; dies gilt nicht, wenn der Umquartierte eine zumutbare Arbeit ohne berechtigten Grund nicht übernimmt".

3. In Nr. 24 wird an Buchst. c folgender Satz 2 angefügt:

„In den Fällen, in denen eine Arbeiterrückfahrkarte benutzt werden kann, wird die Reisebeihilfe jedoch nur in Höhe der Kosten einer Arbeiterrückfahrkarte gewährt; Hinweis auf den RdErl. vom 21. 4. 1943 (MBliV. S. 698)."

f) 13. RdErl. d. RMdJ. u. d. RFM. vom 16. 7. 1943 — V f 60/43-7950 u. LG 4085-293/43 I A über Ausführung des Räumungsfamilienunterhalts; einmalige Beihilfen zur Deckung des ersten Bedarfs der anläßlich von Fliegerschäden Umquartierten.

(MBliV. Sp. 1195.)

Auf Grund des § 5 der Räumungsfamilienunterhalts-VO. vom 1. 9. 1939 (RGBl. I S. 1761) ordnen wir folgendes an:

I. Personen, die bei Eintritt eines Fliegerschadens auf Grund einer Abreisebescheinigung außerhalb des Bereichs der für ihren bisherigen Wohnort zuständigen Feststellungsbehörde umquartiert werden, können auf Antrag neben dem laufenden Räumungsfamilienunterhalt eine einmalige Beihilfe zur Beschaffung des ersten dringenden Bedarfs an Gebrauchs- und Hausratsgegenständen nach Maßgabe der folgenden Vorschriften aus Mitteln des Räumungsfamilienunterhalts erhalten:

1. Die einmalige Beihilfe gilt als eine durch die Feststellungsbehörde des Schadenortes gewährte Vorauszahlung auf die zu erwartende Entschädigung nach Maßgabe der Vorschriften der Kriegssachschäden-VO. (KSSchVO.) vom 30. 11. 1940 (RGBl. I S. 1547); sie ist auf den dringenden erstmaligen Bedarf zu beschränken, muß aber den berechtigten Interessen der von Fliegerschäden Betroffenen entgegenkommend Rechnung tragen. Sie wird gewährt:
   a) für die Beschaffung notwendiger Gebrauchsgegenstände, insbesondere Bekleidungsstücke;
   b) für die Beschaffung der notwendigsten Gegenstände zur Führung eines eigenen Haushalts (Hausrat) in der Aufnahmegemeinde.
2. Für die Beschaffung von Hausratsgegenständen (1 b) darf die Beihilfe nur gewährt werden an Personen, die vor der Umquartierung einen eigenen Haushalt geführt haben und denen an dem Aufnahmeort zur Führung eines eigenen Haushalts geeignete Räume oder eine eigene Wohnung zur Verfügung stehen, so daß der eigene Haushalt nach Beschaffung der notwendigsten Gegenstände alsbald eingerichtet werden kann.
3. Die Beihilfe darf für einen Haushaltsvorstand höchstens 1000 RM betragen. Für jeden weiteren Haushaltsangehörigen kann dieser Höchstbetrag um je 200 RM überschritten werden. Die Beihilfe wird in Einzelfall von dem Leiter des Stadt- oder Landkreises des Aufnahmeortes des Umquartierten festgesetzt. Durch die zuständige Feststellungsbehörde bereits geleistete Vorauszahlungen sind bei der Gewährung der Beihilfe angemessen zu berücksichtigen. Soweit Beihilfen nach Nrn. 115 und 116 des RdErl. vom 5. 5. 1942 (MBliV. S. 817) für die Beschaffung der in Betracht kommenden Gegenstände bereits bewilligt worden sind, sind sie anzurechnen. In dem Bescheid über die Bewilligung der einmaligen Beihilfe ist ausdrücklich darauf hinzuweisen, daß sie als Vorauszahlung auf die zu erwartende Entschädigung gilt.
4. Nach der Bewilligung dieser Beihilfe (oder von entsprechenden Vorauszahlungen auf die Entschädigung) wird von der Gewährung von Beihilfen nach Nrn. 115 und 116 des RdErl. vom 5. 5. 1942 in der Regel abgesehen werden können. Weitergehende Anträge auf Vorauszahlungen auf die zu erwartende Entschädigung sind an die Feststellungsbehörde zu verweisen.

5. Der Stadt- oder Landkreis, der die einmalige Beihilfe bewilligt und die Auszahlung vorgenommen hat, hat der für den Wohnort des Antragstellers zuständigen Feststellungsbehörde (der Feststellungsbehörde des Schadenortes) eine Abschrift des Bewilligungsbescheides und eine Bescheinigung über die erfolgte Auszahlung alsbald zu übersenden. Die Feststellungsbehörde hat diese Schriftstücke zu den Entschädigungsakten des Antragstellers zu nehmen; sie hat die mit Mitteln der Beihilfe bewirkte Ersatzbeschaffung bei der Bemessung der Entschädigung zu berücksichtigen.

II. Wird laufender Familienunterhalt nicht gewährt, so kann ein anläßlich eines Fliegerschadens Umquartierter eine solche einmalige Beihilfe nach Maßgabe des Abschn. I erhalten, wenn ihm die Bestreitung der fraglichen Anschaffungen aus seinem Einkommen, z. B. Gehalt, Lohn, Zinsen, bei Berücksichtigung seiner Unterhaltspflicht gegenüber seinen Angehörigen nicht zugemutet werden kann.

III.[1]) *Vorauszahlungen auf die zu erwartende Entschädigung durch eine andere als die zuständige Feststellungsbehörde (§ 16 Abs. 1 KSSchVO.) oder die zum Zuständigkeitsbereich dieser Feststellungsbehörde gehörige Gemeinde, die nicht selbst Sitz der Feststellungsbehörde ist (Nr. 13 Abs. 2 der Verfahrensrichtlinien zur KSSchVO. vom 12. 2. 1941, MBliV. S. 277) kommen nicht in Frage und sind auch mit Rücksicht auf die vorstehende Regelung nicht erforderlich. Die diesbezüglichen Anfragen verschiedener Feststellungsbehörden sehe ich hiermit als erledigt an.*

g) RdErl. d. RMdJ. u. d. RFM. vom 21. 4. 1943 — V f 21/43-7950 u. LG 4085-148/43 I A über Ausführung des Räumungsfamilienunterhalts; hier: Ergänzung der Nr. 24 des 11. RdErl. vom 25. 7. 1942 (MBliV. S. 1567); Beihilfe zu Familienheimfahrten (MBliV. S. 698).

(1) Der RVM. hat den Reichsbahndienststellen über die Ausgabe von Arbeiterrückfahrkarten folgende Weisung erteilt:

„Als ständiger Wohnort im Sinne der Tarifbestimmungen über die Ausgabe von Arbeiterrückfahrkarten gilt vom 1. 4. 1943 ab bis auf weiteres auch der Ort, in den jemand für längere Zeit umquartiert worden ist, weil

a) seine bisherige Wohnung bei einem Luftangriff zerstört oder stark beschädigt worden ist,

b) er seinen bisherigen Wohnort wegen Luftgefährdung auf behördliche Anordnung hat verlassen müssen,

c) er seinen bisherigen Wohnort wegen Luftgefährdung mit behördlicher Einwilligung oder Genehmigung (vorheriger oder nachträglicher Zustimmung) verlassen hat

und deshalb Räumungsfamilienunterhalt erhält.

Die Gemeinde- (Ortspolizei-) Behörde vermerkt in der behördlichen Bescheinigung des Antrags auf Ausgabe von Arbeiterrückfahrkarten entweder „Wegen Fliegerschadens auf Grund behördlicher Abreisebescheini-

---

[1]) überholt, s. S. 296 Ziff. 7.

gung umquartiert" oder „Wegen Luftgefährdung auf Grund behördlicher Abreisebescheinigung umquartiert".

(2) Auf Grund dieser Weisung werden nunmehr auch Arbeiterrückfahrkarten zur Ausführung von Familienheimfahrten (Nr. 24 des 11. RdErl. vom 25. 7. 1942, MBliV. S. 1567) nach Maßgabe der Tarifbestimmungen ausgegeben.

(3) Die Gemeinde- (Ortspol.-)Behörden werden angewiesen, in der behördlichen Bescheinigung des Antrags auf Ausgabe von Arbeiterrückfahrkarten die Umquartierung nach Maßgabe des im letzten Abs. der Weisung des RVM. vorgesehenen Vermerks zu bescheinigen.

(4) Die Reisebeihilfe zu einer Familienheimfahrt (Nr. 24 Buchst. c des RdErl. vom 25. 7. 1942) ist in den Fällen, in denen eine Arbeiterrückfahrkarte benutzt werden kann, nur in Höhe der Kosten einer Arbeiterrückfahrkarte zu gewähren.

h) RdErl. d. RMdJ. u. RFM. vom 31. 8. 1943 V f 71/43 betr. Räumungsfamilienunterhalt; hier: Unterkunft und Verpflegung von Umquartierten in Privatquartieren im Anschluß an eine Unterbringung im Wege der Erweiterten Kinderlandverschickung.

In den Fällen, in denen Personen (Kinder mit ihren Müttern) von der NSV. im Rahmen der Erweiterten Kinderlandverschickung auf Grund freier Vereinbarung mit dem Quartiergeber zu den Sätzen des Runderlasses vom 15. September 1942 (MBliV. S. 1855) in Privatquartieren mit Verpflegung untergebracht sind, und später die Voraussetzungen einer Abreisebescheinigung eintreten, so daß diese Personen gem. Abschnitt I Ziffer 1 des Runderlasses vom 23. Juni 1943 — V f 40/43-7950 — und LG 4085-250/43 I A — in die Betreuung des Stadt- oder Landkreises zu überführen sind, ist wie folgt zu verfahren:

I. (1) Kann eine andere Regelung dieser nunmehr als „Umquartierte" zu behandelnden Personen als unter Anwendung des Reichsleistungsgesetzes zu den Sätzen des Runderlasses vom 15. September 1942 nicht erfolgen, so dürfen unter der Voraussetzung, daß die von der NSV. besorgte Unterkunft und Verpflegung den wirtschaftlichen Verhältnissen der Umquartierten angemessen ist, die Umquartierten in dieser Unterkunft und Verpflegung belassen und an die Quartiergeber ohne Ausfertigung eines förmlichen Bescheides nach Maßgabe des Reichsleistungsgesetzes die von der NSV. vereinbarten Sätze als Räumungsfamilienunterhalt weitergezahlt werden. In diesen Fällen ist alsdann auch nach Nr. 19 und 21 des 11. Runderlasses vom 25. Juli 1942 (MBliV. S. 1567) in der Fassung des 12. Runderlasses vom 16. Juli 1943 (MBliV. S. 1192) zu verfahren, so daß diesen Umquartierten außer der zusätzlichen laufenden Beihilfe auch ein Betrag von 15 v. H. des Unterhalts- oder Tabellensatzes zur freien Verfügung verbleiben muß.

(²) Höhere Sätze, als nach dem Runderlaß vom 15. September 1942 bei der Inanspruchnahme von Unterkunft und Verpflegung in Privatunterkünften nach dem Reichsleistungsgesetz zulässig sind, dürfen jedoch in keinem Fall als Räumungsfamilienunterhalt gezahlt werden. Soweit höhere Sätze für Unterkunft und Verpflegung, als in den Runderlaß vom 15. September 1942 bei Anwendung des Reichsleistungsgesetzes vorgesehen, vereinbart sind, sei es von der NSV. oder im Wege der Selbstunterbringung von den Umquartierten selbst, ist in allen Fällen, in denen die Umquartierten diese Sätze aus ihrem Räumungs-Familienunterhalt oder aus ihren sonstigen Einkünften nicht weiterzahlen können, die Unterkunft und Verpflegung nach Maßgabe des Reichsleistungsgesetzes zu regeln.

II. Vielfach werden von Umquartierten Reisebeihilfen zu einer vorübergehenden Rückkehr in die luftgefährdeten Gebiete begehrt. Für die Gewährung derartiger Reisebeihilfen ist folgendes zu beachten:

Die vorzeitige oder auch nur vorübergehende Rückkehr Umquartierter in die luftgefährdeten Gebiete ist allgemein unerwünscht. Daher dürfen Reichsbeihilfen hierfür, soweit sie überhaupt zulässig sind, nur in dringenden Fällen gewährt werden. Muß ein Umquartierter zum Besuch eines schwerkranken nahen Angehörigen oder zur Teilnahme an der Beerdigung eines nahen Angehörigen in die Heimat zurückkehren, so bestehen keine Bedenken dagegen, daß der Abschnitt II des Runderlasses vom 11. August 1942 — V f 571/42/7900 —, betreffend Familienunterhalt; Vergünstigungen und Reisebeihilfen zum Besuch von Schwerverwundeten, sinngemäß angewendet wird. Da in diesen Fällen die Reichsbahn keine Fahrpreisermäßigung gewährt, dürfen für die Hin- und Rückfahrt in die Heimat die vollen Fahrkosten 3. Klasse aus Mitteln des Räumungs-Familienunterhalts übernommen werden.

i) RdErl. d. RMdI. vom 2. 9. 1943 V f 70/43-7950 betr. Räumungs-Familienunterhalt; Richtlinien für die Heranziehung Unterhaltspflichtiger gemäß Nr. 28 des 11. Runderlasses vom 25. Juli 1942 — MBliV. S. 1567 —.

Für die Prüfung der Frage, inwieweit ein für seine Person nicht oder nicht mit seinen Angehörigen umquartierter Unterhaltspflichtiger zum Unterhalt seiner umquartierten Angehörigen Beiträge leisten kann (Nr. 28 des 11. Runderlasses vom 25. Juli 1942), sind von den Familienunterhaltsbehörden verschiedentlich Richtlinien aufgestellt worden, die voneinander abweichen und so zu einer unterschiedlichen Behandlung der Unterhaltspflichtigen und damit zu einer ebenso unterschiedlichen Stellung der Umquartierten führen. Da mir dieserhalb aus den Aufnahmegebieten Klagen vorgetragen worden sind, gebe ich im Interesse einer gleichmäßigen Behandlung der Unterhaltspflichtigen und der Umquartierten folgende Richtlinien:

I. (1) Von dem Nettoeinkommen des unterhaltspflichtigen Familienhauptes ist vorweg abzuziehen:

a) der Betrag der an seinem Wohnort zu zahlenden Wohnungsmiete (Nr. 83 des Runderlasses vom 5. Mai 1942 — MBliV. S. 817), bei Eigenheimbesitzern der Betrag der für das Eigenheim aufzuwendenden Lasten (Nr. 85 des Runderlasses vom 5. Mai 1942),

b) der Betrag des an seinem Wohnort für einen Haushaltsvorstand geltenden Unterhaltssatzes — in den Alpen- und Donau-Reichsgauen sowie im Reichsgau Sudetenland: des Unterhaltshöchstsatzes — (Nr. 69 Ziff. 1 und Nr. 74 Buchst. a Ziff. 1 des Runderlasses vom 5. Mai 1942). Sofern die Feststellung des maßgebenden Unterhaltssatzes Schwierigkeiten bereitet, kann an seiner Stelle ein Durchschnittssatz vorweg abgezogen werden. Der Durchschnittssatz beträgt bei Zugehörigkeit des Wohnorts des Unterhaltspflichtigen zur

Sonderklasse	68 *RM*	monatlich,
Ortsklasse A	64 „	„
Ortsklasse B	58 „	„
Ortsklasse C	54 „	„
Ortsklasse D	50 „	„

(2) Für die Kosten einer Ersatzunterkunft des Familienhauptes im Falle des Verlustes der Wohnung kann bis zum Nachweis höherer Kosten der Betrag der bisherigen Wohnungsmiete vorweg abgezogen werden.

(3) Ist die Ehefrau aus triftigen Gründen im Haushalt des unterhaltspflichtigen Familienhauptes verblieben, so kann das Familienhaupt auch für die Ehefrau einen Betrag in Höhe des am gemeinsamen Wohnort für einen Haushaltsvorstand geltenden Unterhaltssatzes (Nr. 69 Ziff. 1 und Nr. 74 Buchst. a Ziff. 1 des Runderlasses vom 5. Mai 1942) oder des Durchschnittssatzes (Abs. 1 Buchst. b Sätze 2 und 3) von seinem Nettoeinkommen vorweg abziehen.

(4) Hat die im Haushalt des unterhaltspflichtigen Familienhauptes verbliebene Ehefrau eigenes Einkommen (z. B. Arbeitsverdienst), so ist davon auszugehen, daß beide Ehegatten ihren umquartierten Kindern gegenüber zum Unterhalt verpflichtet sind. Demgemäß ist wie folgt zu verfahren:

1. das Nettoeinkommen der Ehefrau ist dem Nettoeinkommen des Ehemanns hinzuzurechnen,
2. von dem Gesamtnettoeinkommen der Eheleute sind vorweg abzuziehen:
   a) für den Ehemann: die nach Abs. 1 und 2 zulässigen Beträge,
   b) für die Ehefrau: der nach Abs. 3 zulässige Betrag.

(5) Ist das Familienhaupt aus dienstlichen oder betrieblichen Gründen außerhalb des Ortes der Familienwohnung, von dem aus die Angehörigen umquartiert worden sind, tätig und erhält es aus diesem

Anlaß **neben** dem regelmäßigen Nettoarbeitseinkommen dienstliche oder betriebliche Trennungsleistungen (z. B. Auslösung, Auswärtszulage, Beschäftigungstagegeld, Kommandovergütung, Montagezulage, Tagegeld, Trennungsentschädigung, Trennungsgeld u. dgl.), so sind zum Zwecke der Ermittlung des Unterhaltsbeitrags nach diesen Richtlinien die dienstlichen oder betrieblichen Trennungsleistungen dem Nettoeinkommen hinzuzurechnen (vgl. auch Ziff. 4 des Merkblattes zum Runderlaß des Reichsfinanzministers vom 10. August 1943 — RBB. S. 165 —). Demgegenüber erhöht sich der Vorwegabzug nach Abs. 1 Buchst. a und b um den Betrag der am auswärtigen Beschäftigungsort zu zahlenden Wohnungsmiete des Familienhauptes und seiner sonstigen durch die auswärtige Beschäftigung entstehenden **Mehrkosten**.

(6) Ist das Familienhaupt Kriegsbesoldungsempfänger oder Gehaltsempfänger des Friedensstandes der Wehrmacht, so kommt mit Rücksicht darauf, daß **neben** der Kriegsbesoldung oder den Friedensgebührnissen die Wehrmachtgebührnisse (Wehrsold, Unterkunft, Verpflegung, Bekleidung) weitergeführt werden, — abweichend von Abs. 1 Buchst. b —, ein Vorwegabzug in Höhe des Unterhaltssatzes für seine Person nicht in Betracht.

(7) Abs. 6 gilt entsprechend, wenn das Familienhaupt als einberufener Beamter, Angestellter oder Arbeiter des öffentlichen Dienstes seine Dienstbezüge nach Abzug eines Ausgleichsbetrages (§ 3 Abs. 2 und 3 EWGG.) während der Dauer der Einberufung **neben** den Wehrmachtgebührnissen (Wehrsold, Unterkunft, Verpflegung, Bekleidung) weiterbezieht.

(8) Von dem monatlichen Nettoeinkommen, das nach Abzug der dem Familienhaupt — im Falle des Abs. 4: den Eheleuten — **vorweg** zu belassenden Beträge verbleibt (Rest-Nettoeinkommen), ist der in der beigefügten Tabelle bezeichnete Betrag als Unterhaltsbeitrag in Anspruch zu nehmen. Der Unterhaltsbeitrag darf jedoch nicht höher sein, als die Aufwendungen des Räumungs-Familienunterhalts für die umquartierten Angehörigen des Unterhaltspflichtigen insgesamt betragen.

(9) Bei Ermittlung des Unterhaltsbeitrags ist das Rest-Nettoeinkommen auf volle 10 *RM* nach unten abzurunden. Ist bei Unterhaltspflichtigen, die in Arbeit stehen, das Rest-Nettoeinkommen nicht höher als 80 *RM*, so ist in der Regel ein Unterhaltsbeitrag nicht zu fordern.

II. (1) In den ersten 4 Wochen nach der Umquartierung ist an die Unterhaltspflichtigen wegen Leistung eines Unterhaltsbeitrags nicht heranzutreten. Alsdann ist der nach Abschn. I ermittelte Unterhaltsbeitrag dem Familienhaupt mitzuteilen unter dem Hinweis, daß der Räumungs-Familienunterhalt für seine Angehörigen um diesen Betrag gekürzt wird, und daß er diesen Betrag von dem auf die Mitteilung folgenden Monats-Ersten ab an seine Angehörigen monatlich selbst zu leisten habe. In der Annahme, daß das Familienhaupt diesen Unterhaltsbeitrag an seine Angehörigen zahlt, ist der Räumungs-Familienunterhalt entsprechend zu kürzen*).

(2) Zahlt das Familienhaupt den maßgebenden Unterhaltsbeitrag an seine Angehörigen nicht oder nur zum Teil, und beantragen die Angehörigen aus diesem Grunde eine Erhöhung des bisher gekürzten Räumungs-Familienunterhalts, so ist das Familienhaupt, soweit den Angehörigen die Deckung des ausbleibenden Unterhaltsbeitrags aus anrechnungsfreien Einkünften nicht zugemutet werden kann, zur Erfüllung seiner Unterhaltspflicht gegenüber seinen räumungs-familienunterhaltsberechtigten Angehörigen gemäß § 17 Abs. 1 der EFU.-DV. anzuhalten. In diesem Falle ist der bisher gekürzte Räumungs-Familienunterhalt entsprechend zu erhöhen und die Einziehung des Unterhaltsbeitrags von dem Familienhaupt unmittelbar durchzuführen. Die eingezogenen Beträge sind nach Nr. 177 des Runderlasses vom 5. Mai 1942 zu behandeln.

III. Ist das Familienhaupt ebenfalls, aber nicht zusammen mit seinen Angehörigen, umquartiert (vgl. Abschn. IV c des Runderlasses vom 23. Juni 1943 — V f 40/43-7950 und LG 4085-250/43 I A — nicht veröffentlicht —), so sind bei Ermittlung des Unterhaltsbeitrags nach Abschn. I die ihm entstehenden Mehrausgaben darüber hinaus angemessen zu berücksichtigen.

IV. (1) Bei sonstigen Unterhaltspflichtigen sind diese Richtlinien sinngemäß anzuwenden.

(2) Diese Richtlinien schließen nicht aus, daß besondere Umstände des Einzelfalles (z. B. überdurchschnittliche Belastungen durch besondere Unterhaltsverpflichtungen, hohe Lebensversicherungsbeiträge) einen geringeren Unterhaltsbeitrag rechtfertigen.

V. Sind die Angehörigen der Unterhaltspflichtigen in Bezirken verschiedener Familienunterhaltsbehörden untergebracht, so haben die Familienunterhaltsbehörden sich untereinander über die zweckmäßigste Durchführung dieser Richtlinien in dem betreffenden Einzelfalle zu verständigen. In den Fällen des Abschn. II Abs. 2 ist darauf zu achten, daß der von dem Unterhaltspflichtigen für die umquartierten Angehörigen insgesamt zu leistende Unterhaltsbeitrag möglichst nur von einer Familienunterhaltsbehörde eingezogen wird.

---

*) Die Sätze 1 und 2 bedeuten jedoch nicht, daß während der dort genannten Zeiten auch in den Fällen eine Befreiung von der Verpflichtung zur Leistung eines Unterhaltsbeitrags eintritt, in denen der von dem Familienhaupt zu leistende Unterhaltsbeitrag den RFU.-Bedarf voraussichtlich erreichen oder übersteigen wird. In diesen Fällen sind bei vorübergehender Mittellosigkeit nur rückzahlungspflichtige Vorschüsse auf den Unterhaltsbeitrag zu gewähren.

VI. Diese Richtlinien sind mit Wirkung vom 1. Oktober 1943 ab anzuwenden. Soweit bisher ein höherer oder geringerer Unterhaltsbeitrag gefordert worden ist, bleibt es für die zurückliegende Zeit dabei.

Tabelle

zur Ermittlung des Unterhaltsbeitrags.

1		2		3		4	
Rest-Nettoeinkommen*) RM.	Unterhaltsbeitrag RM.	Rest-Nettoeinkommen*) RM.	Unterhaltsbeitrag RM.	Rest-Nettoeinkommen*) RM.	Unterhaltsbeitrag RM.	Rest-Nettoeinkommen*) RM.	Unterhaltsbeitrag RM.
		290	115	550	290	810	519
		300	120	560	298	820	528
50	10	310	126	570	306	830	537
60	14	320	132	580	314	840	546
70	18	330	138	590	322	850	555
80	22	340	144	600	330	860	564
90	26	350	150	610	339	870	573
100	30	360	156	620	348	880	582
110	34	370	162	630	357	890	591
120	38	380	168	640	366	900	600
130	42	390	174	650	375	910	609
140	46	400	180	660	384	920	618
150	50	410	187	670	393	930	627
160	54	420	194	680	402	940	636
170	58	430	201	690	411	950	645
180	62	440	208	700	420	960	654
190	66	450	215	710	429	970	663
200	70	460	222	720	438	980	672
210	75	470	229	730	447	990	681
220	80	480	236	740	456	1000	690
230	85	490	243	750	465	usw.	
240	90	500	250	760	474		
250	95	510	258	770	483		
260	100	520	266	780	492		
270	105	530	274	790	501		
280	110	540	282	800	510		

*) = Nettoeinkommen nach Abzug des örtlichen Unterhaltssatzes eines Haushaltsvorstandes und der Wohnungsmiete, abgerundet auf volle 10 RM. nach unten.

k) RdErl. d. RMdJ. vom 2. 9. 1943 — I Ra 14436/43-241 f — über Zuständigkeit der Feststellungsbehörden des Aufenthaltsortes zur Vorbehandlung von Kriegsschädenanträgen und zur Gewährung von Vorauszahlungen.

(MBliV. Sp. 1418.)

Die Häufung der Schäden im Bezirke einzelner Feststellungsbehörden und die Zunahme der Umquartierungen machen es erforderlich, die Feststellungsbehörden des Aufenthaltsortes der Geschädigten in das Kriegsschädenverfahren einzuschalten. Ich bestimme daher auf Grund des § 16 Abs. 4 KSSchVO.[1])

1. Verlegt ein Geschädigter anläßlich eines Fliegerschadens oder auf behördliche Anordnung oder mit behördlicher Genehmigung aus Gründen der Luftgefährdung seinen Aufenthalt in eine außerhalb des Zuständigkeitsbereichs der Feststellungsbehörde des Schadenortes (§ 16 KSSchVO.) gelegene Gemeinde, so kann er seine Anträge auf Entschädigung, Beihilfe oder Vorauszahlung wegen eines Sach- oder Nutzungsschadens bei dem Bürgermeister oder bei der unteren Feststellungsbehörde[2]) des Aufenthaltsortes einreichen. Dabei hat der Geschädigte anzugeben, ob er bei der Feststellungsbehörde des Schadenortes bereits einen entsprechenden Antrag gestellt und ob er von dieser Zahlungen erhalten hat. Der Geschädigte hat sich zugleich über die behördliche Anordnung oder Genehmigung der Umquartierung auszuweisen, wozu er in der Regel die vorschriftsmäßige Abreisebescheinigung vorzulegen hat.

---

[1]) Vgl. RGBl. 1940, I S. 1547.

[2]) Oberbürgermeister oder Landrat, in den eingegliederten Ostgebieten der Reg.-Präs. oder die von ihm beauftragte untere Verwaltungsbehörde, im Protektorat Böhmen und Mähren der Bezirkshauptmann oder Leiter einer Stadt mit eigenem Statut — Reichsauftragsverwaltung —.

Muster.

Postkarte

Der Oberbürgermeister .... den ....
Landrat (Ort) (Datum)

Der bisher in .... wohnhaft gewesene
(Ort, Straße und Hausnummer)
.... hat hier Antrag auf Entschädigung wegen eines von ihm am .... durch .... erlittenen Sachschadens*) — Nutzungsschadens*) — gestellt und um Vorauszahlungen gebeten*). Ich habe eine Vorauszahlung in Höhe von ...... *RM* gewährt*). Ich werde — auch weitere*) — Vorauszahlungsanträge hier bearbeiten und die Vorgänge, wenn mir nichts anderes mitgeteilt wird, in etwa 6 Monaten Ihnen übersenden.

An den Herrn ....
(Feststellungsbehörde)
in ....

---

*) Gegebenenfalls streichen.

2. Soweit Anträge bei dem Bürgermeister des Aufenthaltsortes eingehen, hat er sie der für den Aufenthaltsort zuständigen Feststellungsbehörde vorzulegen. Die Feststellungsbehörde des Aufenthaltsortes hat die Feststellungsbehörde des Schadensortes von dem Eingang jedes Antrages unverzüglich nach nachstehendem Muster zu unterrichten. Die Feststellungsbehörde des Aufenthaltsortes soll die Anträge vorprüfen, für ihre Vervollständigung sorgen und die erforderlichen Beweismittel beschaffen.
3. Die Feststellungsbehörde des Aufenthaltsortes kann im Rahmen der zu erwartenden Sach- oder Nutzungsentschädigung Vorauszahlungen gewähren. Sie darf bei Kriegsschäden Vorauszahlungen nur leisten, wenn einwandfrei feststeht, daß die Voraussetzungen des § 9 Abs. 1 KSSchVO. vorliegen oder daß es sich um den Ersatz von Aufwendungen handelt; das gilt auch im Rahmen der in § 9 Abs. 4 KSSchVO. und in § 1 der Sechsten Durchf.VO. zur KSSchVO. vom 8. 7. 1943 (RGBl. I S. 383) vorgesehenen Grenzen von 1000 bzw. 3000 *RM*. Bei Nutzungsschäden darf die Feststellungsbehörde des Aufenthaltsortes Vorauszahlungen nur leisten, soweit sie der Geschädigte nachweislich zur Deckung fortlaufender oder zusätzlicher Ausgaben benötigt.

   Die Verwendung der Vorauszahlungen zu den genannten Zwecken ist nach Möglichkeit in geeigneter Weise (z. B. durch unmittelbare Zahlung an den Lieferanten, an den Gläubiger) sicherzustellen. Auf Sachentschädigungen wegen Beschädigung oder Zerstörung von Gebäuden dürfen Vorauszahlungen nur durch die Feststellungsbehörde des Schadenortes gewährt werden.
4. Die Feststellungsbehörde des Aufenthaltsortes hat von jeder Vorauszahlung die Feststellungsbehörde des Schadenortes unverzüglich nach nachstehendem Muster zu unterrichten. Sie hat ihr die Akten zu übersenden, wenn der Geschädigte ihren Bezirk verläßt, spätestens aber 6 Monate nach Einreichung des Antrages, soweit die beiden Feststellungsbehörden nicht ein anderes vereinbaren.
5. Die von der Feststellungsbehörde des Aufenthaltsortes geleisteten Vorauszahlungen sind bei dieser endgültig zu verbuchen.
6. Den Umquartierten stehen gleich Beamte, Angestellte und Arbeiter, die infolge gänzlicher oder teilweiser Verlegung ihrer Dienststelle (ihres Betriebes) ihren Aufenthalt in eine außerhalb des Zuständigkeitsbereichs der Feststellungsbehörde des Schadensortes gelegenen Gemeinde nehmen müssen. In diesem Fall hat sich der Geschädigte bei dem Bürgermeister (Feststellungsbehörde) des neuen Aufenthaltsortes in der Regel durch eine Bescheinigung seiner Dienststelle (seines Betriebes) auszuweisen.
7. Abschn. III des 13. RdErl. des RMdI. und des RFM. über Ausführung des Räumungsfamilienunterhalts vom 16. 7. 1943 (MBliV. S. 1195) ist durch die vorstehenden Bestimmungen über-

holt. Zur Vermeidung von Zweifeln weise ich darauf hin, daß die nach den Abschn. I und II des RdErl. vom 16. 7. 1943 von der Familienunterhaltsbehörde gewährten einmaligen Beihilfen seitens der Feststellungsbehörde nicht zu erstatten sind; sie sind vielmehr endgültig als Räumungsfamilienunterhalt bei Einzelplan XVII a Teil V Unterteil 2 c der Ausgaben des außerordentlichen Reichshaushalts zu verbuchen.

8. Der Präsident des Reichsverwaltungsgerichts (Reichskriegsschädenamt) kann in Fällen, in denen sich der Geschädigte außerhalb des Zuständigkeitsbereichs der Feststellungsbehörde des Schadenortes aufhält, eine andere Feststellungsbehörde als zuständige Feststellungsbehörde erster Rechtsstufe bestimmen. Dies gilt auch für Schäden von juristischen Personen, die außerhalb ihres Verwaltungssitzes eintreten.

Sachregister.

(Die Zahlen bedeuten die Seiten; die Zahlen in Klammern bedeuten die §§, Nummern, Ziffern oder Absätze.)

A.

B.

D.

E.

F.

H.

J.

M.

O.

S.

T.

Kolibri 360 GmbH
Ferdinand-Jühlke-Straße 7
99095 Erfurt, Deutschland
produktsicherheit@kolibri360.de